Eine
# FRAU
Ein BUCH

*Buch*

Frauen pflegen andere Vorlieben und Interessen als Männer und nicht nur das: Zwei Frauen in einem Raum können durchaus drei verschiedene Meinungen hervorbringen. Deshalb richtet sich dieses Buch an die neugierige und faktverliebte Frau. An die, die wissen möchte wie man an der Börse spekuliert und einen Striptease tanzt ohne peinlich zu wirken. An die, die sich fragt wie sie einen Heiratsantrag ablehnt oder Sterneköchin wird. Und an die, die zumindest theoretisch durchspielen will, wie man als Frau den Ironman macht, einen LKW einparkt, seine Memoiren verfasst, oder sich heilig sprechen lässt. Dieses Buch verrät mehr Geheimnisse als die beste Freundin, kümmert sich wie eine Mutter, durchschaut die Rivalin, überzeugt die Chefin, treibt an wie ein Personal Trainer, erstaunt die Anwältin und lästert wie der schwule Freund. Selbst auf die Frage in welche Handtasche sie dieses Buch stecken soll, wird jede Frau hier eine Antwort finden.

*Autorinnen*

*Heike Blümner* betreibt in Berlin die PR-Agentur »flora&fauna media«. *Jacqueline Thomae* arbeitet als Journalistin und Fernsehautorin.

# Eine FRAU
# Ein BUCH

Heike Blümner
Jacqueline Thomae

GOLDMANN

*Für Erna, Stella und Mimi*

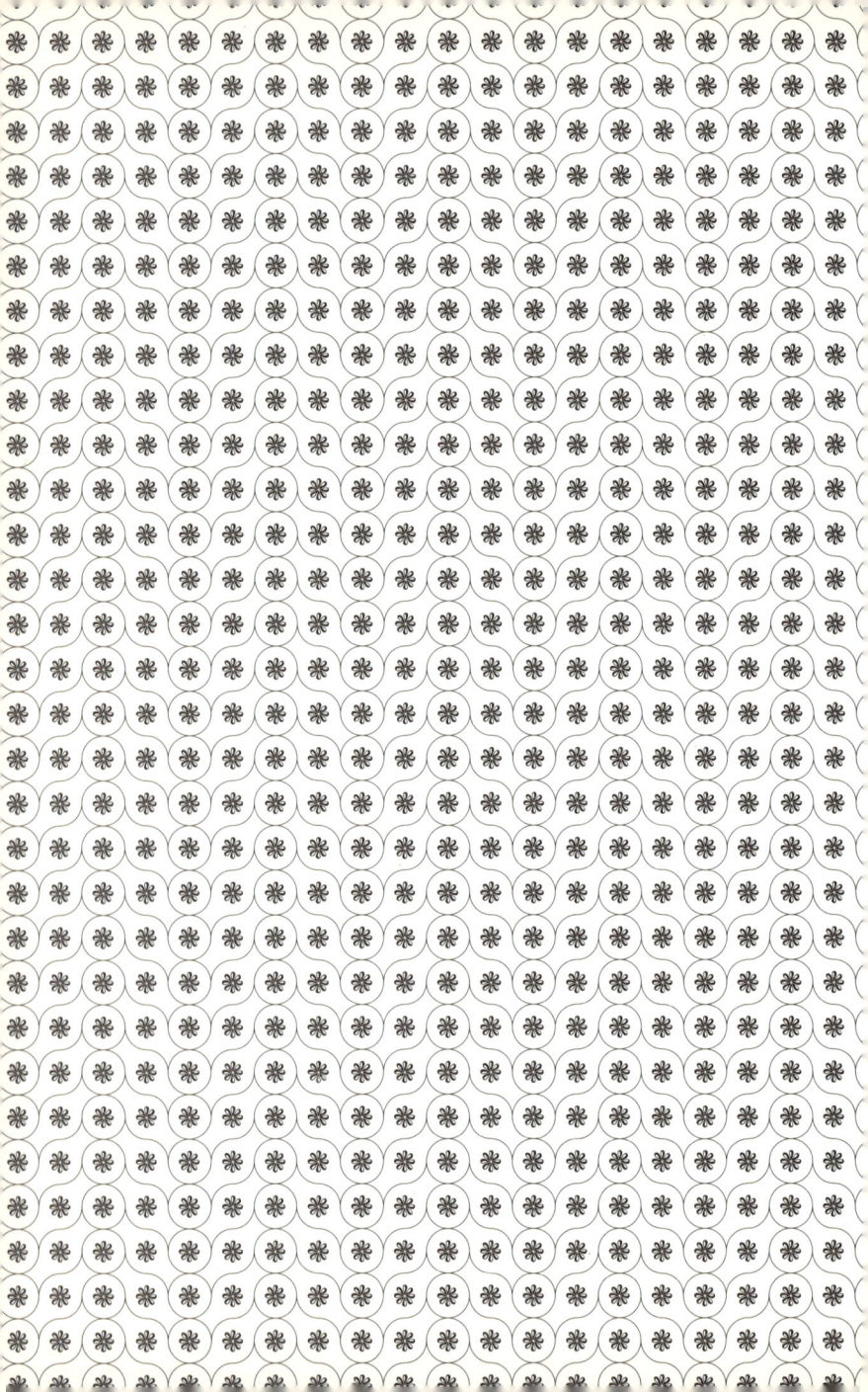

# INHALT

*INHALT*

INHALT

# VORWORT

Dieses Buch richtet sich nicht an eine spezielle Frau, aber an eine besondere. Und das sind Sie hoffentlich. Wenn Sie ein Mann sind, freuen wir uns natürlich auch, denn Männer, die sich Bücher kaufen und für Frauen interessieren, sind etwas Wunderbares. Und wenn Du ein Kind bist, schau dir die Bilder an und warte mit manchen Kapiteln lieber noch ein paar Jahre.

Aber zurück zu den Frauen: Es ist nicht immer leicht, eine von ihnen zu sein. Sehr oft ist Frausein allerdings das Beste, was einem passieren kann, und eine Herausforderung ist es allemal. Offenbar eine solche Herausforderung, dass es unzählige Bücher gibt, die Frauen erzählen, was sie wissen und können müssen und was für sie ausschlaggebend sein sollte: Hausfrauen-, Ehe-, Kinder-, Karriere-, Psycho- und Wie-kriege-ich-einen-Mann-Ratgeber – das Angebot ist riesig. Die Nachfrage aber offensichtlich auch. Denn: Sind nicht Frauen diejenigen, die am liebsten alles wissen würden und die niemals genug kriegen, vor allem dann nicht, wenn es um wirklich brauchbare Informationen geht? Ja, lautete unsere Antwort, also her mit einem neuen Buch. Aber diesmal bitte von uns.

Den Anspruch, der Frau jetzt einmal alles in nur einem Buch zu erzählen, haben wir natürlich zu keiner Zeit gehabt. Erstens, weil wir Realistinnen sind, und zweitens, weil sich sehr viele sehr unterschiedliche Frauen für die verschiedensten Dinge interessieren. Wir haben uns den Themen zugewandt, an denen man unserer Meinung nach als Frau nur schwer vorbeikommt und sagen Ihnen gleich vorab: Dieses Buch ist mit viel mehr subjektiver als vermeintlich objektiver Verve geschrieben, und das mit voller Absicht.

Was die von uns angesprochenen Frauen eint, ist Neugier, Selbstironie und eine gewisse Grundflexibilität: Wenn Sie denken, dass die Emanzipation der Frau auf dem Spiel steht, wenn man sich eine tolle, selbstgemachte Möbelpolitur mixt, dann ist dieses Buch nichts für Sie. Wenn Sie es unschicklich finden, über garantierte Orgasmen zu forschen, dann auch. Wenn Sie glauben, dass Frauen von Natur aus kochen können, sind Sie hier an der falschen Adresse, und wenn Sie meinen, dass Kochrezepte nur für Heimchen am Herd interessant sind, ebenfalls. Außerdem wissen wir, und Sie natürlich auch, dass der Mann in den Männerkapiteln ebenso durch eine Partnerin ersetzt werden kann, und dass auch dann die Freuden und Probleme, die eine Partnerschaft so mit sich bringt, oft dieselben bleiben.

Dies ist ein Buch für eine Frau, die sehr aktiv durchs Leben geht und die sehr viele Dinge kann, kennt, tut, lernt, manchmal auch nicht tut, dann aber darüber lacht – kurz, die wir mögen. Hätten wir diese vielschichtige und sympathische Adressatin nicht gefunden, gäbe es dieses Buch nicht. Hätten wir unsere Expertinnen und Experten nicht gehabt, gäbe es dieses Buch ebenfalls nicht. Ihnen und den vielen inspirierenden und mitdenkenden Leuten in unserem Umfeld gebührt unser Dank. Dass wir beim Recherchieren und beim Schreiben viel gelernt und auch sehr viel gelacht haben, merkt man diesem Buch hoffentlich an. Wir wünschen uns, dass es Ihnen beim Lesen genauso geht.

*Heike Blümner & Jacqueline Thomae*

# DIE FRAU AM START

Der Gedanke mag Ihnen nicht gefallen, aber ob Sie ein Mädchen werden oder nicht, liegt einzig und allein an einem Mann, nämlich Ihrem Vater in spe beziehungsweise an seinem Sperma. Die Sache ist nämlich so: Das Geschlecht des Kindes wird durch die Geschlechtschromosomen der Eltern bestimmt. Es gibt nur zwei unterschiedliche Chromosomen, das X- und das Y-Chromosom und jeder Mensch trägt insgesamt zwei davon in sich. Mädchen haben zwei X- Chromosomen und Jungs ein X- und ein Y- Chromosom. Die Eizelle der Mutter, aus der das Baby entsteht, trägt immer ein X-Chromosom in sich.

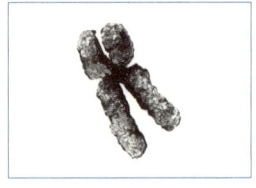

*Lassen Sie sich kein X- für ein Y-Chromosom vormachen.*

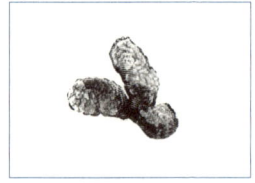

Spermien verfügen in ihrem Kern entweder über ein X- oder über ein Y-Chromosom. Je nachdem, welches Spermium das Rennen macht, kommt dabei ein Mädchen (XX) oder ein Junge (XY) heraus. Die Frage, ob durch bestimmte Maßnahmen vor und während der Zeugung Einfluss auf das Geschlecht eines Kindes genommen werden kann, treibt seit Menschengedenken Eltern, Forscher und Ärzte um. Auch wenn Ihr Wunsch, lieber Mädchen als Junge werden zu wollen, absolut nachvollziehbar ist, so muss leider doch gesagt werden, dass es keinen garantierten Trick gibt, wie Sie diesen erstrebenswerten Zustand erreichen, beziehungsweise, was Ihre Eltern dafür tun können. Die Welt der Wissenschaft sagt mehrheitlich, dass eine hundertprozentige Einflussnahme auf das Geschlecht nicht möglich ist. Allerdings wurden in jüngster Zeit bei verschiedenen Untersuchungen zumindest Faktoren gefunden, die dazu führten, dass mehrheitlich Mädchen oder Jungen zur Welt kamen. Wenn Ihre Eltern also etwas nachhelfen wollen, können Sie aus einer Flut von mehr oder weniger seriösen Praktiken schöpfen.

A **DER ZEITPUNKT DER ZEUGUNG** Der amerikanische Arzt Landrum Shettles und seine Theorien zur Einflussnahme auf das Geschlecht eines Kindes sind wissenschaftlich umstritten, aber nichtsdestotrotz populär. Shettles behauptet, dass die Spermien, die das X-, also das weibliche Chromosom in sich tragen, insgesamt größer, stärker und langsamer sind als die männlichen Y-Chromosom-Spermien, die er für schwächer, kleiner, aber schneller hält. Küchenmedizinisch ausgedrückt heißt das, dass weibliche Spermien die Volvos, männliche Spermien dagegen eher die Alfa Romeo Spiders unter den Spermien sind. Eine weibliche Eizelle ist nämlich nur 6–24 Stunden überhaupt befruchtbar. Wenn Sie also ein Mädchen werden wollen, sollten Ihre Eltern laut Shettles einige Zeit – ein bis drei Tage – vor dem Eisprung Sex haben, denn zum Zeitpunkt des Eisprungs würden die Alfas dann schon verrostet im Graben liegen, während die Volvos seelenruhig um die Eizelle fahren, in der Hoffnung, dass diese die Tore öffnet und der Wagen in die Garage gebracht werden kann.

B **DIE ERNÄHRUNG** Laut einer neuen britischen Studie von Biowissenschaftlern der Universitäten Exeter und Oxford nimmt die Wahrscheinlichkeit zu, ein Mädchen zu bekommen, je karger sich eine Frau ernährt. Jungs lieben es satt und proper, sie machen sich eher auf den Weg, wenn Frauen sich ausgewogen und nährstoffreich ernähren. In anderen Studien wurde beobachtet, dass mehr Mädchen in Krisenzeiten auf die Welt kommen. Ob es eine gute Idee ist, sich vor einer geplanten Mädchen-Schwangerschaft absichtlich kalorien- und vitaminarm zu ernähren und sich bewusst psychischem Stress auszusetzen, sei einmal dahingestellt.

C **SELTSAMER QUATSCH UND HOKUSPOKUS** Wer beim Thema „Mädchen werden" wirklich alle Register ziehen will, der sollte sich esoterische Eltern aussuchen. Für sie halten Scharlatane und auch das Internet unzählige absurde bis beängstigende Tipps bereit. Oben bereits erwähnter Landrum Shettles empfiehlt Männern zusätzlich, vor dem Sex ein heißes Bad zu nehmen, wenn sie ein Mädchen wollen. Außerdem rät er bei Mädchenwunsch zur Missionarstellung ohne Orgasmus, da dabei das Sperma einen längeren Weg zur Eizelle zurücklegen muss und durch den nicht vorhandenen Orgasmus der Frau das Scheidenmilieu im sauren Bereich bleibt, was die männlichen Spermien nicht so gut vertragen. Der französische Arzt François Papa empfiehlt zur Beeinflussung des sauren Scheidenmilieus eine kalzium- und magnesiumreiche Nahrung, die auf Fleisch, Käse, Butter, Milch und Nüssen basiert. In den fünfziger Jahren stellte der Arzt Eugen Jonas eine komplizierte Mondphasen-Theorie auf. Bei ihr, wie auch bei den aztekischen Numerologietabellen, benötigt man nicht nur den festen Glauben an das Übersinnliche, sondern auch einen Astronomie-, Astrologie- und Mathematik-Grundkurs, sonst ist der Eisprung vorbei, bevor Sie die relevante Mondphase ausgerechnet haben.

# 002        ÜBERALL REINKOMMEN

Eine schlaue Frau steht niemals vor verschlossenen Türen. Sie geht aber auch nicht prinzipiell mit dem Kopf durch die Wand. Wer überall reinkommen will, braucht keine Ausbildung beim Sondereinsatzkommando der Polizei. Brachial zu sein ist in den wenigsten Fällen erfolgreich. Mit Fingerspitzengefühl, Köpfchen und einem gewissen schauspielerischen Talent überspringen Sie jedoch Hürden des Lebens mit einer Leichtigkeit wie gedopte Pferde die Hindernisse im Wettkampf.

A ***IN DIE WOHNUNG REINKOMMEN*** Die Tür ist zu, und Sie stehen davor. Der Schlüssel liegt drinnen, und Sie stehen draußen. Jetzt ist Ihre Chance gekommen, sich mit einer Aura der Lässigkeit zu umgeben, wie die Protagonisten in einem dieser amerikanischen Krimis. Dazu müssen Sie lediglich in einer Altbauwohnung mit originalen Türen wohnen, die vor den dreißiger Jahren gebaut wurden – und die Tür darf nicht abgeschlossen sein. Dann können Sie die Tür tatsächlich mit der Kreditkarte öffnen. Entscheidend für diesen Trick ist, wie Ihre Haustür an der schmalen Innenseite aussieht. Das

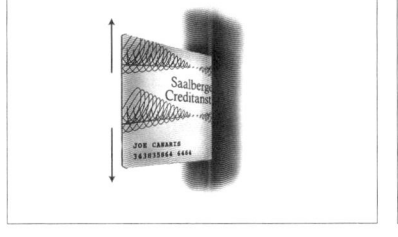

• • •

*Krimireif:*

*Die Tür mit einer Kreditkarte*

*öffnen.*

• • •

sollten Sie natürlich vorher schon einmal überprüft haben. Wenn die Innenseite ganz glatt ist, können Sie jetzt versuchen, mit einer Kredit- oder ähnlich starken Plastikkarte durch den Schlitz zum Schnappverschluss vorzudringen und diesen mit Feingefühl zurückzudrücken.

Die Bauhausära erfand Türen, die mit Kreditkarten nicht mehr zu öffnen sind, obwohl es damals noch keine Kreditkarten gab, was als weiterer Beweis gewertet werden kann, dass dieser Baustil visionär war. Seit dieser Zeit haben in Deutschland die Türen an den Innenseiten noch ein paar kleine, treppenähnliche Stufen. Sie müssten mit Ihrer Kreditkarte also um die Ecke biegen können, um den Schnappverschluss reinzudrücken, was meist erfolglos ist und das sichere Ende Ihrer Kreditkarte bedeuten würde.

Für den Fall, dass Sie in einem neueren Haus wohnen oder für den Fall, dass Sie vor abgeschlossener Tür stehen, rufen Sie den Schlüsseldienst. Als Alternative könnten Sie versuchen, die Tür einzutreten. Das wäre in jedem Fall bemerkenswert und auf gewisse Weise ebenfalls krimireif. Sie wissen allerdings natürlich, dass der Showeffekt schnell verpufft, und was bleibt, ist eine schrottreife Tür. Deshalb seien Sie vernünftig und rufen Sie den Schlüsseldienst. Schlüsseldienste sind bekanntlich die Wucherer der Neuzeit, deshalb seien Sie auch hier vernünftig und rufen Sie den Schlüsseldienst nachts oder am Wochenende nur, wenn es absolut unausweichlich ist. Sie könnten in einem angenehmen Hotel übernachten und am nächsten Werktag den Schlüsseldienst rufen und kämen vermutlich günstiger dabei weg, als wenn Sie den Dienst nachts anrufen. Oder Sie übernachten bei Freunden. Wichtig ist nur, den Schlüsseldienst zu den gängigen Arbeitszeiten zu beanspruchen, um finanziell einigermaßen ungeschoren davonzukommen. Achten Sie bei der Wahl Ihres Schlüsseldienstes auch darauf, dass es sich um einen Handwerksbetrieb aus Ihrer Nähe handelt, denn anders als irgendeine große Türöffnerkette hat Ihr freundlicher Nachbarbetrieb ein Interesse daran, dass Sie Gutes über ihn denken, ihn empfehlen oder bei anderen Problemen auf ihn zurückkommen.

B **IN DEN CLUB REINKOMMEN** Die Tür ist auf, aber Sie kommen nicht rein. Das muss nicht sein. An Ihnen vorbei schreiten erwartungsvolle und amüsierwütige Nachtgestalten. Wenn es bereits so weit gekommen ist, ist die Sache für diesen Abend höchstwahrscheinlich gelaufen. Wenn Sie jetzt noch anfangen, mit dem Türsteher zu diskutieren, wird der sich Ihr Gesicht merken und die Sache ist höchstwahrscheinlich für immer gelaufen. Schlau ist es also, sich im Vorhinein einen Plan zurechtzulegen und erst dann Augenkontakt zum Türsteher zu suchen. Hochstapeln, schummeln und auch lügen, dazu sollten Sie unter Umständen bereit sein.

Bis heute ist beispielsweise nicht geklärt, wie genau die Türpolitik beim legendären New Yorker „Studio 54" funktionierte. Deshalb standen jeden Abend Hunderte verzweifelter Menschen in der Schlange und versuchten, die Türsteher mit einer Geschichte, einem Kostüm, hysterischen Anfällen oder mit Geld gnädig zu stimmen. Einmal, so erinnert sich ein ehemaliger Gast, zog sich eine Frau vor den Türstehern aus. Die kam dann auch rein. Damit es nicht so weit kommen muss, sollten Sie als Frau zunächst an Ihrer bekleideten Erscheinung feilen, denn echte oder halbe Prominenz, vermeintlicher Status und zur Schau gestellter Reichtum sind zwar in Ordnung, aber auch kein Garant, in einen Club zu kommen, vor allem nicht in einen wirklich guten Club.

Gut aussehende Frauen sind in der Regel willkommenere Gäste. Ein Club ist keine Eliteuniversität, deshalb sind Modelmaße, ein ausgefallener Look und möglichst wenige Männer im Schlepptau grundsätzlich von Vorteil. Das Wichtigste jedoch ist Ihre Ausstrahlung und Ihre Überzeugungskraft. Treten Sie so auf, als hätten Sie sich selbst im Traum noch nie die Frage gestellt, ob Sie zu diesem erlauchten Kreis nicht zugelassen werden könnten. In dem Moment, in dem Sie vor den Türsteher treten, müssen Sie selbst daran glauben, dass Sie das It-Girl dieser Party sind und sich so verhalten, also cool, locker und entspannt.

Wenn Sie es nicht schaffen, Ihr gefühltes It-Girl an die Oberfläche zu transportieren, oder es sich um eine wirklich geschlossene Gesellschaft handelt, müssen Sie zu drastischeren Maßnahmen übergehen. Da auf guten Partys auch hin und wieder Gesetze gebrochen werden, sollten auch Sie nicht zögern, sich unlauter zu verhalten. Ihr Ziel dabei ist die Gästeliste. Wenn Sie es schaffen, glaubhaft zu vermitteln, dass Sie „eine Freundin" des

*Manchmal reicht ein Blick*
*auf die Gästeliste:*
*Sagen Sie nicht, Sie sind Bert,*
*wenn Sie aussehen*
*wie Cindy.*

DJs sind und es dann noch schaffen, charmant erstaunt zu sein, dass Sie nicht auf seiner Liste stehen, könnte es klappen. Charmant sein heißt aber nicht flirten, denn das hat bei Türstehern oft den gegenteiligen Effekt. Flirten Sie – wenn überhaupt – mit jemandem, der aussieht, als käme er problemlos rein, dann nimmt er Sie vielleicht mit.

Für die folgende Methode brauchen Sie noch mehr Mut und einen äußerst triftigen Grund, der es rechtfertigt, eine andere Frau ihres potentiellen Vergnügens zu berauben: Schreiten Sie selbstbewusst zum Tisch oder Tresen, auf dem die Gästeliste liegt, dort stellen Sie sich an und werfen unauffällig einen schnellen Blick auf die Namen. Suchen Sie sich einen aus, der nicht durchgestrichen ist und nennen Sie ihn. Sie sind jetzt drin. Es sei denn, die Person, deren Namens Sie sich bedienen, stand direkt hinter Ihnen oder ist eine Freundin des Türstehers. Unter Umständen kann es auch beim Herauskommen Probleme geben, aber das ist dann egal, denn Sie haben Ihren Spaß gehabt.

c **INS INTERNET REINKOMMEN** Nicht ins Internet reinzukommen, ist sehr nervig und nur manchmal mit Kreditkarten, aber fast nie mit selbstbewusstem, glamourösem Auftreten zu lösen. Die erste Frage, die Sie sich beantworten müssen, ist die, ob Ihr PC über Kabel oder über Funk mit dem Netzwerk verbunden ist. Wenn Sie per Kabel, also über LAN ins Internet wollen, schauen Sie, ob das Kabel wirklich fest in Ihrem Computer oder in der Telefonleitung steckt. Oft ist das der einzige Grund für die fehlende Verbindung, und es ist sinnvoll, danach zu schauen, bevor Sie Ihren Computer auseinanderschrauben.

Handelt es sich um ein anderes Problem, ist die Lösung komplizierter. Es gibt eine Unzahl an Ratgebern für die vielfältigen Probleme und Tricks, die in den Regalen der Buchhandlungen Kilometer füllen, deshalb seien hier allein die gängigsten Probleme erklärt.

Bei kabelloser Verbindung, auch W-LAN genannt, müssen Sie meist eine so genannte Verschlüsselung aktivieren. Dazu geben Sie einen Schlüssel ein. Den haben Sie sich irgendwo notiert (doch, haben Sie!). Klären Sie, ob Sie sich bei der WEP- oder der WPA-Verschlüsselung vertippt haben. Bei der aussterbenden Spezies der WEP-Codes kann so etwas schnell passieren, weil es sich dabei um einen dreizehnstelligen Hexadezimalcode handelt. Wenn Sie im Internetcafé sitzen und nichts mehr geht, könnte es außerdem gut sein, dass die Leitung einfach überlastet ist und Ihre Anfragen an Ihren E-Mail-Server nicht mehr oder nur teilweise ankommen.

Sollten aber alle Verbindungen und Stecker zweifelsfrei stecken und stehen, dann klicken Sie mit der Maus auf *Start* und *Ausführen* und tippen Sie *cmd* ein. In der Folge wird sich ein DOS-Fenster öffnen. Geben Sie *ipconfig/all* ein und drücken Sie *Enter*. Sie erhalten eine Reihe von Nummern. Nun müssen Sie schauen, ob dort eine sinnvolle oder nicht sinnvolle Nummer steht. Nicht sinnvolle Nummern beginnen mit 169, die weist sich der Computer selbst zu, wenn er nichts Besseres bekommt. Eine sinnvolle

Nummer beginnt zum Beispiel mit 192.168. Der Befehl *ipconfig/all* hat auch eine IP-Adresse (diese Nummern eben) ergeben, die hinter dem Standardgateway steht. Geben sie jetzt *ping XXX.XXX.XXX.XXX* ein (die X stehen für Ihre 12stellige Gatewayadresse, auch Router genannt).

Ein „ping" fragt den Router, ob er da ist. Wenn der Router sich meldet, ist alles super, Sie stehen vor der Tür. Jetzt noch ein ping auf so etwas wie www.sueddeutsche.de. Sollte es wieder eine Antwort geben, wieder alles super, jetzt sind Sie drin. Wenn Sie nur bis zum Gateway kommen, steht vermutlich Quatsch in Ihrem DNS-Server. Gehen Sie auf „Netzwerk Konfiguration" (Start/Einstellungen/Netzwerkverbindung und die entsprechende auswählen, Eigenschaften/Doppelklick auf Internetprotokoll) und geben Sie testweise bei DNS folgende IP Adresse ein: 213.73.102.1. Danach sollte es nun endlich klappen.

Wenn es nicht funktioniert, kaufen Sie nicht einen der unzähligen Ratgeber – rufen Sie einfach jemanden an, der die Ratgeber gelesen hat und sich mit Computern wirklich auskennt.

# 003 ⸺ KRAULEN KÖNNEN

Wenn Sie bei Kraulen und Schmetterling als Erstes an die Nackenmassage Ihres Partners denken, dann könnte das daran liegen, dass Sie eher der Brustschwimmtyp sind. Wobei Schwimmtechnik eigentlich keine Typenfrage ist und Frauen natürlich genauso gut kraulen können wie Männer. Vielen Frauen wurde das Kraulen im Sportunterricht beigebracht, aber anders als zum Beispiel Fahrrad fahren, verlernt man Kraulen, wenn man es nicht regelmäßig trainiert und das gemütlichere Brustschwimmen bevorzugt. Die Bewegungsabläufe beim Kraulen und Brustschwimmen sind völlig unterschiedlich. Kraulen ist eine Fortbewegungsart, bei der die Kraft aus dem Rumpf kommen muss, daher haben Erwachsene es im Gegensatz zu Kindern in der Anfängerphase schwerer, den Körper zu koordinieren. Kinder schleppen eben noch keine so schweren Beine und Arme mit sich herum.

Wenn Sie genug haben vom lahmen Brustschwimmen und endlich auch einmal wie ein Pfeil durchs Wasser schießen wollen, können Sie auch als Erwachsene noch das Kraulen lernen. Die meisten öffentlichen Bäder bieten Schwimmkurse für Erwachsene an, und in jeder Stadt finden sich Schwimmlehrer, die sich auf Einzelunterricht spezialisiert haben. Oft genügt es, nur die Erinnerung an die Bewegungsabläufe wieder zu aktivieren. In der Regel sollten Sie aber mindestens drei Stunden veranschlagen, um das alte Kraulpotential wieder zu aktivieren. Nichtschwimmer, die erst als Erwachsene einsteigen, brauchen dafür in jedem Fall länger.

*DIE TECHNIK* Kraulen heißt korrekt *Kraulschwimmen* und ist die schnellste Art, sich im Wasser vorwärts zu bewegen. Der Körper des Schwimmers liegt horizontal bis leicht seitlich im Wasser. Das Gesicht ist meistens unter Wasser und erscheint nur nach Bedarf zum Luftholen seitlich oberhalb des Wasserspiegels. Die Schwierigkeit beim Kraulen liegt in der Koordination der unterschiedlichen Bewegungsabläufe von Armen und Beinen. Die Beine treiben den Schwimmer von hinten ununterbrochen mit einer kräftigen Paddelbewegung, Beinschlag genannt, an – diese Bewegung dient in erster Linie der Stabilisierung. Die Arme werden abwechselnd in runden, kreisenden Bewegungen am Kopf vorbeigezogen und drängen das Wasser nach hinten weg.

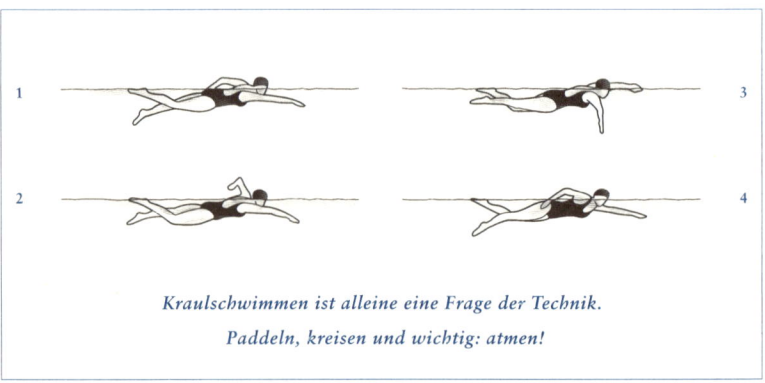

*Kraulschwimmen ist alleine eine Frage der Technik.*
*Paddeln, kreisen und wichtig: atmen!*

Autos, die nicht anspringen, weil die Batterie leer ist, gehören zu einer aussterbenden Spezies. Früher, als die Winter noch kälter und die Batterien und Motoren empfindlicher waren, gehörte der Sound von bellenden Motoren beim morgendlichen Aufwachen zum sicheren Indikator, dass über Nacht der Winter hereingebrochen war. Da Autos immer robuster und die Winter immer wärmer werden, gehört dieses Geräusch in die Nostalgieecke.

Dennoch können alle Ingenieure der Welt nicht gegen den Fakt ankonstruieren, dass jede Batterie irgendwann einmal leer ist. Und häufig führen auch andere kleinere Defekte dazu, dass der Batterie der Saft ausgeht. Der Klang des stotternden Motors löst in Ihnen dann sicherlich keine Sentimentalitäten, sondern einen inneren oder äußeren Wutanfall aus, denn bestimmt müssen Sie gerade jetzt ganz dringend irgendwo hin.

A *AUTO ANSCHIEBEN MIT HELFERN* Die klassische Methode: Suchen Sie sich so viele Helfer wie möglich und lassen Sie anschieben. Dazu nehmen Sie zunächst den Gang heraus und drehen den Zündschlüssel, Sie schalten also die Zündung ein. Wenn der Wagen Fahrt aufgenommen hat, schalten Sie in den zweiten Gang und lassen die Kupplung langsam kommen. Achtung: Automatikwagen können nicht auf diese Art zum Laufen gebracht werden. Bei Autos, die einen Katalysator habe, sollten Sie das Anschieben nicht allzu oft hintereinander versuchen. Bei mehrmaligen erfolglosen Versuchen sollten Sie davon ablassen, weil sonst Kraftstoff in den Katalysator gelangt und dieser kaputtgeht.

B *AUTO ANSCHIEBEN OHNE HELFER* Für diese Methode muss Ihr Auto an einer abschüssigen Straße stehen und im Prinzip funktioniert alles genauso wie mit Helfern. Wenn Sie den Zündschlüssel umgedreht und den Gang herausgenommen haben, schieben Sie den Wagen an – und zwar natürlich nicht von hinten, sondern auf jeden Fall von der Seite, direkt hinter der geöffneten Fahrertür. Sobald der Wagen rollt, springen Sie auf den Fahrersitz, schließen die Tür, hauen den zweiten Gang rein und lassen die Kupplung langsam kommen. Diese Methode wirkt, wenn sie beherrscht wird, sehr souverän. Wenn sie nicht beherrscht wird, wirkt sie sehr wenig souverän und kann in einem Blechdesaster oder Schlimmerem enden. Das ist dann schon jenseits von Slapstick. Wenn Sie auch sonst eher unsportlich sind oder Highheels tragen, rufen Sie sich lieber ein Taxi oder lassen Sie sich Starthilfe geben.

c **STARTHILFE GEBEN** Hierbei handelt es sich um die sichere Methode. Sie müssen gegebenenfalls auf den ADAC oder auf ein Taxi warten – man kann tatsächlich ein Taxi anrufen, damit der Fahrer Starthilfe gibt. Vielleicht haben Sie aber auch einen Freund in der Nähe, der Ihren Wagen mit seinem Wagen wieder auf Touren bringt. Kontaktfreudige oder sehr verzweifelte Frauen können auch einfach einen anderen Autobesitzer auf der Straße ansprechen. Für ein Taxi zahlen Sie in jedem Fall schon einmal um die 20 Euro für Anfahrt und Hilfe.

Sie brauchen für die Starthilfe Überbrückungskabel, die im Baumarkt oder an der Tankstelle um die 10 Euro kosten und Ihnen oder auch anderen liegengebliebenen Autofahrern gute Dienste leisten können. Als Erstes drehen Sie, anders als beim Anschieben, den Schlüssel auf Null. Fahren Sie mit dem zweiten Auto so nah an Ihr Auto heran, dass Sie die Kabel von Motor zu Motor problemlos und nicht zu stramm miteinander verbinden können. Auch der Motor des zweiten Fahrzeugs sollte zu diesem Zeitpunkt komplett abgeschaltet sein. Die Fahrzeuge sollten einander auch nicht berühren. Beachten Sie auch, dass Ihre Batterie und die Ihres Starthelfers identische Voltzahlen haben müssen. Die meisten PKW haben eine 12-Volt-Batterie, Autos, die vor 1950 gebaut wurden, haben 6-Volt-, LKW 24-Volt-Batterien. Ein LKW kann also einem PKW keine Starthilfe geben. Es gibt zwei Starthilfekabel. Das rote verbindet die beiden Pluspole, das schwarze ist für die Minuspole der beiden Batterien. Zuerst verbinden Sie den Pluspol der Starthelfer-Batterie mit dem Pluspol Ihrer Batterie. Bei älteren Wagentypen (bis Mitte der neunziger Jahre) verbinden Sie nun die Klemme des schwarzen Kabels mit dem Minuspol der Batterie des Starthelfers und dann mit dem Minuspol Ihrer Batterie. Bei jüngeren Modellen sollte der Minuspol grundsätzlich nur an den beiden Querträgern vorne (das ist das Ding, in dem der Stützpin für die Motorhaube eingelassen ist) angebracht werden, sonst kann es zu Problemen mit der empfindlichen Elektrik des Wagens kommen.

Zuerst wird nun der Motor des Fahrzeugs gestartet, das Starhilfe leistet. Der Fahrer muss im Leerlauf Gas geben, so dass es hochtourig klingt. Dann wird der Wagen mit der leeren Batterie gestartet. Während des Startversuchs dürfen Sie niemals die Klemmen berühren oder bewegen, da es zur Funkenbildung kommen kann. Das kann auch passieren, wenn Sie die Kabel falsch angelegt haben. Im schlimmsten Fall wird dadurch das Knallgas entzündet, das sich in der Batterie befindet. Knallgas kennen Sie vielleicht noch aus dem Chemieunterricht, wo freche Jungs damit lustige Streiche machten. Funken, Knallgas und eine säuregeladene Batterie sind aber nicht lustig, sondern explosiv und ätzend. Sollten Sie in irgendeiner Form mit Batteriesäure in Kontakt kommen, suchen Sie einen Arzt auf.

Da Ihr Wagen jetzt aber vermutlich wieder läuft, nehmen Sie die Kabel wieder ab und zwar in umgekehrter Reihenfolge wie bei der Anbringung, also erst in Ihrem Wagen und dann im Starthilfe-Wagen. Wenn es beim ersten Mal nicht klappt, wiederholen Sie den Vorgang so lange, bis es funktioniert. Wenn es gar nicht funktioniert, brauchen Sie womöglich eine neue Batterie oder es handelt sich um ein schlimmeres Übel.

# 005              KICKSTARTEN

Ein Kickstart wirkt dann am besten, wenn er ganz selbstverständlich aus der Hüfte kommt, während Sie sich beispielsweise nebenher noch von Ihrer italienischen Sommerliebe verabschieden. In diesem Fall würden Sie zum Beispiel auf einer Vespa sitzen. Es spricht nichts dagegen, für einen Start per Fuß mehrere Anläufe zu nehmen, mit einem einzigen Tritt sieht es aber einfach besser aus. Mit ganz dünnen, kraftlosen Spargelbeinchen werden Sie sicherlich trotz bestem Willen Probleme bekommen. Aber wie bei so vielen vermeintlichen Kraftakten geht es auch hier primär um Konzentration und Technik (siehe Kapitel *Die Frau in der Krise*, Rubrik *Einen Angriff abwehren)*.

A **KICKSTART BEI ÄLTEREN ROLLERN** Drehen Sie den Benzinhahn auf und gehen Sie in den Leerlauf. Falls ein Zündschloss vorhanden ist, schalten Sie die Zündung ein. Treten Sie jetzt mit einem kräftigen, einmaligen Ruck nach unten und zwar mit der Ferse. Wenn es nicht geklappt hat, den Fuß nach dem ersten Versuch vom Kickstarter nehmen, damit dieser wieder in seine Ausgangsposition gehen kann. Sobald der Motor läuft, geben Sie ein wenig Gas, um ein Wiederausgehen des Motors zu verhindern.

B **KICKSTART BEI JÜNGEREN ROLLERN MIT ELEKTROSTARTER** Bei modernen Rollern läuft eigentlich alles per Knopfdruck über Elektrostarter. Der Kickstarter ist hier nur ein Notfall- oder Angeber-Tool, falls Sie sich in Szene setzen wollen. Stellen Sie den Zündschlüssel in die An-Position und halten Sie die Bremse, denn die modernen Roller sind automatikbetrieben. Und jetzt, genau wie in der guten alten Zeit, treten Sie den Fuß beziehungsweise die Ferse kraftvoll nach unten.

Sie sehen, beim Kickstart von Rollern geht es im Wesentlichen um eins: einfach drauftreten.

C **KICKSTART BEI MOTORRÄDERN** Hier wird es ein wenig komplizierter. Motorräder haben meist größere Motoren als Roller, es ist oft schwieriger, sie mit dem Kickstarter im Gang zu bringen. Bei einem Ein-Zylinder-Motorrad ist es zum Beispiel so, dass Sie zunächst den Kolben an den oberen Totpunkt bringen müssen. Er steht dann im Zylinder ganz oben. Das bewerkstelligen Sie, indem Sie den Kickstarter vorsichtig und langsam nach unten durchtreten, er bewegt dann den Kolben im Zylinder. Oft gibt es am Zylinder eine kleine Hilfe, ein winziges Fenster, in dem ein weißer Punkt erscheint, wenn Sie den oberen Totpunkt erreicht haben. Sie tragen nun unbedingt flache Schuhe. Befindet sich der Kolben in der gewünschten Position, springen Sie hoch und lassen sich mit Ihrem ganzen Gewicht nach unten fallen, dabei tritt Ihr rechtes Bein den Kickstarter nach unten durch, und zwar mit Wucht. Wenn Sie den Kolben zuvor nicht an den oberen Totpunkt gebracht haben, wird Ihnen der Kickstarter übel mitspielen – er schlägt zurück. Wenn Sie Glück haben, schlägt er Ihnen bloß in die Wade. Wenn Sie Pech haben, schlägt er Ihnen sehr fest in die Wade, vielleicht hebt er Sie auch von der Maschine, wenn Sie immer noch fest auf dem Kickstarter stehen, bevor er zurückschlägt. Nun kommt dazu, dass es als überaus unlässig gilt, den Kolben mittels des weißen Punktes auszurichten, der in dem kleinen Fenster erscheint. Man richtet ihn nach Gefühl aus, und manchmal trügt einen das Gefühl. Jeder Kickstart ist also ein kleines Risiko, wenn Sie so wollen: ein kleiner Kick. Überlegen Sie sich gut, ob Sie sich das antun wollen. Kickstarter dieser Art sind eher etwas für zu junge Männer, die meinen, sich auf diese Weise beweisen zu können. Unbedingt sollen auch Frauen Motorrad fahren, aber ein Elektrostarter ist die bessere Wahl. Männer, die sich beim Kickstarten das Wadenbein gebrochen haben, sehen das genauso.

# 006         DEN IRONMAN MACHEN

Es gibt sie, die Methode, acht Kilo an einem Tag zu verlieren. Sie starten morgens um sieben Uhr und schwimmen 3,8 Kilometer. Danach geht es aufs Fahrrad, mit dem Sie 180 Kilometer zurücklegen müssen. Im Anschluss laufen Sie einen Marathon, legen also eine Strecke von 42,195 Kilometer zurück. Fertig. Hierbei handelt es sich nicht um eine weitere besonders absurde Diät (vgl. Kapitel *Die Frau im Spiegel*, Rubrik *Absurde Diäten*), sondern so sähe Ihre Teilnahme an einem Ironman-Wettbewerb aus. Wenn Sie eine Triathlonkanone sind, schaffen Sie das in neun bis zwölf Stunden. Den Ironman „gefinished", also geschafft, haben alle, die vor 23 Uhr, also in mindestens 16 Stunden im Ziel ankommen.

Auch wenn Sie die vergangenen Jahre abwechselnd auf einem Bürostuhl und einem Sofa verbracht haben, besteht noch Hoffnung. Triathlon ist kein klassisches Ballett, wo man mit 32 Jahren als alte Dame gilt. Bei der deutschen Ironman-Championship 2007 in Frankfurt a.M. waren die 35- bis 39-Jährigen die am stärksten vertretene Altersgruppe bei den Frauen. Im Jahr 2008 sogar die 40- bis 44-Jährigen. Das Durchschnittsalter der startenden Frauen liegt bei 38 Jahren. Die älteste Teilnehmerin beim Ironman auf Hawaii im Jahr 2007 war die 77-jährige Schwester Madonna Buder, eine amerikanische Nonne, die im Alter von 49 Jahren mit dem Laufen begann und die mittlerweile über 30 Ironman-Wettbewerbe auf dem Buckel hat.

A **ZUALLERERST** Gute Laufschuhe brauchen Sie selbst als Ab-und-zu-Joggerin. Neben der Sportkleidung für die drei Disziplinen sollten Sie sich ein Top-Rennrad zulegen, für das Sie mit 2000 Euro aufwärts rechnen müssen. Die Startgebühr in Frankfurt a.M. betrug 2008 360 Euro, die für Hawaii belief sich auf 475 Dollar – bar am Ort zu zahlen. Wenn Sie keinen Sponsor haben, kommen natürlich noch Flug und Übernachtungskosten hinzu. Die Hauptinvestition besteht allerdings aus Ihrer Freizeit, die Sie dem eisernen Kampf gegen die Trägheit widmen werden.

*Schwimmen, Radeln, Laufen – das ist der Ironman.*

B **VORHER** Wie Sie sich sicherlich vorstellen können, sind die verlorenen acht Kilo ein Nebeneffekt des Ironmans und entstehen in erster Linie durch Flüssigkeitsverlust. Da der Weg zu diesem Wettbewerb aus härtestem Training besteht, muss sich eine Ironman-Frau normalerweise keine Gedanken um ihre Figur machen. Schwimmen, Radfahren und Laufen in diesem Ausmaß sorgen für einen gestählten Körper.

*DIE FRAU AM START*

Wenn Sie wahnsinnig genug sind, sich in diesen Wettkampf zu stürzen, sollten Sie mindestens ein halbes Jahr vorher mit dem Training beginnen und fast täglich an Ihrer Kondition arbeiten. Trainiert werden die drei Disziplinen einzeln. Beim so genannten Koppeltraining absolviert man zwei Disziplinen hintereinander. Der gesamte Gewaltakt wird nur im Wettkampf geleistet – und den absolvieren auch Topathleten nur zweimal jährlich. Triathleten sind zwar Einzelkämpfer, aber oft einem Verein angeschlossen, in dem sie ihr Training in der Gruppe absolvieren. Vier Wochen vor dem Wettkampf wird das Training dann reduziert, was man *tapering* oder *tapern* nennt. In der letzten Woche wird pausiert, um Energie zu tanken. Viele Athleten verbringen diese Tage im Bett. Dass ausreichend Schlaf und die richtige Ernährung extrem wichtig sind, ist sowieso klar. Das Traumziel aller Triathleten ist Hawaii, wo einmal jährlich im Herbst die Ironman-Weltmeisterschaften stattfinden. Um daran teilnehmen zu dürfen, muss man sich vorher über einen Wettbewerb der Ironman-Weltserie qualifizieren, die im deutschsprachigen Raum in Frankfurt a.M., Klagenfurt und Zürich stattfindet. Am Abend vor dem Ironman gibt es eine Pastaparty für die Athleten. High Carb, aber nicht High Life. Wenn Sie sich nach dem Sinn einer alkoholfreien Party fragen, auf der schon vor Mitternacht nichts mehr los ist, lesen Sie noch einmal die Distanzen nach, die Sie am nächsten Tag mit einem Kater zurücklegen müssten.

**WÄHRENDDESSEN** Beim Ironman herrscht gleicher Schmerz für alle. Die Distanzen sind für Frauen und Männer dieselben, gewertet wird nach Geschlecht und Alter. Geschwommen wird in einem Naturgewässer, in Europa meist durch einen See, bei den Ironman-Championships in Übersee auch im Meer. Danach geht es zur ersten Wechselzone, wo bereits das Fahrrad wartet. Beim Triathlon ist es strikt untersagt, im Windschatten seines Vordermannes zu fahren, sonst droht die Disqualifikation. Obwohl es über flache Strecken geht, sind hundertachtzig Kilometer per Fahrrad ganz sicher kein Klacks, besonders auf Hawaii nicht, wo sich zu den hohen Temperaturen auch noch die Mumuku-Winde gesellen können.

Am Schluss folgt ein klassischer Marathon, also ein Lauf von über 40 Kilometern, der unter normalen Menschen schon ohne vorheriges Radfahren und Schwimmen als absolute Zumutung gilt. Während der gesamten Wettkampfzeit müssen dem Körper Flüssigkeit und Nahrung in Form von Powerriegeln, Trockenobst und Bananen zugeführt werden. Wenn Sie während des Wettkampfs ein menschliches Bedürfnis verspüren, können Sie kurz in einem der am Wegesrand positionierten Dixie-Klos verschwinden. Es gibt auch Teilnehmer, denen die vergeudete Zeit dafür zu schade ist: Sie lassen es einfach laufen – beim Laufen.

D **DANACH** Unter Triathleten ist es Brauch, dass man sich den Grund für einen eventuellen Ausfall bereits im Vorhinein parat gelegt hat. Sie kennen das von Interviews mit Sportlern nach einer verpassten Medaille oder einem vergeigten Spiel. Traurig schnaufend, aber keineswegs ratlos werden dann das Knie, die klimatischen Bedingungen oder die ganze Saison verantwortlich gemacht. Diese Begründung dient zum einen als Futter für die Presse, zum anderen als Trost für die angeknackste Sportlerseele.

Gehen wir aber davon aus, dass Sie diesen Tag erfolgreich hinter sich gebracht und den Ironman geschafft haben. Dann nehmen Sie an einer Siegerehrung teil, auf der Sie eine Urkunde oder einen Pokal erhalten, als Profi-Champion auch noch ein Preisgeld. Danach gibt es wieder eine Party. Den Exzess haben Sie allerdings während des Tages hinter sich gebracht, so dass eine Endorphinausschüttung durch Tanzen, Flirten oder gar Gifte nicht mehr nötig ist. Einleuchtend ist, dass man sich nach dieser Aktion wohl unbeschreiblich fertig und unbeschreiblich glücklich fühlt, da man ein körperliches Wunder vollbracht hat. Theoretisch könnten Sie sich jetzt in den heißesten Fummel schmeißen, denn Sie sind ja acht Kilo leichter, aber ob dieser Aufwand noch lohnt, sei dahingestellt: Partys von Triathleten sind dann aufregend, wenn Sie gerne den ganzen Abend über Spezialrahmen für Fahrräder plaudern oder jede Millisekunde ihres Laufes noch einmal Revue passieren lassen wollen. Wenn das nicht Ihre Vorstellung von Spaß ist, gehen Sie ins Bett.

Vielen Existenzgründerinnen erscheint die Aufgabe, sich in Worten und Zahlen zu ihrem künftigen Geschäft zu äußern, schwieriger als alles andere, was zur Gründung einer eigenen Firma notwendig ist. Das ist einerseits nicht schlimm, denn viele Geschäftsleute verstehen sich eher als Macher und überlassen den Papierkram lieber ihrem Buchhalter oder Steuerberater.

Andererseits sollte die Person, die die Geschäftsidee hatte, sie auch am plausibelsten erklären oder sogar verteidigen können. Und das sind Sie.

A ***DER ANFANG*** Beim Schreiben eines Businessplans werden Sie nicht vor einem leeren Blatt verzweifeln, denn Sie arbeiten strikt nach Vorlage. Alle Fragen, die in Ihrem Businessplan beantwortet werden müssen, wird Ihnen Ihre Bank oder Ihr Existenzgründungsbüro vorgeben. Sie arbeiten also nach einer klaren Struktur, was die Arbeit ungemein erleichtert.

B ***DIE IDEE*** Ein Businessplan ist im Grunde die schriftliche Beweisführung dafür, dass Sie mit Ihrer Geschäftsidee auf jeden Fall Erfolg haben werden. Und zwar nicht nur für Kreditgeber, Investoren, Vermieter oder künftige Geschäftspartner, sondern auch für Sie selbst.

Sie haben eine Geschäftsidee, von der Sie überzeugt sind und können deshalb auch andere Leute davon überzeugen. Eine wirklich gute Idee muss in wenigen Worten darstellbar sein.

Ist das bei Ihrer nicht der Fall, kann es sich um Kunst, aber nicht um eine Businessidee handeln, und Sie müssen Ihr Konzept erneut überdenken. Ihr Geschäftsmodell kann aber sehr wohl brandneu oder ausgefallen sein. Gehen Sie beim Schreiben davon aus, dass Ihr Investor oder Kreditgeber zum ersten Mal davon hört und erklären Sie klar und sachlich, worum es sich handelt.

Wichtig hierbei ist, dass Sie anschaulich machen, dass es sich bei Ihrer Idee um einen Trend und nicht um eine Mode handelt. Der Trend zeichnet sich ab und setzt sich auf lange Sicht durch, die Mode ist eine vorübergehende, oft hysterische Erscheinung, nach deren Ende auch Ihr Geschäft am Ende wäre. Eine Marktforschung mit Belegen, Statistiken und seriösen Beispielen aus der Fachpresse wird Ihr Vorhaben verdeutlichen.

Ist Ihr künftiges Gewerbe im Stadtbild so häufig wie Straßenlaternen oder Papierkörbe, begründen Sie plausibel, warum man ausgerechnet Ihnen den Laden einrennen wird. Denn bei einer sehr gängigen und althergebrachten Geschäftsidee müssen Sie Ihre Geldgeber davon überzeugen, dass Sie sich aus der Masse hervorheben werden.

C **DIE PERSON HINTER DER IDEE** Ihr Lebenslauf und Ihre Berufserfahrung untermauern Ihre Geschäftsidee. Wenn Sie jahrelang Erfahrung in einer Branche sammeln konnten und sich jetzt damit selbstständig machen, ist das von großem Vorteil. Gehen Sie davon aus, dass Ihre Kreditgeber gern auf Nummer sicher gehen. Branchenfremde, die über Nacht das Gefühl haben, dass es Zeit für etwas völlig Neues ist, lassen sich am besten von Mäzenen fördern, die so viel Geld haben, dass Sie damit spielen können. Wenn Sie so einen ergattert haben, brauchen Sie keinen Businessplan mehr, sondern nur eine schillernde Persönlichkeit.

Die meisten Geldgeber bevorzugen jedoch Gründerpersönlichkeiten, die ihre Pläne mit Kompetenz und Erfahrung untermauern können. Aus einem anderen Berufsfeld zu kommen, ist nicht verboten. Erläutern Sie glaubwürdig, wie wertvoll Ihre bisherigen Qualifikationen für Ihr neues Geschäft sein werden. Erörtern Sie Dinge wie Ihr soziales Engagement, Ihren direkten Kundenkontakt, Ihre Führungsqualitäten, Ihre Teamfähigkeit, Ihr Organisationstalent etc. Kurz: Sie machen sich nicht selbstständig, weil Ihr alter Job Ihnen zum Hals heraus hängt, sondern weil das Know-how, das Sie von dort mitbringen, eine wertvolle Basis für Ihr neues Business bietet.

D **DER SCHREIBSTIL** Ihre Bank vergibt keinen Literaturpreis. Ihr Ton ist sachlich und nüchtern. Sie vermeiden Emotionalität, Übertreibungen und Humor. Jede Information, die Sie liefern, hat direkt mit Ihrer Geschäftsidee zu tun.

Das einzige Mittel, das Sie als Autorin eines Businessplans gegen Langeweile beim Leser einsetzen dürfen, ist die Kürze. Vielleicht macht Sie das traurig, aber seien Sie sich sicher, dass von drei Menschen mindestens einer ungern viel liest. Setzen Sie sich beim Schreiben selbst das Ziel, Ihren Bankmenschen innerhalb weniger Seiten für Ihre Idee zu entflammen. So fällt es ihm oder ihr auch leichter, andere Entscheider positiv zu beeinflussen.

Wenn Sie beim Schreiben Hilfe in Anspruch genommen haben, übernehmen Sie das Schlusslektorat. Der Businessplan muss sich lesen wie aus einem Guss. So sorgen Sie auch dafür, dass Sie jeden Absatz genau kennen, ob von Ihnen persönlich formuliert oder nicht, denn die künftigen Gespräche mit Ihren Geldgebern führen Sie, und nicht Ihre schreibtalentierten Freunde.

E **DIE ZAHLEN** Ist der Finanzspezialist im Bilde, worum es geht, wird es ihn interessieren, wie Ihr Geschäftsmodell in Zahlen funktioniert, denn das ist sein Job. Wenn Ihr Geschäft läuft, wird das der Teil des Businessplans sein, den Ihre Kreditgeber sich wieder vornehmen und mit der Realität vergleichen.

Profihilfe ist auch hier erlaubt. Eine Zahlenphobie sollten Sie beim Schreiben Ihres Businessplans jedoch aktiv bekämpfen – und zwar mit Zahlen. Es ist wichtig, dass Sie Ihren Geldgebern klarmachen können, wie Ihr Geschäftsmodell in Euro funktioniert. Erstens, was Sie einnehmen müssen, um Ihre Ausgaben zu decken, und zweitens, wie sich Ihre Einnahmen derart gut entwickeln, dass Sie in naher Zukunft in der Lage sind, Ihren Kredit zurückzuzahlen. Auch hier können Sie Ihren Plan mit einer grafischen Darstellung verdeutlichen. Sie werden ein *best-case-* und ein *worst-case-Szenario* aufzeigen, das Ihnen auch selbst hilft, Ihr Geschäft besser einschätzen zu können. Beschreiten Sie dieses Themengebiet mit dem nötigen Respekt, aber ohne übertriebene Ehrfurcht, das gilt sowohl für die Aufzeichnung von Grafiken und Diagrammen als auch für die Zahlenbeispiele: Sie haben einen Wareneinsatz, Sie verkaufen Ihre Ware und erwirtschaften so den Umsatz. Von dem müssen Ihre Ausgaben abgezogen werden. Übrig bleibt – juchhu – der Gewinn. Das ist keine höhere Mathematik, das ist Rechnen. Und das kann mit einem Taschenrechner jeder.

Auf Flughäfen sieht man öfter Frauen, die nicht weinen, weil sie sich von geliebten Menschen verabschieden müssen, sondern vor Wut, Verzweiflung und Ohnmacht. Viele Leute, die selten fliegen oder direkt nach jeder Reise den Flug gewissenhaft verdrängen, sind nämlich bei jeder Ankunft am Flughafen aufs Neue schockiert über die vielen Möglichkeiten des Ärgers, die einen dort erwarten können.

*Müssen draußen bleiben: Teppichmesser, Handfeuerwaffe, Schere.*

A *SCHÖNHEIT* Selbst Nieflieger wissen mittlerweile, dass sie keine Teppichmesser, Handfeuerwaffen und Scheren mit in die Kabine nehmen dürften, wenn sie denn flögen. Die Regel mit den Flüssigkeiten sorgt immer noch für einige Missverständnisse, denn viele Frauen waren es gewohnt, ihre Kosmetikkoffer als Handgepäck zu benutzen. Jetzt wandern am Sicherheitscheck nicht nur Getränke, sondern auch teure Kosmetika über 100 ml in den Müll. An vielen Flughäfen können Sie sich dafür auch ein Schließfach mieten und die verbotenen Dinge auf dem Rückweg wieder mitnehmen, aber wollen Sie das?

Packen Sie also alles, was scharf, spitz und nass ist, in den Koffer, den Sie aufgeben. Flüssige Dinge in kleineren Mengen sind in einer durchsichtigen Plastiktüte zu verstauen, gut sichtbar für das Sicherheitspersonal. Pröbchen bekommen für Reisende eine völlig neue Bedeutung. Sammeln Sie alles, was Ihnen gefällt, in Miniatur, und Sie haben ein perfektes Zwergenbeautyset.

Das Kosmetikproblem können Sie übrigens auch lösen, indem Sie sich im Duty-Free-Shop den Tester einer guten Feuchtigkeits- oder Augencreme schnappen und sich großzügig damit eincremen. Dafür müssen Sie natürlich gut in der Zeit und ungeschminkt sein.

B **GEIST** Wenn Sie einen Laptop mitnehmen, gehört der grundsätzlich ins Handgepäck. Sie wissen, dass mit den Koffern gar nicht zimperlich umgegangen werden kann, und Sie wissen auch, dass Sie Ihren Computer brauchen, ansonsten würden Sie ihn nämlich zu Hause lassen. Die Film- und Zeitschriftenauswahl im Flugzeug reicht übrigens fast nie für mehrere Stunden Unterhaltung. Sorgen Sie vor.

C **KLEIDUNG** Sie sind bequem gekleidet und als Vollprofi sogar in einem Ensemble. Bestehend zum Beispiel aus einer Hose und einer Jacke, zu der auch der Rock passt, den Sie im Handgepäck dabeihaben. Zur Hose, die Sie tragen, passt wiederum das Oberteil im Handgepäck, schon haben Sie drei Outfits dabei. Wenn Sie aus der Kälte in die Tropen reisen, ist das Oberteil so dünn wie möglich. Im Flugzeug können Sie an den Temperaturen wenig ändern, gut sind deshalb Socken, und optimal ist ein Kaschmirpulli – den kann man ganz klein falten und trotzdem sieht er immer perfekt aus.

Flache Schuhe machen sich gut, wenn man sich sicher und schnell auf dem Flughafen bewegen will. Extravagantere Schuhe passen oft auch ins Handgepäck. Denken Sie daran, dass Sie die Schuhe bei der Sicherheitskontrolle oft ausziehen müssen. Mit Flipflops beweisen Sie zwar gut sichtbar, dass Sie nichts Illegales in den Schuhen transportieren, Sie kriegen damit aber schnell kalte Füße, und dreckig werden die Füße außerdem noch.

D **WOZU DAS THEATER?** Es gibt viele Verbindungen, die von vornherein zum Scheitern verurteilt sind. Und das gilt nicht nur für zwei Menschen, sondern auch für Anschlussflüge. Die werden oft zeitlich knapp berechnet und funktionieren nur, wenn alles, aber auch wirklich alles klappt. Schon ein Passagier, der ausgerufen werden muss, kann dafür sorgen, dass Sie zwar

Ihren Anschlussflug erwischen, Ihr Gepäck aber nicht. Von der Fluggesellschaft bekommen Sie dann ein Nothilfeset mit einer Zahnbürste, Ihr Laptop mit der wichtigen Präsentation und die Schuhe für das schöne Restaurant kommen aber erst später. Schlimm.

Deshalb gibt ein großes Handgepäck Sicherheit. Das erlaubte Minimum sind fünf Kilogramm, bei sehr knauserigen Airlines. Es geht hoch bis zu 18 Kilogramm, dann aber in der First Class, und dort haben Sie automatisch

• • •

*Wie viel Kilo Sie*
*mitnehmen dürfen,*
*ist abhängig von*
*Airline und Klasse.*

• • •

weniger Sorgen. Wie genau es mit dem Wiegen und dem Abmessen des Handgepäcks genommen wird, hängt immer von der Kulanz des Personals ab. Eine möglichst große Tasche hat übrigens auch den Vorteil, dass Sie Ihre Handtasche darin verstauen können, denn bei einigen Airlines ist tatsächlich nur ein Stück Handgepäck erlaubt.

Und wie es im Leben so ist, geht natürlich stets alles glatt, jetzt, da Sie immer so vorsorglich packen.

# 009     NEUSTART: UMZIEHEN

Dreimal umziehen ist wie einmal abgebrannt – so heißt es. Sie können es aber auch positiv sehen, indem Sie sich bei Ihren Umzügen gezielt von Ballast trennen, denn keine Gelegenheit eignet sich besser zum Ausmisten. Ob Sie Ihren Haushalt bei jedem Umzug freiwillig oder unfreiwillig verkleinern

*DIE FRAU AM START*

und ob das Wort Umziehen bei Ihnen pures Entsetzen oder freudige Erwartung auslöst, hat wie so vieles mit einer guten Organisation zu tun.

A **KEIN BUDGET** Wenn Sie jemals ohne Geldeinsatz umgezogen sind, sich aber nicht mehr an Details erinnern, verklären Sie die Vergangenheit nicht. Wahrscheinlich haben Sie alle Ihre Freunde und Bekannten zusammengetrommelt und diese anschließend mit einem Kasten Bier belohnt. Wenn Ihnen

*Wer nur eine Yucca-Palme besitzt, muss nur einen Kasten Bier ausgeben.*

das nach wie vor als beste Idee erscheint, beachten Sie Folgendes: Bei dieser Lösung verzichten Sie auf eine Versicherung, was kein Problem war, solange Ihr Haushalt aus einer Yuccapalme und einer Matratze bestand. Je mehr Sie besitzen, umso größer wird der Gefallen, den Sie Ihren Freunden abverlangen. Besonders bei schweren Geräten wissen Profis oft besser, wie man sie ohne Rückenschäden transportiert.

Bedenken Sie auch, dass es mit einem Bier als Dank meist nicht getan ist. Wenn Sie einen großen, nomadisch veranlagten Freundeskreis haben, kann es sein, dass Sie sich danach jedes zweite Wochenende bei einem anderen Umzug revanchieren müssen. Wenn Sie derartige Anfragen seit Jahren nicht mehr bekommen haben, ist diese Form des Umzugs in Ihrem Umfeld nicht mehr aktuell, und Sie werden Schwierigkeiten haben, sie wieder einzuführen.

B **MINIBUDGET** Ein kleiner Fortschritt ist die Variante mit den bezahlten Kräften, die über Jobvermittlungsagenturen zu buchen sind. Auf freiwillige

Helfer sind Sie dann immer noch angewiesen, können aber wenigstens die richtig schweren Aufgaben delegieren und müssen vielleicht auch nicht mehr selbst den LKW fahren (vgl. Kapitel *Die Frau und die Technik*, Rubrik *Einen LKW einparken)*. Achten Sie darauf, dass die Leute, die Sie anheuern, mehr an Qualifikation mitbringen als zwei Stunden Zeit und zwei Arme. Je erfahrener sie sind, desto hilfreicher für Sie.

c **BUDGET** Sie treten mit einem professionellen Umzugsunternehmen in Kontakt und bekommen mehrere Preis-Leistungsmodelle angeboten. Die Frage, wie lange wie viele Personen dafür brauchen, Ihre Habseligkeiten von A nach B zu befördern, ist oft nicht aus dem Stand zu beantworten. Besonders knifflig wird sie, wenn Sie nicht oft umziehen oder sich Ihr Hausstand seit Ihrem letzten Umzug enorm vergrößert hat. Lassen Sie sich deshalb einen Kostenvoranschlag am Ort des Geschehens machen, denn ein Festpreisangebot ist nicht nur seriös, sondern schützt Sie auch vor einer Überraschungssumme.

Der Preisunterschied zwischen einem Komfort- und einem Standardumzug ist übrigens oft kleiner, als oft angenommen wird, und liegt bei 10 bis 15 Prozent. Wobei mit Komfort das Packen und die bessere Versicherung gemeint sind und Standard bedeutet, dass Sie bestens vorbereitet sein müssen, bevor die Möbelträger kommen. Einzelne Klamotten, Lampen oder Töpfe durch die Gegend zu tragen widerspricht oft deren Berufsethos oder verlängert Ihren Umzug unnötig. Im Allgemeinen ist es günstiger, in der Mitte des Monats umzuziehen, da die Speditionen zum Monatswechsel die meisten Aufträge haben. Das gilt auch, wenn Sie sich auf eigene Faust einen Transporter mieten. Und wenn Sie feilschen wollen, tun Sie dies am besten mit langem Vorlauf. Ein ausgebuchter Spediteur hat es nicht nötig, sich herunterhandeln zu lassen.

Das Transportunternehmen versichert Ihre Fracht mit einer Grundhaftung von 620 Euro pro Kubikmeter. Das heißt, dass Ihnen für einen sehr teuren, dafür aber klitzekleinen Gegenstand nur der anteilige Betrag zusteht. Wenn Sie selbst gepackt haben, müssen Sie außerdem nachweisen, dass der

**Montag**

**15**

**Oktober**

• • •

*Mitte des*
*Monats wird es*
*günstiger.*

• • •

kaputte Gegenstand durch den Transport und nicht durch Ihre schlechte Verpackung zu Bruch gegangen ist. Dafür ist Ihre Hausratversicherung zwei Monate lang für die alte und die neue Wohnung zuständig, vorausgesetzt, Sie melden Ihren Umzug rechtzeitig an.

▷ *SCHÖNES BUDGET* Wenn Sie für Ihren Umzug eine Relocation-Agentur beauftragen, sind Sie zwar eine Menge Geld los, aber auch jede Menge Sorgen. Und wenn Sie nicht nur jede Menge Geld, sondern auch noch jede Menge Zeug haben (das eine bedingt ja bisweilen das andere), lohnt sich diese Variante auf jeden Fall. Umziehen auf diesem Niveau bedeutet nämlich, dass an wirklich alles gedacht wird, und Sie am Ende nur noch in Ihre fertig eingerichtete neue Wohnung gehen müssen. Oft beginnt der Relocation-Service schon mit der Suche nach der geeigneten neuen Wohnung. Außerdem wird Ihnen auf Wunsch jedes Drumherum abgenommen. Behördengänge, Kindergarten- und Schulsuche plus alle An- und Abmeldungen werden für Sie organisiert. Und natürlich wird alles, was Sie besitzen, auseinandergeschraubt, aufgelistet, gepackt und anschließend wieder aufgebaut. Nach Ihren Wünschen natürlich. Die Dinge, die nicht für andere Augen bestimmt sind, verpacken Sie vorher selbst. Besonders gut eignet sich dieses Rundumsorglospaket für Umzüge ins Ausland, denn sobald Containerschiffe und Zollbehörden ins Spiel kommen, sind die alten Zeiten mit den schleppenden Freunden endgültig vorbei.

*DIE FRAU ZUHAUSE*

Mit den Partys ist es ähnlich wie mit dem Umziehen (vgl. Kapitel *Die Frau am Start,* Rubrik *Neustart: Umziehen):* Je älter eine Frau wird, desto höhere Ansprüche stellt sie an eigene und auch an fremde Partys. Amüsiert sie sich in jungen Jahren fast überall, wo Freunde, Musik und ein paar Flaschen Tankstellenwein am Start sind, ist sie, gerade wenn Kinder ins Spiel kommen, nicht mehr geneigt, jede sinnlose Sause gegen die frühe Nachtruhe im eigenen Bett einzutauschen. Noch mehr zur Spaßbremse wird die Frau, wenn es um Festivitäten in der eigenen Wohnung geht. Gab es in früheren Wohnungen kaum etwas, das wirklich hätte kaputtgehen konnte, weil Möbel dort als solche nicht einmal zweifelsfrei identifizierbar waren, würden nun viele arriviertere Frauen am liebsten Schonbezüge über die Barcelona Chairs werfen. Wenn Sie diese Neigung in sich aufkeimen spüren, sollten Sie schleunigst zur Entspannung mal wieder eine richtige Party zu Hause feiern. Alles andere macht strenge Falten auf Stirn, Nase und unter den Mundwinkeln. Und Barcelona Chairs halten mehr aus als Sie denken.

A **VORBEREITUNG** Wenn Sie sich entschieden haben, Ihre Party zu Hause zu feiern, entscheiden Sie sich damit für eine Umgebung, die Ihre Persönlichkeit optimal darstellt und widerspiegelt. Sie müssen keine Zeit und Nerven aufbringen, eine passende Location zu finden, wie es in Eventkreisen heißt. Marketingmanager großer Unternehmen würden Sie darum beneiden, denn ein repräsentatives Umfeld ist bereits die halbe Miete. Apropos Miete: Die sparen Sie sich cleVererweise und investieren diesen Posten an anderer, sinnvoller Stelle. Ein finanzielles Budget sollten Sie für Ihre Party fest eingeplant haben, denn wenn Sie auf Bottle Party und Erdnussflips setzen, müssen Sie sich auch nicht wundern, wenn Ihre Wohnung hinterher danach aussieht. Sicher wird der ein oder andere Gast eine Flasche Wein oder Schaumwein mitbringen, aber die Gastgeberin sind Sie, und deshalb sorgen Sie für den Grundstock an Getränken und eventuell kleinen Speisen. Für einen guten Partywein müssen Sie nicht viel Geld ausgeben, Sie bekommen ihn für um

*Für jeden Gast eine halbe Flasche Wein, eine halbe Flasche Schaumwein,*
*zwei Flaschen Bier, eine Flasche Wasser und ein Glas Cola.*

die fünf Euro die Flasche. Allerdings müssen Sie sich für einen guten Wein in dieser Preiskategorie ein bisschen umschauen und nicht das erstbeste Gesöff aus dem Supermarkt nehmen. Ferner brauchen Sie mindestens Bier, Mineralwasser, Cola und guten Schaumwein (vgl. Kapitel *Die Frau und die Kultur,* Rubrik *Schaumweinkennerin werden).* Pro Gast rechnen Sie mit einer halben Flasche Wein, einer halben Flasche Schaumwein, zwei Flaschen Bier, einer Flasche Wasser und einem Glas Cola. Das klingt zunächst nach viel, aber nichts ist peinlicher, als wenn bei einer Party die Getränke ausgehen, und da es schwierig ist vorauszuahnen, wer wovon wie viel trinkt, ist es besser, von allem im Überfluss dazuhaben. Viel hilft viel, und Großzügigkeit ist die Mutter aller guten Partys. Natürlich sollten Sie Verschiebungen vornehmen, wenn Sie eher einen Biertrinker- als einen Weintrinker-Freundeskreis haben. Und sehen Sie zu, dass Sie sich die Getränke auf jeden Fall ins Haus liefern lassen.

Gute Musik oder ein DJ sollte auch in jedem Fall vorhanden sein. Wenn Sie zu den Frauen gehören, die keinen Musikgeschmack haben, holen Sie sich Hilfe von versierten Freunden (vgl. Kapitel *Die Frau und die Technik,* Rubrik *Platten auflegen),* von denen Sie sich vielleicht auch die Anlage ausleihen können. Schauen Sie, ob genügend Gläser und Aschenbecher vorhanden sind. Auch wenn Sie Nichtraucherin sind, lassen Sie Ihre Gäste bei dieser Gelegenheit in der Wohnung rauchen. Ein generelles Alltagsrauchverbot in Ihren eigenen vier Wänden auszusprechen ist okay. Bei Partys die Leute auf den Balkon zu jagen ist dagegen genauso spießig, wie sie zu bitten, die Schuhe auszuziehen.

B **DIE EINLADUNG** Die Einladung ist die Visitenkarte Ihrer Party. Es ist völlig in Ordnung, sie ausschließlich per E-Mail zu verschicken, in der Luxusversion können Sie die Einladung auch drucken lassen. Durch die Auswahl von Bildern und durch die Typografie können Sie Ihren Gästen mitteilen, auf welche Art von Spaß sie sich einzustellen haben. Ein Foto von Ihnen aus alten Rave-Zeiten nur mit Adresse und Uhrzeit versehen, sendet ein anderes Signal als Golddruck auf Büttenpapier. Ihre Einladung sollten Sie spätestens zwei Wochen vor dem Termin verschicken. Wenn es sich um einen runden Geburtstag handelt oder Sie zum großen Ereignis mit Gästen aus nah und fern ausholen wollen, setzen Sie auswärtige Gäste schon zwei Monate vorab über Ihre Pläne in Kenntnis. Bitten Sie Ihre Gäste um eine Zu- oder Absage, auch RSVP (Répondez s'il vous plaît) genannt. Nur so können Sie den Überblick behalten und gegebenenfalls Korrekturen am Speisen- und Getränkeangebot vornehmen.

C **UMSETZUNG** Wählen Sie einen Raum in Ihrer Wohnung aus, in dem Sie Ihre Mingvasen, Ihre Perserteppiche und was Ihnen sonst noch kostbar und zerbrechlich erscheint, einlagern. Schließen Sie die Tür ab und verwahren Sie den Schlüssel gut. Ein sehr beliebter Partyraum ist die Küche. Meistens stehen hier ein größerer Tisch und der Kühlschrank. Sorgen Sie dafür, dass genug Stühle um den Tisch stehen. Nicht alle Wohnungen eignen sich für einen hauseigenen Dancefloor, aber wenn Sie wollen, dass in Ihrer Wohnung auch getanzt wird, schaffen Sie Platz dafür. Ein weiteres Kriterium für die Entscheidung pro oder contra Dancefloor sollte der Toleranzpegel Ihrer Nachbarn sein. Sprechen Sie im Zweifelsfall schon vorher mit ihnen, und wenn Sie meinen, dass es keinen Zweifelsfall gibt, sprechen Sie trotzdem mit ihnen. Auch der berühmte Aushang im Treppenhaus fühlt sich zwar so ähnlich an wie Schuhe ausziehen, kann Ihnen aber die Sache wirklich leichter machen.

ᴅ *HINTERHER* Hier ein Tipp, wie Sie das gesparte Geld für die Anmietung externer Räume sehr sinnvoll investieren können: Verlassen Sie Ihre Party als Letzte, übernachten Sie bei Freunden oder leisten Sie sich ein Hotelzimmer. Für den Vormittag bestellen Sie ein Putzteam, das Sie vorher eingewiesen haben. Wenn Sie ausgeschlafen und noch leicht derangiert am Nachmittag wieder in Ihrer Wohnung auftauchen, wird nur noch der leichte Nikotingeruch an die Freuden der vergangenen Nacht erinnern.

# 011 DIE HANDWERKER HABEN

In der Erotikfilmbranche diente die Szene mit dem ankommenden Klempner oft als Ausgangssituation für die weitere Handlung des Films. Offensichtlich so oft, dass selbst Leute, die nie einen solchen Film gesehen haben, diesen Plot kennen: Der Handwerker kommt, weil etwas kaputt ist, die Frau ist allein oder hat nur ihre Freundin zu Besuch. Beide haben wenig Ahnung von Handwerk und wenig an. Und dann?

Keiner der wenigen dort gesprochenen Sätze würde Ihnen in der Realität etwas bringen – zumindest keine Waschmaschine, die wieder funktioniert plus korrekter Rechnung. Diese Geschichten enden nie mit einer erfolgreichen Reparatur. Genau da aber wollen Sie hin.

ᴀ *JEMANDEN FINDEN* Sie möchten schnell aus einer misslichen Lage befreit werden. Die Waschmaschine geht nicht mehr, die Toilette ist verstopft oder die Heizung läuft aus, und in Ihrem privaten Umfeld kann Ihnen niemand helfen. Nicht schön, aber auch nicht unlösbar.

Wenn Ihnen schon einmal ein Handwerker in dieser Situation einen guten Dienst geleistet hat, haben Sie hoffentlich seine Telefonnummer aufbewahrt. Die brauchen Sie wie die Ihres Zahnarztes oder Friseurs. Wenn Freunde Ihnen jemanden wärmstens empfehlen können – auch gut.

Andernfalls müssen Sie sich jetzt im Internet oder in den Gelben Seiten nach einem geeigneten Fachmann umschauen. Seriöse Firmen arbeiten nach

Normen und nach festen Tarifen. Diese findet man über die Handwerkskammern heraus, falls man in einer Notfallsituation Zeit und Nerven dafür hat. Besser ist es, wenn Sie Ihre Zeit vor dem Anruf dazu nutzen, sich Ihr Gerät kurz anzuschauen, auch wenn Sie kein Monteur sind. Sie können so schon am Telefon klarmachen, warum Sie dringend einen Handwerker brauchen. Vergleichen Sie es mit einer Notaufnahme – auch hier kann Ihnen schneller geholfen werden, wenn Sie noch in der Lage sind zu beschreiben, was passiert ist und wo es weh tut. Ungefähr ist immer noch präziser als Schreien.

B *SICH SCHNÄPPCHEN ABSCHMINKEN* Um eine hohe Anfahrtspauschale kommt man ab und zu herum, wenn man sich wirklich einen Betrieb direkt um die Ecke sucht und der Meister gerade anwesend oder in der Nähe unterwegs ist. In der Regel muss man jedoch in diesen sauren Apfel beißen.

Wenn Ihnen die Reparatur wichtig ist und Sie auf eine Rechnung und Garantie bestehen, vermeiden Sie Amateure. Es kann sehr gut sein, dass Leute ohne Qualifikation billig und schnell alles machen – so werben sie zumindest oft in ihren Anzeigen für sich. Es kann aber auch sehr gut sein, dass für Sie dabei außer Pfusch nichts herauskommt.

Wenn Sie sehr große Angst vor einer Rechnung haben, die Ihnen die Schuhe auszieht, fragen Sie schon am Telefon nach dem *worst case* und rechnen Sie es gemeinsam mit dem Handwerker durch. Sagen Sie statt *worst case* lieber schlimmster Fall. Tritt dieser dann nicht ein, werden Sie das Gefühl haben, dass alles nur halb so schlimm und teuer war.

C *EINE DIAGNOSE STELLEN LASSEN* Grundsätzlich davon auszugehen, dass jeder Sie übers Ohr hauen will, ist nicht nur paranoid, sondern kommt auch meist bei Ihrem Gegenüber schlecht an. Ein Sachbuchbestseller zur Verbesserung der zwischenmenschlichen Kommunikation trug den Titel: Ich bin okay – du bist okay.

Das gilt auch erst einmal für Ihren Handwerker, den Sie aber siezen sollten. Er ist Ihr Retter in der Not, wird dafür aber von Ihnen bezahlt. Das schafft eine Dienstleistungssituation, in der Sie die Auftraggeberin sind und keine hilflos piepsende Maus. Erklären Sie ihm so ruhig und kompetent wie möglich, um was es geht. Eine geäußerte Vermutung wie „Ich glaube, das Flusensieb ist verstopft" zeigt, dass Sie sich mit der Sache bereits beschäftigt haben. Völliges Desinteresse wird oft als arrogant interpretiert. Sie sind also kein Idiot, der Fachmann jedoch ist er, sonst wäre er ja nicht hier. Kurz: Sie vertrauen auf seine Kompetenz. Wenn Ihnen das schwerfällt, zum Beispiel, weil Sie prinzipiell alles besser wissen, reißen Sie sich in dieser Situation zusammen. Auf Klugscheißerei reagieren fast alle Menschen mit Trotz. Bei Handwerkern kann das teuer werden. Für Sie.

Wenn jetzt gefürchtete Sätze fallen wie: „Ui, das wird teuer" oder: „Mensch, was haben Sie denn hier gemacht", lassen Sie sich erklären, was er damit meint. Fragen Sie im Gegenzug nach, wie teuer es denn genau wird oder was er konkret mit „Nix zu machen." gemeint hat. Das würden Sie von Ihrem Arzt auch wissen wollen.

D **EINE LEISTUNG ERHALTEN** Wenn alles geklärt ist, beginnt der Handwerker mit seiner Arbeit. Dabei müssen Sie nicht die ganze Zeit hinter ihm stehen, es sei denn, Sie sind neugierig geworden und möchten tatsächlich wissen, wie Ihre Geräte oder Sanitäranlagen von innen aussehen.

Handwerker im Dienst sind oft nicht scharf auf einen Smalltalk. Viele – und das geht nicht nur Handwerkern so – empfinden es sogar als angenehmer, wenn sie in Ruhe ihren Job erledigen können und sich dabei weder misstrauisch auf die Finger schauen noch bequatschen lassen müssen.

Die üppige Bewirtung von Handwerkern ist eher ein Häuslebauerbrauch und kein Muss bei einer Routinereparatur. Einen Kaffee oder ein Wasser anzubieten ist jedoch auch kein Fauxpas. Der Handwerker ist also beschäftigt, und Sie sind überflüssig. Sagen Sie ihm, wo er Sie finden kann und leben Sie Ihr Leben weiter. Nach getaner Arbeit wird er Sie rufen und Ihnen das Resultat und die Rechnung präsentieren.

E *ÄSTHETIKFRAGEN* Wenn es statt einer Reparatur um die Verschönerung Ihrer Wohnung geht, sollten Sie auf jeden Fall eine klare Vorstellung davon haben, was Sie wollen. Wenn Sie nur wissen, dass Sie dringend alles neu und anders haben möchten, beauftragen Sie einen Innenarchitekten, denn der Umbau ohne Plan und Anweisungen fällt nicht in das Aufgabenfeld des Handwerkers. Es ist auch nicht seine Aufgabe, geschmacklich mit Ihnen auf einer Welle zu schwimmen und sich in Sie hineinzudenken. Der Handwerker hat seinen Stunden- oder Tagessatz, und umso länger er sich an Ihr unfertiges Bild vom neuen Bad oder Schlafzimmer herantasten muss, umso mehr Versuche er braucht, Ihren Stil zu treffen, umso teurer wird es für Sie. Viel teurer als das Wort Innenarchitekt sich anhört.

„Machen Sie mal so, wie Sie denken" ist ein netter Satz, der viel Vertrauen suggeriert (vgl. Kapitel *Die Frau im Spiegel*, Rubrik *Mit dem Friseur reden)*. Man verwendet Ihn aber nicht häufig und schon gar nicht bei Leuten, die man kaum kennt.

F **SONDERWÜNSCHE** Wenn jemand etwas sehr lange und erfolgreich immer nach dem gleichen Schema tut, wird er sich ungern sagen lassen, dass er ab heute alles anders machen soll.

Wenn Sie etwas wollen, was der Handwerker schwer mit seinem bisherigen Weltbild vereinen kann, verkaufen Sie es ihm nicht als Revolte gegen das Bewährte, sondern als Herausforderung. Erklären Sie ihm, dass es Ihnen wichtig ist, an dieser Stelle einmal von der Norm abzuweichen und bitten Sie ihn, Sie dabei zu unterstützen. Ist es legal und technisch möglich, bestehen Sie auf Ihrem Plan und appellieren Sie auch hier wieder an seine Professionalität.

G **EIN DEAL, EIN PREIS** Klare Vorstellungen von dem, was man für sein Geld will, bilden außerdem eine viele bessere Verhandlungsbasis für beide Seiten. Gut ist, wenn Sie sich auf einen Pauschalpreis für eine Gesamtleistung einigen können: Ganze Wohnung inklusive Heizungen, Rohre und Fensterrahmen streichen = Summe xy für den Handwerker. Der bezahlt von dieser Summe xy dann seine Mitarbeiter. Ob er allein oder zu zehnt anrückt, muss Ihnen keine Sorgen mehr bereiten.

Es kann Ihnen auch relativ egal sein, wie langsam oder schnell der Handwerker und sein Team sind, da Sie ja nach geleisteter Arbeit und nicht nach Zeit bezahlen. So schützen Sie sich vor unvorhergesehenen Kosten, und der Handwerker wird in seinem eigenen Interesse den Auftrag so schnell und gründlich wie möglich erfüllen.

# 012 — EINE LAMPE ANBRINGEN

Eine schöne kleine Anekdote vom Licht handelt von einem Mann. Sie ist oft, vielleicht zu oft erzählt worden, aber dennoch hat sie nichts von ihrer Kraft verloren. Als Goethe 1832 starb, sollen seine letzten Worte gelautet haben: „Mehr Licht!" Es ist selbstverständlich umstritten, was Goethe tatsächlich in seinen letzten Momenten gesagt hat, Thomas Bernhard hat den charmanten Vorschlag „Mehr nicht!" in die Debatten geworfen. Vollkommen egal. „Mehr Licht!" ist schlicht eine wunderbare Äußerung am Lebensende, und manchmal muss man die schöne Vorstellung nicht an der Wirklichkeit überprüfen. Wenn der Wunsch nach mehr Licht sich jedoch in einer vergleichsweise profanen Situation einstellt – zum Beispiel kurz nach Beziehen der neuen Wohnung, in der die Vormieter auch alle Lampen abmontiert haben, – dann hilft es leider nicht, wie Goethes Faust Philosophie, Juristerei und Medizin und leider auch Theologie durchaus studiert zu haben. Dann muss jetzt schnellstens eine Lampe aufgehängt werden, bevor es dunkel wird. Und das heißt nicht, dass ein Mann in der Nähe sein muss. Das können Sie selbst.

A *AUSRÜSTUNG* Bekanntlich befinden sich die meisten Anschlüsse für Lampen an den Zimmerdecken. Sie brauchen also eine Leiter. Das mag etwas arg profan klingen, es ist aber das Wichtigste. Menschen, die auf Tische steigen, die auf Bücherstapel klettern oder sich eben schnell eine Hochebene aus Matratzen, Kisten und den leeren Bierkästen der Umzugshelfer bauen, kommen zu Schaden. Vielleicht haben Sie einmal Glück, vielleicht haben Sie zweimal Glück. Aber einmal erwischt es Sie. Leitern sind nicht teuer, und wenn man einmal eine hat, braucht man sie erstaunlich oft (und sei es nur, weil man sie so oft verleiht). Besorgen Sie sich außerdem eine Lampenfassung (gibt's mit Kabeln, im Baumarkt, bei Ikea; im Idealfall ist auch bereits eine Lüsterklemme dabei). Zudem brauchen Sie einen kleinen Schraubendreher. Das ist das gleiche wie ein Schraubenzieher, aber die Puristen und Pedanten unter den Handwerkern (also alle) sprechen nun einmal von Schraubendrehern. Und Sie brauchen eine Glühbirne, die in die Fassung passt. Wird gern vergessen.

B **STROM** Was die meisten Menschen, also auch viele Männer, vom Lampenanbringen abhält, ist die Angst vor einem Stromschlag. Hier zu behaupten, dass Stromschläge nicht allzu schlimm seien, wäre Quatsch. Oft passiert tatsächlich nichts, man erschreckt sich nur sehr; der Schmerz lässt schnell nach. Es kann jedoch allerlei passieren, sei es, dass Sie von der Leiter fallen, sei es, dass Sie Herzrhythmusstörungen bekommen. Kurzum: Den Stromschlag gilt es unter allen Umständen zu vermeiden. In der Wohnung befindet sich ein Sicherungskasten. Sie können nun entweder die Sicherung ausschalten, die für den betreffenden Raum zuständig ist, oder Sie können die Hauptsicherung ausschalten. Dann fließt nirgends mehr Strom in Ihrer Wohnung, und das ist im Zweifel sicherer. In der Regel handelt es sich um Kippschalter. Bei älteren Häusern kann es sein, dass Sie die Sicherungen herausdrehen müssen. Drehen Sie in diesem Fall einfach alle Sicherungen heraus. Wenn Sie sich beim modernen Sicherungskasten nicht sicher sind, welches die Hauptsicherung ist: Schalten Sie auch hier einfach alle Sicherungen aus. Sicher ist sicher.

C **AN DER DECKE** Wenn Sie Ihre Lampenfassung bei Ikea gekauft haben, verfügt diese über lediglich zwei Kabel. Aus der Decke kommen aber drei Kabel. Eins ist braun (oder schwarz), eins ist blau und eins ist gelb/grün. Der Vollständigkeit halber der Jargon: Das braune (oder schwarze) Kabel ist die Phase, das blaue Kabel ist der Nullleiter, das gelb/grüne Kabel ist die Erde beziehungsweise der Schutzleiter. Normalerweise können Sie das gelb/grüne Kabel ignorieren. Es ist nur dann interessant oder wichtig, wenn Sie ein Lampengehäuse aus Metall aufhängen, oder wenn die Lampenfassung aus

Metall ist. Warum? Ein Beispiel: Das braune (oder schwarze) Kabel löst sich und berührt das Gehäuse, das blaue Kabel ist noch verbunden. Nun steht unter Umständen die ganze Lampe unter Strom, und Sie bekommen einen Stromschlag, wenn Sie sie anfassen. Das gelb/grüne Kabel (der Schutzleiter!) würde das verhindern. Gehen wir aber von Ihrer Plastikfassung aus.

D *FARBE ZU FARBE* Mit dem kleinen Schraubendreher lösen Sie an der Lüsterklemme in Ihrer Lampenfassung die Schrauben auf einer Seite. Die Lüsterklemme dient dazu, die Kabelenden zu verbinden, also die metallisch-glänzenden Teile außerhalb der Isolierung. Sie schieben die entsprechenden Enden einfach in die Klemme und schrauben diese zu. Farbe zu Farbe – verbinden Sie das braune (schwarze) Kabel aus der Fassung mit dem entsprechenden Kabel an der Decke. Und so weiter. Drehen Sie nun die Glühbirne ein, schalten Sie die Sicherungen ein und dann den Lampenschalter an. Es leuchtet!

E *BOHREN* Sollten Sie nun eine Lampe an einem Haken anbringen wollen, müssen Sie vermutlich bohren. Beachten Sie, dass die Kabel natürlich in der Decke verlaufen; die wollen Sie unter keinen Umständen anbohren. Die Kabel verlaufen fast immer gerade auf eine Wand hin (oft finden Sie an der entsprechenden Wand auch eine Dose, beziehungsweise eine Abdeckung). Wenn Sie sich an der Stelle, an der die Kabel aus der Decke kommen, ein Kreuz denken, dessen vier Arme jeweils gerade auf eine Wand zulaufen – bohren Sie in den Zwischenräumen, das müsste klappen. Es sei denn, die Kabel hat ein Hobbyelektriker von Ihrem Kaliber verlegt.

F *GEFAHR* Wenn Ihnen beim Lampenanbringen irgendetwas komisch vorkommt, wenn irgendwo Funken sprühen oder Dinge leuchten, die nicht oder noch nicht leuchten sollten (weil zum Beispiel die Sicherungen aus sind) – brechen Sie den Vorgang sofort ab, und fragen Sie nicht irgendwen um Hilfe, sondern einen Mann oder eine Frau mit einer Berufsausbildung als Elektriker. Denken Sie kurz an den guten alten Elektriker-Kalauer: Nur tote Fische schwimmen mit dem Strom.

Der Gedanke, kleinere Beschwerden auf natürliche Art und Weise zu heilen, ist vielen Frauen sympathischer als die Einnahme unheimlicher Pillen mit Nebenwirkungen. Heilkräuter umgibt nicht nur die Aura der überlieferten Weisheit, sie sehen oft auch noch sehr schön aus.

Während sich aber fast alle Frauen auf die Liebe zu Mutter Natur und deren kluge Schönheit einigen können, sind wirkliche Kräuterkennerinnen eher selten, schließlich handelt es sich um eine Wissenschaft. Vielen Frauen fehlt neben dem Fachwissen auch noch der Wald oder wenigstens der Garten vor der Haustür. Bleibt der Balkon und die Freude an Pflanzen. Zwar werden Sie durch drei hübsche Terrakotta-Töpfe nicht zur sagenumwobenen Heilerin, aber Sie verbinden das Schöne mit dem Nützlichen und können Ihrer dekorativen Balkonbepflanzung auch noch eine Wirkung zuordnen.

A **PS** Wenn Sie sehr unerfahren mit Pflanzen und deren Aussehen sind, sollten Sie wissen, dass ein Balkon oder Garten mit Heilkräutern nicht die akkurate Schönheit einer Gartenausstellung hat. Wenn alles gut wächst, erinnert es eher an einen wilde Wiese.

B **PPS** In der Naturmedizin gibt es wie in der Schulmedizin Dosierungsvorschriften und Gegenanzeigen. So wirken zum Beispiel manche Pflanzen lindernd, wenn Sie Schmerzen haben, können aber gefährlich werden, wenn Sie schwanger sind oder stillen. Dies ist kein Lexikon, sondern nur die Anregung für einen Kräuterbalkon, für dessen endgültigen Erfolg Sie sich nochmals Rat beim Gärtner über die fachgerechte Pflege der Pflanzen und bei einer Fachfrau für Kräutermedizin über ihre exakte Anwendung einholen sollten. Kurz: Fragen Sie unbedingt Ihren Gärtner, Arzt oder Apotheker bevor Sie aus Ihren Balkonpflanzen eine Allheilmedizin brauen.

C ***PMS UND MENSTRUATIONSBESCHWERDEN** Mönchspfeffer* Hübsche violette Blütenrispen und immergrüne, aromatisch duftende Blätter. Früher

Mönchspfeffer

Frauenmantel

Nachtkerze

Rosmarin

Schneeball

Salbei

Rotklee

Hummel

Mariendistel

Beifuss

Lavendel

Herzgespann

wurde er in Klostergärten angebaut, unter anderem, um die sexuelle Begierde der Mönche zu dämpfen. Nachgewiesen ist, dass Mönchspfeffer regulierend in den Hormonhaushalt eingreift. Und genau das kommt Ihnen in Ihrer unpässlichen Zeit zugute. *Anwendung:* Sie verwenden die Samen der schwarzen Früchte. Diese können Sie wie Pfeffer verwenden, weil sie auch ähnlich schmecken. Empfohlen sind 20–40 mg am Tag.

*Frauenmantel* Kleine, hellgrüne Blüten, wird traditionell bei Frauenleiden angewandt, enthält Gerbstoffe und Flavonoide und wirkt unter anderem krampflösend. Den Tee verwendet man außerdem als Badezusatz, um die Haut zu straffen und zu klären.

*Nachtkerze* Die gelben Blüten duften sehr schön und öffnen sich erst am Abend. Nachtkerzenöl in Kapselform ist bekannt aus Apotheke und Drogerie und wird bei Allergien und Neurodermitis empfohlen, weil es so reich an ungesättigten Fettsäuren ist. Bei PMS werden die Samen vorbeugend gegen die ziehenden Schmerzen in der Brust und im Unterleib eingesetzt. *Anwendung:* Die Samen, die Sie in der Fruchtkapsel finden, werden getrocknet und können als Gewürz verwendet werden, indem man sie einfach in die Pfeffermühle füllt.

*Rosmarin* Rosmarin sieht gut aus, schmeckt wunderbar und fördert die Durchblutung der Gebärmutter. Wenn er jetzt auch noch witzig wäre und tanzen könnte, wäre der Traum perfekt. Aber auch stumm im Topf macht er sich gut, denn Sie können ihn zum Würzen und für entspannende Tees verwenden.

*Schneeball* Ein schöner Strauch mit einem niedlichen Namen. Seine Blüten sind schneeweiß und an das Verbot, die Beeren von Ziersträuchern zu essen, erinnern Sie sich sicherlich aus Ihrer Kindheit. Unterlassen Sie es weiterhin, auch wenn meist keine Lebensgefahr besteht. Das Mittel gegen Menstruationskrämpfe oder schmerzhafte Nachwehen wird bei dieser Pflanze aus der Rinde gekocht. Womit Sie schon eine Hexenlektion über dem Teekochen stünden.

D **WECHSELJAHRE Salbei** Salvia kommt von *salvere,* also heilen, denn Salbei gilt seit der Antike als Allheilmittel. Vielleicht haben Sie auch schon

Entzündungen im Mund mit Salbeitee bekämpft. In der Menopause wird er eingesetzt, um die Schweißausbrüche zu lindern, außerdem soll er den Cholesterinspiegel senken und die Stimmung aufhellen. Dem Aberglauben zufolge gedeiht Salbei nur in den Gärten von Weisen oder dort, wo die Frau den Haushalt beherrscht.

*Rotklee* Oder auch Gemeiner Klee. Das ist der, der Glück bringt, wenn man seine vierblättrigen Blätter findet. In der Naturmedizin schätzt man ihn, weil er reich an Isoflavonen ist. Das sind pflanzlichen Hormone, die den Östrogenen ähneln und die deshalb gegen Beschwerden während der Wechseljahre eingesetzt werden. Klee ist außerdem ein beliebtes Ausflugsziel für Hummeln. Das sind die, die aussehen wie Bienen, aber einen viel dickeren Pulli tragen, gemütlicher brummen und nicht stechen. Nette Balkongäste also.

*Herzgespann* Volksmedizinisch ist der Name oft Programm. Herzgespann ist ein bekanntes Mittel gegen Herzbeschwerden, wird aber auch Mutterwurz genannt und soll Mutters Hitzewallungen, Kopfschmerzen und Zustände nervöser Unruhe bekämpfen. Verabreicht als Tee oder Sirup.

E *EINEN KATER KURIEREN Mariendistel* Wenn Sie alles im Leben planen, sogar übertriebenen Alkoholgenuss, dann trinken Sie vorher drei Tassen Mariendisteltee. Aus der Mariendistel werden viele Medikamente zur Leberstärkung und zur Entgiftung hergestellt. Außerdem wird sie gegen Migräne eingesetzt.

*Beifuss* Aus seinen Blättern kann man sich nicht nur einen Lebertee für den nächsten Tag brühen, man verwendet den Beifuss auch für Fußbäder und als Gewürz, weil er hilft, fette Speisen besser zu verdauen. Sein lateinischer Name *Artemisia Vulgaris* weist darauf hin, dass er auch noch ein traditionelles Frauenkraut ist. Er wirkt nämlich krampflösend auf den Unterleib.

*Lavendel* Der Lavendel ist die Jeans unter den Heilpflanzen. Jeder sollte einen haben. Ihr Balkon blüht lila und riecht wie eine schicke Omi, die durch die Provence spaziert.

Stellen Sie sich jetzt aber kurz vor, Sie müssten gegen Insekten kämpfen. Dabei sind Sie so verkatert, dass Sie sich die ganze Zeit über fragen, ob Sie sich lieber erst übergeben und dann erhängen wollen oder umgekehrt. Mit Lavendel bannen Sie die Gefahr, denn er vertreibt nicht nur Ungeziefer (vgl. Kapitel *Die Frau zu Hause,* Rubrik *Gelassen mit Spinnen umgehen),* sondern wirkt als Tee auch noch wie ein Antidepressivum, das gleichzeitig Ihren Magen beruhigt. Außerdem soll er den Geist befreien und widerspenstige Männer gefügig machen. Interessante Nebenwirkungen, die Sie wahrscheinlich erst genießen können, nachdem Sie Ihren Kater besiegt haben.

# 014  KABEL UND STECKER KENNEN

Normalerweise werden Sie selten an die Kabel und Stecker in Ihrem Umfeld denken, es sei denn, Sie stolpern darüber. Interessant werden Stecker erst, wenn Sie sich neue Geräte kaufen oder zwei miteinander verbinden wollen. Dann fällt Ihnen vielleicht auf, dass Sie sich nie mit den Anschlüssen und deren Namen auseinandergesetzt haben. Elektronikfachverkäufer fragen sich, wie Sie ohne dieses Wissen überhaupt existieren können. Ganz einfach, indem Sie es nachschlagen.

A  **COMPUTER** FireWire-Kabel • USB-Anschlusskabel • USB-Druckerkabel • USB-Adapter • Netzwerkkabel • Serielles Druckeranschlusskabel

B  **AUDIO/VIDEO&CO** SCART-Kabel bzw. Stecker (DVD-Player, Videorecorder) • DVI-Kabel bzw. Stecker (zur Übertragung von Videodaten) • VGA-Anschluss (wird geschraubt. Für Bildübertragung zwischen Grafikkarten und Anzeigegerät).

C  **STECKERFORMEN** Normaler Schukostecker (kennt man) • Kaltgerätestecker (für Computer) • Heißgerätestecker (Waffeleisen, Toaster, alte Bügeleisen) • Kleingerätestecker (Rasierer) • Kleeblattstecker (Laptopnetzteil, Videoprojektor, Bildschirme) • Hohlstecker oder DC-Stecker (für Ladegeräte, MP3-Player usw.) • Telefonkabel/-stecker und -steckdose (Verwendung bekannt).

*FireWire-Kabel*

*USB-Anschlusskabel*

*SCART-Kabel*

*Kaltgerätestecker*

*Kleingerätestecker*

*Schukostecker*

*Kleeblattstecker*

*Serielles Druckerkabel*

# 015 MÖBELPOLITUR SELBSTGEMACHT

Wahrscheinlich haben Sie weder eine Eichenschrankwand noch unzählige Sideboards aus Mahagoni in Ihrer Wohnung stehen, aber vielleicht einen Ess- oder Schreibtisch, der ab und zu mehr als nur feucht abgewischt werden will. Wenn Ihnen dann beim Griff zur Möbelpolitur-Sprühdose auch irgendwie mulmig wird, weil Sie dem Geruch nach eher an Insektenvernichtungsmittel denken, versuchen Sie es mit Ihrer eigenen, gesundheitlich völlig unbedenklichen Möbelpolitur. Bevor Sie aber irgendeinem Möbelstück damit aufs Holz gehen, probieren Sie die Politur an einer unauffälligen Stelle aus.

*HOLZVINAIGRETTE* Was dem Salat gut tut, schmeichelt in der Regel auch Ihrem Tisch. Die Basis selbstgemachter Möbelpolitur ist immer ein Speiseöl. Leinöl eignet sich hervorragend für helles, Olivenöl für dunkleres Holz. Dem Öl mischen Sie einen gleichen Anteil Essig bei. Das war's. Ein besonderer Clou, aber nur bei dunklem Holz, ist die Beimischung von Rotwein anstelle des Essigs. Aber bitte, auch hier vorher immer ausprobieren. Wenn es klappt, glänzt das Holz danach fantastisch. Bei hellen und sehr robusten Holzarten können Sie in die Vinaigrette auch noch einen Esslöffel Salz werfen, das den Schmutz löst.

# 016 DIE PERFEKTE NUDEL

Der Weg zur perfekten Nudel beginnt wie bei jedem Gericht mit dem Einkauf. Und bereits da setzt der Gute-Laune-Effekt ein, den man der Pasta nachsagt. Erstens gibt es sehr gute geläufige Nudelsorten. Zweitens ist bei Pasta im Gegensatz zu vielen anderen Produkten auch die absolute Königsklasse bezahlbar. Drittens müssen Sie die Packung nicht nach obskuren Zutaten durchforsten, denn Pasta besteht zu 100 % aus *Semola di gran duro,* zu Deutsch: Hartweizengrieß.

Der Qualitätsunterschied entsteht in der Herstellung. Die Pastamanufakturen von Weltruf fangen schon bei der Auswahl ihres Hartweizens an, sich von der Spreu zu trennen. Gepresst werden die Nudeln dann in Bronzeformen. Durch dieses traditionelle Verfahren erhält die Pasta eine raue Oberfläche. Diese ist ein unbedingtes Qualitätsmerkmal, denn umso glatter und glänzender die Nudel ist, umso schlechter kann sie später die Soße aufnehmen.

A **SCHWIMMEN SOLL SIE** Ihre Pasta braucht genügend Wasser und genügend Platz. Ein Töpfchen ist eine Fehlentscheidung und einer der Gründe für die oft entsetzlichen Nudeln in Studenten-WGs.

Der Nudeltopf ist so groß, dass er nur zu drei Vierteln gefüllt werden muss, obwohl Sie niemals weniger als 1 Liter Wasser pro 100 g Pasta verwenden. Dazu kommen 10 g Salz, so viel wie auf einen Esslöffel passen. Vereinheitlicht können Sie sich alles in Gramm merken: 1000 ml bzw. Gramm Wasser, 100 Gramm Pasta und 10 Gramm Salz.

Das Wasser muss unbedingt sprudelnd kochen, bevor Sie Ihre Pasta dazugeben. Danach salzen Sie sofort, denn später nimmt die Pasta das Salz nicht mehr richtig auf.

B **ÖLFREI** Olivenöl ins kochende Nudelwasser zu geben, mutet vielleicht mediterran an, ist aber ein Fehler. Sie müssen die Pasta weder mit Öl vor dem Verkleben noch vor dem Überkochen schützen, da bei Ihnen ja Topfgröße und Wassermenge stimmen. Und jetzt, da Sie vielleicht Pasta aus einer apulischen Top-Manufaktur mit extra poröser Oberfläche erstanden haben, wäre es schade, wenn Sie sie in etwas Glitschiges verwandeln würden.

C **FERTIG, RAUS** Selbst wenn Ihr italienisches Vokabular nur aus drei Wörtern besteht, sind zwei davon sicherlich *al* und *dente*. Die Nudel ist außen weich, hat aber Biss. Wenn Sie Fisimatenten mögen, werfen Sie sie gegen eine Kachel in der Küche. Klebt sie fest, ist sie fertig. Eigentlich gibt es keinen Grund für diesen Trick, es sei denn, man ist zahnlos. Testen Sie also höchstpersönlich, indem Sie abbeißen, und vertrauen Sie nie blind der Minutenangabe auf der Packung. Wenn Sie zufrieden sind, gießen Sie ab und verzichten Sie auf das Abschrecken. Die frisch abgegossene Nudel kocht jetzt eigentlich noch und hat ihre beste Zeit für eine perfekte Verbindung mit der Soße.

D **DIE LANGE NUDEL** Wenn Sie beim Aufrollen langer Pastasorten wie Spaghetti, Linguine & Co einen Löffel zu Hilfe nehmen, mussten Sie sicher schon hören, dass dies ein grober und sehr, sehr deutscher Fehltritt ist. Das ist Unsinn.

Dass man in Italien meist einhändig mit der Gabel Pasta isst, stimmt. Der Löffel ist jedoch kein deutsches Vergehen, sondern ein international anerkanntes Hilfsmittel für Nichtitaliener. Wenn Sie es lieber authentisch mögen, brauchen Sie dafür eigentlich nur durchschnittliche motorische Fähigkeiten – und keinen Löffel. Eine Gabel auf einem Teller zu drehen ist keine Geheimlehre.

Sie trennen zuerst säuberlich eine dünne Strähne Nudeln ab und vermeiden so, dass Sie versehentlich die gesamte Portion aufrollen. Suchen Sie sich ein freies Plätzchen auf Ihrem Teller, halten die Gabel fast senkrecht und drehen Sie sie so lange, bis sich die Spaghetti komplett herumgewickelt haben. Im Optimalfall schwimmt die Pasta nicht in der Soße, sondern verbindet sich mit ihr, deshalb können Sie die Gabel jetzt spritzerfrei zum Mund führen.

# 017    KÖSTLICHES SUGO VON CORNELIA POLETTO

Ein frisches, aromatisches Pasta-Sugo schmeckt der Frau alleine, eignet sich aber auch hervorragend für viele Gäste. In der schickeren Variante legen Sie noch ein paar angebratene Garnelen obendrauf. Die Sterneköchin Cornelia Poletto aus Hamburg hat uns ein so einfaches wie wunderbares Rezept verraten. Zutaten für 4 Personen: 400 g Kirschtomaten • 2 Bd. Frühlingslauch • 1 Knoblauchzehe • 2 Peperoncini • etwas Zucker • Tomatensauce • getrocknete Tomaten • schwarze Oliven • 1 Bd. Basilikum • Meersalz • Pfeffer aus der Mühle.

*ZUBEREITUNG* Kirschtomaten halbieren, Lauch und geschälten Knoblauch in Scheiben schneiden. Den Lauch in Olivenöl anschwitzen, den Knoblauch dazugeben. Die Tomaten hinzufügen und mit etwas Zucker, Meersalz und Peperoncini würzen. Zuletzt etwas Tomatensauce und geschnittenes Basilikum unterheben. Klein geschnittene, getrocknete Tomaten und Oliven nach Geschmack dazugeben.

# 018 — DEN EINFACHSTEN PULLOVER STRICKEN

Der einfachste Pullover ist schnell gestrickt, sieht passabel aus, und der Vorgang des Strickens beruhigt angespannte Gemüter ähnlich wie ein Yogakurs. Bei diesem Pullover handelt es sich um ein sehr gerades, kastenförmiges Modell, und, wenn Sie so wollen, eine Art Designklassiker, der Einfachheitsfetischisten vor Neid blass werden lässt. Probieren Sie es aus. Für diesen Anfängerpullover eignen sich zwei Arten von Wolle am besten: „Superwash"-Schurwolle, eine mittelstarke Wolle für vier bis fünf Millimeter starke Stricknadeln oder sehr dicke Schurwolle, die für zehn bis zwölf Millimeter starke Stricknadeln geeignet ist. Die dünnere Wolle hat den Vorteil, dass sie sehr einfach zu stricken ist und dass der fertige Pullover in der Maschine im Buntwäsche-Programm bei 30 Grad gewaschen werden kann. Wenn Sie mit sehr dicker Wolle stricken, wird Ihr Pullover zwar schneller fertig, aber dafür ist es schwieriger, mit dicken Nadeln zu stricken. Es erfordert einen anderen Körpereinsatz. Bei dünner Wolle stricken Sie aus den Handgelenken heraus, bei dicker Wolle kommen unter Umständen sogar die Schultern zum Einsatz. Einen Pullover aus reiner Wolle brauchen Sie dafür nur einmal im Jahr, nämlich am Ende des Winters, per Hand auszuwaschen. Ansonsten lassen Sie ihn einfach auslüften, am besten im Freien. Viele Flecken lassen sich nach dem Trocknen auch regelrecht abkratzen und sind dann wirklich verschwunden. Für Ihren ersten Pullover „designed by Ihnen" benötigen Sie, wenn Sie sich fleißig ranhalten, also jeden Abend ein paar Stunden stricken, ein bis zwei Wochen.

A **LOSSTRICKEN** Der Pullover besteht aus vier rechteckigen Teilen: Einem Vorderteil, einem Rückenteil und zwei Ärmeln. Vorder- und Rückenteile sind beim einfachsten Pullover aller Zeiten identisch. Zuerst schlagen Sie die gewünschte Anzahl von Maschen auf einer der beiden Stricknadeln an. Als Strickmuster wählen Sie „kraus rechts", das heißt, Sie stricken immer nur rechte Maschen. Dabei stechen Sie von vorn in die Masche und ziehen den Faden, der um den Finger liegt, mit dem Sie nicht die Stricknadel mit den Maschen halten, von hinten nach vorn durch. Für das Rücken- und Vorderteil Ihres Pullovers nehmen Sie ungefähr 45 Maschen bei dicker, und 90 Maschen bei dünner Wolle auf. Für die Ärmel 30 Maschen bei dicker, und 60 Maschen bei dünner Wolle. Wie lang Ihr Pullover wird, können Sie nun selbst entscheiden. Wenn Sie meinen, dass er lang genug ist, hören Sie einfach auf zu stricken und ketten die Maschen ab. Sie sollten jetzt nur darauf achten, dass alle miteinander korrespondierenden Teile, also Vorder- und Rückenteil und die beiden Ärmel, jeweils gleich lang sind.

Wenn alle Teile fertig sind, nähen Sie sie mit dem Matratzenstich zusammen. Beim Matratzenstich sieht und fühlt man von außen keine Naht und keine Knubbel und das geht so: Legen Sie die Seiten, die zusammengenäht werden sollen aneinander. Stechen Sie jetzt mit einer Nähnadel und Garn auf der rechten Seite von oben nach unten in das Gewebe hinein und ziehen Sie den Faden zwei Reihen weiter oben auf derselben Seite wieder raus, dann stechen Sie auf der linken Seite ein und ziehen den Faden auf der linken Seite zwei Reihen oben wieder raus. Stechen Sie dann auf der rechten Seite da ein, wo der Faden hervorkam und weitere zwei Reihen oben wieder raus, etc. Das geht so lange, bis beide Seiten miteinander vernäht sind. Achten Sie darauf, dass Sie beim Vernähen immer in die äußerste Masche einstechen und dass am oberen Ende Ihres Pullovers die Öffnung groß genug für Ihren Kopf ist. Lose Enden von Fäden werden mit einer Nähnadel und Garn so geschickt und unauffällig wie möglich in den Pullover eingenäht.

B **DIE TÜCKEN DES ANFANGS** Die Panikattacken bei Strickanfängerinnen passieren, wenn eine Masche herunterfällt. Das ist aber meistens gar kein

Problem, wenn niemand am losen Faden zieht. Wenn die Masche gefallen ist, atmen Sie tief durch, schauen Sie sich den Fadenverlauf ganz genau an und heben Sie die Masche sehr vorsichtig wieder auf, das heißt, Sie ziehen den Faden nach oben zurück auf die Nadel und weiter geht's.

Ein anderer Fehler, der vielen Anfängern unterläuft, ist, dass Sie so lange stricken, bis das Knäuel zu Ende ist, sich dann aber mitten in einer Reihe befinden. Das führt zu unschönen Knubbeln an exponierten Stellen. Achten Sie darauf, wann Ihr Faden zu Ende ist, und wechseln Sie das Knäuel früher und immer am Ende einer Reihe. Dort lassen sich lose Fäden nämlich immer am unauffälligsten vernähen.

# 019 — GELASSEN MIT SPINNEN UMGEHEN

• • •

*Fleißig, ruhig*

*und unbeliebt:*

*Die Spinne.*

• • •

Exakte Zahlen existieren nicht, aber bei den Betroffenen, die sich vor Spinnen mehr als nur ekeln, nämlich unter einer Phobie leiden, geht man von einem Frauenanteil von 75–90 Prozent aus.

Wie oft in solchen Fällen fahndet man auch hier nach genetischen oder sozialen Ursachen. Sollten Männer ein entspannteres Verhältnis zu Spinnen haben, weil sie so viel auf der Jagd waren? Bleibt die Frage, wie die Urfrauen es angestellt haben, ihre Höhlen in dieser Zeit spinnenfrei zu halten. Wenn man nach erzieherischen Gründen sucht, mag es wohl stimmen, dass der soziale Druck auf Männer größer ist, wenn es um das Kaschieren von Ängsten geht. Aber: Handelt es sich nicht nur um Ekel, sondern eine Phobie, kann auch ein Mann nicht tapfer tun. Erstaunlicherweise ist Spinnenangst ein Phänomen des westlich-christlichen Kulturkreises. Diese Begrenzung ist auch ganz gut so, denn in vielen Teilen der Welt wäre ein Leben mit ausgeprägter Spinnenangst noch anstrengender als hier, wo man eher auf die ungefährlichen und kleineren Exemplare trifft. Mythologisch wird die Spinne entweder als weise Frau verehrt oder in eine Ecke mit bösen Hexen gestellt. Das Objekt der weiblichen Angst ist also auch noch weiblich.

A **ANGST IM ALLTAG** Es mag haarsträubend klingen, aber man geht von 200–300 Spinnen pro Haus aus. Trösten Sie sich damit, dass sie Ihnen meist nur vereinzelt begegnen, sie weder Laute noch Gerüche von sich geben und an uns und unseren Lebensmitteln kaum interessiert sind. Die Hauswinkelspinne wurde sogar nach ihrem Wohnort benannt, was bedeutet, dass sie sich nicht in Ihr Zimmer verirrt hat und wieder nach draußen will, sondern sich zu Hause fühlt. Sie mag es kuschelig und warm. Das Haus spinnenfrei zu bekommen, indem man es radikal auskühlt, kann keine Alternative sein.

Wenn Sie Ihre Vernunft über Ihren Ekel siegen lassen können, denken Sie an die vielen anderen Insekten, auf die die Spinne geduldig in ihrer Ecke wartet. Wenn Sie ihre Anwesenheit nicht ertragen und zum Staubsauger greifen, leeren Sie anschließend den Beutel, denn Spinnen sind zäh und finden ihren Weg zurück nach draußen.

Mit etwas Überwindung eignet sich die Technik mit dem Glas, unter das man eine Postkarte schiebt, immer noch am besten. Die Spinne reagiert schockiert und bewegt sich kaum in ihrem Glasgefängnis. Leider hilft es nichts, sie jetzt angewidert direkt vor die Tür zu werfen, denn sie hat einen ausgezeichneten Orientierungssinn und vergessen Sie nicht: Sie meint einen Wohnanspruch bei Ihnen zu haben. Sie müssen also mit der Spinne im Glas mindestens 30 Meter gehen.

Katzenbesitzerinnen können sich freuen, denn ihre Lieblinge machen Jagd auf Spinnen, sofern sie nicht zu träge oder zu fett dafür sind.

*DIE FRAU ZUHAUSE*

Angenehm ist die Tatsache, dass Spinnen den Geruch von Lavendel nicht mögen. Wenn Sie auch Kleidermotten damit vertreiben, schlagen Sie zwei Insekten mit einer Klappe.

Ansonsten gibt es im Baumarkt oder Kaufhaus Spray, dessen Geruch Spinnen in die Flucht schlagen soll. Einem kleinen Gerät, das man in die Steckdose steckt und das die Spinnen durch einen ultrahohen Ton vertreiben soll, wird der gleiche Effekt nachgesagt.

B *MYTHOS STRAUSSENEI* Irgendein Tourist hat einmal in einer Moschee aufgeschnappt, dass die dort aufgestellten Straußeneier die Spinnen fernhalten sollen. Da dürfte ein Missverständnis vorgelegen haben, oder die Informanten in der Moschee waren zu kleinen Scherzen aufgelegt. Straußeneier sind einfach nur sehr schöne Gefäße, um sie mit Duftölen zu füllen. Solange man es nicht mit einem Anti-Spinnenduft befüllt, ist ein Straußenei den Spinnen egal.

C *ARACHNOPHOBIE* Wenn sich Spinnen derart zu Ihren Feinden entwickelt haben, dass Sie Ihr Leben einschränken, um ihnen nicht begegnen zu müssen, leiden Sie wahrscheinlich an einer Phobie.

Es ist nicht schön, wenn man wegen einer Spinne die Polizei rufen muss, nicht mehr in den Keller oder Garten kann und auf Obstsorten oder Reiseländer verzichten muss. Es ist auch nicht schön, wenn man in seinem Umfeld auf Unverständnis stößt, denn erwachsene Phobiker wissen sehr wohl, dass Spinnen ihnen eigentlich nichts tun. Dieses Wissen schützt sie allerdings nicht vor Panikattacken und Angstzuständen. Die Spinnenphobie ist mit der Schlangenphobie die häufigste Phobie gegen Tiere. Deshalb können Sie auf ein relativ großes Hilfsangebot zurückgreifen.

D *DESENSIBILISIERUNG* Hier empfehlen Psychologen sich über Bücher und Filme mit dem Objekt des Grauens vertraut zu machen. Wenn Sie es schaffen, ein wissenschaftliches Interesse an dem Tier zu entwickeln, wird es Ihnen viel weniger als unbesiegbares Monster erscheinen. Spinnen wurden zum Beispiel schon von der NASA ins All geschickt und eignen sich hervorragend als Testtiere für giftige Substanzen. Wie die Spinnen auf Ecstasy, Kaffee, Marihuana oder LSD reagierten, nämlich mit hyperaktiver Spinnerei, Löchern in den Netzen, Totalchaos, perfekter Symmetrie oder Arbeitsverweigerung wegen akuter Faulheitsattacken, macht sie nicht nur interessant, sondern fast sympathisch.

Außerdem gibt es spezielle DVD-Reihen für Tierphobiker, auf denen Spinnen eingehend betrachtet werden können. Angefangen bei den kleinen dünnen tasten Sie sich bis zu den großen behaarten Spinnen vor. Sie können sich so langsam und aus sicherer Entfernung an den Anblick der Tiere gewöhnen und sich mit ihren Bewegungen vertraut machen. Wenn das funktioniert, dürften Sie nach einiger Zeit abgestumpfter reagieren, wenn Ihnen eine Spinne live über den Weg läuft.

E *VERHALTENS- UND KONFRONTATIONSTHERAPIE* Die wirksamste und deshalb bewährteste Methode der Phobienbekämpfung ist die Konfrontation mit dem gefürchteten Objekt. In dieser Form der Verhaltenstherapie werden Sie dem Tier so lange und immer näher ausgesetzt, bis die Angst weniger wird und eine Gewöhnung eintritt. Echte Tierphobien sind als ernsthafte Krankheiten anerkannt, deshalb wird ihre Behandlung in der Regel von den Kassen getragen. Suchen Sie sich also einen ausgebildeten Psychotherapeuten, der ein Konfrontationstraining mit Tieren anbietet. Er wird Sie Schritt für Schritt mit den Spinnen konfrontieren, bis Sie in der Lage sind, das Tier anzufassen oder einfach krabbeln zu lassen. Eine Variante der Konfrontationstherapie ist das so genannte *Flooding* – also Überfluten. Als Spinnenphobikerin wird Ihnen also sofort eine Spinne auf die Hand gesetzt. Da Sie das überleben werden, soll Ihrem Hirn so signalisiert werden, dass von einer Spinne keinerlei Gefahr für Sie ausgeht. Das mag sich anhören wie aus einem Horrorfilm, ist aber in Begleitung eines Therapeuten viel einfacher, als es hilflos und allein zu Hause zu probieren. Die Heilungschancen durch Verhaltenstherapie sind sehr hoch und der anschließende Erfolg wirkt sich sehr befreiend auf das Leben der Patientinnen aus.

Blut

• • •

Kaltes Wasser

Erde

• • •

Bürste

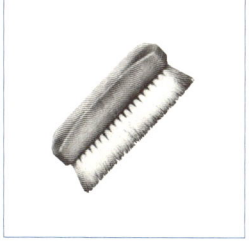

Kerzenwachs

• • •

Bügeleisen

Flecken gehören zu den Dingen, denen man selbst als Meisterin des positiven Denkens keine gute Seite abgewinnen kann. Sie müssen weg. Wenn Sie sowieso eher pessimistisch denken und nach Murphy's Gesetz davon ausgehen, dass alles, was schiefgehen kann, auch schiefgehen wird, ist Ihnen vielleicht schon aufgefallen, dass Flecken sich ähnlich wie Motten mit Vorliebe empfindliche, teure und möglichst nicht waschbare Textilien aussuchen. Dagegen hilft nur eine zuverlässige chemische Reinigung. Für die Sofortbehandlung zu Hause ist es gut, eine Grundausstattung an Fleckenmitteln parat zu haben, bestehend aus Mineralwasser, Gallseife, Salz, acetonhaltigem Nagellackentferner, reinem Alkohol sowie einem Bleichmittel wie Javelwasser. Glücklich sind außerdem jene, die fleckenerfahrene Mütter oder Großmütter haben. Oft genügt schon ein Anruf für den ultimativen Tipp.

*Blütenstaub* Besonders Lilienstempel haben es in sich. Anstatt zu rubbeln: Tesafilm auf den Fleck kleben und dann abziehen. Auch möglich ist das Radieren mit Hilfe von Blumensteckmasse. • *Blut* Wie alles Eiweißhaltige wird auch Blut nur in kaltem Wasser eingeweicht. • *Cola* Sprudelndes Mineralwasser. • *Deo* Fünfprozentige Zitronensäure oder Entfärber. • *Erde* Unbedingt trocknen lassen, dann ausbürsten. • *Filzstift* Mit Alkohol betupfen oder mit Haarspray einsprühen. • *Haarfarbe* Ist bei Wolle und Seide eine Katastrophe. Leinen und Baumwolle kann man mit Alkohol betupfen und anschließend waschen. • *Kaugummi* Alkohol oder das Kleidungsstück in eine Plastiktüte stecken und dann einfrieren. Der Kaugummi lässt sich anschließend abziehen. • *Kaffee* Lauwarmes Salzwasser. Bei älteren Flecken auch Glyzerin. • *Lippenstift* Alkohol. • *Make up* Alkohol oder ölfreier Make-up-Entferner. • *Obst* Keine Seife, sondern Essig beziehungsweise Zitronensäure. Danach waschen. • *Parfum* Mit Alkohol oder verdünnter Zitronensäure betupfen. • *Kerzenwachs* Löschblatt oder dickes Küchenpapier auf das Wachs und bügeln. • *Rotwein* Großzügig mit Salz bestreuen. Bleiben gräuliche Flecken, bekommt man die mit Weißwein oder Buttermilch heraus. • *Rost* Mit einer Mischung aus Salz und Zitronensaft abreiben. • *Spinat* Mit roher Kartoffel abreiben, anschließend waschen.

# 021 — WOCHENBETTSUPPE

Eine Hühnersuppe kann Wunder wirken. Und die Frau, die das Wunder der Geburt überstanden hat, sehnt sich nach dem Wunder der Kräftigung. Eine Geburt ist kein Spaziergang, und meistens hat die Frau Blut verloren und ist

generell geschwächt. Im schlimmsten Fall sind das die körperlichen Auslöser für eine Wochenbettdepression, ein Zustand der von leichter, temporärer Verstimmung, dem Babyblues, bis hin zu einer ernsthaften seelischen Erkrankung führen kann.

In der chinesischen Heilkunde würde man sagen, dass nach der Geburt das Qi geschwächt ist. Um das Qi wieder in Schwung zu bringen, wird für die asiatische Wöchnerin traditionell eine kräftige Hühnerbrühe bereitet und zwar von der Nachbarin, die die Suppe aufsetzt, sobald die Wehen einsetzen, und sie erst dann vom Herd nimmt, wenn das Kind auf der Welt ist.

Hierzulande sind derartig fürsorgliche Nachbarinnen oft schwer aufzutreiben, und vor allem solche mit viel Zeit, die bei komplizierten Geburten dann tagelang das Haus nicht verlassen, um die Suppe einkochen zu lassen. Deshalb lassen Sie der Einfachheit halber die Suppe nach Ihrer Rückkehr aus dem Krankenhaus von Ihrem Mann kochen. Wenn er bei der Geburt dabei war, wird ihm diese Aufgabe so leicht fallen, wie das Kind zu zeugen.

In einen großen Topf kommen: 1 Biohuhn ohne Bürzel • 1 Sellerieknolle • 4 Möhren • 1 Petersilienbüschel und zwar in Blumenstraußdimension. Mit Wasser auffüllen und mindestens vier Stunden kochen lassen. Zwischendurch immer wieder entfetten. Nach Ende der Kochzeit Zutaten herausnehmen und die Brühe leicht salzen. Trinken Sie nun täglich zwei Tassen dieser Brühe und Sie werden spüren, wie die Kräfte – oder wie die Chinesen sagen –, die Wärme und das Qi zurückkehren.

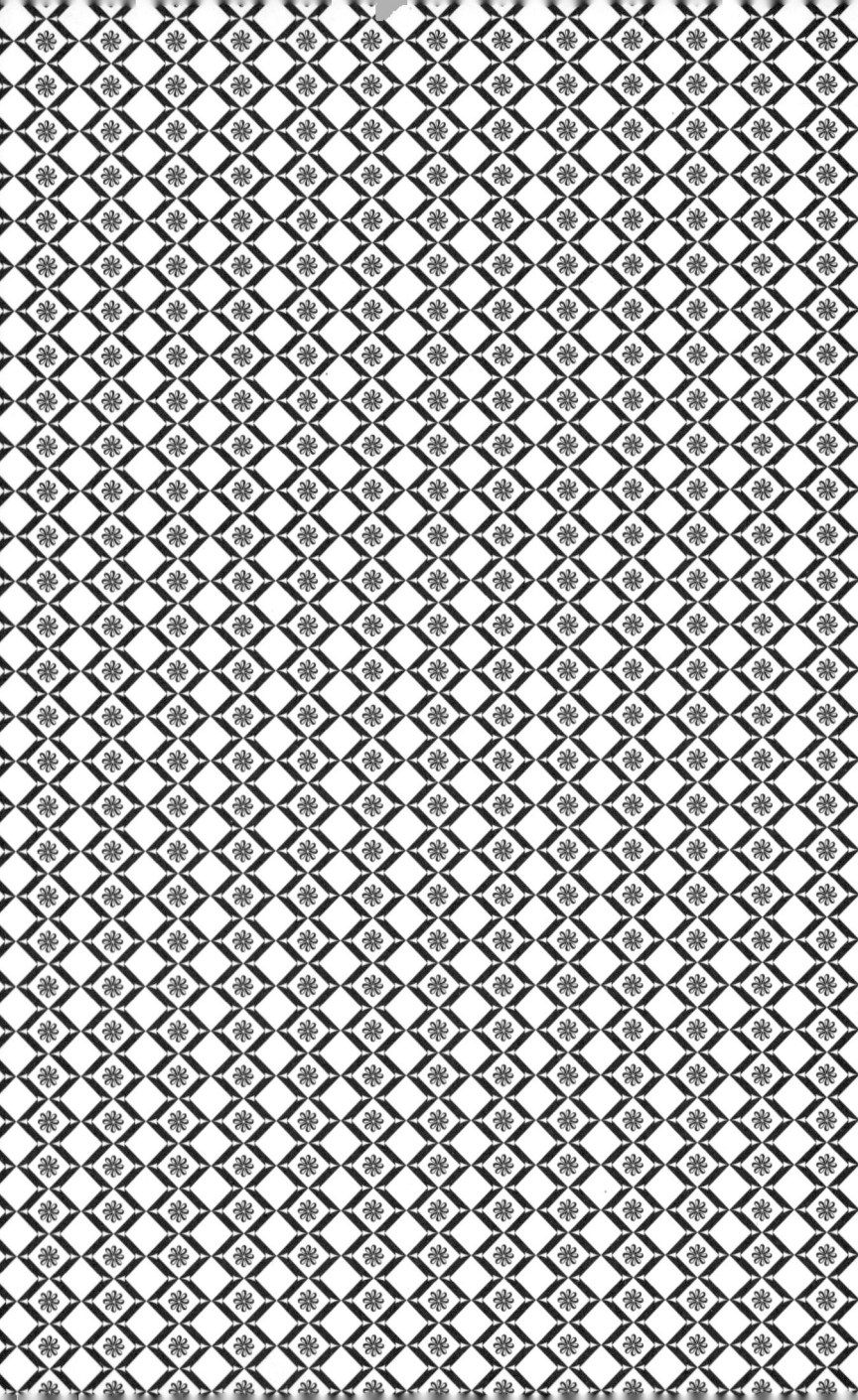

# DIE FRAU UND
# DIE TECHNIK

Frauen, die Platten auflegen, sind eine rare Spezies. Warum das so ist und welche Schlüsse daraus zu ziehen sind – damit füllen sich ganze Pop-Reader und Feuilletonseiten. Sollte Sie also die Lust überkommen, auf einer Party selbst den Ton anzugeben, können Sie sich zunächst durch Tonnen von Gendermaterial wühlen oder Sie schreiten einfach zur Tat. Auch der DJ auf der Kanzel im Strobolicht, dem zehntausend Raver zujubeln, hat irgendwann klein angefangen, und das sollten Sie auch tun, am besten zu Hause oder im gnädig gestimmten Freundeskreis.

A **DIE AUSRÜSTUNG** Was Sie unbedingt zum Plattenauflegen brauchen, sind Platten. Wenn Sie keine Platten besitzen, weil Sie Ihre Lieblingsmusik aus dem Internet herunterladen, brauchen Sie jemanden, der Ihnen seine Plattensammlung zur Verfügung stellt. Männer, die das tun, sind ungefähr genauso häufig anzutreffen wie Frauen, die ihre teuersten und besten Stilettos an ihren besten Freund für eine Kostümparty verleihen. Wo auch immer Sie Ihre Platten herbekommen, noch wichtiger ist es, dass Sie einen eigenen Musikgeschmack besitzen. Wenn die Leidenschaft, im Mittelpunkt zu stehen, größer ist als die Liebe zur Musik, werden Sie als DJ vermutlich nicht so erfolgreich sein. Denn wer eine Party rocken möchte, muss aus einem Repertoire schöpfen, das über den kleinsten gemeinsamen musikalischen Nenner hinausgeht.

*Ohne Plattensammlung
kein Platten
auflegen.*

B **DIE ANLAGE** Nein, die normale Stereoanlage Ihres Gastgebers reicht nicht aus, wenn Sie zum ersten Mal als DJ auftreten. Ihre Grundausrüstung sind zwei Technics-Plattenspieler, ein Mischpult und ein Kopfhörer. Die können

Sie theoretisch an alle Verstärker und Boxen dieser Welt anschließen, aber eine Anlage für den Hausgebrauch ist nicht für eine fünf Stunden dauernde Party konzipiert. Das heißt, es ist mit ziemlicher Sicherheit davon auszugehen, dass der Verstärker früher oder später durchbrennt und das musikalische Rahmenprogramm der Feier somit schlagartig beendet ist.

Die Technics-Plattenspieler sind auch durch keine anderen Plattenspieler zu ersetzen. Ihre Besonderheit liegt darin, dass Plattenteller und Tonarm nicht aneinander gekoppelt sind, was für einen DJ sehr wichtig ist, denn Sie werden die Platten starten und stoppen und den Tonarm dabei hin- und herbewegen müssen. Außerdem sind die Nadeln der Technics-Plattenspieler zweifach geschliffen, was bedeutet, dass Sie den Plattenteller bei aufgesetzter Nadel manuell vor- und zurückdrehen können, ohne dass Sie sich dabei die Rillen Ihrer Platten zerfetzen.

C **DIE VORBEREITUNG** Überlegen Sie sich, was für Gäste auf die Party kommen und was den Gästen gefallen könnte. Sie sind zwar keine Jukebox und Sie sollten einen eigenen Stil und eigene Vorlieben pflegen, es würde aber zum Beispiel bei den meisten 40. Geburtstagen wohl nicht auf besonders viel Gegenliebe stoßen, wenn Sie nur Trance und Techno dabeihätten.

In Ihre Plattentasche packen Sie pro Stunde, die Sie auflegen möchten, etwa 30 Platten. Die können Sie natürlich nicht alle in einer Stunde auflegen, aber es ist wichtig, eine Auswahl und vor allem Alternativen im Gepäck zu haben, denn keine Party funktioniert nach Schema X. Und wenn Sie Pech haben, entpuppt sich das DJ-Set, von dem Sie zu Hause noch dachten, dass es der Abräumer wird, am lebenden Objekt bestenfalls als Fußwipper.

D **DIE DRAMATURGIE** Ein guter DJ kommuniziert über die Musik (nicht über ein Mikrofon!) mit seinem Publikum, er bringt es bestenfalls zur Raserei und treibt die Tanzenden zu immer neuen Höhepunkten. Spielen Sie also niemals einen Hit nach dem anderen. Es gibt nichts Langweiligeres. Tempo, Bekanntheit und Intensität der einzelnen Stücke sollten sich im Laufe des Abends steigern. Beginnen Sie immer mit ruhigeren und langsameren Stücken

und steigern allmählich das Tempo. Wenn Sie um zwanzig Uhr mit „1999"
von Prince anfangen, gibt es um Mitternacht kein zurück und keinen Ausweg mehr, denn sobald Sie jetzt das Tempo drosseln, weil Sie Ihr bestes
Material bereits unter die Leute gebracht haben, fallen die Gäste in ein
Stimmungsloch. Achten Sie auf die Kondition und die Stimmung Ihres Publikums. Auch wenn alle kreischen, empfiehlt es sich, zwischendurch immer ein
paar leichte Erholungspäuschen einzulegen, damit Sie anschließend wieder
mit voller Kraft nachlegen können. Es ist im Übrigen völlig in Ordnung, verschiedene Genres miteinander zu mischen, aber es ist wichtig, dass die einzelnen Stücke eine ähnliche Bassline, ein bestimmtes Rhythmuselement oder
eine ähnliche Struktur verbindet.

E **DIE TECHNIK** Wenn Sie vor Ihrem DJ-Pult stehen, schauen Sie von oben
auf die zwei Plattenteller und das Mischpult. Das Mischpult hat viele Regler
und Knöpfe. Als Anfängerin müssen Sie lediglich wissen, wie Sie die Plattenteller mit der Start/Stop-Taste an- und ausschalten können, wie Sie den Tonarm heben und absetzen und wie Sie eine Platte in die andere mixen, ohne
dass dazwischen eine Pause entsteht. Wenn beispielsweise die Platte auf dem
linken Plattenteller läuft, muss der linke Regler nach oben gezogen sein,
damit das Publikum etwas hört. Während die linke Platte läuft, starten Sie
die rechte Platte und achten Sie darauf, dass der rechte Regler nach unten
gezogen ist. Lassen Sie nun die rechte Platte laufen und hören Sie über den
Kopfhörer, an welcher Stelle Sie mit dem neuen Song einsteigen wollen.
Dazu können Sie die Platte auch immer wieder vor- und zurückdrehen,
damit Sie den idealen Punkt finden. Wenn Sie aus der Platte auf dem linken
Plattenteller aussteigen wollen, starten Sie den rechten Plattenteller und
ziehen Sie den rechten Regler hoch. Idealerweise, wenn Sie genau die richtige Stelle erwischen, können beide Platten noch einen kurzen Moment zusammen weiterlaufen, bevor Sie den linken Regler herunterziehen und dort
die Platte wechseln. Um sich selber von einer Platte auf die andere einzu-
takten, können Sie den Beat der alten Platte mitzählen und der der neuen
Platte daran anpassen.

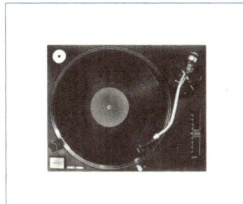
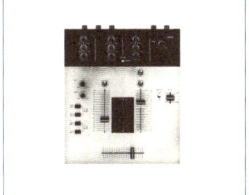
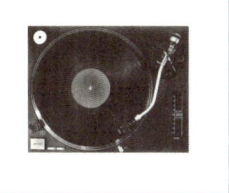

*Technics 1210*　　　　　*Mischpult*　　　　　*Technics 1210*

F **DIE GÄSTE** Die Gäste sind des DJs beste Freunde und die größten Nerven-sägen gleichzeitig. Es wird immer wieder vorkommen, dass Sie beispielsweise gerade 50 Leute mit einem Housetrack auf der Tanzfläche in Ekstase ver-setzen und ein schlecht gelaunter Gast zu Ihnen kommt und Sie penetrant zuquatscht, dass Sie jetzt doch mal bitte Johnny Cash spielen möchten. Diese Art von Gästen kann, wenn Sie nicht auf ihre Wünsche eingehen, sehr unangenehm werden, denn meistens ist auch noch Alkohol im Spiel. Seien Sie hart und diplomatisch zugleich. Sie sind der DJ, Sie sind verantwortlich für die Party, und wenn Sie ein klares Konzept haben, sollten Sie sich davon nicht abbringen lassen. Wenn der Vorschlag des Gastes annehmbar oder gar inspirierend ist, bedanken Sie sich und sagen Sie Ihm, dass Sie den Song später, nicht sofort, einbeziehen werden. Wenn dann der passende Moment gekommen ist, machen Sie ihm die Freude.

G **PLATTEN AUFLEGEN FÜR FORTGESCHRITTENE** Alle Skills, die Sie zu einer großen DJ-Karriere brauchen, sind in der kleinen DJ-Karriere schon angelegt: ein manisches Interesse für Musik, die Fähigkeit, intuitiv auf die Stimmung des Publikums einzugehen und daraus die perfekte Dramaturgie zu entwickeln, und das technische Know-how. Bei erfolgreichen Club-DJs lau-fen zwei Tracks bis zu anderthalb Minuten übereinander, und das gesamte DJ-Set wirkt wie ein langes Stück und nicht wie zahlreiche, aneinanderge-reihte Tracks. Um so weit zu kommen, gibt es nur einen Weg und der heißt üben, üben, üben und niemals die Geduld verlieren.

Frauen, die glauben, dass Sie keinen Reifen wechseln können, glauben das deswegen, weil Sie annehmen, dass es sich hierbei um einen übermenschlichen Kraftakt oder ein höchst kompliziertes automechanisches Meisterstück handelt. Das Gegenteil ist der Fall. Wenn Sie eine Windel wechseln können, können Sie auch einen Reifen beziehungsweise ein Rad, wie es ganz korrekt heißen muss, wechseln. Ist Ihr Reifen während der Fahrt aus heiterem Himmel geplatzt, haben Sie sich vermutlich sehr erschreckt. Eventuell sind Sie sogar ins Schleudern gekommen. Drosseln Sie die Geschwindigkeit und fahren Sie an der nächsten, möglichst geschützten, ebenen Stelle rechts ran. Rufen Sie jetzt nicht den ADAC oder einen Freund an, und warten Sie nicht, dass ein fremder Autofahrer sich Ihrer erbarmt. Sie können das selbst. Stellen Sie Ihr Warndreieck zweihundert Meter vom Auto entfernt auf, gehen Sie zurück zum Auto, legen Sie unbedingt einen Gang ein und ziehen Sie die Handbremse an, damit der Wagen nicht wegrollen kann, und machen Sie sich an die Arbeit.

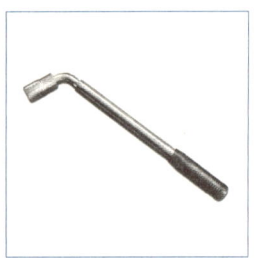

*Steckschlüssel*

• • •

*Handschuhe*

ᴀ *DAS WERKZEUG* Das gesamte Werkzeug, das Sie zu einem Reifenwechsel brauchen, liegt schon bei Ihnen im Auto. Auch der Ersatzreifen liegt in der so genannten Reserveradmulde, die sich unter der Kofferraumabdeckung versteckt. Außerdem brauchen Sie einen Wagenheber und einen Steckschlüssel mit Schraubendreher, der sich in der Regel auch bei dem Reserverad befindet. Gut ist es, wenn Sie dort Handschuhe finden. Nehmen Sie alles aus dem Kofferraum und legen es griffbereit zur Seite.

B **DIE ZIERKAPPE ABNEHMEN** Schauen Sie auf den platten Reifen. Sehen Sie direkt auf die Schrauben, die so genannten Radmuttern oder auf die Felgen? Die meisten Räder haben eine Zierkappe und die muss herunter, damit Sie an die Radmuttern kommen. Wenn Sie Handschuhe tragen, können Sie die Kappe per Hand abziehen. Oder Sie nehmen den Schraubendreher zur Hilfe und hebeln die Zierkappe ab. Jetzt lockern Sie die Radmuttern gegen den Uhrzeigersinn mit dem Steckschlüssel. Das ist ganz wichtig, denn wenn Sie versuchen, das Rad erst später im aufgebockten Zustand zu lockern, kann es passieren, dass sich das gesamte Rad dreht und die Radmuttern festbleiben.

C **DEN WAGEN AUFBOCKEN** Wahrscheinlich ist es genau dieser Arbeitsschritt, von dem Frauen glauben, dass nur der unglaubliche Hulk ihn erledigen kann, dabei ist Kraft hier gar nicht gefragt; die physikalischen Hebelgesetze und ein bisschen kurbeln erledigen den Job fast von allein. Auf jeder Fahrzeugseite befindet sich an den Türschwellerleisten eine Markierung, die zeigt, wo Sie den Wagenheber ansetzen müssen. Dort befindet sich ein Zapfen, der genau in die Vertiefung der oberen Seite des Wagenhebers passt. Wenn Sie nicht auf einer planen Ebene stehen, benutzen Sie Holzkeile, um die am Boden verbleibenden Räder zu sichern. Wenn Sie keine Holzkeile dabeihaben, nehmen Sie schwere Steine.

Kurbeln Sie nun zunächst den Wagenheber so lange nach unten, bis die flache Seite desselben gerade und fest auf dem Boden steht. Wenn das der Fall ist, kurbeln Sie in die andere Richtung und wie von Zauberhand bewegt sich der Wagen nach oben. Lassen Sie sich vom einsetzenden Erfolgsgefühl nicht verleiten über das Ziel hinaus zu schießen. Es reicht, wenn sich der Wagen zwei bis drei Zentimeter über den Boden hebt. Je höher Sie kurbeln, desto instabiler wird er. Und kommen Sie niemals auf die Idee, sich unter den Wagen zu legen.

D **DAS RAD WECHSELN** Lockern Sie die Radmuttern nun vollständig und ziehen Sie das defekte Rad ab. Die Radmuttern legen Sie zur Seite. Schauen Sie nun, ob Sie ein Reserverad oder ein Notrad bei sich haben. Ein Notrad ist

*Fünf Muttern*
*und ein Rad.*

entsprechend markiert und nur für die kurze Fahrt zur nächsten Werkstatt geeignet. Schneller als achtzig Stundenkilometer dürfen Sie mit dem Notrad nicht fahren. Ein Notrad setzen Sie einfach auf und schrauben es mit dem Steckschlüssel fest. Wichtig ist, dass Sie den Wagen absenken, bevor Sie die Radmuttern vollständig anziehen.

Mit einem Reserverad können Sie ein paar Extrarunden drehen, aber es ist in keinem Fall ein vollwertiger Ersatz für das defekte Rad, das Sie möglichst schnell reparieren lassen oder ersetzen sollten. Ein Reserverad müssen Sie außerdem stets ausrichten, das heißt, dass sich an der Bremsscheibe ein Stift befindet, der in das dafür vorgesehene Loch eingeführt werden muss. So wissen Sie, dass Sie das Rad genau richtig aufgesetzt haben. Lassen Sie den Wagen herunter und ziehen Sie die Radmuttern fest. Packen Sie das defekte Rad und das Werkzeug in den Kofferraum und auf geht's zur nächsten Werkstatt.

# 024                ERFOLGREICH AUSSTEIGEN

Sie kennen das Problem. Wenn nicht persönlich, dann von den Titelbildern der Boulevardmedien: Wer aus einem Sportwagen nicht mit äußerster Konzentration und Geschick ein- und aussteigt, den fressen die Paparazzi. Eine falsche Bewegung, und Ihrer Umwelt, im schlimmsten Fall der ganzen Welt, wird vor Augen geführt, wie es zwischen Ihren Beinen aussieht. Mit ein paar Tricks lassen sich solche würdelosen Ereignisse vermeiden.

A **DIE VORBEREITUNG** Wenn Sie ganz sicher gehen wollen, tragen Sie im Sportwagen nur Hosen. Dann kann eigentlich nichts schiefgehen. Sobald Sie aber einen Rock oder ein Kleid tragen, ziehen Sie in Gottes Namen etwas drunter an, und zwar am besten einen blickdichten, eng anliegenden Slip und nicht ein durchsichtiges, rutschiges Seidenfähnchen. Wenn Sie Unterwäsche ablehnen und trotzdem Schamgefühl besitzen, nehmen Sie den Bus.

B **EINSTEIGEN UND AUSSTEIGEN** Es ist eigentlich ganz einfach: Immer die Knie und Beine zusammenhalten. Niemals erst das eine und dann das andere Bein nacheinander aus dem oder in das Auto setzen. Wenn Sie das tun, spreizen Sie automatisch Ihre Beine. Denken Sie an den so genannten Damensitz beim Reiten: Der Autositz ist Ihr Sattel, und Sie sitzen beim Einsteigen gerade, mit geschlossenen Beinen nach außen, und ziehen beide Beine gleichzeitig mit schwungvoller Bewegung nach innen. Wenn Sie wirklich vor größerem Publikum oder der Presse ein- und aussteigen, sollten Sie diese Bewegung vorher einige Male in der Garage üben. Es ist nur eine Konzentrationsfrage, denn der bequemere Impuls ist es, erst das eine, dann das andere Bein ins Auto zu setzen.

C **UND SONST** Ein Gentleman wird Ihnen immer die Autotür öffnen und sich so vor Sie stellen, dass Sie vor den Blicken von ein bis zwei Gaffern geschützt sind. Einem etwas stoffeligen Freund sagen Sie bitte vorher, dass er das tun soll. Gegen zweihundert Paparazzi und ein Blitzlichtgewitter wird aber auch er nichts ausrichten können. Sollten Sie angetrunken sein, bestellen Sie sich lieber ein Taxi, denn Sie werden das Ein- und Aussteigen garantiert vermasseln. Dazu der derangierte Blick und das verwischte Make-up – die nächste Schlagzeile, ob im Freundeskreis oder in der Bild-Zeitung, ist Ihnen gewiss.

# 025     ORGASMUS • LEICHT GEMACHT

Wie ein Orgasmus vorgetäuscht wird, muss wohl keiner Frau erzählt werden. Mit diesem Luxusproblem dürfen sich die Männer rumschlagen. Einen Orgasmus tatsächlich zu bekommen ist eher ein Problem für Frauen, und zwar ein sehr unglamouröses. Wie oft und wie häufig dieses Problem auftritt, ist nicht eindeutig zu klären, denn Frauen plaudern zu diesem Thema nicht so freizügig wie beispielsweise über die echten und vermeintlichen sexuellen Vorlieben anderer Menschen. Verschiedene Studien beziffern die Zahl der Frauen, die nie oder in bestimmten Situationen keinen Orgasmus haben, zwischen zehn und vierzig Prozent, wobei es sich bei den „bestimmten Situationen" leider nicht selten um den Sex mit dem Partner handelt. Dabei kann sich eigentlich fast jede Frau mit Orgasmusschwierigkeiten selbst helfen, und zwar mit dem Einsatz eines Vibrators. Und auch Frauen, bei denen der Orgasmus weitgehend unbeschwert angerollt kommt, können mit einem Vibrator etwas Neues entdecken. Wie es nämlich ist, zu kommen wie ein Mann: schnell, unkompliziert und ergebnisorientiert.

A **DIE GESCHICHTE DES VIBRATORS** Die Geschichte des Vibrators ist weniger eine Geschichte von historisch verbrieften Eckdaten, sondern vor allem eine Geschichte der weiblichen Sexualität. Vibratoren gibt es logischerweise erst, seit es Strom und Batterien gibt, aber phallusförmige Objekte, heute auch Dildos genannt, werden in schöner Regelmäßigkeit aus einer Höhle oder einem prähistorischen Grab geborgen. Im achtzehnten und neunzehnten Jahrhundert, als über die weibliche Sexualität vermutlich weniger bekannt war als bei den alten Ägyptern, war die äußere Vagina-Massage per Hand durch einen Arzt ein wissenschaftlich anerkanntes Mittel gegen so genannte Hysterie. Frauen gingen einmal die Woche zum Arzt, um sich ihre seelischen und körperlichen Verspannungen auf diese Art wegmassieren zu lasen. Zu Beginn des zwanzigsten Jahrhunderts waren elektronische Vibratoren der große Hit und wurden als perfektes Geschenk angepriesen, um die Gattin wieder in gute Stimmung zu versetzen. Gegen Ende des Jahrhunderts war es die Frauenbewegung, die den Vibrator neu entdeckte, und einen weiteren Publicityschub erhielt der Vibrator, seit ihm in der Serie „Sex and the City" eine ganze Folge gewidmet wurde.

B **WO KAUFE ICH EINEN VIBRATOR?** In den USA, vornehmlich in den großen Städten der Ost- und Westküste, gibt es Sex-Shops mit so schönen

Namen wie „Toys in Babeland" oder „Good Vibrations". Eine Beratung in Sachen Sexspielzeug wird dort genauso unaufgeregt und kompetent geboten, wie hierzulande eine in einem Eisenwarenfachgeschäft, in das man sich auf die Suche nach der richtigen Schraube begibt. Von derartigen Sex-Shops können Frauen hierzulande nur träumen. Deshalb empfiehlt sich auf jeden Fall eine Internetrecherche. Die amerikanischen Shops haben ausführliche, höchst informative Websites. Dort können Sie in Ruhe durch das Angebot und zahlreiche Empfehlungen und Erfahrungsberichte surfen, und dann entweder gleich dort bestellen oder versuchen, einen inländischen Onlineanbieter für das gewünschte Produkt zu finden.

C **WELCHER VIBRATOR IST DER RICHTIGE?** Es gibt nicht den richtigen Vibrator für den einen Frauentyp. Vielmehr gibt es Vibratoren für unterschiedliche Gelegenheiten, also zum Beispiel für unterwegs oder mit unterschiedlichen Aufsätzen, batteriebetrieben oder in allen erdenklichen Farben und Formen, die mit dem klassischen Phallus nichts mehr zu tun haben. Der weltweit beliebteste Vibrator ist laut den Rankinglisten der amerikanischen Shops der *Hitachi Magic Wand*, dessen Aussehen so sexy ist wie ein Krankenhausbett. Konzipiert wurde er als medizinischer Massagestab gegen Muskelverspannungen, und er wird auch nach wie vor von der Firma Hitachi als solcher verkauft. Allerdings geht seine Popularität auf eine eindeutige Zweckentfremdung zurück, und es ist wohl der einzige Massagestab weltweit, der es zu einer Präsentation auf schwarzem Samt in einer Glasvitrine gebracht hat, so geschehen im Angebot des Mailänder Conceptstores Corso Como.

D **WIE SAGE ICH ES MEINEM PARTNER?** Es gibt keine magische Formel. Sagen Sie es einfach, wie es ist. Und vergessen Sie nicht zu erwähnen, dass ein Vibrator eine Art Spielzeug ist und kein Ersatz für einen Menschen. Spielzeuge sollen Spaß machen und nicht verängstigen. Vibratoren können an bestimmten erogenen Zonen bei Männern im Übrigen ebenfalls eingesetzt werden. Probieren Sie es einfach aus und nehmen Sie das Thema mit Humor, eine der besten Grundregeln, die es beim Sex gibt.

Fahrlehrer können das Klischee, dass Frauen nicht einparken können, nicht bestätigen. Im Gegenteil. Während Frauen beim Autofahren lernen, sehr genau auf ihren Fahrlehrer hören und versuchen, seine Anweisungen und Erklärungen umzusetzen, wollen Männer unter anderem beim Einparken gerne ihren eigenen Standpunkt und ihren persönlichen Fahrstil einbringen. Da Parken aber keine Lifestyle-Frage, sondern ein reiner Lernprozess ist, geht das oft nach hinten los. Bei der Behauptung, dass Frauen schlechter einparken können als Männer, kann es sich, wenn überhaupt, nur um eine sich selbsterfüllende Prophezeiung handeln, unter der viele Frauen leiden. Kommt die Frau alleine oder mit der Freundin auf dem Beifahrersitz in drei Zügen in jede noch so kleine Nadelöhr-Parklücke, wird das Einparken in Parklücken, die so groß sind wie Liechtenstein zum peinlichen Geeiere, sobald ein Mann neben ihr sitzt. Je unbekannter der Mann, desto unangenehmer und aussichtsloser wird es.

Eine extreme Möglichkeit, dieser Situation aus dem Weg zu gehen, wäre es, sich einen LKW zuzulegen und sich auf einem weitläufigen Gewerbehof einzumieten. Denn LKW dürfen im Wohngebiet nicht abgestellt werden, ergo entfällt das Parklücken-Rangier-Problem. Sie müssten dann zwar für einen LKW bis 7,5 Tonnen einen extra Führerschein in der C-Kategorie machen oder für LKW über 7,5 Tonnen den CE-Führerschein, aber Lücke war dann dafür gestern. Jetzt fahren Sie auf Ihrem Gewerbehof einfach rechts ran, schalten den Motor aus, ziehen den Schlüssel heraus und das war's. Niemand wird jetzt noch auf den Gedanken kommen, dass Sie vom Einparken nichts verstehen.

Jede Frau kann einen Knopf annähen. Viele Frauen wissen aber nicht, wie ein Knopf richtig angenäht wird. Einen Knopf annähen zu können gehört

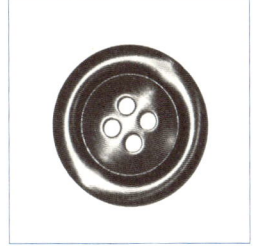

*Legen Sie*
*ein Streichholz*
*zwischen*
*Stoff und Knopf.*
• • •

zur Allgemeinbildung, und Sie degradieren sich nicht zum Hausmütterchen, wenn Sie diese Fähigkeit beherrschen. Bevor es losgeht, achten Sie darauf, dass Sie einen Faden wählen, der dem Faden gleicht, mit dem die anderen Knöpfe angenäht sind, und verwenden Sie eine zarte Nadel, wenn Sie auf feinem Gewebe nähen und eine stärkere Nadel, wenn Sie durch festes Gewebe müssen. Der Knoten am Ende des Fadens wird aus ästhetischen Gründen immer auf der Vorderseite unter dem Knopf versteckt und niemals auf der Rückseite.

A **EINEN KNOPF MIT STIEL ANNÄHEN** Einen Knopf mit Stiel anzunähen, bedeutet nicht, dass Sie Ihn mit Stil annähen und dazu eine goldene Nadel verwenden oder auf einem Chesterfieldsofa sitzen müssen. Knöpfe mit Stiel werden an Mäntel und Jacken aus dickem Material angenäht, und es geht darum, dass der Knopf nicht direkt am Stoff festgenäht wird, sondern an einem sehr kurzen, umwickelten Faden hängt. Wenn Sie den Knopf annähen, schieben Sie ein Streichholz zwischen Stoff und Knopf. Dann ziehen Sie die Fäden locker durch die Löcher des Knopfes. Nach einigen Stichen umwickeln Sie die lose hängenden Fäden fest mit dem Faden, verknoten ihn und schneiden ihn ab.

B **EINEN KNOPF OHNE STIEL ANNÄHEN** Bei Blusen und Kleidern aus dünnem Material wird der Knopf direkt auf den Stoff genäht. Achten Sie hier darauf, dass Sie den Faden nicht zu fest anziehen, denn sonst verzieht sich der Stoff um den Knopf herum unansehnlich oder reißt im schlimmsten Fall.

Es gibt zweifelsohne großartige Werferinnen. Frauen, die herausragende Wurfkarrieren machen und sich mit olympischen Titeln schmücken. Auf der anderen Seite hält sich das Klischee, dass Frauen nicht werfen können, sehr hartnäckig. Ähnlich wie das Nicht-Einparken-Können hat die wurfunfähige Frau es sogar auf einen Sachbuchtitel geschafft. Gute Werfer wählen instinktiv den richtigen Bewegungsablauf. Wer nicht zu dieser Gruppe gehört und trotzdem in die Situation gerät, etwas möglichst weit werfen zu müssen, hat trotzdem eine Chance. Denn Werfen ist reine Technik.

*Sehr, sehr wichtig: Loslassen können!*

A **BÄLLE · STEINE · STÖCKCHEN** Bringen Sie sich in Position: Ihr Körper steht seitlich zur Zielrichtung. Auf dem hinteren, leicht gebeugten Bein lagert Ihr Gewicht (wenn Sie Rechtshänderin sind, ist es das rechte), der Fuß bildet einen 90°-Winkel zum vorderen Fuß. Dieser zeigt in Wurfrichtung, wie auch Ihr Gesicht und der vordere Arm, mit dem Sie Ihr Ziel anvisieren. Der Wurfarm zeigt nach hinten unten.

Ziehen Sie den Wurfarm an und führen Sie ihn schnell und in einem großen Bogen am Ohr vorbei nach vorn. Parallel dazu ist der Rest des Körpers in Aktion. Während Ihr Wurfarm nach vorn peitscht, ziehen Sie den Zielarm an den Körper zurück. Der hintere Fuß dreht sich um 90° nach vorn. Ihm folgen das Knie und die Hüfte, die schließlich den ganzen Oberkörper in Wurfrichtung bringt. Am Ende dieser Rotation haben Sie Ihr gesamtes Körpergewicht auf das vordere Bein verlagert.

Werfen ist eine Bewegung aus der Schulter heraus. Probiert man eine Wurf-Trockenübung und konzentriert sich dabei auf die Schulter des Wurfarms, wird man feststellen, dass man bereits vorher wusste, dass es sich hierbei um das beweglichste und damit ausschlaggebende Gelenk handelt.

Achten Sie darauf, dass Sie ihren Wurf-Ellenbogen oben lassen. Je weiter oben der Ellenbogen ist, desto weiter kann das Geschoss fliegen. Fällt es ungefähr vier Meter vor Ihnen auf den Boden, liegt das meist daran, dass Ihr Oberarm zu steif war und Sie nur den Unterarm bewegt haben, so als würden Sie sehr affektiert abwinken. Beachten Sie außerdem: Sie müssen loslassen. Und zwar ungefähr am Scheitelpunkt der Wurfbewegung, also über Ihrem Kopf. Das Geschoss so lange wie möglich in der Hand zu halten, führt dazu, dass Ihr Arm bereits wieder in der Abwärtsbewegung ist und das Wurfgeschoss eine Kurve nach unten beschreibt. Direkt vor Ihre Füße. Das nennt man dann schmeißen.

B **BRAUTSTRAUSS** Traditionell dreht sich die Braut mit dem Rücken zum Publikum. Das Publikum besteht aus den unverheirateten weiblichen Gästen, den Anwärterinnen auf die nächste Hochzeit. Werfen Sie den Strauß einfach in hohem Bogen hinter sich und drücken Sie Ihren heiratswilligen Freundinnen die Daumen. Es gibt Bräute, die sich sehr ungern von Ihren teuren Sträußen trennen und deshalb extra für den Wurf einen Zweitstrauß bestellen. Wer sich nicht vom Original trennen kann, sollte auf die Symbolik dieser Tradition ganz verzichten.

C **GESCHIRR** Wer einen temperamentvollen Ausbruch mit klirrendem Geschirr unterstreichen möchte, sollte darauf achten, dass das Geschirr auch tatsächlich zerspringt. Teller und Tassen, die partout nicht kaputtgehen wollen, steigern die Wut nur noch, anstatt als Ventil zu fungieren.

Oft ist eine andere Person anwesend, meist sogar der Grund des Wutanfalls. Zielen ist hier ausnahmsweise nicht angebracht. Es ist zum einen ungefährlicher und zum anderen auch spektakulärer, mit dem Geschirr nur die Wand oder den Fliesenboden zu treffen.

A **_DIE HANDZEICHEN BEIM WASSERSKI_** Aus den verschiedensten Gründen kann man nicht immer reden. Beim Wasserski fahren zum Beispiel ist man zu weit weg vom Gesprächspartner und benutzt deshalb leicht verständliche und schnell erlernbare Handzeichen, die man auch in anderen Lebenssituationen anwenden kann.

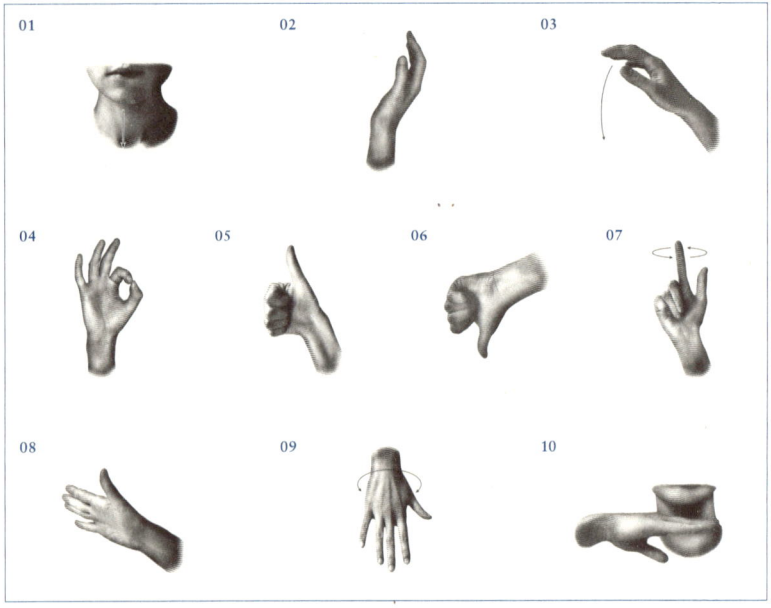

01 *Kopfnicken nach unten = Start* 02 *Handfläche nach oben = Achtung/Verstanden* 03 *Handfläche aus Achtung-Stellung nach vorn absenken = Stopp! Anhalten* 04 *Daumen und Zeigefinger bilden ein O = Alles in Ordnung* 05 *Daumen hoch = Schneller fahren* 06 *Daumen runter = Langsamer fahren* 07 *Zeigefinger dreht sich in kleinen Kreisen neben dem Kopf = Umkehren bitte* 08 *Offene Hand zeigt in neue Richtung = Abbiegen* 09 *Nach unten offene Hand dreht sich um die Längsachse = Schwieriges Fahrwasser* 10 *Kehle durchschneiden = Zurück an Land!*

**B** *DAS MORSEALPHABET KENNEN* Wenn Ihr Gesprächspartner noch weiter weg ist und es vielleicht sogar noch dunkel ist, benutzen Sie das Morsealphabet. Sofern Sie eine Taschenlampe dabeihaben natürlich. Da jedem Buchstaben eine Lang-Kurz-Kombination zugeordnet ist, können Sie es auch funken, klopfen oder in einer Sitzung mit Ihrem Kuli klicken. Voraussetzung ist natürlich, dass Ihr Gesprächspartner ebenfalls morsen kann und Ihre Sprache spricht.

| | | | | | | | |
|---|---|---|---|---|---|---|---|
| A | . _ | J | . _ _ _ | S | . . . | 2 | . . _ _ _ |
| B | _ . . . | K | _ . _ | T | _ | 3 | . . . _ _ |
| C | _ . _ . | L | . _ . . | U | . . _ | 4 | . . . . _ |
| D | _ . . | M | _ _ | V | . . . _ | 5 | . . . . . |
| E | . | N | _ . | W | . _ _ | 6 | _ . . . . |
| F | . . _ . | O | _ _ _ | X | _ . . _ | 7 | _ _ . . . |
| G | _ _ . | P | . _ _ . | Y | _ . _ _ | 8 | _ _ _ . . |
| H | . . . . | Q | _ _ . _ | Z | _ _ . . | 9 | _ _ _ _ . |
| I | . . | R | . _ . | 1 | . _ _ _ _ | 0 | _ _ _ _ _ |

# 030             AUF KOMMANDO HEULEN

Tränen lügen nicht, sang einst Michael Holm. Bei dieser Behauptung handelt es sich aller Wahrscheinlichkeit nach um eine Lüge oder aber um Blauäugigkeit. Außerdem ist Michael Holm keine Frau. Wenn keine Argumente mehr helfen, ein Standpunkt nachdrücklich unterstrichen oder Rührung einfach nur offensichtlich zur Schau gestellt werden soll, helfen viele Frauen und wenige Männer manchmal ein bisschen nach. Tränen können einen in Sekunden zu einem Ziel schwemmen, das bis dahin als unerreichbar galt. So gesehen zum Beispiel bei Hillary Clinton im amerikanischen Vorwahlkampf im Jahr 2008, als sich abzeichnete, dass der Bundesstaat New Hampshire wohl doch keine so sichere Bank war, wie Clinton es sich erhofft hatte. Die offen zur Schau gestellte Zerknirschung darüber und ein paar Tränen ließen die als hart und ehrgeizig geltende Präsidentschaftskandidatin weicher und sympathischer wirken und brachten ihr die erforderlichen Stimmen – zumindest in New Hampshire, denn am Ende hat es bekanntlich nicht ganz gereicht im Vorwahlkampf. Oprah Winfrey hat das Weinen zusammen mit ihren Talkgästen zur wohlhabendsten Entertrainerin der USA gemacht, und was bitte wäre eine Oscarverleihung ohne Tränen? An welche Dankesreden erinnern Sie sich? An die mit oder ohne Tränen? (vgl. Kapitel *Die Frau in der Gesellschaft*, Rubrik *Eine gute Figur bei den Oscars machen*).

A **DER ANLASS** Männer sind von weinenden Frauen oft tief verunsichert. Wenn man von den Männertränen absieht, die bisweilen bei verpassten Siegen im Sport vergossen werden und die nicht in ein Frauenbuch gehören, weinen Männer kaum. Meist nur in Ausnahmesituationen, nämlich dann, wenn etwas Schreckliches passiert ist, wie zum Beispiel der Tod eines oder die Trennung von einem geliebten Menschen.

Frauen weinen viel öfter aus vergleichsweise banalen Anlässen. Dazu gehören unter anderem Wut, Stress, Ärger und Überforderung. Weinen wird dann als etwas sehr Erlösendes empfunden, das durchaus herbeigesehnt wird. Da das Gern-Weinen Männern noch fremder ist als das unfreiwillige, ist die gute Heulszene auch selten ein Höhepunkt ihrer Lieblingsfilme. Dabei gehört neben dem Lachen, dem Sex, dem Horror und der Action das Weinen zu den Säulen, auf denen erfolgreiche Hollywood-Drehbücher stehen. Und bei guter Umsetzung hat eine ergreifende Szene selbst bei rationalen Frauen denselben Effekt wie ein Sturzregen auf einen übervollen Stausee: Es fließt nach allen Seiten Wasser, auch oder gerade weil sie sehr genau wissen, dass sie dabei sind, auf eine Schnulze hereinzufallen. Es ist schön, wirkt befreiend und dient als hervorragendes Ventil für angestaute Emotionen.

Oft sind die Tränen genauso schnell versiegt, wie sie kamen, nur dass die weinende Frau sich danach besser fühlt, denn Weinen setzt eine morphiumähnliche Substanz frei, die das Gemüt beruhigt und zudem noch für einen erholsamen Schlaf sorgt.

B **TRÄNEN STRATEGISCH EINSETZEN** Auf Kommando zu heulen, ist eine schauspielerische Leistung, die noch nicht einmal alle Schauspieler beherrschen. Wenn Sie mit dem Gedanken spielen, Tränen strategisch einzusetzen, so sollten Sie allerdings bedenken, dass es moralisch fragwürdig ist, andere Menschen auf diese Art und Weise unter Druck zu setzen, und dass Sie den Bogen nicht überspannen dürfen. Wer regelmäßig anfängt zu weinen, wenn eine Situation schwierig oder kompliziert wird, nervt eher und ist schnell als Heulboje verschrien. Bei vielen Männern erreichen Sie mit ständigem Geheule wahrscheinlich nur, dass sie sich abwenden, womit Sie gar nichts erreicht hätten. Wer es dennoch einmal probieren möchte, der sollte das Heulen auf Kommando einfach mal für sich alleine ausprobieren.

C **TROCKEN BEEINDRUCKEN** Weinen ist viel mehr als die Absonderung von Tränen. Wenn Sie einen glaubwürdigen Gesamteindruck machen, wird niemand mehr darauf achten, ob tatsächlich Wasser fließt. Stellen Sie sich vor den Spiegel und verzerren Sie Ihr Gesicht, als würden Sie weinen. Meist sieht schon das jämmerlich aus. Wenn Sie mit dieser Mimik auch noch sprechen und die Stimmlage entsprechend nach oben verändern, wird ein Winseln daraus. Vervollständigt wird das traurige Bild durch ein rhythmisches Zucken, das Ihren Oberkörper durchschüttelt. Bitterliches Weinen und ein exzessiver Lachanfall können sich auf den ersten Blick sehr ähneln. Arbeiten Sie also an den eindeutig als traurig erkennbaren Eigenschaften Ihrer Heulvorstellung. Sich kreischend zu verbiegen kann vieles bedeuten, schluchzen hingegen gehört eindeutig zum Weinen.

Sie atmen schniefend durch die Nase ein, denn richtiges Weinen aktiviert auch die Nasenschleimhäute, weshalb Sie möglichst verschnupft wirken sollten. Ausgeatmet wird hörbar durch den Mund, und zwar wie bei einem tragischen Seufzer. Die Worte werden gejault oder abgehackt ausgestoßen, das kann bis zu einem hustenartigen Stakkato gehen. Sehr gut machen sich dabei wahlweise Kopfschütteln oder -nicken. Augenwischen und das Hantieren mit einem Taschentuch verstärken ebenfalls den Effekt. Wenn Sie eine Brille tragen, setzen Sie sie sehr, sehr traurig ab und pressen Sie Ihre Fingerspitzen in die inneren Augenwinkel.

Ihr Körper spricht für sich: Sie werden derart vom Schicksal gebeutelt, dass Ihr Kopf hängt und Ihre Schultern nach vorne fallen, sogar dann, wenn Sie normalerweise wie ein wunderschöne Giraffe durchs Leben schreiten. Ihre Arme pressen Sie an den Körper, am besten verschränkt oder in einer Selbstumarmung. Eine Hand sollte jedoch weiter im Gesicht herumwischen oder als Sichtschutz dienen.

Wenn Sie sitzen, stützen Sie die Ellenbogen auf den Tisch und pressen Sie Ihre Augen gegen Ihre Handballen. Achten Sie während der gesamten Show auf Ihre Tonlage.

Es kann gut sein, dass Sie von Ihrer eigenen Simulation so überwältigt werden, dass Ihnen tatsächlich die Tränen kommen. Falls nicht, sollten Sie Ihr Gegenüber mit gebrochener Stimme bitten, Sie kurz zu entschuldigen, und den Raum verlassen. Das gehört erstens zur Tragödie dazu und bewahrt Sie zweitens vor der Frage, warum Sie nach einer derartigen Heulattacke weder rote Augen noch ein aufgequollenes Gesicht haben.

ᴰ **MASS HALTEN** Tränen gelten als das ultimative Rührstück, um zu zeigen, dass man traurig ist. Für Schauspielerinnen ist das Weinen aber nur eine Option von vielen, um Traurigkeit auszudrücken – und nicht immer die geeignetste. Im wahren Leben gilt, dass ständiges Heulen denselben Effekt hat wie ständiges Um-Hilfe-Rufen – es lässt Ihre Mitmenschen abstumpfen.

Sollten Sie also an Ihrem großen, emotionsgeladenen Auftritt basteln, um zu erreichen, dass Ihr Mann Ihnen beispielsweise doch das drei- und nicht das zweireihige Brillantencollier kauft, überlegen Sie noch einmal, ob die zitternde Unterlippe und der tieftraurige Blick nicht bereits ausreichen, um Ihre Betroffenheit zum Ausdruck zu bringen. Auch zusammengepresste

Lippen, ein fassungsloser Blick und ein langsames Kopfschütteln sehen nach tapfer ertragenem Leid oder einem bevorstehenden Sturm aus, den Ihr Gegenüber besser abwenden sollte. Traurigkeit hat wie alle Gefühlsausdrücke viele Facetten. Wie auch lautes Lachen nicht immer angebracht ist, um zu zeigen, dass man sich wohlfühlt, ist auch Weinen weder das einzige noch das probateste Mittel, um Verstimmung zu zeigen.

E **PROFESSIONELLE KROKODILSTRÄNEN** Wenn es bei einem Dreh auf die hoch emotionale Szene zugeht, bei der Tränen fließen sollen, ziehen sich einige Schauspielerinnen gern für einige Zeit zurück, um sich in Stimmung zu bringen. Manche Schauspielerinnen lassen sich auch einfach nur von ihrer Rolle tragen und steigern sich in das traurige Schicksal ihrer Figur so sehr hinein, dass sie von der Handlung und den Emotionen geradezu weggeschwemmt werden. Sicher haben Sie Sätze wie: „Ich lebe meine Figuren immer sehr intensiv" schon gehört oder gelesen.

Weniger theatralisch wird bei Schnellproduktionen wie Daily Soaps gearbeitet. Hier kocht man nicht nur mit Wasser, sondern man benutzt tatsächlich auch noch die gute alte Zwiebel oder ätherische Öle für den mechanischen Tränenfluss.

Wenn Ihnen das zu platt ist, üben Sie sich im Method-Acting. Basierend auf den Lehren großer Schauspiellehrer wie Lee Strasberg, arbeiten Sie hier tatsächlich so lange an Ihrer Technik, bis Sie die Tränen auf Kommando fließen lassen können.

Kurz zusammengefasst liegt die Kunst darin, sich eine Erinnerung heraufzubeschwören, in der man verzweifelt war, und die dazugehörigen Gefühle auf Abruf wieder einzusetzen. Diese Erinnerungen sind so vielfältig wie die Charaktere und Biografien der Heulwilligen und reichen vom persönlichen Schicksalsschlag bis hin zum erschütternden Bild aus den Nachrichten. Umso tiefer Sie in Ihrer Seele nach dem aufwühlenden Erlebnis graben müssen, umso steiniger Ihr Weg zu den Tränen. Mentale Kraft und Selbstkontrolle bei gleichzeitigem Loslassen sind hier Ihre Werkzeuge für eine ordentliche Heulperformance.

Das hört sich anspruchsvoller und härter an als die Methode mit der Zwiebel, und das ist es auch. Es wäre aber auch noch schöner, wenn Ihr unlauteres Verhalten Ihnen keine Mühen abverlangen würde.

# 031 EIN LOCH STOPFEN

*...*
*Nicht giftig,*
*aber auch nicht mehr nötig –*
*der Stopfpilz.*
*...*

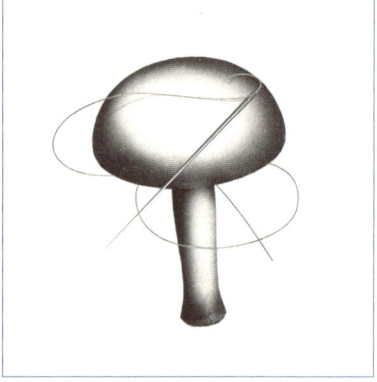

Die gute Nachricht vorweg: Die Frau von heute stopft Löcher nicht mehr selbst. Schmeißen Sie den Stopfpilz, den Sie zusammen mit Omis Nähkasten geerbt haben, weg und widmen Sie sich wichtigeren Aufgaben (vgl. Kapitel *Die Frau und die Technik*, Rubrik *Einen Knopf annähen*). Wenn Sie das Nähen und Stopfen nicht aus beruflichen Gründen perfektionieren wollen oder müssen, werden Ihre Stopfbemühungen mit Sicherheit als unansehnliche Knubbel enden. Die schlechte Nachricht: Es tauchen immer noch unerwünschte Löcher in Strümpfen und Kleidungsstücken auf. Was tun?

A **LOCH IM STRUMPF** Lange Zeit waren Nylonstrümpfe der Inbegriff des Luxus. Nach dem zweiten Weltkrieg waren Sie zusammen mit Zigaretten und Schokolade eine wichtige Ersatzwährung. Die Frau, die damals eine Nylonstrumpfhose besaß, tat gut daran, diese zu hegen und zu pflegen. Jede

Laufmasche war eine Katastrophe, die sofort behoben werden musste. Heute ist das nicht mehr der Fall, Nylonstrumpfhosen sind eigentlich Wegwerfartikel und für sehr kleines Geld zu haben. Sie sind aber auch für sehr großes Geld zu haben, und auch wenn es kein rationales Argument gibt, sich eine Strumpfhose für achtzig Euro zu kaufen, gehört es zu den sinnlichen Erfahrungen des Frauseins, genau das gelegentlich zu tun. Einfach, weil es sich gut anfühlt. Natürlich sind es dann meistens genau diese Strumpfhosen und nicht die für einen Euro neunundneunzig, die nach einer Nacht eine Laufmasche haben. Nach dem ersten Wutanfall können Sie nun das gute Stück in die Tonne werfen oder sich auf die sehr mühsame Suche nach einer Repassiererin machen, von denen es in Deutschland nur noch einige wenige gibt. Meistens stammen Repassiererinnen noch aus der Nylonstrumpfhosen-Fräulein-Generation, und sie beherrschen die Kunst, Laufmaschen durch Aufnehmen winziger Maschen wieder verschwinden zu lassen. Und da das Aufnehmen einer Laufmasche nur um einen Euro kostet, hat sich das bei einer teuren Strumpfhose schnell gelohnt.

B *LOCH IM KLEIDUNGSSTÜCK* Brandlöcher und Mottenlöcher in Kleidungsstücken sind das, was bei Männern die Kratzer am Neuwagen sind. Wenn es dann auch noch das teure Abendkleid aus einem Hauch von Nichts oder den geliebten Kaschmirwintermantel trifft, ist die Stimmung der Frau im Keller. Rettung kann auch hier nur vom Profi kommen. Die Profis heißen Kunststopferinnen und stehen, was die Wundertätigkeit angeht, den Repassiererinnen in nichts nach. Sie entnehmen aus unauffälligen Stellen, zum Beispiel dem Saum eines Kleides, einzelne Fäden und weben sie in das Loch ein. Diese Art von Präzisionshandwerk hat seinen Preis. Ein stecknadelkopfgroßes Loch zu reparieren kostet zwischen 25 und 30 Euro. Wenn das Loch an einer eher unauffälligen Stelle ist, können Sie das Kleidungsstück auch zu der Änderungsschneiderin Ihres Vertrauens bringen. Sie schneidet aus den nicht exponierten Teilen des Kleidungsstücks ein Stück Stoff und hinterlegt das Loch damit. Für diese gute, aber nicht perfekte Lösung zahlen Sie dann in der Regel unter zehn Euro.

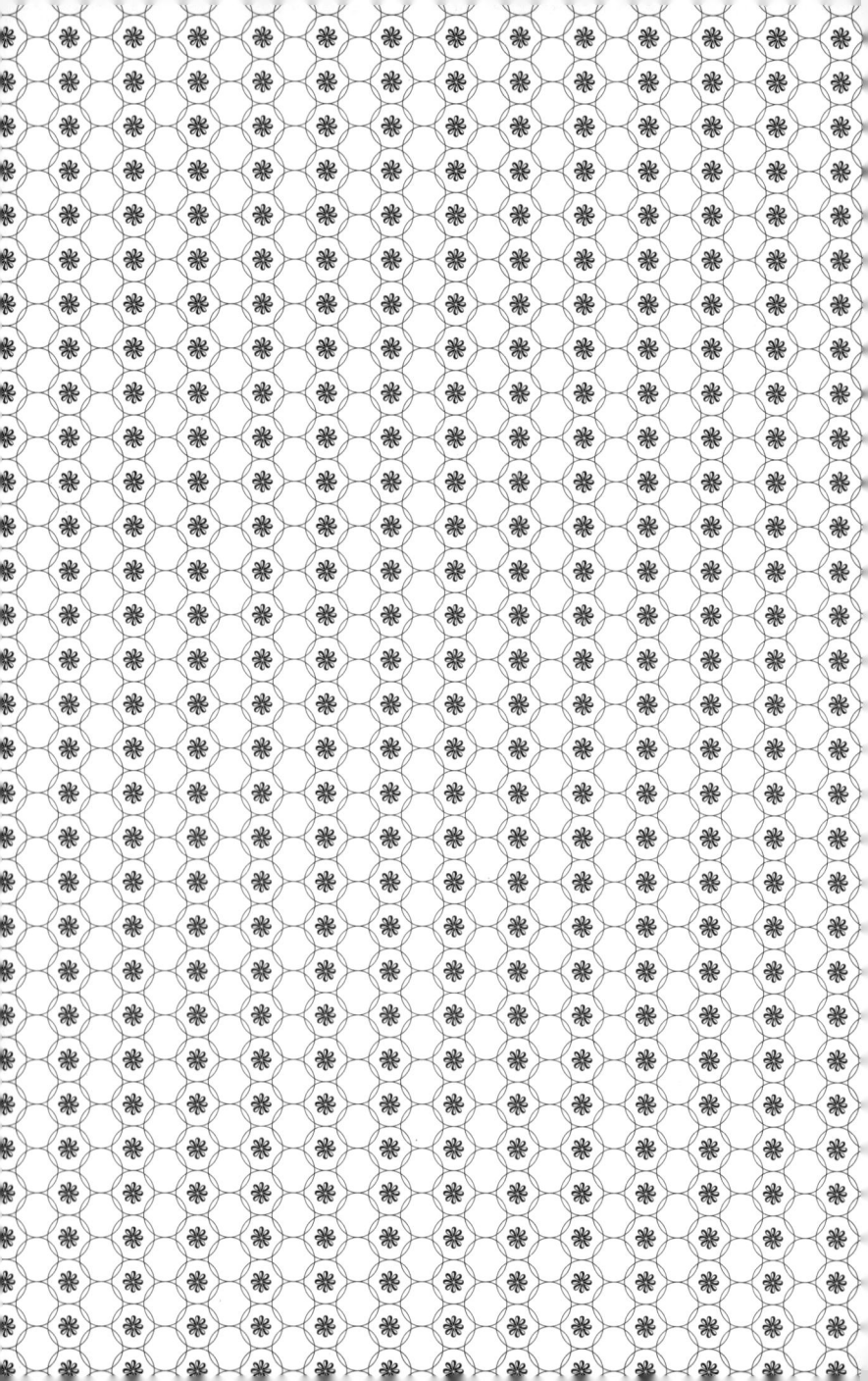

# DIE FRAU MIT MANN

Für viele Männer ist es völlig in Ordnung, dass sie im Gegensatz zu Frauen selten oder nie Blumen bekommen. Bei Komplimenten sieht die Sache etwas anders aus. Wenn Sie Männern Komplimente machen, werden Sie feststellen, dass Sie damit ebenso willkommen sind wie bei Frauen. Viele Männer sind sogar positiv überrascht. Es besteht also überhaupt kein Grund, mit netten Äußerungen zu geizen, zumal Anerkennung ja auch immer motivierend wirkt. Denn auch der attraktive, aufmerksame, charmante und unterhaltsame Mann pflegt seine guten Eigenschaften viel lieber, wenn sie bemerkt werden.

A *SIE UND DER MANN* Sie müssen nicht frisch verliebt sein, um Ihrem Partner Komplimente machen zu können. Schließlich haben Sie ihn sich ausgesucht, und er hat seitdem hoffentlich nicht alle seine positiven Eigenschaften abgelegt. Wenn Sie öfter zum Ausdruck bringen, was Ihnen an ihm gefällt, verschönert das nicht nur Ihr Miteinander, sondern schärft auch Ihren Blick für das Gelungene. Das gilt übrigens für Komplimente im Allgemeinen: Sie bringen Glanz in den Alltag. Deshalb muss auch nicht alles herausragend sein, um es zu bemerken. Aus erzieherischen Gründen nichts zu sagen, weil Sie meinen, dass Ihr Partner durch zu viel Lob ein krankhaft übersteigertes Selbstbewusstsein entwickelt, ist ein Fehler. Denn Sie sind nicht seine Erzieherin, und Ihre Komplimente sind keine naive Heldenverehrung, sondern beziehen sich auf Dinge, die tatsächlich liebenswert sind. Wenn Sie keine Frau vieler Worte sind, gehen Sie auch sparsam mit ihnen um, wenn es was zu nörgeln gibt, denn sonst wird Ihre Kommunikation schnell eintönig.

B *SIE UND DIE MÄNNER* Auch bei Männern, mit denen Sie weniger eng in Kontakt stehen, werden Sie mit Komplimenten auf offene Ohren stoßen. Hellen Sie Ihren Arbeitsalltag auf und nutzen Sie Komplimente als charmanten Gesprächseinstieg bei offiziellen Anlässen. Da die meisten Männer weniger Komplimente bekommen als Frauen, unterscheiden sie oft nicht automatisch zwischen ernst gemeinten und oberflächlich dahingeplauderten

Small-Talk-Komplimenten. Wenn Sie nicht wollen, dass Ihr Ansprechpartner ernsthaft denkt, er wäre der einzige gut aussehende Mann weit und breit und womöglich monatelang über Ihre Aussage nachgrübelt, vermeiden Sie Übertreibungen und Superlative. Anhand Ihres Tonfalls stellen Sie auch klar, dass Sie nur nett sind und ihn weder verführen noch manipulieren wollen.

c **SUCHEN UND FINDEN** Umso persönlicher das gemachte Kompliment ist, umso weniger klingt es nach Floskel, umso besser kommt es beim Empfänger an. Thematisieren Sie charakterliche Vorzüge, spezielle Fähigkeiten oder positive Veränderungen. Sieht es damit eher mager aus, entdecken Sie vielleicht Zeichen von sehr gutem Stil oder Geschmack, mögen sein Auto, seine Stimme oder sein niedliches Kind. Sollten Sie es mit einem Mann zu tun haben, an dem Ihnen trotz intensiver Suche kein einziger positiver Punkt auffällt, bleibt nur zu hoffen, dass Sie sich nicht zu zweit auf einer einsamen Insel befinden.

D **VERMEIDEN** Vermeiden Sie als Komplimente getarnte Fettnäpfchen.

*Mitleid* Ein Mann sieht unübersehbar nicht gut aus. Sie aber meinen, es würde ihm gut tun, wenn Sie ihm sagen, sein Aussehen würde Ihnen a) gar nicht auffallen oder b) sogar sehr gut gefallen. Bleiben Sie auf dem Teppich. Da er einen Spiegel hat, ist er im Bilde. Suchen Sie sich einen anderen Vorzug, für den Sie sich aufrichtiger begeistern können.

*Vergleiche mit Prominenten* Oft sind sie nett gemeint, gehen aber genauso oft nach hinten los. Wie Sie sich sicher vorstellen können, denkt niemand beim morgendlichen Zähneputzen: „Huch, ich sehe ja aus wie Woody Allen!" Und wenn doch, will er das nicht von Ihnen hören.

*Komplimente für Körperteile* Gut, wenn Männer gut in Form sind. Das laute Bewundern und Befühlen von Hintern, Schenkeln und Brust überlassen Sie aber am besten deren Partnerinnen. Oft stehen die sogar mit angespanntem Lächeln irgendwo in der Nähe.

*Zum Himmel schreiende Unwahrheiten* Groß und stark dürfen Sie kleine Jungs nennen, um sie zu erfreuen. Bei kleinen, mickrigen Männern sollten Sie nach realistischeren Eigenschaften suchen.

*Vorführen* Schüchterne Menschen leiden, wenn man einen Schein-werfer auf sie richtet. Deshalb Vorsicht mit dem Herumposaunen von Komplimenten. Wenn der ganze Raum sich nach dem laut gepriesenen Mann umdreht, kann der sich oft nicht freuen, weil er gegen seinen roten Kopf ankämpfen muss.

*Vergleiche zwischen zwei Anwesenden* Loben Sie nicht laut einen Mann, um einem anderen eins auszuwischen. Wenn es sich bei Letzterem auch noch um Ihren eigenen Mann handelt, erlauben Sie einen tiefen Einblick in Ihre Beziehung und benutzen zudem den, den Sie gelobt haben, nur als Mittel zum Zweck. Das ist kein Fettnäpfchen mehr, sondern schlechter Stil.

ᴇ *GEBEN UND NEHMEN KÖNNEN* In einigen Kulturen ist es Pflicht, ein Kompliment mehrmals bescheiden von sich zu weisen, bevor man es schließ-lich annehmen darf. Woanders gehört es zum guten Ton, den anderen zu loben und sich dabei selber in den Schatten zu stellen. Bei uns gibt es keinen Geheimcode für Komplimente. Eigentlich ist es ganz einfach: Wenn Sie etwas hervorragend hingekriegt haben, sei es nun ein Job, ein Braten oder Ihr Aussehen, dürfen Sie sich auch freuen, wenn es registriert wird. Sie dürfen sich auch freuen, wenn Sie einfach nur so toll gefunden werden. Immer nur muffig abzuwinken, wenn Ihnen ein Mann etwas Schönes sagt, wird ihn auf Dauer verstummen lassen, und Sie stehen ohne positives Feedback da. Zu viel falsche Bescheidenheit kann außerdem den Eindruck erwecken, Sie betrieben das, was man *fishing for compliments* nennt. Frauen, die sich stän-dig selber schlecht machen, um genau das Gegenteil zu hören, wirken nicht bescheiden, sondern affektiert.

# 033     MIT EINEM NICHTTÄNZER TANZEN

Gemeinsam auf einem Tanzparkett zu stehen gehört zu den paarigsten An-gelegenheiten überhaupt, um hier ausnahmsweise einmal ein Wortspiel zu benutzen. Egal, ob es sich um eine komplizierte Choreographie mit Hebefiguren oder einen einfachen Discofox handelt: Der Mann führt. Gut, wenn er das auch kann. Wenn nicht, aber kein Weg am gemeinsamen Tanz vorbei führt, müssen Sie improvisieren.

A **VIEL WILLE, WENIG KÖNNEN** Wenn der Mann aktiv tanzt, nur eben völlig falsch, lassen Sie sich darauf ein. Wenn Sie sich von Ihrer Vorstellung vom perfekten Tanz freimachen, kann das sogar sehr lustig werden.

Dass Sie die Führung übernehmen, um halbwegs den Standard zu wahren, ist nur dann sinnvoll, wenn Ihr Partner eine ungefähre Ahnung von den Schritten hat. Denn sonst ziehen und schieben Sie ihn herum, stoßen mit ihm zusammen und müssen sich permanent auf die Füße treten lassen. Da er aber sowieso in Bewegung ist, müssen Sie sich eigentlich nur fallen lassen und mittanzen. Wenn er sehr daneben liegt, dürfte die größte Herausforderung für Sie sein, dass Sie die Musik überhören müssen. Oder sie mit seinen Ohren hören – was eine Reise in eine völlig andere Welt bedeuten kann.

Häufig hat der aktive Nichttänzer auch ein genaues Bild davon, wie ein Paartanz auszusehen hat. Er wird Sie möglichst oft und sehr schwungvoll herumwirbeln und drehen, weil er meint, damit sein Defizit bei den Schrittfolgen ausgleichen zu können.

Außerdem gehört das ständige Drehen der Frau in den Augen vieler Männer zu den Pflichten eines feurigen Tänzers. Für Sie bedeutet das, dass Sie sehr reaktionsschnell sein müssen, besonders wenn Sie eher leicht sind, der Mann aber sehr stark und beschwingt.

B **UNAUFFÄLLIG: ENG TANZEN** Wenn Sie sich nicht auf dem Wiener Opernball oder einem Salsa-Wettbewerb befinden, sondern auf einer Tanzfläche ohne feste Regeln, tanzen Sie eng. Dafür muss der Mann Ihnen natürlich zusagen. Eine Art Umarmung, bei er man sich in kleinen Schritten über die Tanzfläche schiebt oder nur langsam dreht, hat den Vorteil, dass man sich unterhalten kann und dass Ihr Partner keine Schrittkombinationen können muss. Ein Koordinationsgenie muss er auch nicht sein, denn seine Hände liegen auf Ihren Hüften oder auf Ihrem Rücken.

c **VIEL WILLE UND EIN KURS** Wenn Sie sich auf ein Ereignis vorbereiten, bei dem Sie als tanzendes Paar eine gute Figur machen wollen, rechnen Sie je nach Talent Ihres Partners mit ungefähr einem halben Jahr Training. Im Grunde geht es um Schritte vorwärts, rückwärts und zur Seite. Auch Taktgefühl und Gehör kann man schulen. Da Sie in einem Tanzkurs sofort mit dem Erlernen der einzelnen Tänze beginnen, ist ein gewisses Körpergefühl die Basis. Für sehr steife und unkoordinierte Menschen bedeuten die neuen Bewegungen sonst eine Stresssituation, die sie kaum bewältigen können.

Sollte es also überhaupt nicht gehen, Sie aber bleiben bei Ihrem Plan, gemeinsam tanzen zu wollen, muss Ihr Partner wahrscheinlich zuerst zum Physiotherapeuten.

# 034 EINEN STRIPTEASE TANZEN

Frauen, die sich tanzend ausziehen, sind kein neues Phänomen. Zum Thema für ein breites Publikum wurde der Striptease in den vergangenen Jahren durch die Renaissance der *Burlesque,* einer erotischen Bühnenshow mit langer Tradition. Der prominenteste New-Burlesque-Star des jungen dritten Jahrtausends ist Dita von Teese, deren Shows bei Männern und Frauen gleichermaßen gut ankommen. Und auch immer mehr Nichtstars denken darüber nach, mit einem gekonnten Striptease ihre Beziehung auf den aufregenden Stand der ersten Wochen zurückzubringen. Denn eigentlich braucht man ja nur etwas zum Ausziehen, Musik und mindestens einen interessierten Zuschauer.

A **SHOW UND WIRKLICHKEIT** Wenn Sie einen Mann mit einem Striptease überraschen wollen, weil Sie meinen, ihm damit einen seiner geheimsten Wünsche zu erfüllen, bedenken Sie Folgendes: Manchmal wünscht man sich Dinge, die in der Wirklichkeit mit der Traumvorstellung schwer zu vereinbaren sind. So möchten viele Frauen Männer mit Musikinstrumenten lieber im Film als unter ihrem eigenen Fenster sehen. Und auch das Kerzenmeer, selbst verfasste Gedichte, Barry Whites Greatest Hits oder Kniefälle ernten oft nur verschämtes Kichern oder Misstrauen, weil sie zum falschen Zeitpunkt kommen und selten authentisch wirken. So wie der überromantische Mann mit seinen Aktionen können auch Sie als Frau mit Ihren Erotiküberraschungen übers Ziel hinaus schießen. Im Falle einer privaten Stripteasevorstellung heißt das: Lassen Sie es, wenn Ihr Partner sich schnell blöd vorkommt. • Lassen Sie es unbedingt, wenn Sie sich selbst blöd vorkommen. • Sollten Sie schon länger darüber nachdenken und immer wieder zu dem Ergebnis kommen, dass ein Striptease bei Ihnen super und keine Sekunde peinlich aussieht, dass Sie sich dabei fantastisch fühlen und dass auch Ihr Zuschauer vor Begeisterung fast den Verstand verliert – tun Sie's einfach.

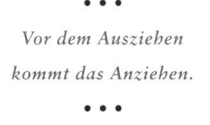

• • •

*Vor dem Ausziehen*

*kommt das Anziehen.*

• • •

B **SICH ANZIEHEN** Die Burlesque-Tänzerin Cherry Temple rät dazu, in eine Rolle zu schlüpfen, in der man sich wohlfühlt, denn bei der Burlesque werden im Gegensatz zum landläufigen Striptease Geschichten erzählt, häufig gibt es sogar Comedy-Einlagen, was bei einer Show im privatesten Rahmen aber nicht unbedingt nötig ist. Vorerst reicht eine Verkleidung. Egal, ob Sie sich selbst lieber als Vamp, Polizistin oder Salome mit den sieben Schleiern sehen: Tragen Sie Kleidungsstücke, die Sie ohne fremde Hilfe und große Anstrengung wieder ausziehen können.

Knöpfe, Ösen und Schnallen, die nicht zu Komplikationen führen, erhöhen die Spannung und sind in der Regel erotischer als Klettverschlüsse. Dass Röcke besser fallen als enge Jeans, dass man aus High Heels besser schlüpfen kann als aus Schnürstiefeln, dass enge T-Shirts oft schwer über den Kopf zu ziehen sind – all das sind Dinge, die Ihnen spätestens dann auffallen sollten, wenn Sie sich anziehen.

C **REQUISITEN BENUTZEN** Wenn man sich mit einem Showeffekt entkleiden will, sollte das länger dauern und ereignisreicher sein, als sich beim Arzt kurz frei zu machen. Accessoires wie lange Handschuhe, Strümpfe, Tücher oder Boas eignen sich deshalb, um auch nach dem Ausziehen noch als Requisiten eingesetzt zu werden.

D **EINE CHOREOGRAPHIE HABEN** Hier geht es nicht um eine minutiös ausgearbeitete Schrittfolge, sondern nur darum, dass man bei allem Improvisationstalent weiß, wohin die Reise gehen soll. Den Rahmen dafür schafft die richtige Musik. Suchen Sie sich ein Lied aus, das Sie mögen, sehr gut kennen und von dem Sie wissen, dass Sie sich dazu gut bewegen können. Gut passen Stücke mit einem großen Finale, so können Sie sich auf ein Ziel hinbewegen und stehen nicht plötzlich ausgezogen und ratlos da, während die Musik weiter vor sich hindudelt. Überlegen Sie sich, in welcher Reihenfolge Sie Ihre Kleidungsstücke loswerden wollen, ohne dass es alltäglich aussieht oder Ihre Show unterbricht. Wenn Sie gar nicht tanzen können, sind Sie außerordentlich selbstbewusst und müssen jetzt improvisieren: Malen Sie mit Ihren Hüften Zahlen oder Buchstaben mit Rundungen. Zum Beispiel eine liegende Acht oder ein g. Ungünstig sind die Sieben, die Vier oder das x. Wenn Sie genug geschrieben haben, aber mitten im Song und immer noch bekleidet sind, schnappen Sie sich einen Stuhl. Der macht sich auch gut, wenn Sie sich nicht einbeinig hüpfend die Strümpfe und Schuhe ausziehen wollen.

E **SICH FREI MACHEN** Bleiben Sie bei aller Spielerei sich selbst treu. Lassen Sie alle Gesten und Bewegungen sein, die nicht zu Ihrem Typ passen, auch wenn sie allgemein als sexy gelten.

F **DER WEG IST DAS ZIEL** Wie bei jedem Beruf in der Unterhaltungsbranche gilt auch hier die einfache Regel: Langweile nie!

Ausziehen an sich ist im Grunde etwas sehr Lapidares. Das so genannte Anteasen ist deshalb wichtiger als das Ausziehen, sagen die Profis. Dita von Teese hat sich sogar danach benannt.

Anteasen bedeutet, dass man das Publikum mit seiner Show in Atem hält und nebenbei immer weniger anhat. Wichtig ist dabei auch Ihre Mimik. Bleiben Sie in direktem Augenkontakt mit Ihrem Publikum. Ihr Gesicht sagt nie: Warum geht der verdammte Reißverschluss nicht auf? Ihr Gesicht sagt eher: Schau mal, was ich hier gerade Tolles mache.

Interaktionen mit dem Zuschauer sind erlaubt, aber nur einseitig. Sie können ihn umwickeln, zu sich heranziehen oder mit Kleidungsstücken bewerfen, werden aber zu keinem Zeitpunkt angefasst. Wenn Sie Ordnungsfanatikerin sind, halten derartige Spiele Sie außerdem davon ab, die abgelegten Kleidungsstücke sofort zusammenzulegen, was Ihrer Show jeden Hauch von Verruchtheit nehmen würde.

Bei der Burlesque, die auch als kultivierte Form des Striptease bezeichnet wird, behält die Tänzerin immer etwas an, denn das ist viel erotischer, als splitternackt herumzuhüpfen. Oder wie es im abgedroschensten aller Striptease-Songs heißt: *You can leave your hat on.*

# 035 EINEM MANN EINEN HEIRATSANTRAG MACHEN

Einen Heiratsantrag zu machen ist traditionell die Aufgabe des Mannes. Und wenn Sie auch sonst die Mauern der Konventionen einreißen, hier lohnt es sich, auf den Moment zu warten, an dem er Sie fragt. Und wenn nur aus dem Grund, dass Sie sich später, falls es schiefläuft, sagen können, dass es ja nicht Ihre Idee gewesen war zu heiraten.

Nun könnte es aber sein, dass Sie mit einem Partner liiert sind, der über sehr lange Zeit keine Anstalten macht, Sie zur Hochzeit aufzufordern, Sie aber hingegen darauf brennen, Ihre Verbindung offiziell zu machen. In diesem Fall ist es durchaus legitim, die eigenen Chancen auszuloten. Doch bevor Sie nun den Champagner kalt stellen, stellen Sie sich ernsthaft die Frage, warum Ihr Freund Sie bisher nicht gefragt hat (vgl. Kapitel *Die Frau mit Mann*, Rubrik *Einen Heiratsantrag ablehnen*). Nur wenn Sie sicher sind, dass Ihr Freund unter chronischer Schüchternheit leidet oder von selbst nie darauf kommen würde, dass Sie heiraten möchten, obwohl Sie ein Abonnement von „Wedding Style" haben und am liebsten romantische Komödien mit Julia Roberts gucken, können Sie beherzt die Initiative ergreifen. Und auch jetzt bietet sich noch die Möglichkeit, Ihrem Freund zunächst einen Wink mit dem Zaunpfahl zu geben, um dann eventuell doch noch in den Genuss zu kommen, gefragt zu werden. Sie müssen keinen formellen Antrag machen, um eine Idee von den Vorstellungen Ihres Partners zu bekommen. Fragen Sie Ihn beispielsweise nicht, ob er Sie heiraten will, sondern ob er es nicht schön fände, verheiratet zu sein. Damit signalisieren Sie eindeutige Bereitschaft und fordern gleichzeitig eine Reaktion, die ihm noch die Möglichkeit gibt, selbst initiativ zu werden.

Wenn Ihnen das alles zu kompliziert ist, und wenn Sie das Gefühl haben, dass Ihre Chancen gut stehen, dann schreiten Sie selbst zur Tat. Und hier

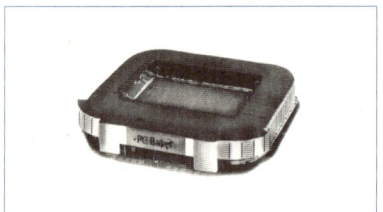

• • •

*Heiratsanträge im*
*Fußballstadion sind stillos.*

• • •

gelten dieselben Regeln wie bei den männlichen Antragsstellern: Nehmen Sie sich Zeit und stellen Sie Ihren Antrag unter vier Augen. Öffentliche Anträge, sei es in der Familienrunde, auf anderen Hochzeiten oder im Fußballstadion können zu Recht als Erpressung gewertet werden.

# 036 EINEN HEIRATSANTRAG ABLEHNEN

Irgendetwas ist ganz schön schiefgelaufen in Ihrer Beziehung, denn Ihr Freund wird sich wohl ziemlich sicher gewesen sein, dass Sie „Ja" sagen, außer er ist Masochist. Das heißt in dem Moment, in dem Sie „Nein" gesagt haben, befindet sich Ihre Beziehung, die gerade noch eine hoch romantische war, in einer tiefen Krise. Das Ablehnen eines Heiratsantrages ist ein Beziehungs-GAU. Da gibt es nichts zu beschönigen. Je länger Ihre Beziehung schon dauert, desto schwieriger wird es sein, Sie danach wieder in dasselbe Fahrwasser wie vorher zu bringen.

A *„NEIN" SAGEN* Wenn Ihr Freund vor Ihnen kniet oder Sie einen Ring aus dem Cocktailglas fischen, während Sie auf seine pochende Halsschlagader und die hektischen Flecken in seinem Gesicht schauen, ist das ein schwieriger Moment, um „Nein" zu sagen. Sagen Sie es aber auf jeden Fall, wenn Sie ihn nicht heiraten wollen. In diesem Moment ist absolute Ehrlichkeit gefragt und ein „Ja" aus Mitleid oder Taktgefühl führt garantiert dazu, dass Sie am Ende die Bemitleidenswerte sind.

B *„NEIN" SAGEN, UND DANN …* Sie haben „Nein" gesagt, und es kann durchaus sein, dass Sie eine Sekunde später alleine am Tisch sitzen oder Ihnen ein Häufchen Elend gegenübersitzt. Bitte ersparen Sie Ihrem Freund in diesem Moment die demütigende Frage nach dem „Warum". Sagen Sie ihm von sich aus warum, und sagen Sie es ehrlich. Spätestens jetzt müssen Sie die Hosen herunterlassen. Wenn Sie Ihn nicht lieben, sagen Sie ihm, dass Sie ihn nicht lieben. Er als Liebender kann sich dann überlegen, ob er weiter neben Ihnen im Wolkenkuckucksheim leben will. Wenn Sie grundsätzlich Heiraten als bürgerliche Farce ablehnen, sagen Sie ihm das. Seien Sie in Ihrem Ablehnungsgrund aber in jedem Fall sachlich und konkret, damit Ihr Freund etwas hat, woran er sich halten kann. Wenn Sie Bedenkzeit brauchen oder meinen, dass Sie Ihren Ehepartner in spe noch nicht gut genug kennen, sagen Sie, dass Sie Zeit brauchen und versuchen Sie, die Zeitspanne ungefähr einzugrenzen.

Wenn Ihr Freund jetzt erst einmal alleine sein will, respektieren Sie das. Es ist nicht schön, einen solchen Korb zu bekommen, und Abstand ist jetzt nicht das Schlechteste. Ihr Freund möchte gerne sein Leben mit Ihnen verbringen. Möchten Sie ihn nur nicht heiraten oder können Sie sich ein gemeinsames Leben mit ihm nicht vorstellen? Diese Frage schwebt im Raum und wartet auf Beantwortung, gegebenenfalls mit der Konsequenz, dass die Beziehung beendet ist.

C **ES NICHT SO WEIT KOMMEN LASSEN** Es gibt sehr viele Paare, bei denen einer heiraten will und der andere nicht. Obwohl das eine wichtige Entscheidung ist, muss daraus noch lange keine strukturelle Dauerkrise entstehen. Wichtig ist, dass dieses – wie viele andere Themen auch – kein grundsätzliches Tabuthema ist, denn sonst sitzt Ihr Freund plötzlich mit den Ringen da und fällt aus allen Wolken. Geschickterweise sollte das Thema Heiraten in einer Beziehung schon vorher zur Sprache kommen. Es ist nicht schwer herauszufinden, wie der Partner dazu generell steht. Wenn Ihr Freund Ihnen seit Monaten in den Ohren liegt, wie toll er Hochzeiten findet und wie schön Sie doch als Braut wären und er Ihnen täglich Blumen schenkt, ist bereits hier Ihre Chance, energisch darauf hinzuweisen, dass Heiraten auf Ihrer Agenda ganz weit hinten steht. Damit ersparen Sie sich und ihm eine Menge verletzter Gefühle.

# 037 BRAUT SEIN

Nicht wenige Frauen, die sich entscheiden zu heiraten, finden es sehr romantisch, sich als Braut an die traditionellen Sitten und Gebräuche zu halten, die damit einhergehen. Dabei verstoßen die meisten von ihnen bereits vor der Hochzeit gegen Regel Nummer eins, nämlich Jungfrau zu sein. Der vermeintlichen Jungfräulichkeit wegen werden Frauen ja überhaupt in die weißen Prinzessinnenkleider geschnürt, die für Keuschheit und Reinheit stehen. Schaut man aber großzügig über diese orthodoxe Auslegung hinweg, sind dem ritualisierten Heiraten und den Brautgepflogenheiten fast keine Grenzen gesetzt.

A **DAS KLEID** Ein Brautkleid sollte weiß oder zumindest hell sein, egal was Sie in den Jahren vor Ihrer Hochzeit getrieben haben. Ob Sie eher wie ein

Baisertörtchen oder im Jil-Sander-Style erstrahlen wollen, bleibt dabei Ihnen überlassen. Wichtig ist nur, dass Sie, wenn Sie wirklich ein richtiges Brautkleid aus einem entsprechenden Fachgeschäft wünschen, sich vier bis sechs Monate vor dem Hochzeitstermin auf die Suche machen, denn aufwendige Hochzeitskleider haben lange Lieferzeiten. Ein Brautkleid sollten Sie nie alleine, sondern immer in Begleitung einer oder mehrerer Freundinnen (und niemals in Begleitung des angehenden Ehemanns) kaufen. Ab der zweiten Eheschließung und mit fortgeschrittenem Alter können Sie auch ein elegantes, nicht zu aufdringliches andersfarbiges Kleid wählen. Überlegen Sie vorher gut, wie Sie feiern wollen. Bei aller Verklärtheit können Sie davon ausgehen, dass eine lange Schleppe und ein Schleier auf einer wilden Party eher hinderlich sein werden und Sie am Ende des Abends ein unbräutliches, zerrupftes Bild abgeben. Auch das Wetter und die Jahreszeit sollten Sie bei allem Überschwang realistisch einschätzen. Es ist nicht schön, am schönsten Tag seines Lebens die ganze Zeit vor Kälte zu zittern.

B *DOS AND DON'TS* Es gibt ein paar althergebrachte Regeln, die Sie natürlich ignorieren können. Aber es gibt sie, vielleicht nicht ohne Grund. Zum Beispiel: Niemand – außer Ihren Freundinnen, die das Kleid mit Ihnen gekauft haben, und vor allem nicht der angehende Ehemann – darf Ihr Kleid vorher sehen. Das bringt schreckliches Unglück. Vorsicht ist auch geboten, wenn Sie noch nicht ganz sicher sind, ob wirklich geheiratet wird, oder Sie noch nicht gefragt wurden und das Kleid nur einfach so aus Spaß anprobieren wollen – dann wird es mit der Hochzeit nichts. Je mehr Knöpfe ein Kleid dagegen hat, desto glücklicher wird die Ehe, vielleicht, weil Ihr Mann sich von Anfang an eingehender mit Ihnen beschäftigt. Wer sich sein Hochzeitskleid selbst näht, dem steht eine arbeitsreiche, mühselige Ehe ins Haus. Wer sich beim Nähen des Brautkleids auch noch sticht und dabei Blut auf das Kleid tropft, der sollte die Hochzeit sofort abblasen.

Am Tag ihrer Hochzeit sollte die Braut zusätzlich etwas Altes, etwas Neues, etwas Geliehenes und etwas Blaues am Körper tragen. Das Alte, also zum Beispiel ein geerbtes Schmuckstück, steht für die Familientradition.

Das Neue, meistens ist es das Brautkleid, steht für die große Freude auf den neuen Lebensabschnitt. Das Geliehene kommt von einer Freundin und steht für Glück und Freundschaft. Das Blaue an Ihrem Körper sollte nicht Ihr besoffener Ehemann sein, der an Ihnen klebt, sondern zum Beispiel ein blaues Strumpfband, das für Treue steht.

Das Strumpfband werfen einige Bräute später den ledigen männlichen Gästen zu, um den nächsten Bräutigam zu ermitteln. Eine andere Tradition ist die Versteigerung des Strumpfbandes für einen guten Zweck. Hierbei zahlt jeder Bieter sofort den Differenzbetrag zwischen seinem Gebot und dem seines Vorgängers, was die Einnahmen erheblich steigert.

C *DIE ENTFÜHRUNG* In einigen Gegenden werden Sie als Braut während Ihrer Hochzeitsfeier entführt. Dieser Brauch stammt höchstwahrscheinlich aus dem Mittelalter, als die Adligen noch das Recht der ersten Nacht hatten. Der Herr ließ also die Braut seines Untertanen entführen, nahm sich sein Recht und entließ sie zurück zu ihrer Hochzeit. Die heutige Entführung ist lustiger: Eine Gruppe männlicher Gäste zieht mit Ihnen so lange durch die örtlichen Kneipen, bis Ihr Bräutigam Ihr Fehlen bemerkt, Sie sucht, findet und zurückkauft. Das Lösegeld ist die Zeche für die Drinks, die während der Entführung konsumiert wurden. Wenn Sie einen unaufmerksamen oder sehr langsamen Mann geheiratet haben, wird er dafür jetzt mit einer hohen Rechnung bestraft und wahrscheinlich mit einer besoffenen Braut.

D *BRAUTJUNGFERN UND FREUNDINNEN* Die Brautjungfern waren ursprünglich dazu da, böse Geister von der Braut abzulenken. Sie sollten der Braut möglichst ähnlich sehen, um den Geist zu verwirren und ihn davon abzuhalten, in die Braut einzufahren. Wer keine Tradition auslässt und somit auch keine Kosten scheut, lässt seinen Brautjungfern einheitliche Kleider anfertigen, deren Farbe im besten Fall noch mit den Krawatten der männlichen Trauzeugen harmoniert, die ebenfalls das Brautpaar besorgt.

Es scheint, als würde sich der böse Geist tatsächlich manchmal in die Brautjungfer verirren, denn ein anderes hartnäckiges Klischee ist die Brautjungfer als erste Adresse für den ersten Ehebruch des Mannes noch vor der Hochzeitsnacht, geschildert unter anderem in Mario Puzos „Der Pate" oder in „Karlmann" von Michael Kleeberg. Um so pikanter wird die Angelegenheit, weil die Brautjungfer in der Regel die beste Freundin oder eine enge Verwandte der Braut ist, deren Aufgabe es eigentlich ist, der Braut vor und während der Hochzeit mit aller Hilfe und Unterstützung zur Seite zu stehen.

Die Freundinnen und weiblichen Gäste der Hochzeit haben im Übrigen eine manchmal sehr, sehr schwierige Regel zu befolgen: Sie dürfen nicht hübscher aussehen als die Braut. Und wenn das unmöglich ist, auf keinen Fall weiß, schwarz oder zu aufreizend gekleidet sein.

# 038     NOTFALLHAARSCHNITT FÜR DEN MANN

A **_VERANTWORTLICH FÜR DEN STYLE DES MANNES_** Auch ohne einschlägige Qualifikation schneiden Frauen gerne ihren Männern und Kindern die Haare. Manchmal handelt es sich auch nur um schnelle, spontane Aktionen, wenn die jeweilige Frisur wirklich gar nicht mehr geht. Wenn regelmäßig geschnitten wird, entwickeln viele Frauen ein beachtliches Geschick. Zumindest was die Leistungen an den immer selben Köpfen angeht. Da jedoch irgendwann immer das erste Mal ist, kann eine gewisse theoretische Vorbildung nichts schaden, um Beziehungskrisen und Tränen möglichst auszuschließen. Wenn Sie merken, dass Sie kein Talent zur Amateurfriseuse haben, lassen Sie es sein. Sie müssen nicht alles können, und Friseur ist nicht ohne Grund ein Ausbildungsberuf.

B **_MÄNNERHAARSCHNITT_** Je dichter und lockiger die Haare Ihres Mannes sind, desto wahrscheinlicher ist es, dass Sie mit Ihrem Unterfangen erfolgreich sein werden, denn dichte und lockige Haare verzeihen auch die ein oder andere Ungenauigkeit im Schnitt. Umgekehrt gilt: Je dünner und glatter die Haare sind, desto mehr fallen Patzer ins Auge, und desto schwieriger wird es, Schnittschwächen zu kaschieren. Egal, wie die Beschaffenheit der Haare

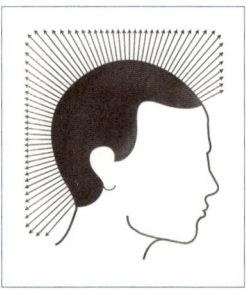

*Schneiden Sie die Haare entlang der imaginären Linie.*

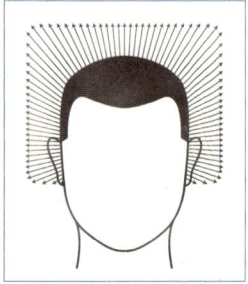

ist: Schneiden Sie sich langsam ans Ziel. Zu kurz ist zu kurz und kann nicht wieder rückgängig gemacht werden. Die Haare sollten feucht, nicht nass sein. Bei zu nassen Haaren fällt das trockene Endergebnis ebenfalls oft zu kurz aus, da die Haare im nassen Zustand länger und schwerer sind. Wenn Ihr Mann längere Haare hat, versuchen Sie sich erst an einer Kontur, die nicht zu rund sein sollte, da runde Konturen schnell feminin wirken. Danach stufen Sie von oben nach hinten durch. Dazu nehmen Sie eine Haarsträhne zwischen Zeige- und Mittelfinger, ziehen die Strähne straff und rutschen mit den Fingern so weit nach vorne, wie Sie Haare abschneiden wollen. Denken Sie sich um den beziehungsweise über dem Kopf, an dem Sie schneiden, einen eckigen Rahmen und orientieren Sie sich daran. Bei kürzeren Haaren stufen Sie zuerst durch. Bei einigen Haarschnitten setzen Sie zum Schluss noch den Rasierer an den Nacken. Auch hier vor allem aufpassen, dass Sie im Eifer des Gefechts nicht zu weit gehen. Sie wollen ja keinen Mann, der aussieht wie der Gruppenleiter einer Jugendorganisation eines autoritären Staates.

c **KINDERHAARSCHNITT** Da Kinder ja irgendwie immer süß aussehen, könnte bei ihnen sogar ein verpatzter Haarschnitt durchgehen. Das sollte allerdings keine Entschuldigung sein, sich keine Mühe zu geben, und es steht nirgends geschrieben, dass nicht auch Kinder sich mal einen Haarschnitt beim Friseur gönnen dürfen. Am wichtigsten ist auch hier zu beachten, langsam vorzugehen und auf Radikalmaßnahmen zu verzichten. Viele Kinder haben Angst vor Scheren, wobei die Angst tatsächlich gemildert wird, wenn eine vertraute Person das Haareschneiden übernimmt. Ein Trick, um kleine Zappler ruhig zu stellen, ist, sie vor den Fernseher zu setzen. Vom Kinderprogramm werden die meisten Kinder regelrecht hypnotisiert, und Sie können in Ruhe arbeiten. Weniger unterhaltsam für das Kind, aber ein guter Schutz für die Augen, ist die Postkartenmethode: Sie halten Ihrem Kind eine Postkarte vor das Gesicht, legen den Pony darüber und können so schneiden, ohne mit der Schere in Augennähe zu kommen. Auch eine Brille oder Maske schützt die Augen und lässt Sie sorgloser arbeiten.

# 039    AUF ÄNDERBARE KLEINIGKEITEN HINWEISEN

Haben Sie die Überschrift dieses Kapitels wirklich gelesen? Es geht um „änderbare Kleinigkeiten", nicht darum, einen anderen Menschen aus Ihrem Partner zu machen. Leider versuchen Frauen, wenn Sie in einer Beziehung sind, oft genau das. Die Paartherapeutin Brigitte Hebel berichtet aus ihrer langjährigen Erfahrung, dass gerade Frauen dazu neigen, ihre Männer umerziehen zu wollen. Absurderweise geht es ihrer Erfahrung nach dabei oft um genau die Eigenschaften, deretwegen sich die Frau ursprünglich einmal in ihren Mann verliebt hat. Es ist nicht aussichtsreich und vor allem nervenzermürbend, an der Persönlichkeit Ihres Mannes herumdoktern zu wollen. Wenn Sie nicht locker lassen, dann führt Ihr Plan im besten Fall auf die Couch eines Paartherapeuten, im schlechteren Fall in die Dauerkrise.

Sehr wenige Frauen schaffen es aber tatsächlich, sich Ihren Mann zu erziehen. Das Problematische daran ist wiederum, dass, wenn Sie es nach einiger Zeit endlich geschafft haben, Sie die Person nicht mehr so interessant finden wie vorher und den Partner dann oft verlassen. Nehmen wir also einmal an, Ihr Mann war ein lebenslustiger Draufgänger, als Sie ihn kennen lernten, dann sollten Sie sich nicht beschweren, dass er immer noch gerne ausgeht und seine Freunde trifft. Haben Sie dann endlich Ihr feinfühliges Heimchen, schauen Sie sich vermutlich schon wieder nach draufgängerischen Hallodris um.

A **KLEINIGKEITEN VOM WESENTLICHEN UNTERSCHEIDEN** Um es auf eine einfache Formel zu bringen: Nachlässigkeiten und Gedankenlosigkeiten sind Kleinigkeiten. Vielleicht sind die störenden Lappalien Ihrem Partner bis jetzt gar nicht aufgefallen, Sie aber quälen sich unnötig damit herum. Erinnern Sie sich an den brillanten Loriot-Sketch, in dem Evelyn Hamann extrem unter der Nudel in seinem Gesicht leidet: Sie befindet sich in der Hölle, er ahnt davon nichts. Das können Sie vermeiden.

Alles, was jedoch mit dem Charakter, den Vorlieben und der körperlichen Statur zu tun hat, gehört zum Wesentlichen. Wenn Sie wollen, dass Ihr Mann liebevoller, großzügiger oder lustiger wird, ist es sicherlich nicht mit einem unauffälligen Hinweis getan. Auch das Körpergewicht und die Figur sind ein eher heikles Thema. Wenn Sie denken, dass Männer, die Ihren Frauen sagen, dass Sie abnehmen sollen, blöde Chauvinisten sind, dann sollten auch Sie dieses Thema mit äußerster Feinfühligkeit bei Ihrem Partner angehen.

Eigentlich stammen die meisten änderbaren Kleinigkeiten, die Frauen in den Wahnsinn treiben können, aus den Bereichen Ästhetik, Körperpflege und gutes Benehmen.

B **WAS FRAUEN AN MÄNNERN OFT NICHT GEFÄLLT** Nasenhaare • Ohrenhaare • Übermäßige Rückenbehaarung • Augenbrauen à la Bert (Sesamstraße) • Schlechte Zähne • Abgekaute Fingernägel • Ungepflegte Füße • Schlechte Tischmanieren (schmatzen, schaufeln, schlingen usw.) • Nachlässigkeiten in der Kleidung • Mundgeruch • An roten Ampeln popeln • Pupsen und dann lachen • Haarausfalltarnung (zum Beispiel Toupieren, Overcomb oder immer Basecap tragen)

C **WIE SAGE ICH ES MEINEM MANN** Es ist hoffentlich davon auszugehen, dass Ihr Partner nur eine, höchstens zwei der genannten Probleme auf sich vereint. Sollten Sie allerdings einen Schimpansen mit Stummelzähnen ohne Fingernägel (dafür mit Hühneraugen) lieben, dann ist das keine Kleinigkeit. Wenn jedoch noch Hoffnung besteht, sollten Sie sich als Erstes entspannen. Und nachdenken. Sind es wirklich die Flecken auf den Zähnen, die Sie stören,

• • •

*Unschön, aber*
*zum Glück änderbar.*

• • •

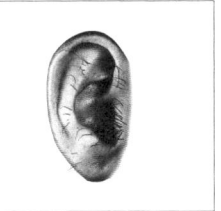

oder steckt, wenn Sie ganz ehrlich sind, ein anderes Problem dahinter? Wenn er schon Tausende von Euro in die Zahnbehandlung gesteckt hat und Sie immer noch genervt sind, dann hat er zwar hinterher gute Zähne, Sie aber leider noch immer Ihr eigentliches Problem.

Wenn Sie zu dem Schluss gekommen sind, dass es sich nur um ein paar Härchen hier und da handelt, passen Sie als Erstes den richtigen Zeitpunkt ab. Wann der genau ist, müssen Sie selbst entscheiden. Sehr eindeutig ist, wann der falsche Moment ist, nämlich zum Beispiel nach einem Streit oder wenn Ihr Partner traurig oder gestresst ist.

Wenn der Augenblick der Wahrheit gekommen ist, müssen Sie nur noch den richtigen Ton treffen. Sie können es ohne Umschweife sagen. Dann liegt die Gefahr darin, dass es im ersten Moment hart und herzlos klingt, aber wenigstens gibt es keine Zwischentöne oder Missverständnisse. Sie können die Negativität abfedern, indem Sie das Ganze in eine positive Relation setzen, also zum Beispiel: „Deine Nasenhaare stören, aber auch deswegen, weil deine Nase sonst so perfekt ist." oder das Problem als klein und neu darstellen, etwa mit: „Huch, was hast du denn da?"

Eine andere Variante ist es, es mit Humor zu versuchen. Aber Vorsicht, hier können Sie sich schnell aufs Glatteis begeben, denn es ist nicht einfach, die Schwächen von anderen in Witze zu packen, die das Witzobjekt dann auch noch lustig finden soll. Das funktioniert nur, wenn Sie in Ihrer Beziehung beide prinzipiell viel über sich selbst lachen können.

Dann gibt es noch die Methode des Winks mit dem Zaunpfahl: wenn Ihr Mann zum Beispiel Hühneraugen hat und Sie ihm (bitte nicht zu Weihnachten) ein Fußpflegeset oder einen Gutschein für eine Pediküre schenken.

Sicherlich wird sich mit dieser Maßnahme aber auch nicht vermeiden lassen, dass Ihr Partner Sie fragt, wie Sie ausgerechnet auf dieses Geschenk kommen. Womit Sie wieder bei der Wahrheit wären. Am besten ist es bei der Wahl Ihrer Methode, sich zu überlegen, ob und wie Sie selbst am liebsten auf derartige Dinge aufmerksam gemacht werden würden. Dann scheidet vielleicht schon der ein oder andere Weg aus. Wenn Sie auf großen Unmut stoßen, hilft das Argument, dass es immerhin besser ist, wenn er von Ihnen auf die Winzigkeiten hingewiesen wird als von Fremden. Ja, als Vertraute ist es geradezu Ihre Pflicht, wenn auch nicht immer eine schöne.

D **KLEINIGKEITEN DIE WACHSEN UND SICH VERMEHREN** Wenn Ihnen ständig etwas Neues an Ihrem Partner auffällt, das Sie fast in den Wahnsinn treibt, und Sie kurz davor stehen, ihm das Atmen zu verbieten, sind Sie nicht mehr verliebt. Nicht schön, aber dafür ganz einfach.

E **GESCHMACKSFRAGEN** Angezogen und gefüttert wurden Männer von ihren Müttern. Von ihrer Partnerin sollten sie höchstens inspiriert werden, sich vorteilhafter zu kleiden oder besser zu ernähren.

Die Veränderung muss Spaß machen und darf nicht durch Tyrannei entstehen. Wenn Sie Dinge nicht mögen, die er benutzt oder isst, schmeißen Sie sie niemals ungefragt weg. Es kann sein, dass Sie etwas abstoßend finden, an dem er aber emotional hängt. Kleidung und Kosmetik haben den Vorteil, dass Sie nicht ewig halten und sukzessive ersetzt werden können. Ein Mann ist keine Anziehpuppe, man kann ihn aber darauf hinweisen, worin man ihn demnächst gerne beziehungsweise lieber sehen würde.

F **CHRONISCH SCHÜCHTERN SEIN UND SCHRECKLICH LEIDEN** Wenn Ihnen bei diesem Kapitel schon beim Lesen die Schamesröte ins Gesicht gestiegen ist, dann nehmen Sie das Buch, legen Sie ein Lesezeichen auf diese Seite und platzieren es auf dem Küchentisch oder auf dem Nachttisch Ihres Partners. Und wenn das auch nichts hilft, schicken Sie ihm eine ehrliche E-Mail von einem anonymen Account.

Wenn Sie durch das heimliche Lesen der Korrespondenz Ihres Partners und das Herumschnüffeln an seinem Mobiltelefon herausfinden wollen, ob er sich mit einer anderen Frau trifft, hat er auf jeden Fall schon mal einen triftigen Grund, Sie zu betrügen.

## 041     EINE EHE ANNULIEREN LASSEN

Den Ehevertrag aufzuheben und wieder ledig zu sein, das mag sich einfacher anhören, als sich scheiden zu lassen. Wäre es tatsächlich einfach, gäbe es kaum noch Scheidungen, dafür aber massenhaft Annullierungen.

Da aber wenige Ehen unter den folgenden Voraussetzungen geschlossen wurden, bleibt die Annullierungswelle wohl auch künftig aus.

A *FEHLENDE EHEFÄHIGKEIT* Um ehefähig zu sein, müssen die Heiratswilligen zunächst einmal ehemündig sein. Und ehemündig wird man mit dem Beginn der Volljährigkeit. Wer vorher heiraten möchte und mindestens süße Sechzehn ist, benötigt eine Befreiung vom Alterserfordernis des zuständigen Familiengerichts. Die Ehe mit einer minderjährigen Person ohne dieses Papier ist also aufhebbar. Von fehlender Ehefähigkeit spricht man außerdem bei Personen, die nicht geschäftsfähig sind. Geschäftsunfähigkeit liegt dann vor, wenn der Betroffene sich in einem Zustand krankhafter Störung der Geistestätigkeit befindet, die eine freie Willensbestimmung ausschließt. *Kurz:* Einer der Eheleute war zum Zeitpunkt der Hochzeit entweder minderjährig oder nachweislich in einem geistigen Zustand, der ihn geschäftsunfähig machte. Dieser Geisteszustand muss dauerhaft sein – also nicht zu verwechseln mit vorübergehendem Vollrausch oder kurzzeitigem Durchdrehen.

B *DOPPELEHE* Annulliert werden kann auch, wenn bei mindestens einem der Partner bereits eine Ehe oder eingetragene Partnerschaft besteht.

Das heißt: Sie sind Bigamistin oder haben einen Bigamisten geheiratet. Haben Sie eine Doppelehe geführt, können Sie jetzt also wenigstens eine davon ohne Scheidung beenden. Hat Ihr Partner doppeltes Spiel gespielt, könne Sie im Nachhinein zumindest von ihm behaupten, dass er kreativ war, denn Bigamie ist aufgrund der Gesetzgebung und Meldepflicht in Deutschland gar nicht so einfach.

C **EHEVERBOT DER VERWANDTSCHAFT** Blutsverwandten Ehe und Fortpflanzung zu verbieten ist keine Erfindung des BGB, sondern sorgte epochen- und kulturübergreifend immer für Konfliktstoff. Von Ödipus bis zur Daily Soap. Als Verwandte gelten hier übrigens auch Adoptiveltern und -kinder.

D **FORMVERSTÖSSE** Es ist nicht nur rücksichtslos, sondern führt auch zu keiner rechtmäßigen Ehe, wenn man der eigenen Hochzeit fernbleibt. Zur Eheschließung müssen beide Partner persönlich und gleichzeitig anwesend sein. Ausnahmslos. Nicht einmal Ihren Anwalt dürfen Sie vorschicken. Auch das Stellen von Bedingungen gilt als Formverstoß. Sätze wie: „Ja, aber nur wenn ..." oder: „Ja, in der Zeit von bis ..." mögen mancher knallharten Geschäftsfrau in Fleisch und Blut übergegangen sein, sind aber bei einer Trauung nicht rechtens.

E *UNKENNTNIS DER EHESCHLIESSUNG* Mindestens einem der Ehepartner war die Eheschließung in all ihrer Konsequenz überhaupt nicht bewusst. Minderjährige und Geschäftsunfähige haben ihren eigenen Paragraphen. Wie konnten Sie jetzt trotzdem unwissentlich in eine Ehe geraten? Indem Sie zum Beispiel einem interessanten Ritual beiwohnten und nicht wissen konnten, dass Sie dabei die Rolle der Braut spielten, weil kein Dolmetscher anwesend war. Oder auch, wenn Sie im Ausland geheiratet haben und die rechtlichen Auswirkungen auf Deutschland nicht erkennen konnten. Der Antrag auf Aufhebung der Ehe ist dann binnen eines Jahres zu stellen. Die Frist beginnt mit Entdeckung des Irrtums oder der Täuschung. *Kurz:* Wenn Sie vor einem beeindruckenden Sonnenuntergang/Schrein/Guru nachweislich ahnungslos geheiratet haben, heißt das nicht zwangsläufig, dass Sie Ihrem Masseur und dessen Dorfgemeinschaft für immer Unterhalt zahlen müssen. Ein Antrag auf Aufhebung ist aber ausgeschlossen, wenn der Ehegatte – also Sie – nach Entdeckung des Irrtums zu erkennen gegeben hat, dass er die Ehe fortsetzen will. Wenn Sie sich also trotz Ihrer anfänglichen Unwissenheit auf ein Leben als Ehefrau einlassen und vielleicht sogar Kinder in die Welt setzen, verwirken Sie Ihre Chance auf Annullierung.

F  *TÄUSCHUNG* Von der arglistigen Täuschung haben Sie sicherlich schon gehört. Es wurden Ihnen falsche Tatsachen vorgegaukelt. Und das auch noch mit Absicht. Viele desillusionierte Eheleute könnten jetzt einwerfen, dass ihr Partner tatsächlich weniger aufregend, klug, sexy oder erfolgreich ist, als vor der Heirat angenommen. Die meisten Leute täuschen jedoch ihren Partner nicht vorsätzlich und gehen mit einer Lebenslüge in die Ehe, sondern sie verlieren in den Augen des anderen schlichtweg an Glanz.

Vorsätzlich heißt zum Beispiel, dass ein Mann behauptet, jemand anderes zu sein, Sie sich daraufhin auf ein Leben als Gattin eines Richters, Arztes oder Ministers einstellen – und dann von Dritten erfahren müssen, dass Sie einem Schwindler aufgesessen sind. Auch wenn Sie in dem Glauben geheiratet haben, die Erste zu sein, und dann mit einer Ex-Frau, Kindern und den dazugehörigen finanziellen Verpflichtungen konfrontiert werden, hat Ihr Partner Sie arglistig getäuscht. Heiratet Sie ein Mann, weil Sie schwanger sind, Sie ihm aber verschweigen, dass es gar nicht sein Kind ist, haben Sie den Mann arglistig getäuscht. Als arglistige Täuschung gilt auch das Verschweigen von Homosexualität. Wenn Ihr Gatte sich erst später Männern zuwendet, dann bleibt Ihnen als Trennungsmodus nur die Scheidung.

Auch alle anderen Gründe für die Aufhebung des Ehevertrags müssen schon vor oder bei der Eheschließung existiert haben. Und ein sofortiger Rückzieher macht die Sache nicht einfacher. Selbst wenn Sie es sich schon nach einer Nacht anders überlegt haben, müssen Sie eine ganz normale Scheidung einreichen und das Trennungsjahr abwarten. Denn ein Recht auf Widerruf oder Reklamation existiert bei der Ehe nicht.

# DIE FRAU OHNE MANN

A   *CAKE • I WILL SURVIVE* Der vertonte Heilungsprozess hat denselben Text wie bei Gloria Gaynor. Aber das glitzernde Arrangement wird durch bockige Coolness ersetzt. Es haben schließlich nicht nur Disco- und Drag-Queens Liebeskummer.

B   *CARLY SIMON • YOU'RE SO VAIN* Der eingebildete Mann, der hier besungen wird, war ein Ex-Lover. Welcher genau, bleibt Carlys Geheimnis. Ex-Lover Mick Jagger hat den Background gesungen und Ex-Lover Warren Beatty geht (vain!) davon aus, dass er gemeint ist. Egal, wer ihr das Herz gebrochen hat – Carly Simon hat die Situation in einen Hit verwandelt.

C   *DEPECHE MODE • LEAVE IN SILENCE* Alle Argumente sind ausgetauscht. Alle Tränen sind geflossen. Es herrscht das große Schweigen. Jetzt gibt es nur noch einen Ausweg, und der führt direkt durch die Haustür.

D   *MADONNA • TAKE A BOW* Ja, genau! Das Leben ist eine große Show. Und Ihr Ex-Freund brilliert in exakt einer Rolle, nämlich als Ihr vorsätzlicher und persönlicher Herzensbrecher. Aber Sie haben sein Spiel durchschaut, und deshalb fällt jetzt der Vorhang. Für immer.

E   *MICHAEL JACKSON • HUMAN NATURE* Nicht nur, dass es sich hier um einen der schönsten Songs aller Zeiten handelt, nein, es ist auch der Universalrettungssong für jede denkbare Krise. Wenn Sie sich mal wieder fragen, was der ganze Scheiß soll? Hey, es ist doch nur die verrückte Menschheit. Schwamm drüber, und weiter geht's!

F   *R. KELLY • WHEN A WOMAN'S FED UP* Stellen Sie sich einfach vor, dass Ihr Exfreund dieses Lied jeden Tag vor dem Spiegl singt: „I'm standig here looking in the mirror saying damn to myself". Denn er hat den größten Fehler seines Lebens begangen und Sie gehen lassen, der Trottel.

G **RIO REISER • JUNIMOND** Selbstmitleid gehört dazu. Und es tut so gut, wenn der Schmerz nachlässt. Dann ist es nämlich vorbei, bye bye.

H **ROSEMARY CLOONEY • 50 WAYS TO LEAVE YOUR LOVER** Das Lied hat Paul Simon geschrieben, Ulla Meinecke hat es auf deutsch „50 Tips ihn zu verlassen" genannt, und in der Version von George Clooneys Tante ist es am schönsten.

I **SAINT ETIENNE • WHO DO YOU THINK YOU ARE?** Dieser Song ist sehr langweilig, auch wenn ausschweifend erzählt wird, wie gemein der Typ zu seiner Freundin war. Deshalb greifen Sie zu dem tollen „nu solution Remix" (nomen est omen). Auf dem gibt es zwar nur knappe Vokaleinlagen, aber die Message steht im Titel: Was denkst Du eigentlich, wer Du bist? Und dann ab auf den Dancefloor und Tschüss.

J **SOKO • I'LL KILL HER** Die andere Frau kann doch nichts dafür, Schuld ist doch der Typ! Pseudo-solidarischer Quatsch. Sie sind verlassen worden und die Schlampe muss sterben. Basta.

# 043 EINEN RING VOM FINGER ABBEKOMMEN

Symbolische Akte haben nach Trennungen oft eine geradezu kathartische Wirkung. Dazu gehören oft auch Akte der Zerstörung. Die Vernichtung von E-Mails, Briefen, Fotos und Liebessouvenirs machen die Beziehung zwar nicht ungeschehen, aber zumindest lauert dann nicht länger an jeder Ecke ein schmerzhafter Erinnerungsauslöser. Was jedoch, wenn Sie das Symbol der verflossenen Liebe, den Ring, nicht mehr vom Finger abbekommen? Wie Ihre Augen ist auch dieser vielleicht geschwollen, oder Sie haben ein bisschen Kummerspeck zugelegt. Der Ring muss ab, so viel ist klar, aber seien Sie vernünftig und schmeißen Sie ihn nicht weg. Eine Schachtel im hintersten Winkel Ihres Schrankes tut es auch.

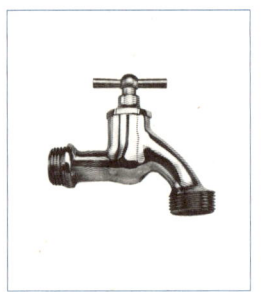

*Der Ring muss ab: Kaltes Wasser, Seife und Quark helfen.*

A **KALTES WASSER** Wenn es sich um eine Schwellung handelt: Mit kaltem Wasser geht sie oft zurück und der Finger schrumpft wieder auf Normalgröße.

B **KALTES WASSER PLUS SEIFE** Wieder geht es ums Abschwellen, und mit Seife rutscht der Ring vom Finger wie geschmiert.

C **QUARKPACKUNG** Wenn Wasser nicht hilft, können Sie Ihrem Finger auch eine Quarkpackung gönnen. Quark wirkt entzündungshemmend und abschwellend.

D **ZUM JUWELIER FAHREN** Wenn das alles nicht hilft oder Sie von vorneherein einen drastischen, symbolischen Akt planen: Sie können auch zu einem Juwelier fahren, der den Ring mit einem Seitenschneider aufschneidet. Das war es dann aber, nicht nur mit der Beziehung, sondern auch mit dem Ring. Versöhnung ausgeschlossen.

E **ZUM ARZT GEHEN** Wenn Ihr Finger bereits bläulich angelaufen ist, sollten Sie sofort zum Arzt gehen, weil das bedeutet, dass es Probleme mit der Blutzirkulation gibt. Ihr Arzt wird Ihnen dann ein abschwellendes Mittel geben und den Ring je nachdem abziehen oder aufschneiden.

Ein Flirt ist die Kontaktaufnahme durch Worte oder Blicke mit dem anderen Geschlecht, die signalisiert, dass ein latent sexuelles Interesse vorhanden ist. Einige Männer beherrschen leider den Unterschied zwischen Anmache und Flirt nicht, weswegen viele Annäherungsversuche auf Partys oder in Clubs von Anfang an zum Scheitern verurteilt sind oder für schlechte Stimmung sorgen. Andere Männer beherrschen weder den Flirt noch die Anmache. Sie sind zu höflich oder zu schüchtern und hoffen, dass sich die Gelegenheit, eine Frau anzusprechen, auf anderem unverfänglicheren Wege, beispielsweise über einen Freund, einfädeln lässt. Eine Frau, die von daher grundsätzlich darauf wartet, von Männern angeflirtet zu werden und dann auch noch hofft, dass automatisch der Richtige dabei ist, kann mitunter sehr lange warten, bis der Erfolg sich einstellt. Sie tut gut daran, ihre eigene Flirttechnik im Repertoire zu haben. In einer Welt von Ambivalenzen und Zwischentönen ist es aber auch für selbstsichere Frauen gar nicht so einfach, stets den richtigen Blick aufzusetzen oder den richtigen Spruch auf den Lippen zu haben. Zudem wünscht sich die flirtende Frau auch noch ein Erfolgserlebnis. Erfolg im Flirten zeichnet sich nicht dadurch aus, zwei Monate später zum Traualtar geführt zu werden, sondern eine Frau ist dann im Flirten sehr gut, wenn sie von dem Mann, den sie als ihr Flirtobjekt gewählt hat, als außergewöhnlich und begehrenswert wahrgenommen wird. Hat er angebissen, liegt es an Ihnen, was Sie daraus machen oder was sich daraus entwickelt, denn dem Mann sind, wenn Sie Ihre Sache gut gemacht haben, vorübergehend die Sinne geschwunden. Das klingt komplizierter als es ist, denn Sie brauchen weder einen Mata-Hari-Tanz aufzuführen noch sonst irgendetwas Anzügliches tun. Weniger Action sorgt beim Flirten für einen nachhaltigeren Effekt.

A **DIE BLICKKONTAKT-METHODE** Diese Methode klingt fast zu einfach, um wahr zu sein, und wird auch international verstanden. Suchen Sie sich bei einer Party oder in einer Bar den Mann heraus, der Sie interessiert. Positionieren Sie sich nun unauffällig in seiner Nähe. Wenn Sie bequem und möglichst vorteilhaft sitzen oder stehen, stellen Sie Augenkontakt her und fixieren ihn mit einem kurzen, eindringlichen Blick. Und schauen wieder weg. Nun lassen Sie ein wenig Zeit verstreichen und versuchen dann, erneut Blickkontakt herzustellen. In der Sekunde, in der Ihre Augen sich zum zweiten Mal treffen, wenden Sie den Blick sehr schnell und ruckartig ab und schauen Sie auf den Boden. Wenn Sie auf Kommando erröten können, tun Sie es jetzt. Natürlich sind Sie weder schüchtern noch verschämt, sondern vielmehr strategisch und berechnend, aber das weiß er ja nicht, vielmehr vermutet er das Gegenteil. Jetzt geht die Rechnung wie folgt auf: Der Mann fühlt sich durch die Aufmerksamkeit geschmeichelt und durch Ihre vermeintliche Schüchternheit ermutigt und herausgefordert. Als Retter der Situation kann er Sie nun ansprechen oder Ihnen einen Drink spendieren. Sie geben ihm das Gefühl, die Dinge zu steuern, aber in Wahrheit steuern Sie ihn fern mit Ihren Blicken, und zwar wohin Sie wollen.

**B** **DIE CARMEN-METHODE** In Georges Bizets Oper *Carmen* wirft Carmen im ersten Akt ihrem späteren Liebhaber Don José, der erst in diesem Moment auf sie aufmerksam wird, arrogant eine Akazienblüte zu. Von diesem Moment an hat Carmen, zunächst symbolisch und kurz darauf tatsächlich, die Macht über Don José übernommen. Dass danach das Unheil seinen Lauf nimmt, ist eine andere Geschichte. Sie konzentrieren sich beim Flirten lediglich auf diese eine erfolgreiche Geste. Akazienblüten sind, wenn überhaupt, nur im Frühling erhältlich und wirken als Flirtaccessoire heute ein wenig antiquiert. In Großstädten und nachts auf irgendwelchen Partys sind sie außerdem schwer spontan zu beschaffen. Vergessen Sie also die Akazienblüte. Was zählt, ist die große Geste. Carmen war arrogant oder auch spöttisch, was in der heutigen Zeit mit cool zu übersetzen ist. Seien Sie also cool und orientieren Sie sich nicht zu sehr an der originalen Carmen. Schmeißen Sie nichts auf den Boden vor die Füße Ihres Opfers, denn das wird im Gewimmel leicht übersehen, und Sie rutschen dann später auf allen Vieren durch die Gegend, um Ihren Gegenstand wieder zu finden. So etwas macht schnell einen desolaten Eindruck. Legen Sie Ihrem Auserwählten also besser etwas auf den Tresen oder

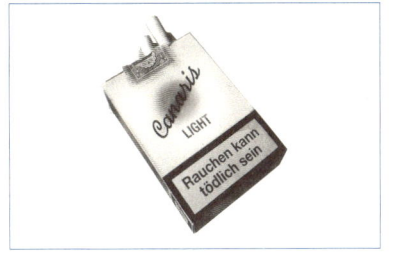

irgendwo sonst in seine Nähe. Und zwar so, dass er weiß, dass er gemeint ist. Vielleicht ist es eine kleine Zeichnung, ein Tuch oder eine gefaltete Papierblume. Egal, was es ist, der Gegenstand sollte auf jeden Fall etwas kryptisch und gleichzeitig persönlich sein. Wenn Sie ihm die Zigarettenschachtel hinschmeißen, heißt das gar nichts, auch wenn Carmen Arbeiterin in einer Zigarettenfabrik war. Wenn Sie Ihr kleines Geschenk platziert haben, drehen Sie sich weg und gehen Sie. Der Mann Ihres Begehrens sitzt nun dort an seinem Tisch und hält Ihre komische Papierblume in der Hand und denkt vermutlich, dass Sie spinnen. Aber der Punkt ist: Er denkt an Sie! Und weil er sich Ihre ganze seltsame Carmen-Aktion natürlich nicht erklären kann, denkt er unaufhörlich an Sie und möchte mehr über Sie wissen. In diesem Moment schnappt die Falle zu, und Sie sollten, wenn Sie nur einen Funken Anstand haben, den armen Mann besser behandeln als Carmen ihren Don José.

Im Übrigen hat Carmen auch die unmissverständlichste Geste zum Schlussmachen erfunden, die ebenfalls international verstanden wird und im Gegensatz zur Akazienblüten-Aktion sehr eindeutig ist: Sie schmiss ihrem Ex-Lover den Ring vor die Füße (vgl. Kapitel *Die Frau ohne Mann*, Rubrik *Einen Ring vom Finger abbekommen*).

# 045 ERKENNEN, OB EIN MANN SCHWUL IST ODER NICHT

Wenn Sie sich fragen, ob Ihr Friseur, der den ganzen Tag Zarah Leander hört, die Finger abspreizt und Kreischanfälle bekommt, während er die *Gala* liest, schwul sein könnte, dann sind Sie sehr naiv. Genauso wie es sehr explizite Heterofrauen, Heteromänner und Lesben gibt, gibt es eben auch für jeden erkennbare Schwule, Klischee hin oder her. Außerdem gibt es natürlich sehr viele schwule Männer, die als solche nicht explizit erkennbar sind und solche, die nicht explizit erkennbar sein wollen. Aber das ist eine andere Geschichte.

Problematisch für eine Frau wird es in der Regel nur dann, wenn Sie sich zu einem Mann hingezogen fühlen, sich aber nicht sicher ist, ob dieser Mann sich überhaupt theoretisch und grundsätzlich für Sie interessieren könnte. Denn, dem Fortschritt sei Dank, gepflegte, kultivierte, charmante und gut gekleidete Männer gibt es mehr und mehr auch in der Heteroversion.

Leider ist der sexuelle Orientierungsdetektor, der vergleichbar mit einem Schwangerschaftstest nach nur 30 Sekunden einen rosa Streifen erscheinen lässt, wenn ein Mann schwul ist, derzeit noch nicht in Serienreife. Andere Methoden erscheinen, allen inoffiziellen Umfragen unter Heteros und Homos zufolge, nicht geeignet, um Schwule und damit ein potentielles „Verlieben in den Falschen" zweifelsfrei auszumachen. Dies ist ein Zustand, der grundsätzlich begrüßenswert ist, Ihnen aber in dem Moment, da Sie sich den ganzen Abend blendend mit Ihrem Tischpartner amüsiert haben und Sie das Gefühl beschleicht, er sei „too good to be true", auch nicht weiter hilft.

Sie können jetzt alle Ihnen zur Verfügung stehenden Infokanäle aktivieren, um eine eindeutige Aussage zu bekommen. Sie können es aber auch unkompliziert und direkt angehen, indem Sie Ihr Interesse und Ihren Sexappeal in die Wagschale schmeißen und einfach Gas geben. Wenn der Mann nicht interessiert ist, wird er Ihnen das zu verstehen geben, und „nicht interessiert" ist eine klare Aussage, egal, ob der Grund eine andere sexuelle Orientierung oder einfach kein Interesse heißt.

Übertroffen wird diese Methode nur noch durch direktes Fragen: „Bist du schwul?" kann für sehr viel Klarheit, aber auch zu einer Gegenfrage führen, die da lautet: „Wie kommst du denn darauf?" Und dann sind Sie wieder dran und müssen um die Fettnäpfchen gekonnt wie ein (schwuler?) Balletttänzer trippeln.

One-Night-Stand ist ursprünglich ein Begriff aus der Theater- und Schaustellerbranche. Auch hier stand er für eine Show, die einmalig abgezogen wird.

Das wörtlich übersetzte *einmalige Gastspiel* steht weder beim Theater noch im Sexualleben für einen Tiefpunkt oder gar einen Misserfolg. Der Begriff sagt wertungsfrei: einmalig.

Das kann sehr reizvoll sein und sowohl die Künstler als auch das Publikum stärker motivieren als eine lange Spielzeit. Auch der sexuelle One-Night-Stand bietet die Chance, sich mit einem einzigen Auftritt unvergesslich zu machen. Ist Ihnen diese Einstellung zu ehrgeizig, sollte der One-Night-Stand zumindest eine Erfahrung sein, die Sie zu keinem späteren Zeitpunkt bereuen.

A *VORBEREITET SEIN • PHYSISCH* Ihnen ist klar, was später passieren wird, und dementsprechend sind Sie auch angezogen und ausgerüstet. Von der adäquaten Unterwäsche über das unerlässliche Kondom bis hin zu Kontaktlinsenflüssigkeit und Asthmaspray – beugen Sie Peinlichkeiten und Besuchen bei der Nachtapotheke vor. Um bis zum Schluss Herrin der Lage zu bleiben, versteht es sich von selbst, dass Sie immer genügend Geld oder Karten für ein Taxi dabeihaben. Außerdem sollten Sie in Ihrem eigenen Interesse blähende, schwer verdauliche oder abführende Speisen vermeiden und beim Alkoholkonsum daran denken, dass Sie noch etwas vorhaben.

B *VORBEREITET SEIN • PSYCHISCH* Verlieren Sie während der gesamten Vorrunde nie aus den Augen, was Sie von Ihrem Date wollen: ein einmaliges sexuelles Abenteuer.

Das Gespräch muss nicht in die Tiefe gehen und schon gar keine gemeinsame Zukunft am Horizont aufleuchten lassen. Wenn Ihr One-Night-Partner Ihren ästhetischen Anforderungen entspricht, ist das Klassenziel erreicht. Sparen Sie sich also eine Psychoanalyse und lassen Sie ihn sein, wie er will. Das mag vielen schwerfallen, aber wir sind hier nicht im Kapitel Heiraten.

Verbitten Sie sich außerdem alle Themen, die Sie langweilen oder nichts angehen. Geschichten von Ex-Freundinnen, Geldproblemen und anderen Lebenskrisen gehören nicht in die erste und einzige Nacht, es sei denn, sie haben eine unvergesslich gute Pointe.

Wenn Ihnen nach diesen Streichungen die Themenauswahl mager vorkommt, liegen Sie völlig richtig: Es geht hier nur um das Eine. Nutzen Sie also Ihre Zeit und klopfen Sie Ihren potentiellen Partner auf seine Vorlieben im Bett ab. Ist Ihnen das zu direkt, finden Sie heraus, ob er in einer WG oder bei seinen Eltern lebt, im Moment Tiere, Kinder oder eine Frau zu Hause hat, krank ist, Probleme mit der Polizei hat oder was sein bis dato schlimmster Ausrutscher unter Alkoholeinfluss war. Diese Dinge sind in den nächsten Stunden für Sie relevant. Nach all den Fragen an ihn, stellen Sie sich nun selbst die wichtigste Frage: Sind Sie bereit für Sex ohne emotionale Bindung?

c **ORTSAUSWAHL** Bevor der Mann die Zu-mir-oder-zu-dir-Frage stellt, sollten Sie sich hundertprozentig sicher sein, wohin Sie wollen.

Schlagen Sie Ihre Wohnung vor: Wenn Sie Sex nicht mögen, ohne vorher in Ihrem eigenen Badezimmer gewesen zu sein. • Wenn Sie Angst vor einem Jahrhundertkater in unbekannter Umgebung haben. • Wenn Ihren Ansprüchen in punkto Hygiene niemand außer Sie selbst gerecht werden kann. • Wenn Sie am nächsten Tag so aussehen müssen, als wäre nie etwas passiert.

Schlagen Sie seine Wohnung vor: Weil Ihre Wohnung in einem Zustand ist, den Sie weder erklären noch ändern können. • Weil Sie damit die Verantwortung für Atmosphäre und Komfort an ihn abgeben können. • Weil Sie dadurch mehr über Ihn erfahren als er über Sie. • Weil Sie wissen, dass Sie keine besonders radikale Rausschmeißerin sind und deshalb lieber selber gehen, wenn es genug ist. Die fairste und eleganteste Losung ist jedoch das Hotel. Es sei denn, man lebt in einer sehr übersichtlichen Gemeinde mit nur einem Gasthof und/oder ist total pleite.

d **HAUPTSACHE** Jetzt befinden Sie sich in einer der wenigen echten Hier-und-Jetzt-Situationen des Lebens. Spaß sollte nun ganz groß geschrieben werden.

Stellt er, der Spaß, sich partout nicht ein, sollte man es konsequenterweise sein lassen, denn ein One-Night-Stand hat nichts mit sozialem Engagement oder Verständnis für den Partner zu tun. Es handelt sich nicht um eine Beziehung. Und aus ebendiesem Grund haben hier auch Frustration und Schuldzuweisungen nichts verloren. Sie können nicht mit jedem Mann gleich gut tanzen, lachen, kochen, arbeiten – oder eben Sex haben. Kein Grund, sich deswegen nicht nett voneinander zu verabschieden.

Stellt sich der Spaß jedoch ein, haben Sie einen Treffer gelandet und jetzt die Möglichkeit, die sprichwörtliche Sau rauszulassen. Herzlichen Glückwunsch.

• • •

*Es gibt kürzere*
*und längere*
*Nummern.*

• • •

E **DANACH** Zur Reue besteht kein Grund. Aus einem One-Night-Stand kann man sich am nächsten Morgen eine prima Win-Win-Situation basteln: War alles super – super. War es nicht super – auch super. Es sollte sich schließlich um eine einmalige Sache handeln. Und die hat man jetzt ja hinter sich. Die Frage nach dem gemeinsamen Frühstück beantworten Sie sich am besten erst selbst. Verlassen Sie sich dabei auf Ihre ersten Eingebungen beim Anblick Ihres Bettnachbarn. Sind Sie der Gast, kommen Sie einer Aufforderung zum Gehen in jedem Fall zuvor.

Wenn Sie der Meinung sind, dass der Austausch von Telefonnummern nicht nötig ist, weisen Sie Ihr Gegenüber auf das „One" in One-Night-Stand hin und bleiben Sie konsequent.

Fühlen Sie sich mit seiner Nummer sicherer, etwa weil Sie sich (trotz Kondom) prinzipiell nach jedem Sexualkontakt schwanger fühlen, weil Sie (trotz Kondom) Angst vor meldepflichtigen Krankheiten haben oder weil Sie befürchten, ein wichtiges Accessoire in seiner Wohnung liegen zu lassen – dann fragen Sie ihn nach seiner Nummer oder schreiben Sie sich seine Adresse auf.

F ***NACH DEM DANACH*** Da Sie sich für den souveränen One-Night-Stand entschieden haben, dürfte ein zufälliges Wiedersehen mit dem vormaligen Spielgefährten kein Problem sein. Prinzipiell gilt, dass man mit einer Person, mit der man, wenn auch kurz, in so direktem Kontakt stand, einen Pakt eingegangen ist. Dieser beinhaltet gegenseitigen Respekt und natürlich Diskretion. Halten sich beide Parteien strikt daran, können sie einander auch künftig unbeschwert über den Weg laufen.

Stellt sich unerwartet doch Verliebtheit ein, ist der Plan vom souveränen One-Night-Stand offensichtlich nicht ganz aufgegangen. Das ist überhaupt nicht schlimm, gehört aber nicht in dieses Kapitel.

# 047 GEZIELT EINEN MANN SUCHEN

Früher fand sich in Kontaktanzeigen oft die Phrase „aus Mangel an Gelegenheit". Sie sollte klarmachen, dass es sich beim Suchenden um Gottes willen nicht um einen Ladenhüter, sondern um eine vielbeschäftige Person handelt.

Partnersuchende müssen sich heute nicht mehr rechtfertigen. Es gibt nicht nur immer mehr Singles, es gibt auch immer mehr Singles mit Mangel an Gelegenheit. Und da sich mit zunehmendem Alter auch die Ansprüche verfeinern, erscheint vielen eine gezielte Partnersuche realistischer und sinnvoller als das Warten auf eine Zufallsbekanntschaft.

Ein Glücksspiel ohne Erfolgsgarantie bleibt es trotzdem. Nur dass bei der systematischen Partnersuche erst nach den passenden Eckdaten gefiltert wird und erst anschließend die Chemie stimmen muss. In freier Wildbahn läuft es meist umgekehrt. Was Sie also zum Beispiel auf einer Party durch Ihre Kleidung, Ihr Lachen oder auch Ihr Schweigen vermitteln – nämlich einen ersten Eindruck – vermitteln Sie hier durch das gut gewählte Wort.

A **DIE KONTAKTANZEIGE** Suchen Sie sich eine geeignete Zeitung oder Zeitschrift aus und sorgen Sie dafür, dass man auf Sie aufmerksam wird.

Vorsicht zuerst einmal mit Abkürzungen. Zu viele abgekürzte Begriffe in Ihrer Selbstbeschreibung wirken fantasielos und erinnern an Elektrogeräte oder Gebrauchtwagen. Da Sie noch niemand gefragt hat, ob Sie schlnk., spont., aufgeschl., intell., selbstbew., sinnl., Brillentr., humorv. u. charm. sind, suchen Sie sich aus den vielen Merkmalen, die Ihre Person ausmachen, die prägnantesten heraus und benutzen Sie vollständige Wörter und Sätze.

Lesen Sie zur Inspiration selbst Anzeigen und achten Sie darauf, was Sie anspricht oder wem Sie eher nicht antworten würden. Dabei werden Ihnen auch die vielen Allgemeinplätze ins Auge fallen, die die Suchenden offensichtlich seit Jahrzehnten voneinander abschreiben. Sie werden auch bemerken, dass Attribute wie „humorvoll" und „spontan" derart inflationär benutzt werden, dass sie bedeutungslos geworden sind. Das gilt auch für die lobenswerten Eigenschaften „ehrlich" und „gepflegt". Sie stechen damit keinerlei Konkurrenz aus, denn die Verlogenen und Ungepflegten halten sich auf dem Singlemarkt gern bedeckt. Andere beliebte Worte, wie zum Beispiel „natürlich", sagen nichts. Heißt das, dass Sie gerne im Wald sind, reden wie es Ihnen gefällt oder komplett auf Kosmetika verzichten?

Nutzen Sie Ihre Zeilen lieber dazu, sich selbst konkreter darzustellen und auch, um näher zu beschreiben, wen Sie eigentlich suchen. Sie fallen so zum einen mehr potentiell passenden Männern auf und hindern zum anderen falsche Kandidaten an der Kontaktaufnahme.

B **DAS INTERNET** Wenn Sie es euphorisch betrachten möchten, können Sie sagen, dass Sie durch das Internet den bequemen Zugriff auf Millionen von Männern haben. Genau wie Millionen von anderen Frauen auch. Die ge-

*Klassisch suchen:*
*Die Kontaktanzeige.*
• • •

schickte Suche beginnt deshalb auch hier mit der richtigen Website und dann mit Ihrer Selbstdarstellung.

Die kostenpflichtigen Singleagenturen bieten meist den besseren Service. Bevor Sie Vollmitglied werden und bezahlen, können Sie sich kostenlos registrieren und umschauen. Anhand der Männer, die Ihnen die Agentur vorschlägt oder die sich sofort bei Ihnen melden, erhalten Sie einen Einblick, ob Ihnen die Klientel dort gefällt oder nicht.

c *RASTERFAHNDUNG* Bei den meisten Online-Partnerbörsen stellen sich die Mitglieder vorerst nicht mit eigenen Worten dar, sondern füllen eine Tabelle mit ihren Angaben zu Alter, Beruf, Kindern, Wohnort, Körpergröße, Religion etc. aus. Durch Eingabe Ihrer Suchkriterien können Sie außerdem gezielt nach den Profilen suchen, die Ihrem Beuteschema entsprechen.

Einzugeben, dass Sie beispielsweise nur an Akademikern über 1,80 m interessiert sind, schränkt Ihren Suchradius zwar ein, das Ausschlussverfahren ist aber nirgendwo einfacher als hier, wo Sie völlig anonym intolerant sein können.

Da die Profile durch Anklicken des Vorgegebenen entstehen, ziehen Sie besonders bei den Hobbys und Interessen keine voreiligen Schlüsse. Die Kriterien in den Vorlagen, die hier angeboten werden, schreien regelrecht danach, sie anzunehmen. Dadurch ist die Zahl der Schöngeister, Sportskanonen und Sprachgenies überproportional hoch. So hoch, dass Sie anhand dieser Aussagen einen Literaturpapst nicht von einem begeisterten Leser des ADAC-Magazins unterscheiden können.

*Gezielt suchen:*
*Vielleicht einen Karpfenzüchter?*
• • •

ᴅ **PERSÖNLICH WERDEN** Aussagekräftiger sind die Rubriken, in denen persönliche Fragen in eigenen Worten beantwortet werden müssen. Zugriff auf die Antworten der anderen hat meist nur, wer selbst welche gegeben hat. Seien Sie hierbei besonders sorgfältig. Das regt zum Reflektieren an und hat im Gegensatz zum Flirtgespräch in einer Bar den Vorteil, dass man sich schön viel Zeit nehmen und eventuell dumme Antworten nachbessern kann.

Sowohl Single-Coaches als auch die anderen Suchenden raten hier wie bei der klassischen Annonce unbedingt zur Individualität. Ihre Vorlieben, Abneigungen und Wünsche sollen ein klareres Bild von Ihnen vermitteln als die elektronische Visitenkarte in Tabellenform. Unbeliebt sind deshalb auch platte Romantik und Abschreiberei. Nicht, weil niemand mehr den Sonnenschein, das gemeinsame Frühstück im Bett oder guten Rotwein mag, sondern weil sie sich in diesem Zusammenhang abgenutzt und banal anhören.

Wenn Sie sagen sollen, was Sie nicht mögen, vermeiden Sie eine fade Heiligendarstellung Ihrer Person. Dass Sie Krieg, Seuchen und Ungerechtigkeit ablehnen, ist nicht besonders speziell. Dass Sie Heavy Metal und Hunde nicht ausstehen können, mag intoleranter klingen, filtert aber viel besser.

Ähnlich greifbar sollten Sie sich auch in der Spalte äußern, in der es um Ihre Wünsche für die Zukunft geht. Wenn Sie kurz innehalten, bevor Sie „Gesundheit" eintragen, wird Ihnen auffallen, dass wahrscheinlich mehr Menschen tot als schwer krank sein wollen. Schreiben Sie also eher, dass Sie auf die Südhalbkugel auswandern, Karpfen züchten oder sehr viele Kinder haben möchten. Das ruft Männer mit ähnlichen Interessen auf den Plan, und genau die suchen Sie ja.

Richtig unbeliebt sind im Übrigen Geheimnistuereien wie „das musst du schon selbst herausfinden". Erstens möchten die anderen zu Recht herausfinden, wer Sie sind, zweitens sind diese Floskeln nicht mysteriös, sondern so spannend wie ein alter Witz. Zum Witz muss man außerdem anmerken, dass Humor schriftlich anders funktioniert als in Begleitung von Mimik und Tonfall. Wenn Sie sehr trocken und ironisch sind, werden Sie öfter auf Männer stoßen, die das Geschriebene ernst nehmen und Sie damit komplett missverstehen. Wenn trockener Humor Ihnen dabei hilft, die Spreu vom Weizen zu trennen, kann er natürlich auch als Auswahlkriterium genutzt werden.

E **AKTIV WERDEN** Noch immer lassen viele Frauen sich lieber finden, als aktiv selbst zu suchen. Jedoch beklagen viele Frauen, dass Sie regelmäßig von den falschen Männern gefunden werden. Das gilt auch für die Suche im Internet. Wenn Sie nur von Männern kontaktiert werden, die Sie nicht wirklich interessieren, gehen Sie auf die Suche nach Profilen, die Ihnen passen, und melden Sie sich. Das Schlimmste, was Ihrem Ego passieren kann, ist, dass Sie keine Antwort bekommen, und das kann so viele Gründe haben, dass Sie daran keinen weiteren Gedanken verschwenden sollten.

F **KEIN MAUERBLÜMCHEN SEIN** Egal ob im Netz oder in der Zeitung: Wenn Sie sich so ehrlich wie möglich beschreiben, hat das den Vorteil, dass Sie auch vorrangig Zuschriften von Männern bekommen, die auf Ihren Typ Frau stehen.

Ehrlich sein heißt aber niemals, dass Sie in unvorteilhaften Worten über sich reden müssen. Wenn Sie extrem bescheiden und zurückhaltend sind, schreiben Sie es zu Ihren positiven Eigenschaften. Vergessen Sie aber nicht, dass Sie bei aller Bescheidenheit noch mehr zu bieten haben, und heben Sie dies hervor.

Wenn Sie sich die Beschreibungen der anderen durchlesen, werden Sie feststellen, dass Männer bei der Partnersuche äußerst selten über ihre optischen Mängel reden. Warum sollten sie auch, wenn sie der Meinung sind, dass andere Attribute viel wichtiger sind? Außerdem vergleichen Männer ihr Äußeres viel seltener mit allgemeinen Schönheitsidealen und machen es sich dadurch leichter. Wenn Sie sehr selbstkritisch sind, halten Sie sich immer vor Augen, dass andere Menschen Sie oft milder beurteilen als Sie sich selbst. Sie können auch die Meinung Ihrer Freunde und Verwandten unterbringen. Wer sich mit Eigenlob schwertut, sollte diese Möglichkeit unbedingt nutzen.

G *NICHT RUMJAMMERN* Die kleinste Fangemeinde bei der Partnersuche haben nachweislich die Verbitterten und die Enttäuschten. Die Aussage, dass Ihnen bisher nur übel mitgespielt wurde und dass Sie nun auf der Suche nach dem einen sind, der Ihre Wunden heilt, hört sich schon im Vorhinein nach vielen Problemen und sehr wenig Spaß an.

Wenn Ihre Enttäuschung über Ihren Ex-Partner derart tief sitzt, dass Sie sogar wildfremde Menschen vorwarnen müssen, sollten Sie eine Pause einlegen und Ihr Problem verarbeiten.

H *DAS WISSENSCHAFTLICHE MATCH* Psychologen sagen, dass in funktionierenden Beziehungen ein guter Mix aus Gemeinsamkeiten und Gegensätzen herrscht. Diese Balance ermitteln deshalb immer mehr Online-Agenturen durch Persönlichkeitstests, in denen es um Nähe und Distanz, Dominanz und Unterordnung, Konflikt- und Kommunikationsfähigkeit und immer so weiter geht. Hier werden schon vorab Dinge geprüft, die sonst erst zur Sprache kommen, wenn ein Paar in einer Krise steckt oder sich trennt. Das hört sich sinnvoll und sehr pragmatisch an. Nach dem Test werden Ihnen dann die Männer präsentiert, die angeblich besonders gut mit Ihnen harmonieren sollten.

Es hat sich herausgestellt, dass die Paare, die sich auf diesen Websites gefunden haben, oft tatsächlich eine hohe Match-Punktzahl hatten. Bemerkenswert ist auch die Tatsache, dass viele Frauen anschließend sagten, dass Ihnen Mr. Right in freier Wildbahn auf den ersten Blick nicht aufgefallen wäre.

Klar sollte aber auch sein, dass Liebe keine Wissenschaft ist, und auch eine hundertprozentige Übereinstimmung keine Prinzengarantie bedeutet.

*DIE FRAU UND*
*DIE KARRIERE*

Einen Vortrag zu halten zu müssen macht viele Frauen mehr als nur nervös. Sie werden von Lampenfieber und Versagensängsten gepackt. Auch Männer bleiben vom Lampenfieber nicht verschont, aber die unglaubliche Fülle an Rhetorikkursen nur für Frauen lässt befürchten, dass Frauen stärker mit sich hadern, wenn es darum geht, vor großem Publikum zu sprechen. Sonst würde es diese Art von Kursen wohl auch speziell für Männer geben. Vielleicht wird aber nur davon ausgegangen, dass bei Rhetorikseminaren für „Top Manager" die Männer zwangsläufig unter sich sind. Wer wirklich vor jedem Auftritt von Panik geschüttelt wird, sollte in Erwägung ziehen, ein derartiges Seminar zu besuchen, denn so ein zwanghafter Leidensdruck muss nicht sein und kann regelrecht verlernt werden.

Für alle anderen reicht es, sich ein paar kleine Tricks zurechtzulegen, dann verschwindet das Lampenfieber, wenn Sie Ihren Vortrag begonnen haben, nach kurzer Zeit ganz von selbst.

A **DIE VORBEREITUNG** Lampenfieber ist keine Angst vor einer konkreten Bedrohung (vgl. Kapitel *Die Frau zu Hause*, Rubrik *Gelassen mit Spinnen umgehen)*, sondern die Angst vor einer Möglichkeit, nämlich der Möglichkeit zu versagen. Führen Sie sich vor Augen, dass diese Möglichkeit von Ihnen gesteuert werden kann. Konkret heißt das, je besser Sie vorbereitet sind und je mehr Sie Ihr Thema beherrschen, desto weniger kann Ihnen passieren. In der Vorbereitung steckt die meiste Arbeit und je gewissenhafter Sie sich in Ihr Thema vertiefen, desto mehr werden Sie auf festem Boden stehen. Hier ist Fleißarbeit gefragt. Wenn Sie sich immer noch nicht sicher fühlen, üben Sie Ihren Vortrag, am besten vor Freunden als Publikum oder üben Sie vor dem Spiegel. Das alles klingt wahnsinnig zeitaufwendig und das ist es auch, aber je öfter Sie erfolgreich vor Publikum sprechen, desto weniger Trockenübungen werden Sie brauchen. Auf die gute Vorbereitung sollten Sie aber auch nicht verzichten, wenn Sie im Laufe Ihrer Karriere vor Selbstsicherheit platzen.

B **DER GROSSE TAG** Manche Redner schwören darauf, am Tag ihres Auftritts Ihren Vortrag als Erstes den 38 Strahlen ihrer Dusche zu erzählen. Die Belohnung ist, wenn man so will, ein garantiert rauschender Beifall. Derartig bestärkt, sollten Sie sich nun Ihrem äußeren Erscheinungsbild widmen. Kleiden Sie sich so, dass Sie sich gut fühlen, gut aussehen und bequem stehen können. Wenn Sie jetzt in den Spiegel gucken, sollten Sie mehr als nur zufrieden, sondern vielmehr gut gelaunt sein. Sorgen Sie dafür, dass Sie den Raum, in dem Sie den Vortrag halten werden, in Augenschein nehmen können, einen Blick auf die Sitzverteilung werfen und überprüfen können, ob die Technik funktioniert. Es ist ganz wichtig, dass für Sie entweder ein Tisch oder ein Rednerpult bereitgestellt ist. Selbst wenn Sie Ihren Vortrag frei halten müssen, sind Sie noch lange kein Freiwild, das hilflos versuchen muss, seine Hände zu verstecken. Sie sind auch kein kleines Mädchen, das vor versammelter Klasse ein auswendig gelerntes Gedicht vortragen muss.

C **REDEN UND REDEN LASSEN** Überlegen Sie vorher, wie Sie Ihren Vortrag strukturieren möchten. Am einfachsten ist es, wenn Sie ihn durchgängig halten und danach Fragen aus dem Publikum beantworten. In Seminaren oder bei Kundenpräsentationen im kleinen Kreis können Sie Ihren Vortrag auch dialogischer gestalten. Bevor Sie ins Thema einsteigen, geben Sie einen kurzen Abriss über die Struktur Ihres Vortrags. Hier können Sie auch anmerken, an welchen Stellen sich eventuelle Fragen am besten einfügen würden. Am Anfang empfiehlt es sich, eher kurze und einfache Sätze zu verwenden. So kommen Sie gut in die Thematik, ohne Gefahr zu laufen, sich zu verheddern. Idealerweise haben Sie Ihren Vortrag nicht auswendig gelernt und Sie lesen Ihre Rede auch nicht Wort für Wort ab. Entweder haben Sie Karten dabei, die Ihre Stichwortgeber sind oder Sie haben eine Powerpoint-Präsentation erarbeitet, die auf eine Leinwand projiziert wird. Sie können dann entweder Ihre Präsentation an dem vor Ihnen aufgeklappten Rechner verfolgen oder zwischendurch kurz einen Seitenblick auf die Leinwand werfen. Sie sollten dem Publikum aber nie den Rücken zukehren. Wenn Sie Freunde oder Bekannte dabeihaben, setzen Sie sie in die erste Reihe und halten Sie Augenkontakt. Tun Sie so, als ob Sie den Vortrag nur für sie halten würden. Sie werden sehen, die 2998 anderen Menschen im Raum verschwinden nach und nach aus Ihrer Wahrnehmung. Wenn Sie keine Freunde dabeihaben, suchen Sie sich ein paar unbekannte Gesichter heraus, die Ihnen sympathisch sind und halten Sie den Vortrag nur für die.

D  *AUSSETZER* Ein Aussetzer ist nicht schlimm. Sammeln Sie sich, werfen Sie einen Blick auf Ihre Karten, spulen Sie wenn nötig noch mal zurück und setzen Sie neu an. Schlimm ist, wenn Sie sich für Ihren Aussetzer schämen und verlegen werden und mit hochrotem Kopf rumstottern. Gar nicht schlimm ist es, wenn Sie sagen, dass Sie kurzfristig den Faden verloren haben und sich kurz sammeln müssen.

E  *GRUSELIGE QUERULANTEN* Wenn Leute nach Ihrem Vortrag viele Fragen stellen, dürfen Sie sich freuen. Das bedeutet nämlich nicht, dass die Zuhörer Ihren Vortrag nicht verstanden haben oder kritisieren, sondern dass Sie ihr Interesse geweckt haben. Ganz auf Nummer sicher gehen Sie, wenn Sie versuchen, in der Vorbereitung die Fragen zu antizipieren. Wenn Sie einen besonders kontroversen Standpunkt einnehmen wollen, sehen Sie zu, dass Ihre Argumente stichhaltig sind. Das ist nicht kontrollfreakig, sondern ebenfalls gründlich, und Gründlichkeit ist die strenge Mutter aller erfolgreichen Vorträge.

Leider sind nicht alle Fragen und Redebeiträge nach einem Vortrag konstruktiv. Die Typologie des gruseligen Querulanten reicht vom gebeutelten Menschen, der die Chance nutzt, von seinem persönlichen, schweren Schicksal zu erzählen, über den Hobby-Weltrevolutionär bis zum eifersüchtigen Konkurrenten, der seine Felle davonschwimmen sieht. Der gruselige Querulant möchte in jedem Fall nicht in den Dialog treten, sondern monologisieren oder blockieren. Das Wichtigste ist in solchen Fällen, auf gar keinen Fall unhöflich zu werden, und, auch wenn Sie persönlich angegriffen werden, sich distanziert zu wehren. Mit einem Lächeln und mit Freundlichkeit nehmen Sie vielen Querschießern sofort den Wind aus den Segeln. Bedanken Sie sich für den wertvollen Beitrag und bieten Sie ihm an, aufgrund von Zeitmangel und im Sinne des weiteren Veranstaltungsverlaufs, sein Anliegen gerne im Anschluss noch persönlich ausgiebig zu erörtern. Sie werden sehen, mit der Zeit werden Sie Meisterin darin werden, Nervensägen auszubremsen, und Sie werden Ihr diebisches Vergnügen daran haben.

Wenn Sie auf eine Frage keine Antwort wissen sollten, sagen Sie genau das – und woran es liegt, dass eine Antwort in diesem Fall noch nicht vorliegt. Wenn der Zuhörer einen völlig neuen Aspekt in die Diskussion wirft, freuen Sie sich. Sie haben etwas dazugelernt und können beim nächsten Mal die Frage mit in Ihre Präsentation einbeziehen.

F *TRAINING FÜR FORTGESCHRITTENE* Ein erfolgreicher Vortrag beflügelt und macht selbstbewusst. Derartig beschwingt, dürfen Sie sich gerne belohnen. Wenn Sie weiter an Ihren Auftritten feilen wollen, können Sie das auf vielerlei Weise tun. Sie können an Ihrer Körpersprache, Ihrer Stimme, Ihrem Auftritt, Ihrer Atmung und an Ihrem Aussehen (vgl. Kapitel *Die Frau im Spiegel,* Rubrik *Etwas nachhelfen mit Botox & Co)* unermüdlich bis zur Perfektion weiterarbeiten.

Das anfängliche Lampenfieber wird schrumpfen, ganz verschwinden wird es vermutlich nie, aber das erleben Sie irgendwann eher als Extrakick, denn Sie sind ja jetzt Evita Perón und Hillary Clinton in Personalunion.

# 049        VOM TELEPROMPTER ABLESEN

Sie wollen Moderatorin werden, denn Sie lieben das Fernsehen, möchten es aber aus verschiedenen Gründen nicht mit Gesang, Tanz oder Schauspiel probieren. Es geht Ihnen auch nicht darum, ein Studium der Politikwissenschaften nachzuholen und eine eigene Sendung zu leiten. Sie möchten einfach nur moderieren, das sein, was man früher noch Fernsehansagerin nannte.

Gehen Sie zu einem Casting oder beginnen Sie bei einem kleinen Lokalsender. Denn vor laufender Kamera gut auszusehen ist ähnlich typabhängig, wie auf einem Foto gut auszusehen (vgl. Kapitel *Die Frau im Spiegel*, Rubrik *Auf Fotos gut aussehen)*. Und bedenken Sie: Sie müssen auch noch sprechen. Und zwar fehlerfrei. Und das will auf jeden Fall gelernt sein, auch wenn Sie vielleicht wissen, dass die meisten Moderatoren mitnichten so eloquent sind, wie sie erscheinen, sondern ablesen. Klassische Nachrichtensprecher benutzen oft weiterhin gedruckte Manuskripte, an denen sich niemand stört, schließlich ist klar, dass sie nicht das gesamte Tagesgeschehen der Welt in perfekt formulierten Sätzen im Kopf haben. Außerdem gibt es das aufgeklappte Laptop, das unter anderem dazu dient, ständig neue Agenturmeldungen zu empfangen.

Und unersetzlich ist natürlich der Teleprompter, mit dem jede gute Moderatorin arbeiten können sollte. Wenn Sie also eine versierte Teleprompterleserin mit guter Stimme sind und dem gesuchten Typ entsprechen, müssen Sie sich nur noch gegen eine riesige Konkurrenz durchsetzen.

A *IHR NEUER FREUND, DER PROMPTER* Prompter ist das englische Wort für Souffleur beziehungsweise Souffleuse. Der Teleprompter wurde von Irving B. Kahn erfunden, dem Neffen von Irving Berlin, Komponist des Evergreens „There's No Business Like Showbusiness". Und weil das Showbusiness Illusionen verkauft, dachte man sich irgendwann, dass raschelnde Papiere oder Moderatoren, die ständig auf Spickzettel neben der Kamera schauen, dem Zuschauer den Anschein vom freien Sprechen verhunzen. Stattdessen wird ein Monitor unter dem Kameraobjektiv angebracht, auf dem die Moderatoren ihren Text lesen können. In der Regie sitzt ein Mitarbeiter, der den Text gleichmäßig scrollt, ihn also allmählich über den Bildschirm laufen lässt. Stellen Sie sich das so vor wie den Abspann eines Films, angepasst an Ihr Lesetempo.

B *LESEN* Der Text wird in der Regel vorher gelesen und möglichst geprobt. Wenn zum Beispiel von *Mata Amritanandamayi* die Rede ist, ist es hilfreich,

* * *

*Noch immer im Einsatz –*

*Die Pappe ist die*

*Faustkeilversion des*

*Telepromters.*

* * *

den Namen schon einmal ausgesprochen zu haben. Zwischen den Worten, die Sie zu lesen haben, sehen Sie unverständliche Buchstabenkombinationen – das sind die Regieanweisungen, die Sie nicht mitlesen. Die Schriftgröße ist individuell einstellbar. Größere Schrift bedeutet aber keine Erleichterung für langsame Leser. Denn umso mehr Text Sie auf dem Monitor auf einmal erfassen können, umso besser wissen Sie, wohin die Reise geht – was also aus dem Satz wird, und ob Sie dafür mit Ihrer Stimme nach oben oder nach unten gehen müssen. Denn ein Satz, der schon zu Ende ist, laut Ihrer Betonung aber noch weitergehen müsste, hört sich nicht so gut an, wie zum Beispiel *Sehen Sie?*

c **MODERIEREN** Ob ein Moderator tatsächlich den Eindruck des freien Sprechens vermitteln kann, hängt von seiner Professionalität ab. Bei einigen hört man, dass sie ablesen. Bei einigen sieht man die Lesebewegung der Pupillen, andere überspielen diese mit häufigerem Augenzwinkern, und Vollprofis bewegen sich frei auf einer riesigen Bühne und haben an jeder Kamera einen Teleprompter oder benötigen nur Stichworte, die man ihnen auf großen Pappen – der Faustkeilversion des Teleprompters – hinhält.

Vom Gastgeber einer Abendshow wird natürlich mehr Eloquenz und Improvisationstalent gefordert als von einer Wetterfee. Aber auch die Moderatoren von Call-in-Sendungen, also diesen nicht immer auf höchstem Niveau funktionierenden Anrufsendungen, müssen improvisieren, obwohl oder vielleicht auch gerade weil sie in der Hierarchie der Moderatoren ganz unten stehen. Hier muss man eher Animateur als Moderator sein und die Zuschauer bei Laune halten. Dabei darf man sich auch in unvollständigen Sätzen ausdrücken und Grimassen schneiden, denn es geht nur um möglichst viele Anrufe der gewinnwilligen Zuschauer. In Interviewsituationen hingegen wird mit einem Mix aus Teleprompter und freiem Sprechen gearbeitet, denn schließlich handelt es sich um einen Dialog, bei dem keiner im Vorhinein wissen kann, was das Gegenüber antworten wird. Fernsehjournalisten, die als Redakteure im Studio moderieren, arbeiten häufig mit ihren eigenen Texten, was dem flüssigen und natürlich wirkenden Vortrag zugute kommt.

# 050     EINE BOUTIQUE ERÖFFNEN

Fast jede Frau, die in Stilfragen etwas auf sich hält und sich für Mode interessiert, hat schon einmal in Gedanken durchgespielt, wie es wäre, eine eigene Boutique zu eröffnen. Die Gründe dafür sind unterschiedlich. In vielen Städten gibt es nur noch große Modeketten und Kaufhäuser, die die immer gleichen abgekupferten Billigmodelle verkaufen. Eine inhabergeführte Boutique mit individuellen Einzelstücken wäre hier etwas Besonderes. Andere Frauen fühlen sich auf einer Mission. Sie wollen den Rest der weiblichen Welt am eigenen, wegweisenden Geschmack teilhaben lassen. Und dann gibt es die Frauen, die glauben, dass sie sich mit der Eröffnung einer Boutique die Welt des Glamours und des guten Geschmacks frei Haus holen: Endlich die tollsten Fummel zum Einkaufspreis (also quasi umsonst), zweimal im Jahr Geschäftsreisen in die coolsten Modemetropolen der Welt und, ganz nebenbei, auch noch gutes Geld verdienen, indem man andere Frauen glücklich macht.

A ***DENKEN SIE GUT NACH*** All diese Gründe mögen auch Ihnen auf den ersten Blick plausibel erscheinen. Die Wirklichkeit ist jedoch kein Pariser Hochglanzmagazin. Könnte es sein, dass sich die Fußgängerzonen mittelgroßer deutscher Städte gleichen wie eine Ödnis der nächsten, weil die überwiegende Mehrheit der Käuferinnen sich mit dem Kauf einer Kopie der Kopie der aktuellen Trends zufrieden gibt? Mehr noch, dass sie es als Affront empfindet, wenn jemand für ein Kleidungsstück mehr verlangt als für die Tankfüllung ihres Autos? Und nur weil die konservative Klavierlehrerin Ihres Sohnes Ihnen regelmäßig ob Ihres flamboyanten Kleidungsstils Komplimente macht, heißt das noch lange nicht, dass sie auch so herumlaufen möchte wie Sie und eine ihrer Stammkundinnen wird.

B **DAS KONZEPT** Die Chancen stehen gut, dass Sie, wenn Sie ausschließlich Kleidungsstücke einkaufen, die Sie auch gerne besitzen würden, nach einer oder zwei Saisons pleite sind. Verwechseln Sie nicht Ihren Geschmack und Ihre modischen Sehnsüchte mit denen Ihrer Kundinnen. Auf der anderen Seite muss Ihre Boutique in Stilfragen Ihre persönliche Handschrift tragen. Am besten Sie mischen das Sortiment, so gut es geht, und achten dabei dennoch auf eine klare Linie. Konkret heißt das, dass Sie sich in Ihre Kundinnen hineinversetzen und Ihnen eine Mischung aus einfachen Klassikern und ausgefalleneren Teilen – wie zum Beispiel Kleider eines japanischen Nachwuchsdesigners – anbieten. Trotz aller Ambitionen werden Sie mit derlei Hinguckern, die wichtig für das Profil Ihres Ladens sind, kaum Geld verdienen. Mischen Sie außerdem die Preisstruktur Ihres Angebots. Nicht jede Kundin möchte bei jedem Besuch fünfhundert Euro für den *dernier cri* bei Ihnen lassen. Die Wahrscheinlichkeit, dass sie aber mehrmals hintereinander hundert Euro für einen Schal, eine Bluse oder einen Gürtel ausgibt, ist ungleich höher.

C **DIE LAGE** Wenn Sie wunderschöne, günstige Räume gefunden haben, aber in der Gegend nur Rentner wohnen, lassen Sie die Finger davon. Was nützt Ihnen der schönste Laden, wenn es niemanden in Ihrer direkten Umgebung interessiert, dass es ihn gibt und die Kundinnen zum Shoppen ans andere Ende der Stadt fahren. Vielleicht haben Sie ein Gespür dafür, durch welche Stadtteile die Gentrifizierungswelle als Nächstes rollen wird. Dann sollten Sie womöglich zuschlagen, aber stets mit einkalkulieren, dass es eventuell doch nicht so schnell geht mit der Lattemachiattisierung, wie Sie dachten, und Sie daher einen längeren Atem brauchen.

ᴅ **DAS SORTIMENT** Das Konzept für Ihre Boutique steht, die Räume sind gemietet, und Sie wissen ganz genau, welche Designer Sie einkaufen möchten. Mit gezücktem Scheckbuch reisen Sie zu den Fashion Weeks, um festzustellen, dass die Designer nicht von Ihnen eingekauft werden möchten oder dürfen. Diese scheinbare Verhöhnung des Kapitalismus ist in der Modebranche ganz normal.

Gerade hochwertige Labels sind in bestimmten Städten und Regionen exklusiv an bestimmte Häuser, also Ihre Konkurrenz, gebunden. Auf jeden Fall prüfen sie aber das Konzept, die Lage und das weitere Sortiment des Neukunden auf Vereinbarkeit mit den eigenen Markenwerten. Unter Umständen passt Ihrem Lieblingsdesigner, den Sie als Zugpferd für Ihre Boutique auserkoren haben, die Tapete in Ihrem Laden nicht, und dann gibt es eine freundliche Absage. Oft sogar noch nicht einmal die.

Deshalb sondieren Sie so früh wie möglich die Lage, welche Labels für Sie überhaupt in Frage kommen und was die Alternativen sind.

ᴇ **DIE PREISE** Als Faustregel zur Kalkulation gilt: Einkaufspreise mal 2,5 bis 2,8 gleich Verkaufspreis. Sie werden aber niemals alle Teile zu diesem Preis verkaufen. Wenn Sie richtig Glück haben, verkaufen Sie die Hälfte regulär, der Rest geht in den Ausverkauf und wird mit weitaus geringeren bis gar keinen Margen verkauft.

Erstellen Sie einen Businessplan (vgl. Kapitel *Die Frau am Start*, Rubrik *Einen Businessplan schreiben*). Was sind Ihre Kosten? Hier summieren sich Miete, Personal und die Kosten für den Einkauf der Kleidungsstücke. Das alles muss bezahlt werden. Bevor Sie selbst etwas verdienen. Ihnen wird schwindelig? Zu Recht.

ꜰ **DIE KUNDINNEN** Frauen pflegen eine sehr intensive Beziehung zu ihren Lieblingsboutiquen. In der Welt des weiblichen Konsums sind sie gleichermaßen heiliger Tempel und Höhle des Lasters. Sie bescheren der Frau euphorische Glücksmomente und ein schlechtes Gewissen – oft auch beides zusammen. Ob Sie wollen oder nicht, Sie werden der Blitzableiter für alle diese Gefühle sein. Sie werden sich auch mit den Komplexen und Minderwertigkeitsgefühlen Ihrer Kunden herumschlagen müssen. Sie werden lügen müssen. Menschen, denen Sie einmal irgendwo begegnet sind, werden mit Ihnen Rabatte aushandeln wollen. Sie werden von Frauen angeschrien werden, die ihr Geld zurückhaben wollen, weil sie eine Bluse zu heiß gewaschen und einlaufen lassen haben. Sie werden immer freundlich und beflissen sein müssen, wenn jemand vier Stunden lang anprobiert und dann doch nichts kauft. Das Wichtigste aber: Es dreht sich immer alles um Weiber und Klamotten, auch wenn Sie schon längst lieber bei Amnesty International sitzen würden.

G **DER GLAMOURFAKTOR** Ja, Sie werden zweimal im Jahr nach Paris, Mailand, London und vielleicht nach New York reisen. Ja, Sie werden bei den Modeschauen dabei sein. Sie werden jedoch selten so gestresst und genervt sein. Vielleicht werden Sie abends in Ihrem Hotelzimmer weinen. Und das nicht nur, weil es normalerweise 150 Euro, zur Fashion Week aber 500 Euro die Nacht kostet. Da Sie weder eine monegassische Prinzessin noch Anna Wintour sind, werden Sie nirgendwo in der ersten Reihe sitzen. Auch nicht in der zweiten oder dritten. Bei den Orderterminen müssen Sie innerhalb einer halben Stunde entscheiden, was Ihnen im nächsten halben Jahr die Brötchen auf den Tisch bringt. Und Sie werden staunen, wie die Einkaufspreise jedes Jahr klettern. Wäre es jetzt nicht herrlich, auf einer dieser tollen Partys den Stress mit ein paar Gläschen Champagner herunterzuspülen? Hätten Sie nur nicht Ihre Einladung verloren, und dieser Türsteher bequemt sich nun noch nicht einmal dazu, eine Augenbraue für Sie hochzuziehen, geschweige denn, Sie reinzulassen (vgl. Kapitel *Die Frau am Start*, Rubrik *Überall reinkommen)*.

H **REICH WERDEN** Entweder Sie waren vorher schon reich und betrachten Ihre Boutique als Spielwiese, bei der Gewinne zweitrangig sind. Oder Sie sind Trendsetter, kühle Geschäftsfrau und Glückskind in einem. Oder Sie vergessen es besser.

Es ist ein bekanntes Phänomen, dass die Frauenquote unter den Spitzen-
köchen sehr niedrig ist. Anders als zum Beispiel beim Fußball ist es aber nicht
so, dass die Küche ein Männerterrain ist, das die Frauen sich erst langsam
erobern mussten. Im Gegenteil: Viele Frauen mussten sich eher den Weg aus
der Küche hinaus erkämpfen, denn lange Zeit hieß es, dass der „natürliche
Platz" der Frau am Herd sei.

Es wird immer wieder nach Begründungen für den Widerspruch zwischen den Millionen von gut kochenden Frauen, dabei aber wenigen Ver-
treterinnen in der Spitzenklasse gesucht.

Dabei stößt man unter anderem auf Machothesen, die besagen, dass
Kochen für Frauen eine selbstverständliche Tätigkeit ist, die aber nur für den
Hausgebrauch reicht, während die Männer sich am Herd zu Künstlern erheben. Sicher kochen die meisten Menschen im Alltag eher etwas Gutes als
etwas Geniales. Das hat aber nichts mit dem Geschlecht des Kochs zu tun,
sondern vielmehr damit, dass es in jedem Metier nur eine Handvoll begna-
deter Genies gibt. Plausibler sind die Erklärungen, die sich mit dem Beruf
an sich befassen. Kochen ist eine körperlich sehr anspruchsvolle Aufgabe,
das weiß jede Frau, die eine große Familie bekochen muss. Hinzu kommt,
dass der Beruf des Kochs zeitlich gesehen nicht wirklich familienfreundlich
ist. Ihr Arbeitstag beginnt morgens mit der Anlieferung der Einkäufe oder
den Einkäufen selbst und endet oft erst weit nach Mitternacht. Wenn Sie
aber wirklich professionell kochen wollen, sollten Sie sich zunächst den
Dingen zuwenden, die dafür sprechen, bevor Sie sich um die eventuell auftretenden Probleme kümmern.

ᴀ **MEISTER UND STIL** Eine Ausbildung ist immer gut. Wie in vielen anderen
Branchen gibt es zwar auch unter den erfolgreichen Köchen Autodidakten,
allerdings nicht viele, denn das Handwerk ist ebenso wichtig wie Talent
und Kreativität. Eine Lehre bei einem Sternekoch bietet sich natürlich an,
wenn man selbst irgendwann ganz oben mitkochen will. Ihr Meister wird

anfangs auch entscheidenden Einfluss auf Ihren Stil haben. Nachdem Ihre Ausbildung Ihre Lust und Leidenschaft für das Kochen nicht etwa gedämpft, sondern noch mehr entfacht hat, sammeln Sie anschließend Erfahrungen und entwickeln Ihren eigenen Stil. In einem bereits etablierten oder in Ihrem eigenen Restaurant erkochen Sie sich jetzt einen Ruf. Wenn Sie sich selbstständig gemacht haben, liegt es jetzt auch an Ihnen, sich ein Team zusammenzustellen, denn als Köchin sind Sie keine Solistin, weshalb die Auszeichnungen auch Ihrem Restaurant und nicht Ihrer Person verliehen werden. Bevor Sie den Kritikern ins Auge fallen, muss sich Ihr Restaurant zuerst bei den Gästen herumsprechen. Natürlich wegen Ihrer Kochkünste, aber auch wegen des guten Service, der interessanten Weinkarte und der angenehmen Atmosphäre.

B **DIE KÖCHIN, DAS TEAM, IHR MANN UND DER UMGANGSTON**
Himmlische Geschmäcker entstehen durch sehr irdische Arbeit, bei der jeder Handgriff zu sitzen hat. Das erfährt jede Köchin spätestens an ihrem ersten Ausbildungstag. Da laut Sprichwort viele Köche den Brei verderben, ist die Arbeitsteilung in der Küche strengstens geregelt. Menschen, die Probleme mit Hierarchien und Unterordnung haben, werden sich in einer Profiküche nicht besonders wohlfühlen. Menschen, die Wert auf einen blumigen Umgangston legen, ebenfalls nicht. Das heißt nicht, dass man in der Küche keinen Spaß miteinander hat, aber häufig geht es eher männlich-rau zur Sache, was für einige Frauen anfangs gewöhnungsbedürftig ist. Wenn Sie dann selbst Chefin sind, müssen Sie von Ihrem Team absolute Disziplin for-

dern können. Zwar pöbelt und flucht nicht jeder Sternekoch so viel wie der Schotte Gordon Ramsay, dessen Lieblingswort mit F anfängt und vier Buchstaben hat, dennoch erinnern Führungsstil und Tonfall vieler Chefs eher ans Militär als an einen Waldorfkindergarten. Mit leisen und vorsichtigen Hinweisen wird man in der Küche nicht nur überhört, sondern kommt auch nicht zum Ziel. Denn es herrscht nicht nur permanenter Leistungsdruck in Bezug auf den Geschmack, sondern auch der ständige Kampf um das perfekte Timing. Umso höher das Niveau des Restaurants, umso weniger werden kleine Ausrutscher und Verzögerungen toleriert. Diese sind zwar menschlich, haben aber dort, wo nach den Sternen gegriffen wird, nichts mehr verloren.

Umso besser Ihr Team eingespielt ist, umso weniger Feldwebelattitüde müssen Sie als Chefin mitbringen. Viele Toprestaurants werden auch von Familien oder Paaren geführt. Die eigene Familie bedeutet zwar nicht zwangsläufig Harmonie, aber fast immer, dass man einander sehr gut kennt und weiß, was man voneinander erwarten kann. Das altbewährte Konzept, bei dem ein Partner kocht, während der andere die gute Seele im Gastraum ist oder sich auf den Wein spezialisiert hat, sorgt auch sehr oft für eine Atmosphäre, in der sich die Gäste wohlfühlen. Außerdem ist ein Partner, der Ihre Leidenschaft für den Beruf und auch Ihre teils schwierigen Arbeitszeiten teilt, das Beste, was Ihnen als angehender Starköchin passieren kann.

c **MYTHOS MAMMA** Italien hat die höchste Dichte an Spitzenköchinnen. Dort sind sogar unter den Köchen, die es auf drei Sterne beim Guide Michelin bringen, drei Frauen. Das liegt nicht etwa daran, dass es in Italien eine gesetzlich geregelte Frauenquote für Toprestaurants gibt. Das liegt daran, dass es in Italien eine unantastbare Frauenfigur in der Küche gibt. Niemand würde die Autorität der Mamma in Frage stellen. Sie hat nicht nur privat die uneingeschränkte Herrschaft über den Herd, sondern auch in sehr vielen Restaurants. Und nun offensichtlich auch in mehr und mehr Restaurants mit höchstem Anspruch. Die moderne Mamma muss nicht zwangsläufig Mutter sein und einen Familienbetrieb leiten, sondern sie gilt als kochende Frau traditionell als Respektsperson.

In Frankreich gibt es momentan eine Köchin mit drei Michelin-Sternen, deren Vorgängerin, Mère Brazier, hat die Bestnote 1933 erhalten.

Mère Brazier, an deren Herd schon der junge Paul Bocuse lernte, war die bekannteste, aber bei weitem nicht die einzige Mère, die zu dieser Zeit ein Toprestaurant leitete. Das Matriarchat ist also offenbar ein funktionierendes Konzept in der Spitzengastronomie.

▷ **WENN ES GUT LÄUFT** Es ist nicht wichtig, ob Sie ein Restaurant in einer Millionenstadt oder auf dem Land führen. Als gute Köchin werden Sie sich bei den Gourmets und auch bei der Presse herumsprechen. Das Gourmetmagazin „Der Feinschmecker" kürt einmal im Jahr den Aufsteiger des Jahres, der sich gegen fünf andere Topfavoriten der Endrunde durchsetzen muss. Es handelt sich dabei um neue Gesichter, die von den Lesern des Magazins empfohlen werden. Auch die anderen Bewertungsinstanzen, wie zum Beispiel der Guide Michelin, werden oft durch Zuschriften von Gästen auf Restaurants aufmerksam gemacht. Nach diesen Empfehlungen werden Kritiker Sie aufsuchen, um zu testen, ob Ihre Küche auch nach Profimaßstäben erwähnens- und empfehlenswert ist. Auch wenn Sie anfangs vielleicht viel Kritik und verhaltenes Lob bekommen und die hohen Ansprüche noch nicht erfüllen, werden die Kritiker wiederkommen, wenn sie Potential erkannt haben. Natürlich sollte der Service professionell und das Ambiente ansprechend sein, aber am Anfang stehen der Koch und sein Können im Mittelpunkt. Eine luxuriöse Einrichtung und eine riesige Armada an Personal bringen nicht viel, außer hohen Preisen, wenn die Küche nicht hält, was die äußeren Umstände versprechen. So geht in Frankreich der Trend zurück zum klassischen Bistro, in dem man Wert auf erstklassige Küche legt, sich aber nicht mehr in Schulden stürzt, um mit einer pompösen Einrichtung um die Gunst der Topkritiker zu werben.

Wenn Sie einen interessanten Stil entwickeln und mehr können als lecker kochen, nämlich unvergessliche Geschmackserlebnisse erschaffen, sind Sie auf dem richtigen Weg. Dann werden die Gourmets zu Ihnen pilgern, was dann hoffentlich zur Folge hat, dass Sie immer mehr in die ständige Verbesserung Ihres Restaurants investieren können.

E **WICHTIGER BESUCH INKOGNITO** Als Köchin von Ruf müssen Sie ständig mit dem Besuch der Presse und auch der Gastronomiekritiker rechnen, die Ihr Restaurant bewerten werden. Das heißt, dass Ihr Restaurant jeden Tag das höchstmögliche Niveau bieten muss, denn die Damen und Herren Kritiker melden sich bei Ihnen nicht an, sondern möchten erfahren, wie es einem normalen Gast bei Ihnen so ergeht. Deshalb verhalten sich die meisten Kritiker auch weniger auffällig als Louis de Funès als Retter der französischen Küche in „Brust oder Keule". Einige werden am Ende ihres Besuchs ihre Identität preisgeben, sich Ihre Küche zeigen lassen und sich mit Ihnen unterhalten. Wenn Ihr Restauranttester den Abend an einem zugigen Katzentisch verbringen musste und Ihr Servicepersonal schlechter Dinge war, kann das Ihre Arbeit eines ganzen Jahres zunichte machen. Wenn Sie bereits zu den Toprestaurants gehören, bleibt es oft nicht bei einem Besuch im Jahr, sondern Sie können bis zu zwölfmal aufgesucht werden, um zu überprüfen, ob Sie Ihrer Auszeichnung konstant würdig sind. Und auf schlechte Tische und unfreundliche Bedienungen werden Sie mittlerweile sowieso längst verzichten.

F **WER DAHINTERSTECKT** Die Inspektoren des Guide Michelin sind teilweise fest angestellt und verfügen oft über eine gastronomische Ausbildung. Sehr viele Kritiker sind Journalisten, die für Zeitungen und Restaurantführer schreiben. Wenn es um Restaurants der höchsten Kategorie geht, ist es klar, dass erfahrene Kritiker geschickt werden, die genügend gesehen haben, um angemessen vergleichen zu können.

Diese Berufsgourmets sind ständig auf der Suche nach der geschmacklichen Extraklasse und lassen sich schwieriger überraschen als der Durchschnittsesser. Wie auch Künstler und Designer stagnieren Starköche deshalb nie, sondern sind Meister der Variation und der Neuerfindungen. In der Regel werden die Kritiker rotierend eingesetzt. Zum einen, um ihre Anonymität zu wahren, zum anderen auch, um Klüngeleien zu vermeiden und objektiv zu bleiben. Denn schließlich leben die Restaurantguides von ihrem Ruf, vertrauenswürdig und kompetent zu sein.

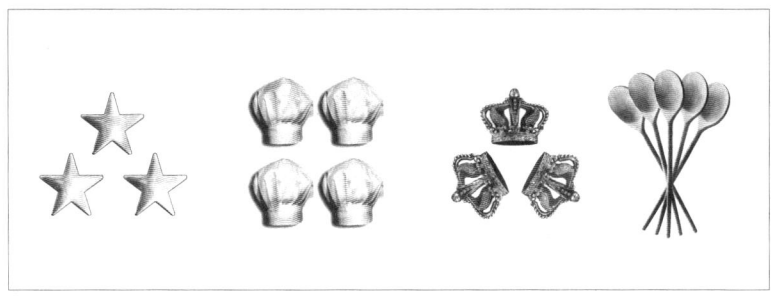

*Kann man sich erkochen: Drei Sterne • Vier Mützen • Drei Kronen • Fünf Löffel*

G **DIE SPRACHE DER KARTE** Für die Namen Ihrer Gerichte sind Sie als Köchin zuständig. Ob Sie lieber von der Tomate, an der Tomate oder mit der Tomate kochen und schreiben, ob Sie Süppchen oder Suppe sagen oder ob Sie lieber französische oder deutsche Worte verwenden, ist eigentlich Ihnen überlassen. Wie überall anders auch, gibt es auch in der Spitzenküche Moden und Trends – sowohl beim Kochen als auch bei den Bezeichnungen der Speisen. Das kann zu Wortkreationen führen, die das Lesen des Menüs für unerfahrene Gäste zu einer so komplizierten Angelegenheit machen, dass der Kellner beim Übersetzen helfen muss. Es gibt aber auch Spitzenköche, die zurück zu bodenständigen Bezeichnungen gehen und einfach nur „Schweinebraten" schreiben, obwohl sie natürlich trotzdem viel aufwendiger kochen als das kleine Wirtshaus von nebenan.

Da die Heimat der Gourmetküche Frankreich ist, lohnt es sich natürlich für jeden Spitzengastronomen, französisch zu sprechen.

H **WENN ES AUSGEZEICHNET LÄUFT** Der bestmögliche Fall grenzt zwar an Utopie, aber wenn alle wichtigen Kritikerinstanzen sich einig wären, dass Ihre Kochkunst die volle Punktzahl verdient hat, sähe dies so aus:

*3 Sterne beim Guide Michelin* – 2007/08 haben das in Deutschland 9 Köche geschafft. 15 haben 2 Sterne und 184 sind mit 1 Stern ausgezeichnet worden. Zusätzlich kann Ihnen auch noch das *Bib Gourmand* verliehen werden, ein kleines Männchen, das dafür steht, dass Sie Spitzenküche zu einem hervorragenden Preis-Leistungs-Verhältnis bieten. • *4 Mützen* (in Österreich Hauben) vom Guide Gault Millau. • *5 Feinschmeckersymbole* in Form eines F erhalten Sie als höchste Auszeichnung vom Feinschmecker Guide. • *3 Kronen* ist das Maximum, das Sie beim Schlemmer-Atlas erreichen können, der früher ARAL-Schlemmeratlas hieß und • *5 Kochlöffel* sind die Bestnote beim VARTA-Führer.

Angekommen im Olymp der Spitzenköche, stünden Sie jetzt vor der fast übermenschlichen Aufgabe, alle diese Auszeichnungen zu halten. Denn die schönen Sterne, Mützen, Fs, Kochlöffel und Kronen können Ihnen nicht nur jährlich verliehen, sondern auch wieder weggenommen werden.

**DAS GLÜCK DER KÖCHIN** Es ist schön, wenn Sie so erfolgreich kochen, dass man Sie mit Auszeichnungen überhäuft. Aber auch in der Topliga hat die Zubereitung von Speisen sehr viel mit Hingabe und Liebe zu tun. Ihre wichtigste Resonanz werden Ihnen deshalb immer die zufriedenen Besucher Ihres Restaurants liefern. Was der Applaus für den Künstler ist, ist für Sie als Köchin der glückliche Gast.

# 052 ────────────── SOLDAT WERDEN

Als Frau können Sie in Deutschland seit Anfang 2001 Soldat werden. Genau genommen wären Sie eine Soldatin, aber bei der Bundeswehr wird bei Berufsbezeichnungen und Dienstgraden nicht zwischen weiblicher und männlicher Form unterschieden. Schon vorher gab es für Frauen die Möglichkeit bei der Bundeswehr anzuheuern: Seit 1975 können Frauen im Sanitätsdienst, also beispielsweise als Arzt arbeiten, ab 1991 wurden sie auch für den Militärmusikdienst zugelassen (vgl. Kapitel *Die Frau in der Gesellschaft*, Rubrik *Gleichberechtigt werden*). Der Öffnung aller Bereiche der Bundeswehr für Frauen ging eine heftige Diskussion voraus, wobei die Gegner der Reform aus allen politischen Lagern kamen. Inzwischen gibt es über 15 000 Frauen in der Bundeswehr, das sind rund acht Prozent, und das Abendland ist dadurch auch nicht untergegangen. Frauen sind bei der Bundeswehr immer noch mehrheitlich im Sanitätsdienst vertreten, es gibt sie aber auch in allen anderen Bereichen, also zum Beispiel bei der Versorgung und Logistik, als Schütze, Panzerfahrer, Minenräumer, Pilot oder in der Marine. Und auch bei den Auslandseinsätzen der Bundeswehr sind Frauen mit von der Partie.

ᴬ **DIE VORAUSSETZUNGEN** Die Voraussetzungen, um Soldat zu werden, sind denkbar niedrig. Sie brauchen theoretisch noch nicht einmal einen Hauptschulabschluss. Sie müssen nur zehn Jahre lang nachweislich die Schulbank gedrückt haben und zwischen siebzehn und zweiunddreißig Jahre alt sein. Mit dieser Minimalqualifizierung können Sie natürlich nicht General werden, sondern lediglich die untere Laufbahn verfolgen. Nach oben hin ist bei der Bundeswehr alles offen. Akademiker werden nicht nur gerne eingestellt, sondern in bestimmten Bereichen wie Technik, Wirtschaft, Pädagogik oder Sozialwissenschaften ist es auch möglich, ein Studium bei oder über die Bundeswehr zu absolvieren.

Auch für ältere Frauen über zweiunddreißig, die zum Beispiel bereits eine Ausbildung in der Medizin oder im Ingenieurswesen haben, gibt es die Möglichkeit, quer einzusteigen. Als qualifizierte Quereinsteigerin müssen Sie nicht die normale Grundausbildung durchlaufen, sondern erhalten sofort einen Dienstgrad wie Leutnant, Hauptmann oder Major und eine gesonderte militärische Grundausbildung.

Wer Soldat werden will, muss körperlich fit und sportlich sein. Es reicht auch nicht, dass Sie wissen, dass Sie in einer Demokratie leben, Sie müssen das auch gut finden, denn die Werte der freiheitlich demokratischen Grundordnung gilt es im Ernstfall zu verteidigen, und Revolutionäre würden sich in der Bundeswehr auch nicht gut machen. Flexibilität, eine Eigenschaft, die bis vor zwanzig Jahren lediglich von biegsamen Materialien wie Plastik oder Gummi erwartet wurde, ist heute, wie bei den meisten Unternehmen, auch bei der Bundeswehr eine Eigenschaft, die die künftigen Soldaten mitbringen müssen.

B **DIE BEWERBUNG** Männer bekommen einen Musterungsbescheid, Frauen müssen sich bei der Bundeswehr bewerben. Das können Sie schriftlich tun, empfohlen wird aber, zunächst einen örtlichen Wehrdienstberater aufzusuchen und sich seinen Interessen und Qualifikationen entsprechend beraten zu lassen. Frauen müssen nicht zur Musterung und werden auch nicht nach Tauglichkeit klassifiziert. Sie unterziehen sich stattdessen einem zweieinhalb Tage dauernden Einstellungstest an einem der fünf regionalen Zentren für Nachwuchsgewinnung in Berlin, Hannover, Düsseldorf, München, Wilhelmshaven oder an der Offizierbewerberprüfzentrale in Köln. Hier werden Ihre körperliche Kondition, Ihre Intelligenz und Ihre politische Einstellung überprüft.

C **DIE AUSBILDUNG** Die Bundeswehr ist ein Ort, an dem zwischen männlichem und weiblichem Soldat keine Unterschiede gemacht werden, die Ausbildung verläuft für beide identisch. Das heißt, es gibt nicht nur für Männer und Frauen das gleiche Gehalt, sondern auch exakt die gleichen Regeln und Befehle. Selbst die Uniformen der weiblichen Soldaten sind dieselben wie die der männlichen. Unter Fashion-Aspekten ist die Bundeswehr also eher uninteressant. Sie dürfen zwar Ihre langen Haare behalten, wenn Sie sie zusammenbinden, einen Ehering tragen und sich dezent schminken, Letzteres allerdings nicht im Schützengraben.

Während Ihrer Ausbildung müssen Sie als Frau genau dasselbe Training und genau dieselben Aufgaben erfüllen wie die Männer. Sie müssen durch den Schlamm robben, schießen und Nachtwanderungen mit 30 Kilo Gepäck im Rucksack machen, auch wenn Sie sich sonst die Koffer tragen lassen. Für Neulinge in der Bundeswehr herrscht die so genannte Kasernenpflicht bis zum Alter von fünfundzwanzig Jahren, es sein denn, Sie sind verheiratet, dann dürfen Sie in einer eigenen Wohnung leben. Männer und Frauen übernachten in den Kasernen selbstverständlich in getrennten Zimmern. Für alle gibt es außerdem Vollverpflegung.

D **DIE LAUFBAHN** Als Frau müssen Sie sich für mindestens vier Jahre verpflichten, an deren Ende Sie aller Wahrscheinlichkeit nach Hauptgefrei-

*Auch mit Ehering
tragen Sie als Soldat
30 Kilo Gepäck
alleine.*

• • •

ter sind. Wenn Sie acht oder gar zwölf Jahre dabei sind, schließen Sie Ihre Karriere als Stabsunteroffizier beziehungsweise Hauptfeldwebel ab. Die Offizierslaufbahn dauert dreizehn Jahre, und am Ende dürfen Sie sich Hauptmann nennen. Siebzehn Jahre benötigen Sie, um im Sanitätsbereich Oberstabsarzt zu werden. Piloten sind ebenfalls Hauptmänner oder Majore und müssen sich für fünfzehn Jahre verpflichten.

Das Einstiegsgehalt für alle Berufsanfänger liegt ungefähr bei vergleichsweise sehr hohen 1300 Euro netto. Danach steigt es aber proportional nicht mehr so stark. Ein Hauptfeldwebel verdient nach zwölf Jahren Dienst je nach Familienstand um die 1800 Euro netto. Angehörige der Bundeswehr werden nach Tarif bezahlt, das heißt, jeder Posten ist Teil einer Besoldungsstufe, die öffentlich einsehbar ist.

Die meisten Soldaten wechseln am Ende Ihrer Bundeswehrlaufbahn in die freie Wirtschaft. Einige von ihnen bewerben sich im Anschluss als Berufssoldaten und werden nach Qualifikation und Bedarf übernommen. Zeitsoldaten sind zum Teil und Berufssoldaten voll verbeamtet.

ᴇ **DER ALLTAG** Für die meisten Angehörigen der Bundeswehr findet der Berufsalltag in Deutschland statt. Hier wird nicht jeden Tag Krieg geübt, sondern die Soldaten gehen ungefähr einmal im Monat zum Schießen und treiben ansonsten viel Sport. Ein Manöver findet je nach Truppengattung mehrmals jährlich statt. Da die Bundeswehr ein riesiger Apparat ist, gehen die durchschnittlichen Zeit- und Berufssoldaten im Alltag solchen Aufgaben nach wie den Nachwuchs ausbilden, in der Pressestelle oder der Verwaltung arbeiten, Fahrzeuge warten oder die medizinische Versorgung der Soldaten gewährleisten. Auch die Arbeitszeiten sind mit denen einer zivilen Behörde vergleichbar, das heißt, der normale Soldat in Friedenszeiten, der nicht im Bereitschafts-, Schicht- oder Wachdienst eingesetzt ist, hat am späten Nachmittag Feierabend.

F **EINSÄTZE IN AUSLÄNDISCHEN KRISENREGIONEN** Die Bundeswehr ist im Vergleich mit anderen Armeen, in denen auch Frauen vertreten sind, wie zum Beispiel die der USA oder Israels, ein vergleichsweise gemütlicher Haufen. Es ist nämlich glücklicherweise nicht davon auszugehen, dass deutsche Truppen in absehbarer Zeit irgendwo einmarschieren werden oder im eigenen Land mit einem Angriff rechnen müssen. Seit 1994 darf die Bundeswehr mit der Absegnung des Parlaments im Ausland eingesetzt werden. Diese Einsätze in Krisenregionen, wie zum Beispiel Afghanistan, fordern ganz andere Reserven und bergen mehr Risiken, als der Dienst in einer Kaserne im Westerwald. Der Anteil von Frauen im Auslandseinsatz ist sehr gering. Wenn Sie sich jedoch für eine berufliche Laufbahn bei der Bundeswehr entscheiden, müssen Sie davon ausgehen, dass Sie theoretisch in ein ausländisches Krisengebiet versetzt werden können – vor allem, wenn Sie sich auf eine besondere militärische Fähigkeit spezialisiert haben, wie zum Beispiel Minenentschärfung. Sie können sich bei Interesse auch freiwillig für den Auslandseinsatz melden. Ausgenommen davon sind lediglich Schwangere und Frauen im Mutterschutz. Ist der Mutterschutz vorbei, muss die Frau, wenn es der Auftrag verlangt, auch mit ins Camp in den Kosovo oder nach Afghanistan.

# 053     EINE FÜHRUNGSPOSITION EINNEHMEN

Wenn Sie kompetent, klug, qualifiziert und fleißig sind, aber nicht in der ersten Reihe mitspielen, kann das daran liegen, dass Sie sich weiter hinten wohler fühlen. Schließlich weiß man ja, dass es auf dem oberen Teil der Karriereleiter zuweilen ganz schön unkuschelig zugeht. Oder es liegt daran, dass Sie sich eher als Assistentin oder Muse sehen und viel Spaß daran haben, am Erfolg anderer mitzuarbeiten. Vielleicht sind Sie aber auch der Meinung, dass es mit Kompetenz noch lange nicht getan ist, denn hinzu kommt das Führen, und das liegt Ihnen gar nicht. Führen muss man können, das ist wahr. Wenn Sie aber meinen, dass mit Führungskraft nur Menschen ausgestattet sind, die einen besonders dominanten Charakter haben, sollten Sie schleunigst umdenken. Vorgesetzte zu sein und Leute führen zu können heißt nämlich ganz und gar nicht, dass man sich von einer lieben, warmherzigen Frau in ein eiskaltes Karrieremonster verwandeln muss.

A *FALSCH UND RICHTIG Falsch:* Andere Menschen zu Leistungen anzutreiben, indem man Angst und Schrecken nach Diktatorenart verbreitet, ist out. Der tyrannische Chef kann sich zwar oft auf die Fahne schreiben, dass Gespräche verstummen und sich hektische Beflissenheit breitmacht, wenn er erscheint, trotzdem ist sein Führungsstil kein Rezept für einen langfristigen Erfolg. *Im Gegenteil:* Man kann Studien heranziehen oder sich einfach mit gesundem Menschverstand ausrechnen, dass die Anzahl der demotivierten, dauerkranken und ausgebrannten Mitarbeiter drastisch zunimmt, wenn man sie so behandelt, wie der tyrannische Chef es tut. *Richtig:* Bessere Ergebnisse erzielen taktisch kluge und teamfähige Vorgesetzte, die ihren Angestellten mit Respekt begegnen, sie motivieren und die ein offenes Ohr für Probleme und ein gutes Händchen für die bestmögliche Aufgabenverteilung im Team haben.

B *DIE HABENSEITE* So weit, so einleuchtend. Kommen wir jetzt zu den guten Nachrichten: Viele Frauen müssen sich die Qualitäten, die man für das oben genannte Beispiel „Richtig" mitbringen sollte, nicht erst in einem Kurs aneignen. Sie müssen sich nur bewusst machen, dass sie sie bereits haben und dann geschickt einsetzen.

Frauen sind häufig empathischer als Männer – und verstehen damit nicht nur besser, wo der Schuh bei den anderen drückt, sondern auch, wo der Schein trügt. Denn: Ein Gespür für andere Menschen zu haben heißt nicht nur, dass man Anteilnahme empfindet und ihnen besser helfen kann.

Es heißt auch, dass man in der Lage ist, Aufschneider, Intriganten, Lügner und Schleimer zu durchschauen. Wenn Sie diese Gabe haben, können Sie vor Dankbarkeit eine Kerze anzünden, denn sie ist unbezahlbar. Niemand fällt tiefer und ist später einsamer, als vormals erfolgreiche Menschen, die sich jahrelang von den Falschen hofieren und beraten ließen.

Empathie ist die Voraussetzung für soziale Kompetenz – Sie wissen, wie motivierend Lob ist (vgl. Kapitel *Die Frau mit Mann*, Rubrik *Männern Komplimente machen*). Sie wissen auch, dass gute Leute begehrte Leute sind und hegen und pflegen sie deshalb. Sorgen kann man Ihnen auch anvertrauen, denn schließlich sind Sie nicht der tyrannische Chef, sondern das moderne Führungsgenie. Sie sind aber auch keine Sozialstation, sondern sorgen dafür, dass in Krisenzeiten nach sinnvollen Kompromissen für den betroffenen Mitarbeiter, aber auch für die Firma gesucht wird. Wenn es Ihnen hilft, sehen Sie sich als Mutter einer großen Rasselbande. Sie wissen genau, wer der Streber, die Petze oder der stille Star ist und arbeiten damit.

Frauen werden häufig dabei beobachtet, mehrere Dinge gleichzeitig zu tun und im Auge zu behalten, also *multitasking* zu betreiben. Das kann natürlich jeder Frau als Mutter nur zugute kommen, ist aber auch ohne Kinder sehr hilfreich. In einer Führungsposition hat diese Fähigkeit den Vorteil, dass die Multitasking-Frau nicht nur die Aufgaben im Auge behält, die ganz oben auf der Agenda stehen, sondern auch die daneben, dahinter oder die in der Zukunft liegenden.

Wichtig ist auch Kritikfähigkeit, denn die unterscheidet den weisen Manager vom despotischen Choleriker. Wer weiß, dass er gut ist, aber auch zugibt, wo seine Schwachstellen liegen, stößt nicht nur auf mehr Sympathie als ein schlecht inszenierter Alleskönner, er kann auch die Aufgaben im Team besser verteilen. Denn *to manage* heißt nicht nur verwalten oder leiten, es heißt auch: etwas schaffen.

c **DIE SOLLSEITE** Schön, dass Frauen so empathisch, weitsichtig, sozial kompetent und kritikfähig sein können. Nicht schön, dass sie ihr Licht so oft unter den Scheffel stellen oder sich auf der Nase herumtanzen lassen. Denn Anführer sein heißt mehr, als seine Truppe verstehen und richtig einschätzen zu können. Es heißt auch, dass man Dinge tun muss, vor denen viele Frauen sich fürchten, weil sie als unweiblich gelten oder nicht mit ihrem Harmoniebedürfnis vereinbar sind.

Doch auch auf den Tisch zu hauen, unpopuläre Entscheidungen zu treffen und durchzusetzen und Machtkämpfe im Alleingang durchzustehen, gehört dazu. Wenn Sie sich in den unteren Etagen wirklich wohlfühlen, weil es dort lauschiger zugeht und Sie sich lieber führen lassen als selber zu führen, ist das völlig legitim. Denn wer führen will, muss Verantwortung tragen, unter Umständen den Kopf hinhalten und opfert oft auch viel private Zeit, was wirklich nicht jedermanns Sache ist. Sobald Sie aber behaupten (und wenn Sie es nur sich selbst gegenüber bekennen), dass Sie zu Höherem berufen sind, dass Sie mindestens genauso gut oder besser als die da oben sind, oder dass andere ihren beruflichen Glanz Ihrer qualifizierten Mitarbeit zu verdanken haben, stehen Sie vor einem Problem. Überlegen Sie sich gut, ob Sie sich in Ihrer Autobiografie (vgl. Kapitel *Die Frau und das Alter*, Rubrik *Memoiren schreiben)* als Krawattenzurechtrückerin eines tollen Mannes sehen möchten oder lieber als Frau, die selber in Aktion getreten ist.

ᴅ **DIE BILANZ** Sie wussten schon vorher, dass Intuition und ein guter Instinkt nicht verkehrt sind. Dass man oft kämpfen muss, wenn man etwas erreichen will, haben Sie auch schon mal gehört. Die Liste der Dinge, die für Sie als Frau in einer Führungsposition spricht, ist länger als die Mängelliste. Geschenkt wird Ihnen auch nach mehreren Leadership-Kursen nichts, aber eigentlich ist die Bilanz eine sehr positive und für viele Frauen umsetzbare: Sie müssen Ihre Angst überwinden. Die Angst, dass man Sie nicht ernst nimmt. Die Angst vor eigenen Schwächen. Die Angst, plötzlich der Hauptansprechpartner für alles zu sein. Die Angst, ein böses, hässliches Karriereweib zu werden, das einsam und ungeliebt stirbt. Wobei die letztgenannte Angst die irrationalste ist. Wirkliche Angstzustände verflüchtigen sich nach ungefähr zehn Minuten. Andernfalls wäre die Menschheit bereits ausgestorben. Sie müssen sich also wie so oft, wenn es wirklich um etwas geht, zusammenreißen und gegebenenfalls nach vorne drängeln. Bleiben Sie selbstkritisch, aber vermeiden Sie jede Form von Selbstzerfleischung. Und wenn Sie sehr bedächtig an Dinge herangehen, denken Sie daran, dass es oft gut ist, zweimal nachzudenken, aber dass man sich genauso oft für zu langes Zögern im Nachhinein selbst ohrfeigen könnte. Ihr Leitspruch hier sollte lauten: Beherzt sein und zugreifen, wenn sich eine gute Gelegenheit bietet. Einmal vorne angelangt, werden Sie feststellen, dass Sie es überleben, wenn Sie härtere Töne anschlagen. Sie überleben es auch, Schlampereien zu bemerken und zu monieren, und erst recht überleben Sie es, sich Gegnern zu stellen und nicht mehr Everybody's Darling zu sein. Falsches Gutmenschentum bringt Ihnen nämlich überhaupt nichts, außer vielleicht, dass andere Sie als Fußabtreter missbrauchen.

Erfolgreiche Menschen pfeifen im Allgemeinen auf allseitige Beliebtheit. Zum einen, weil es nicht anders geht, zum anderen, weil es auch für erfolglose Menschen nicht wichtig ist, wie viele einen mögen, sondern wer. *Kurz:* Gemeinsam mit den Ängsten und Zweifeln sollten Sie auch unbedingt Ihre Beißhemmung abstellen. (vgl. Kapitel *Die Frau in der Krise,* Rubrik *Stutenbissigkeit aus der Sicht des Veterinärs*)

Wenn Sie Versagensängste haben und meinen, Sie sind zwar gut, aber noch nicht gut genug, ehrt Sie diese strenge Selbsteinschätzung. Fragen Sie sich aber, was Ihnen zum Durchstarten noch fehlt. Fragen Sie sich auch, ob Sie diese Dinge nicht auch auf dem Weg nach oben lernen, also mit Ihren Aufgaben wachsen können. Schauen Sie sich große Karrieren an, und Sie werden feststellen, dass viele Leute über sich selbst hinauswachsen mussten, ohne dass sie jemand gefragt hat, ob sie schon bereit für die Herausforderung sind. So wird jährlich in 14 Ländern die „Unternehmerin des Jahres" mit dem *Prix Veuve Clicquot* geehrt. Nicht weil Frauen so gerne Champagner trinken, sondern weil die Witwe Barbe-Nicole Clicquot mit 28 Jahren das Erbe ihres Mannes antreten musste und das Champagnerhaus an die Weltspitze führte. Eine erfolgreiche Bank hat sie nebenbei auch noch gegründet, denn wenn es einmal läuft, sind viele Menschen nicht mehr zu stoppen. Auf die überwundene Angst folgt oft ein gestärktes Selbstbewusstsein.

E **OBEN ANGEKOMMEN** Frauen, die ganz oben mitspielen, sei es in der Politik oder in der Wirtschaft, werden meist besonders beachtet, einfach weil sie noch nicht alltäglich sind.

Die Frage, ob Mann oder Frau, stellt sich aber in der Regel weniger, sobald jemand bewiesen hat, dass er seine Position zu Recht innehat und eine starke Führungspersönlichkeit ist. Außerdem soll hier keineswegs behauptet werden, dass es erfolgreiche Männer per se leichter hätten. Denn auch, wenn Frauen in Spitzenpositionen auch heute noch in der Unterzahl sind – „oben anzukommen" ist in jedem Fall eine Leistung, und dafür müssen auch Männer kämpfen, gut sein und das oben Beschriebene beachten.

# 054 ⸻ EINEN KATER KASCHIEREN

Es gibt Tage, an denen selbst die professionellsten und erfolgreichsten Frauen alles dafür geben würden, diese per Fernbedienung einfach vorspulen zu können oder per Mausklick in den Papierkorb zu ziehen. Das Leben ist aber kein Videospiel, auch wenn der Spiegel Ihnen „Game Over" signalisiert. Gründe dafür können eine Erkältung, Menstruationsbeschwerden, Beziehungsstress oder ein Kater sein. Im schlimmsten Fall ist es alles zusammen. Ein guter Rat wäre jetzt zu sagen: Bleiben Sie zu Hause. Auch die professionellsten und erfolgreichsten Frauen haben ein Recht darauf, sich auszukurieren. Doch niemand kann in Ruhe sich und seine halbe, vielleicht sogar selbst verschuldete Krankheit pflegen, wenn eigentlich der wichtige Vortrag, auf den Sie drei Monate lang hingearbeitet haben, die Präsentation vor dem Kunden oder das Grundsatzmeeting mit dem Chef ansteht. In dieser Situation müssen Sie über sich hinauswachsen, und es gibt ein paar kleine, bewährte Tricks, die Ihnen dabei helfen können.

A **AUFSTEHEN, NICHT LIEGEN BLEIBEN** Auch wenn Sie sich wünschen, dass Amnesty International eine große Kampagne gegen das Aufstehen startet, es wird nicht passieren, und deshalb bringen Sie es hinter sich. Bleiben

Sie niemals bis zum letzten Moment im Bett liegen, denn je eher Sie aufstehen, desto mehr Zeit haben Sie, an Ihrem Aussehen zu feilen. Wenn Sie sich erst in letzter Sekunde aus dem Bett quälen, sind Sie nicht wesentlich erholter und sehen aus wie ein Zombie.

• • •

*Das Aspirin unter der Kleidung:*
*Die weiße Bluse.*

• • •

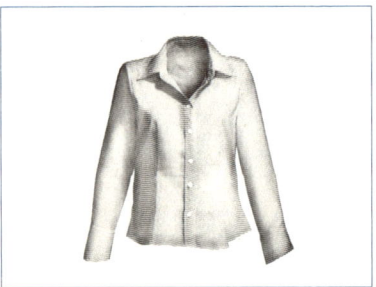

B **RENOVIERUNGSARBEITEN VORNEHMEN** Planen Sie etwa eine Stunde für die Renovierungsmaßnahmen. Baden oder duschen Sie ausgiebig. Benutzen Sie einen Bodyscrub, legen Sie eine Maske auf und machen Sie eine Haarpackung. Kurz: Hegen und pflegen Sie sich, als würden Sie im Anschluss nicht zu einer Besprechung, sondern zu Ihrer Hochzeit gehen. Ihr Badezimmer ist jetzt Ihre Wellness-Oase. Wenn Sie verquollen sind, nutzen Sie ein Gel, das Koffein enthält, denn es hilft, Schwellungen zu reduzieren. Schminken Sie sich, auch wenn Sie sonst nicht der Schminktyp sind. Schminken heißt in diesem Fall aber nicht grell und bunt, sondern dezent und kaschierend. Ein Abdeckstift für Augenränder und Pickel, ein leichtes Make-up und ein zarter Lippenstift sind Ihre wichtigsten Assistenten bei Ihrer persönlichen Photoshop-Sitzung in der realen Welt. Tragen Sie die Haare eher streng und legen Sie ein leichtes Parfum auf.

C **KLEIDUNG** Ihre Kleidung ist Ihre Rüstung, die Sie von nun an den ganzen Tag beschützen muss. Starten Sie jetzt keine modischen Experimente, sondern kleiden Sie sich klassisch und tragen Sie unbedingt eine frisch gebügelte, weiße Bluse. Frisch gebügelte, weiße Blusen sind das Aspirin unter den Kleidungsstücken. Sie reflektieren das Licht und lassen Sie strahlen, auch wenn Sie verstrahlt sind. Wählen Sie, vor allem, wenn Sie einen Vortrag halten müssen, sehr bequeme Schuhe. Und vergessen Sie die Sonnenbrille nicht, außer natürlich wenn es regnet.

• • •

*Muss irgendwie rein:*

*Das Frühstück.*

• • •

ᴅ *NAHRUNGSAUFNAHME* Sie müssen essen, außer Sie haben eine Magenverstimmung, dann müssen Sie unbedingt trinken. Wenn Sie nichts essen, rutscht Ihr Kreislauf noch mehr in den Keller. Deshalb gilt, rein mit dem Müsli, auch wenn Sie sonst keine große Frühstückerin sind. Kaffee erscheint zwar auf den ersten Blick als eine gute Idee, allerdings kann Kaffee auch sehr nervös machen und den Magen überreizen. Neben Wasser, Wasser und Wasser ist das Universalwundermittel in diesem Fall Cola, und zwar nicht Cola light, sondern richtige. In Cola steckt alles, was Sie in Ihrem Fall brauchen: Zucker und Koffein.

ᴇ *AUFBRUCHSSTIMMUNG* Äußerlich betrachtet sind Sie jetzt wieder in Topform und machen sich möglichst pünktlich auf den Weg, denn für Hektik oder Verkehrschaos sind Sie eventuell noch nicht nervenstark genug. Nutzen Sie Ihren Weg für ein Telefonat mit einem geliebten Menschen, vielleicht sogar einem Menschen, der weiß, was Sie letzte Nacht getan haben. So bringen Sie Ihr Sprachzentrum wieder in Gang, können sich Mut zusprechen lassen und vielleicht sogar kurz lachen. Denn oft müssen nicht nur körperliche Probleme, sondern auch eine gewisse Grundweinerlichkeit bekämpft werden. Überprüfen Sie außerdem, wie erfolgreich das Zähneputzen war. Kaugummis und Atemfrischbonbons geben Ihnen Sicherheit. Wenn nicht, meiden Sie den Fahrstuhl voller Kollegen und nehmen Sie die Treppe.

F *REDE UND ANTWORT STEHEN* Hier scheiden sich die Geister, welche Strategie die beste ist. Äußerlich erscheinen Sie ja auf den ersten Blick nun so, als wären Sie gerade aus einem dreiwöchigen Urlaub zurückgekehrt. Jetzt kommt es darauf an, auch sonst aus sehr wenig Basismaterial das Maximum herauszuholen. Regel Nummer eins ist auf jeden Fall: Keine Grundsatzdebatten, keine Reizthemen und nicht emotional werden. Wenn Sie einen Vortrag halten müssen, müssen Sie ihn halten, da gibt es keine Strategien über die üblichen hinaus (vgl. Kapitel *Die Frau und die Karriere*, Rubrik *Einen Vortrag halten*). Wenn Sie in einem Meeting sitzen, können Sie entweder auf schweigsamen Ja-Sager machen, was aber zur Folge haben könnte, dass Sie sich in Ihrer täglichen Arbeit mit dem Resultat Ihrer Duckmäuserei herumschlagen müssen. Wenn es geht, versuchen Sie, Zeit zu gewinnen – nach dem Motto, erst noch einmal alle Thesen in einem Dokument zusammenfassen, darüber schlafen (vor allem Sie!) und die finale Entscheidung am nächsten Tag treffen. Es gibt aber auch Frauen, die darauf schwören, wenn es um etwas Wichtiges geht, in die Offensive zu gehen und lieber ein paar steile Thesen zu viel als zu wenig in die Runde zu werfen. In der folgenden hitzigen Debatte wird so von Ihnen abgelenkt. Durch viel Reden bringen Sie auch Ihre eingeschlafenen, leidenden Gehirnzellen in Schwung, und wenn der Tag vorbei ist, werden Sie aus Begeisterung über Ihre eigene Glanzperformance mit einem Endorphin- und Adrenalinausstoß belohnt, der alle Unpässlichkeiten verschwinden lässt.

# 055 KARRIEREMUTTER WERDEN

Wenn es mit der eigenen Karriere nicht so richtig klappen will und der gewünschte Reichtum sich nicht einstellt, gibt es noch die Möglichkeit umzusatteln. Es ist allgemein bekannt, dass Kinder das Leben ungemein bereichern. Manche Kinder bereichern es sogar so sehr, dass ihre Eltern ausgesorgt haben. Eine gewisse Skrupellosigkeit sollte Ihnen dafür allerdings nicht abgehen, wenn Sie sich entscheiden, anstatt auf sich selbst lieber auf den Nachwuchs zu setzen. Für den ist Ihr Ehrgeiz nämlich meistens nicht frei von Nebenwirkungen. Während das Finanzielle immer ein wichtiger Aspekt ist, sollten Sie als Mutter auch noch einen ausgeprägten Selbstverwirklichungskomplex mitbringen, sprich: Sie wären gerne Schauspielerin geworden, aber aus irgendwelchen Gründen wurde nichts daraus.

Entscheiden Sie sich für eine geeignete Branche und vergessen Sie nicht, sobald die ersten Preisgelder oder Gagen fließen, zusätzlich einen windigen Manager oder Anwälte zu engagieren. Auch einen Platz in einer renommierten Entzugsklinik können Sie gleich blocken. Die Chancen stehen nicht schlecht, dass Ihr Kind ab dem Teenagealter dort Dauergast wird, aber als vorausschauende Mutter haben Sie dann bereits vorgesorgt.

Lukrativ sind vor allem die Sparten Sport und Entertainment. Ballett, Schach und klassische Musikkarrieren bringen in der Spitzenklasse zwar auch keine Hungerleider hervor, aber sie fördern primär das Prestige Ihrer Familie und bedeuten nicht automatisch, lebenslang ausgesorgt zu haben. Wenn Sie es wirklich ernst meinen als Karrieremutter, versuchen Sie in die USA zu gehen (vgl. Kapitel *Die Frau und die Karriere*, Rubrik *Eine Greencard bekommen),* denn am meisten verdienen Kinder natürlich in Hollywood. Die Gagen, die dort gezahlt werden, lassen alle Heintjes, Thommi Ohrners, Jimmy Blues und Tokio Hotels arm, alt und blass aussehen.

A *GOLFKIND* In Deutschland ist Golf ein vergleichsweise teurer Sport, das heißt, die Investitionen vorab sind hier größer als bei anderen Sportarten, die Sie von Ihrem lokalen Sportverein aus starten können. Die amerikanische Golferin Michelle Wie, die 1989 geboren wurde und mit vier Jahren zu trainieren begann, ist heute schon wieder auf dem absteigenden Ast. Mit sechzehn Jahren stand sie aber kurzzeitig auf Platz zwei der Weltrangliste. Das brachte ihr unter anderem Werbeverträge im zweistelligen Millionenbereich. Niedrig dotierte Profigolfturniere beginnen im sechsstelligen Bereich, und die großen Turniere haben Siegerprämien von bis zu zwei Millionen Euro.

B **POPSTARKIND** Die deutsche Band Tokio Hotel, deren Mitglieder inzwischen alle schon erwachsen sind, auch wenn sie nicht so aussehen, gehören global betrachtet mit drei Millionen Alben und zweieinhalb Millionen verkauften Singles eher zum Pop-Kleinbürgertum. Vielleicht versuchten sie deshalb auch, in den USA den Durchbruch zu schaffen. Denn hier lockt das große Geld. Britney Spears, Justin Timberlake und Christina Aguilera zum Beispiel kommen alle aus demselben Disney-Channel-Stall, genauer: aus dem Mickey Mouse Club. Nach einer Laufbahn als Kindermoderatorin, diversen Werbeauftritten und darauf folgender Popkarriere ist Spears mit geschätzten 100 Millionen Euro Vermögen die reichste, aber auch die unglücklichste der drei ehemaligen Kinderstars. Justin Timberlake und Christina Aguilera bringen es nur auf rund die Hälfte an Reichtum. Justins Mutter gründete die Firma *JustinTime Entertainment* und wurde seine Managerin.

C **SCHAUSPIELERKIND** Shirley Temple, Judy Garland und Elizabeth Taylor sind die Urmütter der Kinderstars. Später folgten Jodie Foster, Brooke Shields und Drew Barrymore. Die darauf folgende Generation sprengte die Dimensionen aller bisherigen Einnahmen. So sind die Zwillinge Mary Kate und Ashley Olson (Jahrgang 1986) jeweils mehrere hundert Millionen Dollar schwer, weil sie nicht nur, seit sie sechs Monate alt sind, im Fernsehen auftreten, sondern auch mit ihren Produkten für andere kleine Mädchen eine enorme Merchandisemaschinerie angeschmissen haben. Miley Cyrus, die 1992 geboren wurde und die übrigens auch aus dem Disney-Club-Nest geschlüpft ist, verdiente allein im Jahr 2007 knapp 14 Millionen Euro. Bei Dakota Fanning, 1994 geboren, braucht sich ihre Mutter auch nicht mehr zu sorgen, dass aus dem Kind noch etwas wird. Sie begann schon mit fünf Jahren in Serien wie *Ally McBeal* und *CSI* mitzuspielen und wurde mit zwölf Jahren Mitglied der *Academy of Motion Picture Arts and Sciences*. Über Daniel Radcliffe, bekannt als Harry Potter, wurde bereits vor Jahren kolportiert, dass er Prince Harry als reichsten Teenager Großbritanniens abgelöst habe. Er erhielt für seine Rolle 10 Millionen Euro Gage. Lindsay Lohan brachte es im Jahr 2006 laut Forbes nur auf 2,1 Millionen Dollar Einkommen, dafür ist sie in ihrer Rolle als prototypischer wildgewordener Kinder- und Jungstar sehr überzeugend.

D **TENNISKIND** Venus und Serena Williams (Jahrgang 1980 und 1981) fielen in Tenniskreisen schon als kleine Mädchen auf und begannen als Teenager ihre Profikarrieren. Nicht etwa, weil sie zufällig zu athletisch für die Ballettschule waren, sondern weil ihr Vater und Manager schon vor ihrer Geburt Tennispläne mit ihnen hatte. Laut der von Richard Williams gern selbst erzählten Legende, saß er vor dem Fernseher, sah die French Open, hörte das Preisgeld der Siegerin und schlug Mutter Williams vor, gezielt Tennisnachwuchs in die Welt zu setzen. Ein Plan, der sogar doppelt aufging.

Die bisher jüngste Weltranglistenerste und jüngste Siegerin von Wimbledon war die damals 16-jährige Martina Hingis. Zwischen 1997 und 2001 stand sie insgesamt 209 Wochen lang an der Spitze der Tennis-Weltrangliste. Und auch Boris Becker und Steffi Graf waren gestern. Sie sind die Kinderstars der guten alten Zeit, die sich aus den Tennisclubs der deutschen Provinz an die Weltspitze gekämpft haben. Trotzdem hatten Sie keine Probleme, auch schon in den Klatschspalten voll zu punkten. Boris Becker gewann bei seinem ersten Wimbledonsieg süße 160 000 Euro. Heute würde Ihr Sprössling über eine Millionen Euro für die gleiche Leistung einfahren. Über Boris' heutiges Vermögen herrscht Uneinigkeit. Kolportiert wird lediglich, dass durch Scheidung, Steuerstreit und in den Sand gesetzte Geschäfte der überwiegende Teil seines Vermögens, sagen wir, ins Netz geschlagen, beziehungsweise: verpulvert wurde.

Steffi Graf spielte während ihrer aktiven Zeit immerhin über 20 Millionen US-Dollar ein (rund 15 Millionen Euro). Aber die Preisgelder sind heutzutage nur noch ein Teil des Verdienstes, sie sind, wie man so sagt: „nice to have". Auch Steffi und Boris dürfen heute noch werbewirksam Bier trinken oder für Louis Vuitton auf der Chaiselongue rumkuscheln.

Wenn Sie also aus Ihrem Kind einen Tennisstar machen wollen, sehen Sie zu, dass es nicht nur auf dem Platz eine gute Figur macht. Rafael Nadal, im Jahr 2008 auf dem zweiten Platz der Weltrangliste und 22 Jahre alt, hat Werbeverträge mit L'Oréal, dem Uhrenfabrikanten Time Force, dem Automobilhersteller Kia sowie den Kakaogetränkeproduzenten Cola Cao. Die Russin Ana Ivanovic, 20 Jahre alt, im Jahr 2008 Nummer eins der Weltrangliste geworden, verdiente bis zu diesem Jahr knapp 4 Millionen Dollar an Preisgeld, aber mit Werbeverträgen rund 23 Millionen Dollar jährlich.

# 056     EINE GREENCARD BEKOMMEN

Irgendwann wird den meisten Frauen klar, dass die Welt mehr zu bieten hat als Fußgängerzonen, Bausparverträge und jeden Sonntag Lindenstraße. Die Unternehmungslustigsten träumen dann von einem Aufenthalt in den USA, auch weil Frauen beim beruflichen Aufstieg innerhalb amerikanischer Unternehmen weniger Steine in den Weg gelegt bekommen als beispielsweise in Deutschland. Laut einer Umfrage des Wirtschaftsinstituts Hoppenstedt waren Frauen im Jahr 2008 nur mit einem Anteil von 5,7 Prozent im Topmanagement vertreten, in keinem der 30 deutschen börsenorientierten DAX-Unternehmen ist eine Frau Vorstandsvorsitzende. In den USA sind, auch aufgrund von Antidiskriminierungsgesetzen, ungefähr 20 Prozent aller Topmanager Frauen. Doch wie, in Thomas Jeffersons Namen, können Sie Teil dieser grenzenlosen Verheißung werden?

Sicherlich, es gibt die Möglichkeit, hoffnungsvoll an den Mythos von der Tellerwäscherin zur Millionärin anzuknüpfen. Nur verschweigt diese beliebte Erfolgsgeschichte, dass die meisten, die es auf diesem Weg versuchten, Tellerwäscherin blieben oder spätestens im Servicebereich strandeten. Und auch wenn der Job des Tellerwäschers einer derjenigen ist, bei dem man sich über längere Zeit weitgehend unbehelligt ohne Arbeitserlaubnis durchschlagen kann, sollte diese Option für die visionäre Frau keine ernsthafte Option sein.

Eine Greencard muss also her, damit die Weichen zur Verwirklichung des amerikanischen Traums gestellt werden können und die wagemutige Frau nicht ein böses Erwachen als amerikanische Träumerin hat.

• • •

*Wie, in Thomas Jeffersons Namen,*

*kriegen Sie hier*

*einen legalen Job?*

• • •

**WAS IST DIE GREENCARD?** Frauen, die eine Greencard, auch „Permanent Resident Card" oder „Form I-551" haben, genießen den Status des „Lawful Permanent Resident". Das heißt, sie dürfen in den USA legal leben und arbeiten. Die Greencard war bis zum Jahr 1977 grün, seitdem wurde sie auf Papier in den verschiedensten Farben gedruckt, jedoch nicht mehr auf grünem. Heute ist sie weiß mit grüner Schrift auf der Rückseite.

Die Greencard ist der Freibrief, sein Glück im Land der unbegrenzten Möglichkeiten zu versuchen, und mit einem hohen emotionalen Wert verbunden. Die Greencard zu erlangen ist nicht einfach. Es gibt grundsätzlich drei Möglichkeiten, es zu schaffen: Sie können die Greencard in der Lotterie gewinnen, aufgrund familiärer Beziehungen oder durch einen amerikanischen Arbeitgeber erlangen.

Wenn Sie die Greencard auf einem der aufgeführten Wege bekommen haben, sollten Sie aufpassen, dass sie nicht wieder verloren geht, denn die Greencard wird zunächst nur für zehn Jahre ausgestellt. Dementsprechend sollte vorzugsweise kurz vor Ablauf dieser Zeit durch Einreichen eines Erneuerungsantrages (Form I-90, Application to Replace Permanent Resident Card) die Greencard verlängert werden. Die mit viel Aufwand erlangte Greencard kann außerdem auch von den US-Immigrationsbehörden wieder eingezogen werden, wenn man sich länger als ein Jahr außerhalb der USA aufhält und eine so genannte Re-Entry Permit (Form I-131, Application for Travel Document) nicht beantragt hat.

**B DIE GREENCARD IN DER LOTTERIE GEWINNEN** Wer wagt, gewinnt – das ist eine der Grundeinstellungen, auf denen das amerikanische Gesellschaftsmodell aufbaut. Und auch, wenn der Hintergrund zur Einrichtung der Greencard-Lotterie der Versuch der amerikanischen Regierung ist, die Einwanderungsströme aus den verschiedenen Ländern zu quotieren und damit zumindest teilweise zu kontrollieren, sollten Sie sich dieses sympathische Motto zu eigen machen und einen Versuch wagen. Insgesamt werden pro Fiskaljahr 55 000 Greencards verlost. Im Jahr 2007 fielen auf Deutschland dabei 1469, auf Österreich 70 und auf die Schweiz 132 Greencards.

Die Anmeldung zur Greencard-Lotterie erfolgt mittlerweile ausschließlich online, über das Internet also. Sie können dazu auch die Hilfe einer der zahlreichen Agenturen in Anspruch nehmen, die sich dann für Sie um das Anmeldeverfahren kümmert.

**C DIE GREENCARD DURCH HEIRAT ERLANGEN** Wer einen amerikanischen Staatsbürger heiratet, erhält automatisch eine Greencard. Das klingt einfacher als es ist (vgl. Kapitel *Die Frau und die Kultur,* Rubrik *Ein amerikanisches Date absolvieren).* Und wäre es so einfach, wie es klingt, würde es vermutlich auch nicht so viele Scheinehen in den USA geben.

Von einer Scheinehe zum Erlangen der Greencard ist abzuraten. Die amüsanten Konsequenzen einer Scheinehe sind in dem Film „Green Card" mit Andie McDowell und Gérard Depardieu zu besichtigen. Die Realität sieht hingegen anders aus, denn mit den amerikanischen Einwanderungsbehörden ist nicht gut Doughnuts essen. Auch kann eine Greencard beantragt werden, wenn Sie einen Greencard-Inhaber (Permanent Resident) heiraten, aller-

• • •

*Most Wanted: Die Greencard*

• • •

dings ist dies mit Wartezeiten von bis zu fünf Jahren verbunden, sofern Sie nicht aus China, Indien, Mexiko oder den Philippinen stammen.

D *ALS TOCHTER, SOHN ODER GESCHWISTERTEIL DIE GREENCARD ERHALTEN* Sind Sie die Tochter oder der Sohn eines amerikanischen Staatsbürgers, dann kann Ihr amerikanischer Elternteil für Sie den Antrag stellen. Auch für die Schwester oder den Bruder eines amerikanischen Staatsbürgers kann eine Greencard beantragt werden. Zu beachten ist allerdings, ob Sie verheiratet oder unverheiratet sind und aus welchem Land Sie stammen. Unterschiedliche Wartezeiten auf ein Immigrant Visa finden Anwendung. So kommen zum Beispiel Wartezeiten von bis zu 15 Jahren in Betracht, sofern Sie aus China, Indien, Mexiko oder den Philippinen stammen. Kürzere Wartezeiten von bis zu 11 Jahren sind bei Angehorigen aus anderen Ländern zu erwarten.

E *MUTTER WERDEN UND EINE GREENCARD ERHALTEN* Wenn Sie in Amerika ein Kind zur Welt bringen, dann ist es automatisch amerikanischer Staatsbürger, egal, woher die Eltern stammen. Amerikaner ist also demnach derjenige, der in Amerika geboren wurde. Dieses so genannte „ius soli" (Geburtsortprinzip) ist viel progressiver als das „ius sanguinis" (Recht des

Blutes oder der Abstammung), weil es Kindern, auch von illegalen Einwanderern, eine echte Chance ermöglicht. Ethisch fragwürdig wäre es allerdings dennoch, wenn Sie jetzt ein Kind in die Welt setzen, nur um Ihre Greencard zu erhalten. Ihre Karriere könnten Sie dann auch erstmal für einige Zeit abschreiben. Auch kann das Kind erst mit Vollendung des 21. Lebensjahres einen Antrag für Ihre Greencard stellen.

F ***DIE GREENCARD DURCH EINE ARBEITSSTELLE ERHALTEN*** Eine gute Lösung für diejenigen, die in den USA Karriere machen wollen, ist der Weg über die Arbeitsstelle. Auch diese Option verwirklicht sich nicht von selbst, aber hier handelt es sich von Seiten der amerikanischen Regierung theoretisch um ein faires Angebot, wenn Sie wirklich davon überzeugt sind, nur in den USA Ihren Weg gehen zu können.

Die Greencard aufgrund einer Arbeitsstelle in den USA zu erhalten, sollte zunächst strategisch gut durchdacht sein, denn es gibt verschiedene Möglichkeiten, wobei einige der Möglichkeiten leichter zu verwirklichen sind als andere. Die amerikanische Immigrationsbehörde bevorzugt im Rahmen der arbeitgeberbasierten Einwanderung bestimmte Berufsgruppen und unterteilt diese in drei Hauptgruppen: EB-1 (First Preference), EB-2 (Second Preference) und EB-3 (Third Preference).

G ***EB-1 • FIRST PREFERENCE*** Vorteil der EB-1-Gruppe ist, dass kein langwieriger Labor Certification Process (PERM) notwendig ist, in welchem der amerikanische Arbeitgeber nachweisen muss, dass nur Sie diesen Job ausführen können und dafür qualifiziert sind.

Unter die EB-1-Kategorie fallen drei Hauptuntergruppen: Erstens, Personen mit besonderen Fähigkeiten aus den Bereichen Wissenschaft, Kunst, Wirtschaft oder der Bildung, zweitens, hervorragende Professoren und Wissenschaftler, und drittens, Führungskräfte und Manager, die als solche im Heimatland bereits tätig waren. Diese dritte Kategorie der Führungskräfte oder Manager ist oft am einfachsten zu erfüllen, sofern man daheim einen Arbeitgeber oder gar selber einer Firma hat, die ein Büro in den USA eröffnen und Sie als so genannten Intercompany Transferee (L-Kategorie) in die USA schicken möchte.

H *EB-2 • SECOND PREFERENCE UND EB-3 • THIRD PREFERENCE*
Grundsätzlich erfordern sowohl die EB-2- als auch die EB-3-Kategorie den Nachweis, dass kein anderer als Sie den Job ausführen kann, das heißt, als Erstes suchen Sie sich eine qualifizierte Arbeitsstelle, und zwar eine, die genau auf Sie maßgeschneidert ist. Wenn Sie also einen seltenen Bakterienstamm für ein Pharmaunternehmen untersuchen wollen oder grönländische Spezialitätenköchin sind (vgl. Kapitel *Die Frau und die Karriere*, Rubrik *Spitzenköchin werden)*, ist das durchaus hilfreich. Ihr Arbeitgeber muss dann Ihre Greencard für Sie beantragen. Dafür muss er im Rahmen des so genannten *Labor Certification Process* nachweisen, dass Sie und nur Sie den von ihm ausgeschriebenen Job am besten machen können. Dies ist ein relativ langwieriger Prozess, da Ihr Arbeitgeber grundsätzlich für mindestens sechs Monate nach einem geeigneten Kandidaten gesucht haben muss. Alle Bewerber müssen interviewt werden, und über jedes Interview muss ein Protokoll über des Bewerbers Qualifizierung beziehungsweise Nichtqualifizierung erstellt worden sein. Die Protokolle müssen anschließend beim Department of Labor (Arbeitsamt) eingereicht werden, damit die Behörde nach Abschluss der Stellenausschreibungen offiziell bestätigen kann, dass kein anderer als Sie diesen Job ausführen kann. Da dies für viele Unternehmen in den USA zum Alltag gehört und es genauso viele Anwälte gibt, die sich darauf spezialisiert haben, ist der Erfolg bei entsprechender Ausgangslage recht wahrscheinlich, allerdings werden pro Fiskaljahr insgesamt nur 140 000 solcher Visen vergeben.

I *AUSNAHMEREGELUNGEN* Gegebenenfalls können Sie den komplizierten *Labor Certification Process* umgehen, wenn Sie zu den Berufgruppen Krankenschwester, Physiotherapeut oder zu den oben erwähnten Führungskräften und Managern der EB-1-Kategorie gehören. Ausnahmeregelungen gibt es auch für ausgewählte Investoren und besondere Kirchenmitarbeiter.

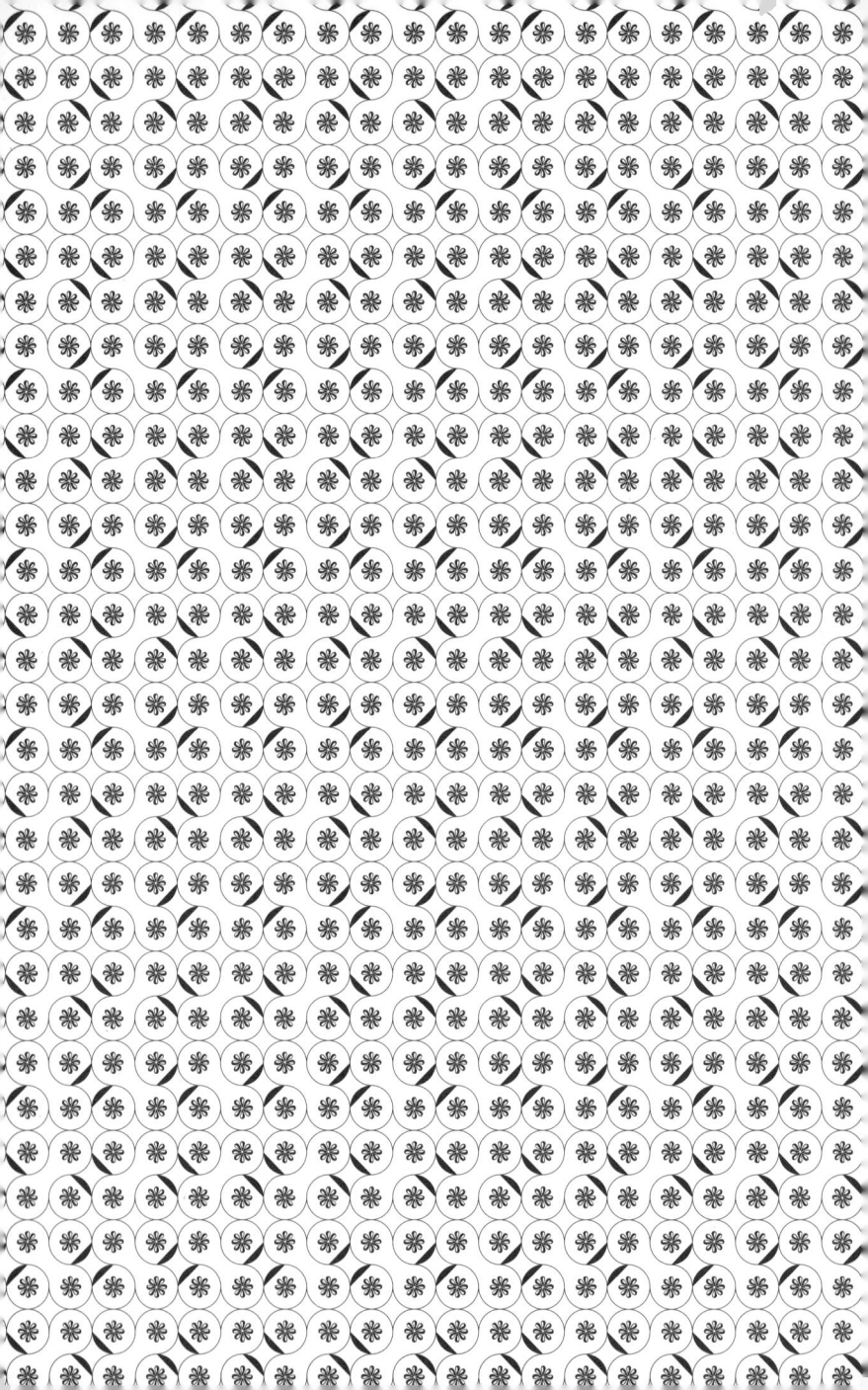

# DIE FRAU UND
# DER KONSUM

Vielleicht haben Sie sich schon einmal gefragt, warum Sie keine Aktien besitzen, zum Beispiel wenn Sie die großartigen Gewinnchancen an der Börse mit Ihren lächerlichen Sparkontozinsen verglichen haben. Wenn Sie prinzipiell keine Risiken eingehen, bleibt es wohl bei den kleinen Zinsen. Wenn Aktien Sie jedoch reizen, machen Sie sich schlau, und Sie werden feststellen, dass Sie weniger geheimes Wissen brauchen als vielleicht angenommen. Sie müssen auch nicht Ihre gesamte Freizeit mit Kurvendiagrammen und Zahlentabellen verbringen. Sie müssen einfach nur gut einkaufen und anschließend das Richtige mit Ihren Einkäufen machen. Das mag sich sehr vereinfacht anhören, aber etwas anderes machen die Finanzgenies im Grunde auch nicht.

A **INFORMIEREN** Da auch Sie im Informationszeitalter leben, dürfte Ihnen Ihre Vorrecherche nicht schwerfallen. Wenn Sie bisher bei Börse und Wirtschaft weggehört oder weggeblättert haben, tun Sie ab jetzt genau das nicht mehr. Das Feuilleton, die Politik, die Wissenschaft, die Reise und alles, was Sie interessiert, lesen Sie natürlich weiterhin. Schließlich wollen Sie sich keine neue Persönlichkeit zulegen, sondern vorläufig nur ein paar Aktien. Informieren Sie sich also so vielseitig wie möglich, aber lesen Sie die Artikel unter einem neuen Aspekt: Was bedeuten die Freigabe eines Medikaments, der neue Chefdesigner einer Traditionsmarke oder das Ende einer Diktatur für den Markt und damit auch für Sie? Wenn Sie wissen wollen, was die Käufer zu sagen haben, lesen Sie die Boards und Threads im Internet. Wie bei jeder anderen Online-Community müssen Sie natürlich auch hier die Ratschläge der Klugen und die der Klugscheißer auseinanderhalten können. Nutzen Sie nicht nur die Medien, sondern halten Sie auch ansonsten die Augen offen.

Wenn Ihnen zukunftsträchtige Produkte oder tot geglaubte Marken im neuen Gewand auffallen, schauen Sie sofort nach, was es damit auf sich hat.

B **PROBIEREN** „Wer sich nach den Tipps von Brokern richtet, kann auch einen Friseur fragen, ob er einen neuen Haarschnitt empfiehlt."

Das ist nur eins von vielen Zitaten von Warren Buffett, den man auch das Orakel von Omaha nennt. Denn er drückt sich verständlich aus und lag schon so oft richtig, dass er damit sehr reich wurde (sehr reich = reicher als Bill Gates).

Wenn Sie sich als Nichtprofi für den Kauf von Aktien ohne Bankberater interessieren, dann vermutlich, weil Ihre Bank es zwar gut meint, Ihnen aber bis dato immer nur sehr langweilige und dabei trotzdem unverständliche Fondspakete angeboten hat. Auch können Makler zwar gute oder schlechte Berater sein, an ihren Provisionen sind sie jedoch alle interessiert. Natürlich reicht ein selbstbewusster Verzicht auf professionelle Hilfe nicht aus, um sofort zum Gewinner zu werden. Viele Frauen denken, dass sie sehr viel Geld brauchen, um überhaupt erst einmal loslegen zu können, und dass sie anfangs vermutlich viel Geld versenken werden, weil sie sich ja nicht auskennen. Dem ist nicht unbedingt so. Wenn Sie Ihr Glück und Geschick auf dem Aktienmarkt testen wollen, begeben Sie sich in eine Lehrzeit, in der Sie nicht nur wenig, sondern gar kein Risiko eingehen. Legen Sie sich ein Musterdepot bei einer Internetbank zu. Wenn Ihnen der Service hier zusagt – denn meistens verzichten diese Banken auch auf Kontogebühren und unterbieten die herkömmlichen Banken mit sehr niedrigen Handelsgebühren – können Sie nach Ihrem Trockentest gleich im Internet bleiben. Vorerst spielen Sie mit virtuellem Geld die ganze Geschichte durch und üben ein bisschen: Schauen sich an, wie sich die Dinge so entwickeln, bekommen ein Gefühl für Ihre eigenen Voraussagen und testen, wie Sie auf die Entwicklungen der Aktien reagieren würden, wenn Sie tatsächlich Ihr Geld investiert hätten. Je nachdem wie intensiv Sie das Spiel betreiben, bekommen Sie nach ein paar Wochen oder Monaten ein Händchen für den Markt. Oder vielleicht auch nicht, aber dann haben Sie nicht Ihr echtes Geld für usbekische Urananleihen verzockt.

C **KAUFEN Generell** „Investiere nur in eine Aktie, deren Geschäft du auch verstehst", sagt Warren Buffet. Das klingt eher bodenständig als visionär. Diesen Ratschlag anzunehmen, bedeutet keinesfalls, dass Sie sich nur für

Firmen, die Dinge Ihres täglichen Bedarfs herstellen, interessieren dürfen. Obwohl Sie davon ausgehen können, dass Zahnpasta und Toilettenpapier immer gekauft werden. Allerdings gibt es auch genug Technologien, deren Konzept man als Laie versteht. Sie müssen nicht wissen wie genau Hybridfahrzeuge funktionieren, sollten sich aber Gedanken darüber machen, wie zukunftsträchtig sie sind.

Außerdem sagt Buffett: „Konzentrieren Sie Ihre Investments. Wenn Sie über einen Harem mit 40 Frauen verfügen, lernen Sie keine richtig kennen." Vielleicht hat er mit seinem Haremtipp nicht direkt Sie als Frau angesprochen, grundsätzlich hat er aber Recht, wenn er dazu rät, den Überblick zu behalten und seine Aktien mit Namen zu kennen. Viele Börsenprofis empfehlen übrigens, sich wenigstens eine Aktie zuzulegen, zu der man eine emotionale Bindung hat. Etwas, von dem man als Käufer des Produkts begeistert und überzeugt ist und sich deshalb eine positive Entwicklung für den Hersteller wünscht. Die Aktie, der sie auch die Daumen drücken würden, wenn Sie sie nicht besäßen.

***Unter Trendaspekten*** Wann immer ein anfänglicher Geheimtipp zur Massenbewegung verkommt, ist er tot. So sehen das zumindest Trendsetter. Wenn Sie einer sind, verhalten Sie sich auch beim Aktienkauf so. Denn die Börse kann man mit angesagten Clubs vergleichen. Erst ist der Laden/die Aktie ein Insidertipp, dann sind alle ganz heiß drauf und am Schluss sitzt eine Busladung mit Pauschaltouristen in der ehemaligen Vip-Lounge. Das ist zwar volksnah, aber die Insider sind zu diesem Zeitpunkt längst weitergezogen. Vorsicht also vor Boomaktien, weil sich jeder Boom früher oder später einmal ausboomt.

***Mit Logik und Geduld*** Sparfüchse kaufen Heizöl im Sommer und Grillholzkohle im Winter. Auch an der Börse kauft man antizyklisch. Sprich: immer das, worauf sich nicht alle stürzen. Wenn es dann soweit ist, verkaufen Sie ja wieder. Und zwar mit Gewinn. Es kann sein, dass Sie zur Hochsaison teuer verreisen müssen, weil die Ferien nun einmal so fallen, bei Ihren Aktien müssen Sie das nicht. Nutzen Sie diesen Umstand und handeln Sie so bedächtig wie möglich. Cool bleiben, könnte man es auch nennen.

Dazu ein Zitat vom verstorbenen Börsenguru André Kostolany, dem anderen viel zitierten Mann zum Thema Aktien: „Einer Straßenbahn und einer Aktie darf man nie nachlaufen. Nur Geduld: Die nächste kommt mit Sicherheit."

D **SPEKULIEREN Mit Vernunft** Es muss nicht erwähnt werden, dass Sie nicht alles, was Sie besitzen, auf die Schnelle in Aktien angelegt haben und jeden Tag Blut und Wasser schwitzen, ob Sie Ihre Fixkosten weiterhin bezahlen können. Und schon gar nicht setzen Sie alles auf eine Karte, sondern schnüren sich besagtes, sympathisches Aktienpaket. Sie wollen Ihren Einsatz zwar nicht verlieren, würden es aber in jedem Fall überleben, wenn es so weit käme. Kurz: Sie sind keine größenwahnsinnige Zockerin. Lesen Sie zu diesem Thema nach, warum es immer wieder dazu kommt, dass einzelne Personen unbemerkt die Milliarden anderer Leute verzocken beziehungsweise in Staub verwandeln. Weil sie nicht aufhören konnten. An der Börse oder im Casino nennt man das pathologische Spielsucht, in einer Bar nennt man es saufen.

**Mit Intuition und Gelassenheit** Die Börse hat keinen besonders emotionalen Ruf. Sie ist aber emotional, weil sie menschliche Reaktionen auf die Ereignisse dieser Welt widerspiegelt. Börse ist Psychologie, und die Kurse werden von Angst und Gier getrieben. Kluge Aktionäre arbeiten deshalb mit ihrem Instinkt. Wer das tut, muss sich nicht von den Massen verrückt machen lassen. Wenn Ihr Bauchgefühl Ihnen sagt, dass etwas zu schön ist, um wahr zu sein, sollten Sie ihm vertrauen, auch bei Ihren Aktien. Dass Sie hin und wieder falsch liegen, müssen Sie einkalkulieren und hinnehmen, denn schließlich wird hier spekuliert. Und das heißt, dass geraten und geschätzt wird. So wie auch häufig spekuliert wird, ob eine Ehe Bestand haben wird oder das Paar sich trennt. Trennen ist ein gutes Stichwort für Aktien, mit denen es einfach nichts wird, obwohl Sie beim Kauf so zuversichtlich waren. Wie einer kränkelnden Beziehung, gibt man auch der Aktie eine Beobachtungszeit, denn Tiefs gibt es immer. Außerdem haben Sie ja so gekauft, dass Sie sich das Abwarten leisten können. Wenn es nicht besser wird, müssen Sie sich trennen. Gestehen Sie sich Irrtümer früh genug ein, denn die gehören natürlich dazu und passieren nicht nur Ihnen. Weit mehr als die Hälfte der

Fondsmanager sind schlechter als der DAX. Das heißt, dass Sie sich mit ihren Prognosen unter dem Durchschnittswert bewegen. Das heißt nicht, dass Sie unfähig in ihrem Beruf sind, sondern dass Sie sich auf einem Feld voller Eventualitäten bewegen, denn Sie versuchen täglich, die Welt vorauszusagen.

Für Profis und Laien gilt an der Börse, dass sie drei der sieben Todsünden unbedingt vermeiden sollten: die Gier, die Maßlosigkeit und die Eitelkeit. Wobei mit Eitelkeit die Unfähigkeit gemeint ist, sich Fehler einzugestehen. Auch Mitläufertum und Hysterie werden in diesem Geschäft nur in den Boomzeiten belohnt und anschließend oft hart abgestraft. Wer aber eine interessante Mischung aus Rebell, Zen-Buddhist, Schlitzohr und Pragmatiker ist, kann auch oder gerade in den Krisenzeiten lachen. Vielleicht gehören Sie ja dazu.

# 058               EINEN HUT TRAGEN

Der Hut hat sich vom Pflichtteil der eleganten Damengarderobe mehr und mehr zum fakultativen Accessoire entwickelt. Einst galt er sogar als Zeichen der Emanzipation, denn der klassische Hut, bestehend aus Kopf und Krempe, war traditionell den Männern vorbehalten. Erst ab dem 19. Jahrhundert entwickelte er sich zum Renner bei den modernen Damen der Städte, während die Frauen auf dem Land weiterhin Tücher oder Hauben trugen.

Hut, Kappe oder Tuch – die Kopfbedeckung ist und bleibt ein wichtiger Teil jeder Mode und hat einen wunderbaren Vorteil mit den Schuhen gemeinsam: Ihre Hutgröße wird in jeder Lebensphase dieselbe sein.

A *AUSWAHL* Lassen Sie sich nicht einreden, Sie hätten kein Hutgesicht. Schließlich haben Sie auch Schuhfüße und einen Handtaschenkörper. Wie so oft müssen Sie auch hier nur den richtigen finden.

Wer nicht ständig Hüte trägt und damit anfangen möchte, findet die beste Erstberatung bei einer ausgebildeten Hut- und Putzmacherin, einer Modistin. Hier erfahren Sie als ausgemachter Neuling Ihre genaue Hutgröße und werden ausführlich über die Modelle beraten, die am besten zu Ihrem Gesicht, Ihrem Kleidungsstil oder dem gegebenen Anlass passen. Wenn Sie sich lieber anonym und alleine in der Hutabteilung eines Kaufhauses an das Thema herantasten wollen, müssen Sie einige Grundregeln beachten.

*Einen Hut trägt man in der Regel nach rechts.* Auf der linken Seite ging früher der männliche Begleiter, dem Rest der Welt präsentierte man die rechte, geschützte Gesichtshälfte. Viele Damenhüte sind deshalb auch nach rechts gearbeitet und wirken unpassend, wenn man sie nach links trägt. Wenn Sie einen Hut probieren, den man schräg aufsetzt, probieren Sie es aus – der Unterschied ist verblüffend. Selbstverständlich können Sie sich einen Hut anfertigen lassen, der nach links gearbeitet ist, denn auch Ihre Hutmacherin lebt im 21. Jahrhundert.

*Der Hut passt perfekt.* Wie jedes andere Kleidungsstück muss auch der Hut immer passen. Vorsicht also bei Erbstücken und Flohmarktkäufen. Sobald ein Hut zu klein oder zu groß ist, wird er zur Verkleidung und wirkt clownesk. Achten Sie also darauf, dass der Hut nicht zu klein ist, einschneidet oder so hoch sitzt, dass er aussieht wie ein Scherzartikel. Auch wirkt ein Hut, der sitzt und außen etwas größer ist, automatisch lässiger. Ein zu großer Hut, der rutscht, kommt wie alle Kleidungsstücke, die man festhalten muss, ebenfalls nicht in Frage.

*Der Hut kleidet Sie.* Finden Sie vor dem Spiegel den Hut zu Ihrem Typ. Spielen Sie mit der Tatsache, dass die Kopfbedeckung Ihre Silhouette nach Wunsch strecken oder verkürzen kann. Beachten Sie also Ihre Proportionen und die Kleidung, mit der Sie den Hut kombinieren wollen, und betrachten Sie sich in einem Ganzkörperspiegel. Spielen Sie dabei auch Variationen mit Ihrer Frisur durch. Manche Hüte wirken erst, wenn das Haar hoch- oder weggesteckt wird und nicht mehr ablenkt, andere Hüte bilden eine Allianz mit dem Haar. Die perfekte Hutfrisur ist übrigens der Bob. Die Klarheit und Symmetrie dieses Haarschnitts harmoniert mit fast jedem Hutmodell.

B **ANLASS UND ETIKETTE** Nicht nur für Königinnen, sondern für alle Frauen gilt, dass Sie Ihren Hut bei allen Anlässen immer aufbehalten dürfen. Das ist von großem Vorteil, denn Sie müssen sich niemals Gedanken machen, wo Sie Ihren Hut später ablegen oder was mit Ihrer Frisur passiert, wenn Sie ihn abnehmen. Das gilt für Trauungen ebenso wie für Beerdigungen, Empfänge oder Pferderennen.

Hochzeiten und Trauerfeiern sind nach wie vor Hutereignisse. Bei Trauerfeiern sorgt ein Schleier für die gewünschte Intimsphäre. Bei einer Trauung beweist ein eleganter Hut den Respekt vor dem Anlass. Als Angehörige des Brautpaares haben Sie hier sogar das Recht mit einer sehr großen Kreation in den ersten Reihen zu sitzen, ohne Rücksicht auf die Zuschauer auf den hinteren Plätzen nehmen zu müssen. Für den Opern- oder Theaterbesuch sollten Sie zu einem anliegenden, kleinen Hut greifen, es sei denn Sie sitzen in einer Privatloge.

Der Hutevent schlechthin ist das Royal-Ascot-Pferderennen. Nirgendwo wird der Kopfputz so thematisiert und gefeiert wie am dritten Tag, dem Ladies Day, an dem die Hüte – die hier übrigens obligatorisch sind – den Pferden die Show stehlen. Das Rennen ist öffentlich, auch für Nicht-Adel und Nicht-Geldadel. Ein Tagesticket für die Haupttribüne kostet rund 120 Pfund, auf dem Schwarzmarkt aber mehr, denn der Ladies Day ist der wichtigste Renntag. Hier können Sie mit Ihrem Hut gar nicht genug auffallen.

c **MATERIAL, WARTUNG UND PFLEGE** Ein Hut für den Winter entsteht in vielen Arbeitsschritten aus Haarfilz. Zum Thema Tierschutz erklärte uns die Hutdesignerin Fiona Bennett, dass sie darauf achtet, ausschließlich mit Filz aus den Fellen von Nutztieren zu arbeiten. Und das tun sehr viele Hutmacher, denn Haarfilz wird aus den Fellen von Stallhasen und -kaninchen hergestellt, die nicht zur Pelzzucht gehalten oder gar ausgerottet werden. Achten Sie beim Kauf unbedingt darauf, dass die sonst so beliebte Wolle als Material für einen Hut ungeeignet ist. Der drei- bis viermal günstigere Wollfilz ist nicht wetter- und damit nicht formfest, und so würde sich Ihr Hut bei Regen verziehen.

Klassische Sommerhüte werden aus dem Stroh der Toquilla-Palmen von Hand geflochten, für die preiswerten Versionen benutzt man Papier. Und

*Bolero*  *Breton*  *Glocke*

natürlich können Sie sich die extravagentesten Kreationen aus fast jedem Material anfertigen lassen, denn Sie sind eine Frau.

Wenn Sie sich einen Qualitätshut geleistet haben, können Sie ihn ein Leben lang tragen. Seidenfutter und Ripsbänder kann der Hutmacher herausnehmen und reinigen oder auswechseln. Das Ripsband schützt vor Make-up-Flecken und saugt für lange Zeit den Schweiß auf. Irgendwann jedoch ist es voll und es entstehen unschöne Salzränder am Hut. Das Auswechseln von Futter und Band empfiehlt sich aus hygienischen Gründen also unbedingt, wenn Sie einen schönen alten Hut finden.

# 059 DIE RICHTIGE SONNENBRILLE AUFSETZEN

Sonnenbrillen wurden im 19. Jahrhundert dort erfunden, wo auch heute wieder die meisten hergestellt werden: In China gab es die ersten so genannten Blendungsbrillen, deren Gläser aus geschliffenem, dunklem Kristall bestanden. Den weltweiten Siegeszug der Sonnenbrille konnte damals noch niemand ahnen. Doch inzwischen gibt es mehr Sonnenbrillenmodelle als Frauen, die sie tragen können. Dafür besitzen Italienerinnen im Schnitt drei Sonnenbrillen, bei deutschen Frauen steht hier eine 0 vor dem Komma, das heißt sie besitzen durchschnittlich noch nicht einmal eine. Wenn Sie absolut uneitel sind, müssen Sie beim Sonnenbrillenkauf nur auf eine Sache achten: Dass Ihre Brille einen richtigen UV-Schutz hat. UV-Schutz haben alle Mar-

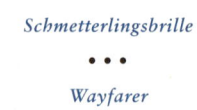

*Schmetterlingsbrille*
• • •
*Wayfarer*

ken- und Designerbrillen serienmäßig erst seit den achtziger Jahren, davor war alles nur getöntes Glas oder Plastik. Heute haben auch einfache Brillen, wie sie beispielsweise an Tankstellen verkauft werden, einen UV-Schutz. Achten Sie aber auf den entsprechenden Vermerk am Preisschild oder am Aufkleber. Ganz schlecht für Ihre Augen kann es ausgehen bei Brillen ungewisser Herkunft vom Flohmarkt oder gefälschten Designerbrillen. Hier sparen Sie an der falschen Stelle (vgl. Kapitel *Die Frau und der Konsum*, Rubrik *Gefälschte Designerware erkennen)*. Trotz des eltonjohnesken Überangebots an Sonnenbrillen sind doch die meisten von ihnen, ähnlich wie Schuhen auf Grundformen zurückzuführen. Wenn Sie dann noch wissen, welche Form Ihrem Gesicht schmeichelt, können Sie sich mühevolles Ausprobieren sparen.

ᴬ **VIER ARCHAISCHE GRUNDFORMEN** Bügelbrillen wie wir sie kennen, gibt es schon seit dem 18. Jahrhundert, und sie waren auch damals bereits rund. Die Mütter aller modernen Brillen und Sonnenbrillen, bei denen neben dem Nutzwert auch die Form wichtig wurde, stammen aus den dreißiger Jahren des vorigen Jahrhunderts und waren aus Draht oder Zelluloid. Sie waren entweder rund, oval oder hatten eine Carrée- oder Pantoform. Sie hatten sehr kleine Gläser, weil es zu dieser Zeit technisch noch nicht möglich war, größere Brillengläser herzustellen. Auch heute gibt es noch zahlreiche Brillenmodelle, die auf diesen Grundformen basieren. Was heute zum Beispiel unter dem Namen „Nickelbrille" läuft, auch wenn sie aus Plastik ist, ist nichts anderes als die klassische runde Brillenform. Große Nickelbrillenträgerinnen waren beispielsweise Yoko Ono (der Gatte natürlich auch) oder – etwas weniger sophisticated – Ingrid Steeger.

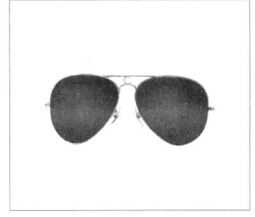

*Pilotenbrille*

• • •

*Übergroße Brille*

B **SCHMETTERLINGSBRILLE** Dieses Modell ist wahrscheinlich die erste Fashion-Brille und stammt aus den fünfziger und sechziger Jahren. Denken Sie an Marilyn Monroe in „Wie angelt man sich einen Millionär?". Die Schmetterlingsbrille ist originär weiblich, latent zickig und nicht so leicht kombinierbar wie viele andere Klassiker. In den achtziger Jahren erlebte sie eine Art ironisches Comeback an Frauen wie Tracey Ullman oder Cindy Lauper. Wenn Sie sich für einen eher „schrillen" oder „witzigen" Frauentyp halten, ist die Schmetterlingsbrille genau das Richtige für Sie. Obwohl ein Designklassiker, kann die Schmetterlingsbrille trotzdem schnell anstrengend werden, ähnlich wie die Frauen, die sie ausschließlich tragen.

C **WAYFARER** Ray Ban erfand diese Brille Anfang der fünfziger Jahre, und sie ist genauer betrachtet die große, coole Cousine zweiten Grades der Schmetterlingsbrille, die aber mit der Familie ideologisch gebrochen hat. Berühmt wurde die Wayfarer 1961 in dem Film „Frühstück bei Tiffany". Danach erlebte sie turbulente modische In- und Out-Zeiten, die derzeit in einem neuerlichen Hype gipfeln. Die Wayfarer gilt trotz zyklischen Umsatzeinbrüchen als die bisher meist verkaufte Sonnenbrille und steht fast jedem Gesicht.

D **PILOTENBRILLE** Tropfenförmig ist die Pilotenbrille von Ray Ban mit Bausch & Lomb-Gläsern. Sie ist bis heute der Augen-Blaumann für Soldaten der U.S. Air Force, und sie hatte schon vor allen anderen Sonnenbrillen UV-Schutzgläser. In den siebziger Jahren wurde die Brille auch von Frauen entdeckt und modisch aufgewertet. Pilotenbrillen und ihre unendlichen Interpretationen stehen allerdings nicht jeder Frau. Auf Gesichtern mit kleiner

Nase wirken sie nicht gut, und auf sehr großen, flachen Gesichtern ebenfalls nicht.

E **DIE ÜBERGROSSE BRILLE** Es war das Haus Dior, das in den siebziger Jahren die riesigen, runden Sonnenbrillen auf den Markt brachte, die fast das halbe Gesicht verdeckten. Eine Zeitlang war diese Brillenform für die Femme fatale ein absolutes Muss. Dann verschwand diese Brillenform in der modischen Versenkung, um später als typische Witzbrille auf Siebziger-Jahre-Mottopartys ein verhöhntes Dasein zu fristen. Zum Jahrtausendwechsel tauchte sie dann wieder in den Modemagazinen auf. Paris Hilton war eine der Frauen, die diesem Look wieder auf die Sprünge half. Statt Femme fatale jetzt also Femme banale. Wenigstens aber gut getarnt.

F **DIE GEBOGENE BRILLE** Die gebogene Brille, die sich stromlinienförmig an das Gesicht anpasst, ist eine Erfindung der achtziger Jahre und wurde damals sehr schnell sehr populär. Derzeit ist diese Sonnenbrillenform nicht so angesagt, außer Sie machen gerade das ausklingende Achtziger-Jahre-Revival mit. Aber wie bei allen Klassikern: Schmeißen Sie nichts weg, der Tag wird kommen, an dem Sie denken, dass auch diese Brille faszinierend zeitlos und ein unverzichtbares Accessoire ist.

G **UND SONST** Die siebziger und achtziger Jahre waren die Jahrzehnte der großen Design-Durchdreher und unfassbaren Sonnenbrillenkonstruktionen: Ob Eiffelturm, Igel oder Sonnenschirm – einfach jedes denkbare Objekt wurde zu einer „verrückten" Sonnenbrille umdesignt. Heute finden Sie bei Sonnenbrillen eine ungleich größere Auswahl, aber die Modelle variieren in sich nicht so stark, Differenz wird heute über Marken- und Designerlogos geschaffen. Die Sonnenbrille ist, mehr noch als Taschen und Schuhe, ein Statussymbol. Fast jede Frau kann sich mit ein bisschen mehr oder weniger Sparen eine Sonnenbrille von Chanel mit XL-Logo leisten. Schuhe oder Taschen der gleichen Marke sind dagegen nur für sehr wenige Frauen erschwinglich. Norbert Kähler, Geschäftsführer der Berliner Brillenwerkstatt, berichtet, dass es in Deutschland ein klares Nord-Süd-Gefälle gibt: Münchener lieben ihre Logos, Berliner stehen auf protestantisches Understatement.

# 060 LEDER • DIE ZWEITE HAUT

Frauen wird ein eher hysterisches Verhalten nachgesagt, wenn es um ihr Verhältnis zu Lederprodukten, vornehmlich Schuhen und Taschen geht. Keine Fernsehserie, in der Frauen eine wichtige Rolle spielen, die nicht mit ein paar Gags oder Anekdötchen zum Thema aufwarten kann. Dabei ist es logisch, dass bei der schlauen Frau Schuhe und Taschen hoch im Kurs stehen, denn sie funktionieren wie eine persönliche Signatur und peppen wirklich jedes Outfit auf. Ein schickes Kostüm sieht mit schlechten Schuhen einfach nur traurig aus. Eine kaputte Jeans dagegen sieht mit guten Schuhen dafür sofort wahnsinnig lässig aus.

A *LEDER • DIE QUALITÄT* Jede Frau hat in Lederfragen irgendwann oder immer mal wieder quantitative Phasen, in denen es darum geht, möglichst viele Schuhe oder Taschen zu besitzen. Mit zunehmendem Alter entwickeln die meisten Frauen jedoch ein Gespür für Qualität. Ein Gespür, das sich langfristig auszahlt. Mit Leder ist es wie mit Fleisch: Am häufigsten stammt es vom Schwein, Rind oder Kalb, wobei Schwein das günstigste und Kalb das kostbarste Leder ist. Ziegenleder ist ein besonders weiches Leder, das gerne für Handschuhe verwendet wird. Je kleiner und je seltener das Tier ist, desto teurer ist das Leder und desto fragwürdiger auch manchmal seine Herkunft. Bei den europäischen Nutztieren ist das Leder meist Nebenprodukt der Fleischproduktion, aber anders als beim Fleisch gibt es kaum zertifiziertes Bio-Leder. Was es gibt, ist umweltschonend gegerbtes Leder, das aber in der Massenproduktion von Schuhen und Taschen kaum ins Gewicht fällt. Auch ist es bisher nicht gelungen, ein überzeugendes Kunstleder herzustellen. Lediglich Lackleder wird in einigen Fällen gut durch Plastik imitiert.

Die bekennende Tierschützerin Stella McCartney ist die einzige Designerin von Weltruf, die bei ihren Schuhen und Taschen gänzlich auf Leder verzichtet. Allerdings ist sie nicht unbedingt für ihr grandioses Schuhwerk bekannt, das Frauen die Tränen in die Augen treibt.

B **LEDER • DER PREIS** Nicht jeder sündhaft teure Schuh oder jede so genannte It-Bag ist den schwindelerregenden Preis wert, aber es lohnt sich, für Lederprodukte viel Geld auszugeben, wenn die Qualität stimmt. Lieber eine richtig gute Handtasche als drei schlechte und billige. Die beste Kombination ist bestes Leder und ein zeitloses – nicht zu verwechseln mit altbackenem – Design. Wenn Sie dann die entsprechende Tasche oder die Schuhe auch noch regelmäßig pflegen, reißen Ihnen Ihre Töchter, Schwiegertöchter oder sogar Enkelinnen die Teile noch Jahrzehnte später als heiße Vintage-Stücke aus dem Kleiderschrank, oder Sie können Sie auch Jahre später zu einem guten Preis weiterverkaufen.

C **SCHUHE • DAS BRAUCHT DIE FRAU** Brauchen und brauchen sind bei vielen Frauen, wenn es zum Thema Schuhe kommt, zwei verschiedene Dinge. Es gibt die Schuhe, die eine Frau braucht, um stets gut ausgerüstet zu sein, und die Schuhe, von denen sie denkt, ohne sie nicht leben zu können.

Je sorgfältiger Sie Ihr Grundprogramm an Schuhen auswählen, desto weniger kommen Sie in Verlegenheit, sich immer wieder kostspielig in finanzielle Exzesse zu stürzen. Gänzlich auszuschließen ist es natürlich nie, aber mit der folgenden Ausstattung stehen Sie auf weitgehend sicherem Terrain: Ein Paar klassische, schwarze Pumps • Ein Paar sexy Stilettos • Ein Paar bequeme, aber dennoch elegante Schuhe mit Absatz bis sieben Zentimeter • Ein Paar Stiefel mit Absatz • Ein Paar Stiefeletten mit Absatz • Ein Paar flache Sandalen • Ein Paar Sneaker • Ein Paar flache Schnürschuhe oder Slipper • Ein Paar Schuhe für den Wahnsinn, also ohne Sinn und Verstand gekauft.

D **TASCHEN • DAS BRAUCHT DIE FRAU** Sie haben schon gewonnen, wenn Sie es schaffen, eine gute, große Ledertasche für den Tag zu besitzen, in die

*Schwarze Pumps*

*Stilettos*

*Büroschuh*

*Stiefel mit Absatz*

*Stiefeletten mit Absatz*

*Flache Sandalen*

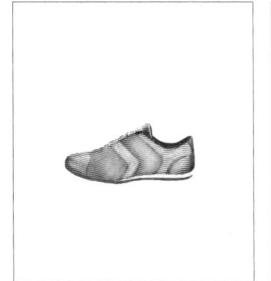

*Sneaker*

*Schnürschuhe oder Slipper*

*Schuhe für den Wahnsinn*

alles passt, was Sie im Alltag benötigen. Diese Tasche sollte möglichst schwarz oder braun und relativ schlicht sein. Da Sie eine Art Arbeitstasche ist, muss sie nicht zwangsläufig mit den Schuhen harmonieren, was bei allen anderen Taschen ein absolutes Muss ist. Je größer Sie von Statur sind, desto größer darf auch die Alltagstasche sein. Kleinere Frauen sollten, wenn Sie beispielsweise einen Laptop dabeihaben, dafür eine zusätzliche Laptoptasche nutzen und daneben eine nicht übertrieben große Tasche tragen, da sonst die optischen Relationen zwischen Tasche und Frau nicht mehr stimmen.

Je näher der Abend rückt, desto kleiner werden die Taschen. Zwei mittelgroße Taschen in unterschiedlichen, dezenten Farben sollten Sie sich mindestens noch für die Zeit dazwischen anschaffen. Für den Abend brauchen Sie dann noch eine Clutch oder anderes kleines Täschchen, das mit der Abendgarderobe harmoniert und in das nur das Nötigste passt. Theoretisch ist die Frau bei der Abendhandtasche stilistisch am wenigsten eingeschränkt; es können und sollen auch ausgefallene Modelle zum Einsatz kommen.

Ein weiteres wichtiges Thema sind Taschen, die mit einem sehr großen oder sehr vielen kleinen Logos von teuren Marken übersät sind. In beiden Fällen sind diese Logos so auffällig, dass nicht zu übersehen ist, woher die Tasche stammt. Bevor Sie eine solche Tasche kaufen, fragen Sie sich, was Ihnen an diesen Taschen so gut gefällt: Ist es das witzige Design, oder wollen Sie eigentlich der Welt mitteilen, dass Sie sich eine Tasche im Wert von zwei Krankenschwester-Bruttolöhnen leisten können? Wenn Sie auf Letzteres Wert legen, sind Ihrer Kreditkarte offensichtlich keine Grenzen gesetzt und Sie könnten mit Leichtigkeit gleich in die Stufe der Chefarzthonorare vordringen.

# 061     EINEN PASSENDEN BH FINDEN

Die Dunkelziffer der Frauen, die mit dem falschen BH durchs Leben gehen, schwankt natürlich, wird aber allgemein und weltweit sehr hoch eingeschätzt. Die Ergebnisse einer zweijährigen Studie des bekleidungsphysiologischen Instituts Hohenheim lauten folgendermaßen: 52 Prozent der befragten Frauen haben grundsätzlich Probleme damit, die richtige Größe zu finden. 51 Prozent sind unzufrieden mit der Passform und ganze 35 Prozent laufen mit einem BH herum, der ihnen zu klein ist. Außerdem ergab die Studie, dass seit 1983 das Durchschnittskörbchen von Cup A auf Cup C gewachsen ist, genauso wie der Unterbrustumfang, der bei den 30- bis 60-jährigen Frauen, die den größten Marktanteil stellen, nun bei 80 Zentimetern liegt.

Wie es zu den vielen Frauen mit dem falschen BH kommt, kann man indes nur vermuten. Es kann sein, dass sich die Zahl 80 in manchen Frauenohren so gigantisch anhört, dass die 70er-Größen lieber gekauft werden, auch wenn eine 80 C sehr wohl eine Kleidergröße S oder 36 bedeuten kann (vgl. Kapitel *Die Frau in der Krise*, Rubrik *Kleidergrößen relativ gesehen).*

BHs oder Bademoden in den klassischen Konfektionsgrößen anzubieten ist deshalb auch eine Fantasie der Hersteller an vielen Kundinnen vorbei, denn sie besagt: dünne Frau – kein Busen, dicke Frau – riesiger Busen. Das mag als grober Richtwert zwar stimmen, geht aber im Detail fast immer schief. Das selten natürlich gewachsene Idealbild der überschlanken Frau mit überdimensional großer Oberweite müsste bei dieser Annahme oben ohne herumlaufen. In den USA wird die 80 durch die Umrechnung in Inch zur 36, das schmeichelt europäischen Ohren, allerdings wird dort sogar von einer BH-Fehlerquote von 80 bis 85 Prozent gesprochen. Nur wegen der Zahl den BH zu klein zu kaufen, wäre dumm, schließlich ist Ihr Busen der Blickfang und nicht das winzige Schildchen im Inneren des BHs. Neben dem Passform-, Größen- und Herstellerdschungel spielt wohl auch die Kaufsituation eine Rolle, wenn es um die vielen falschen BHs dieser Welt geht. Nach Augenmaß zu kaufen ist schwierig, und auch das Anprobieren ist mühsamer als bei anderen Kleidungsstücken. Wenn auch Sie bisher BH-Fehlkäuferin waren, sind Sie immerhin in großer Gesellschaft, und Abhilfe schaffen kann man auch. Der richtige BH ist nämlich keine Illusion, man muss nur dran glauben, dass es ihn gibt.

A **ERSTMAL: ENTSPANNEN** *Einerseits* Wenn Sie einen kleinen Busen haben, der auch noch perfekt in der Gegend herumsteht, seien Sie dankbar. Der große

Busen mag ein Medienliebling sein, Ihrer jedoch ist der Liebling der Wäschehersteller. Diese produzieren zwar die meisten Kreationen, die sie für Frauen wie Sie entwerfen, auch in großen Größen, keiner weiß jedoch warum. Denn ein Hauch von Nichts an zwei zarten Trägerchen ist ab einem C-Cup so nützlich wie eine Brille mit Fensterglas. Sie hingegen haben eine riesige Auswahl an hübscher Dekoration, und Vergrößerungsmöglichkeiten in BH-Form gibt es auch en masse. Und unterschätzen Sie nie den Stress, den Frauen mit großer Oberweite haben, wenn es darum geht, rücken- oder schulterfreie Kleidung zu tragen. Klebestreifen und andere Mogeleien sind nicht der Weisheit letzter Schluss. Auch der Spontankauf eines Bikinis an einer Strandbude ist mit einer kleinen Größe viel einfacher.

*Andererseits* Viel ist auch schön. Wenn der große Busen nicht schön wäre, hätte er nicht Millionen von Anhängern, Neiderinnen und auch Nachahmerinnen. Seine Besitzerin muss nur beim BH-Kauf auf mehr als das gute Aussehen achten, weil es vor allem auch um Halt und Stützfunktion geht. Das klingt mehr nach Gesundheitsfachgeschäft als nach Lingerie, ist aber eine Tatsache. Und obwohl Sie mit einem großen Busen natürlich nicht viel mit zwei winzigen Dreiecken an einer Schnur anfangen können, sind glücklicherweise die Zeiten vorbei, in denen der Erotikfaktor der BHs proportional zur Größe sank. Die Nachfrage an tollen Sachen in großen Größen ist mit den Brüsten gewachsen (siehe die Zahlen oben), und darauf haben sich natürlich auch die Hersteller eingestellt. Selbst wenn Sie es lieber kleiner hätten, vergessen Sie nicht, dass andere viel Geld hinlegen, um auf Ihre Körbchengröße zu kommen, und dass die Natur Sie mit einem Hingucker ausgestattet hat. Und den sollten Sie so schön wie möglich präsentieren.

*Und überhaupt* Über den mittelgroßen Busen müssen wir gar nicht reden. Wenn Sie einen haben, freuen Sie sich bitte sofort darüber!

B *EIN PAAR WAHRHEITEN INS AUGE SEHEN* Ihr Busen ändert ständig seine Größe. Während Ihres Lebens und bei den meisten Frauen auch während eines Zyklus. Die Größenschwankungen sind von Frau zu Frau genauso unterschiedlich wie der Körper auch.

Ihr Busen ist etwas, das viel individueller ist als beispielsweise ein Arm. Mediziner sehen das vielleicht anders, bei den BH-Designern wird Ihnen aber auffallen, dass einige mit Ihren Entwürfen eine anatomisch völlig anders gestaltete Frau ansprechen, als Sie es sind. Sprich: Sie können manche BHs einfach nicht tragen, selbst wenn Ihre Größe drinsteht.

Letztendlich geht es um Schwerkraft. Und deshalb fiel es der Menschheit auch leichter, im All herumzuschweben, als auf der Erde den klassisch konstruierten BH durch Schnickschnack zu ersetzen. Wenn Sie einen großen Busen haben, ist ein BH, der vorne sitzt, rechts und links jeweils einen stabilen Träger hat und hinten mittig geschlossen wird, der bewährte Designklassiker – genauso wie das eckige Buch, die ovale Kloschüssel oder der stiftförmige Stift. Ausnahmen bestätigen die Regel. Wenn Sie sich aber einen Universal-BH, passend für alle erdenklichen Kleiderschnitte, kaufen und dieser nicht hält, was er verspricht, wachen Sie auf und denken Sie pragmatisch: Neckholder, schräge, gekreuzte oder nicht vorhandene Träger, Rückenverschlüsse in Nierenhöhe und alle anderen Abweichungen von der Grundkonstruktion ändern logischerweise die Passform. Wenn sich all diese Variationen auch noch in einem BH versammeln, ist ein Flop programmiert. Wie immer gilt auch hier: Stars haben andere Voraussetzungen. Wenn ein üppig gebauter Star ohne BH herumläuft, können Sie davon ausgehen, dass das Kleid maßgeschneidert und deshalb auch mit einem perfekten Büstenteil ausgestattet ist.

c **NÄCHSTER SCHRITT: GNADENLOS ANPROBIEREN** Egal wie barock oder minimalistisch es unter Ihrer Bluse zugeht, ob Sie es spitz, rund, hoch oder natürlich mögen – Ihr BH muss passen.

*Er passt nicht,* wenn aus zwei Brüsten vier werden. Körbchen, die einen Tick zu klein sind, machen zwar teilweise ein aufregendes Dekolletee, sehen aber eigenartig aus, wenn Sie etwas drüberziehen, selbst wenn es ein weites Oberteil ist. Dann sieht man nämlich nur die beiden Zusatzhügel, und das befremdet. Lassen Sie sich nicht blenden und nehmen Sie die nächste Körbchengröße.

*Er passt nicht,* wenn die Brüste vorn wohl verpackt wirken, dafür aber teilweise unter den Achseln wieder zum Vorschein kommen. Das liegt ebenfalls am Körbchen, und wahrscheinlich sind auch die Träger zu kurz eingestellt. Die sorgen für den Zusatzeffekt eines viel zu hoch sitzenden Querbalkens über dem Rücken, der Sie automatisch wie eine Oma wirken lässt. Wenn Sie viel nach oben liften wollen, nehmen Sie breitere und weniger dehnbare Träger. BHs mit einem breiten Streifen unter den Körbchen formen außerdem eine bessere Silhouette. Tragen Sie massivere Modelle, wenn Sie selbst massiv sind.

*Er passt nicht,* wenn Sie kurz in der Umkleidekabine herumhüpfen und anschließend nichts mehr da ist, wo es hingehört. Schütteln Sie sich, bücken Sie sich und heben Sie die Arme. Sie brauchen Ihren BH für mehr als nur ein Standbild, prüfen Sie deshalb auch, was passiert, wenn Sie sich setzen.

*Er passt nicht,* wenn das Körbchen Ihnen gleichzeitig zu groß und zu klein ist. Spielraum und Enge in nur einem BH bedeuten Fehlkonstruktion. Vergessen Sie das ganze Modell.

*Er passt gar nicht,* wenn Sie von oben an sich herunterschauen und Ihre Formen nicht wiedererkennen. Wenn Sie auch beim Blick in den Spiegel auf einen völlig deformierten, Ihnen nicht bekannten Oberkörper starren, ziehen Sie das Ding sofort aus.

*Er passt,* wenn eine große Harmonie zwischen vorn und hinten herrscht, wenn das untere Band auf einer Höhe um Ihren Körper läuft und Sie gleichzeitig mit der Form Ihrer Brüste zufrieden sind.

*Er passt,* wenn er Bügel hat, die Ihre Brust umranden, unten auf dem Brustkorb und nicht auf der Brust liegen und nicht drücken.

*Er passt,* wenn Sie sich einmal rundherum drehen und von allen Seiten gut aussehen – testen Sie das mit und ohne Oberteil.

D *ES KANN NICHT NUR EINEN GEBEN* Ein BH ist keine Mehrzweckwaffe. Sollten Sie dennoch einen gefunden haben, der die perfekte Büste zaubert, unglaublich praktisch, sehr gemütlich und auch noch verführerisch ist, sind Sie im Paradies gelandet und sollten sich mit diesem Modell eindecken. Wenn nicht, kaufen Sie nach Verwendungszweck und werden Sie mit mehreren glücklich. Eine Hauptursache für Probleme mit dem BH ist nämlich, dass die meisten Frauen zu viel von ihm erwarten. Sinnvoller ist es, ähnlich gerecht zu denken wie bei Oberbekleidung und Schuhen: Von einer Jogginghose erwarten Sie keine Verführungsqualitäten und von Ihren Stilettos keinen Spaß beim Wandern. Genauso verhält es sich mit dem BH. Das aufregende Modell ist dafür gedacht, als eigenständiges Kleidungsstück getragen zu werden – nämlich ohne etwas darüber. Sein Einsatz erfolgt ähnlich dem eines Diaphragmas, nur dass man den BH natürlich sehen soll. Die Frau entschuldigt sich kurz, huscht ins Bad, tauscht Ihre Alltagsunterwäsche gegen die für besondere Anlässe und kommt als Göttin zurück. Auch wenn das nicht Ihre Methode ist, kennen Sie sie sicher aus diversen Filmen. Die meisten BH-Spielereien sind nichts für „drunter". Deshalb ist auch der BH, den Sie lieben, weil er formt und gut unter enger Kleidung aussieht, viel unspektakulärer. Wenn er zudem noch vorzeigbar ist und Sie es sowieso lieber schlicht mögen – umso besser. Der Zweck-BH, den Sie zum Sport oder während der Stillzeit brauchen, verzichtet völlig auf dem Anspruch, Ihre Umwelt zu elektrisieren. Er soll nur sitzen, atmungsaktiv, waschbar und wunderbar komfortabel sein. Legen Sie sich also ein BH-Team zu, in dem jeder seinen Job zu Ihrer Zufriedenheit erfüllt.

# 062 — EIN PARFUM KAUFEN

Der Geruchssinn ist der instinktivste und somit der gerechteste unserer Sinne, denn wen man nicht riechen kann, den mag man nicht, egal, wie er sich den Augen und Ohren präsentiert. In Patrick Süskinds Klassiker „Das Parfum" wird ein Mann auf der Suche nach dem absoluten Duft zum Mörder. Dieser Mann hat das Problem, dass er selbst komplett geruchlos und damit auch ungeheuer unbeliebt ist. Da Sie auf jeden Fall über einen Eigenduft verfügen, müssen Sie keinem anderen Menschen seinen Duft stehlen, sondern können sich ein Parfum kaufen, das Ihre Persönlichkeit optimal unterstreicht.

A **ABENTEUER KAUF** Sehen Sie Ihr Parfum als eine sehr intime Aussage über sich selbst, die nur von einem erlauchten Kreis von Insidern verstanden werden soll.

Ein Allerweltsgeruch kommt bei dieser Herangehensweise nicht in Frage. Es kommen ständig neue Düfte auf den Markt, von denen ein großer Teil sich nicht durchsetzt und wieder verschwindet. Viele dieser beliebigen Düfte sind der Trostpreis der Luxushersteller für die Kunden, die sich größere Artikel nicht leisten können. Kaufen Sie kein Parfum, weil Sie eigentlich gerne einen Mantel oder Schuhe des Designers hätten, dessen Name zwar auf der Flasche steht, der mit dem Duft aber meist ziemlich wenig zu tun hat. Etwas anderes ist es bei echten Klassikern, die von bekannten Parfumeuren für die großen Modemacher entwickelt wurden.

Wenn Sie auf der Suche nach etwas wirklich Besonderem sind, schauen Sie sich nach Namen von Häusern um, die sich ausschließlich mit Parfumherstellung beschäftigen. Die finden Sie in speziellen Parfümerien, in wirklich gut sortierten Kaufhäusern und natürlich auf Reisen. Spezialparfums haben seit einigen Jahren Hochkonjunktur, was jeder nachvollziehen kann, der sich an den Massendüften überrochen hat.

Entwickeln Sie einen regelrechten Riecher dafür, was Ihnen stehen könnte. Ihr Aussehen und Alter spielen dabei weniger eine Rolle als das Gefühl, das der Duft bei Ihnen auslöst. Sie werden auf Parfums stoßen, die Ihnen zwar gefallen, die Sie aber eher mit einer anderen Person verbinden als mit sich selbst. Vorsicht auch bei interessanten, aber überpräsenten Düften. Wenn ein Parfum Sie spazieren trägt und nicht umgekehrt, ist es zu opulent.

Manche Kreationen werden Sie an etwas erinnern, das Sie nicht konkret benennen können, was Sie aber ungeheuer aufregend finden. Wenn das passiert, sind Sie auf der richtigen Fährte. Auch wenn ein Duft Sie derart euphorisiert, dass Sie ihn gerne ständig inhalieren würden, wird er sicher ausgezeichnet zu Ihnen passen. Sprühen Sie ihn auf Ihr Handgelenk oder einen Papierstreifen und nehmen Sie ihn für eine Probenacht mit nach Hause. Gute Parfums können Sie in all ihren Facetten erst nach einiger Zeit erkennen. Das, was Sie sofort erkennen, ist nur die Kopfnote. Nachdem sie sich verflüchtig hat, entfaltet sich die Herznote, praktisch die Hauptnote. In der Basisnote entdecken Sie schließlich die am längsten haftenden Duftstoffe. Wenn Ihnen eine Nacht zu lang ist, dann beobachten Sie die Entwicklung für mindestens 20 Minuten.

Ihrer Nase und Ihrem Urteilsvermögen sollten Sie beim Probieren maximal fünf verschiedene Düfte zumuten. Besser ist es, drei Parfums in die engere Auswahl zu nehmen. In guten Parfümerien können Sie kurz an Kaffeebohnen schnuppern, um Ihren Geruchssinn zwischendurch zu neutralisieren. Während der Schwangerschaft oder vor der Menstruation verändern die Hormone das Hautmilieu. Oft ist die Nase dann auch so sensibel, dass Sie sich von Gerüchen regelrecht attackiert fühlen. Diese Zeiten, und bei Allergikern natürlich die Tage mit der verstopften Nase, sind ungünstig für den Kauf eines neuen Duftes.

B **VON SCHOKOLADE BIS TONER** In der Fachsprache der Parfumeure, auch Nasen genannt, werden viele Begriffe aus der Musik benutzt, man spricht von Noten und natürlich von Kompositionen, die teilweise so raffiniert und berauschend sind, dass man den Parfumkauf mit einem Gourmettrip vergleichen kann. Wie bei Geschmackskreationen gibt es auch bei den Düften viele Noten, auf die sich die meisten Menschen einigen können. Die Inhaltsstoffe werden von den Parfumeuren seit Jahrhunderten verwendet, wie zum Beispiel bestimmte Hölzer, Blüten, Rinden und Gewürze oder die so genannten Gourmand-Noten wie Vanille, Karamell, Schokolade oder Zuckerwatte, also die, die man allgemein als lecker bezeichnet.

Das Konzept der *antiParfums* von Comme des Garçons wirkt dagegen anfangs sehr ungewöhnlich, denn die Gerüche von Staub, Tinte, warmem Toner des Fotokopierers oder Bleistiftspänen, verbindet man zunächst nicht mit einem sinnlichen Parfum. Da Gerüche ihre Magie aber durch die Erinnerungen entfalten, die man mit ihnen verbindet, kann der nachempfundene Duft seiner Umgebung beim urbanen Menschen dieselben Gefühle auslösen wie der Duft des Meeres bei einem Seemann. Wobei man davon ausgehen kann, dass weniger Menschen emotional auf Baustellen- oder Bürogeruch

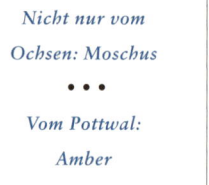

*Nicht nur vom
Ochsen: Moschus
• • •
Vom Pottwal:
Amber*

reagieren, als auf den einer Wiese oder einer orientalischen Nacht, wie man an der Bezeichnung *antiParfum* bereits erkennen kann.

c **TIERISCH AUFREGEND** Der ultimative Lockstoff, dem jeder Mensch sofort verfällt, ist Fiktion. Tatsache ist aber, dass Rezepturen, in denen Duftbausteine aus der Tierwelt verwendet wurden, besonders sexy wirken, weil sie unseren eigenen Gerüchen ähneln und damit unsere animalische Seite ansprechen. Es gibt sogar Parfums, in denen menschliche Pheromone (Sexuallockstoffe) nachgeahmt werden, um die Anziehungskraft auf das andere Geschlecht zu steigern. Deren Wirkung ist allerdings nicht bewiesen.

Tierische Sekrete wie Moschus, Amber, Bibergeil oder Zibet – eine Absonderung aus den Analdrüsen der Zibetkatze – stinken in ihrer Reinform, entfalten bei entsprechender Verdünnung aber eine ungeheure Anziehungskraft. Auch bei exklusiven Parfums werden viele Riechstoffe heute synthetisch hergestellt, nicht nur aus finanziellen, sondern auch aus Gründen des Tier- und Umweltschutzes. Bei vielen alten Düften kann man deshalb davon ausgehen, dass sie heute nicht mehr riechen wie das Original und einen Teil ihrer ursprünglichen Aura verloren haben.

d **BILLIG** Eine ausgeklügelte Formel aus natürlichen und hochwertig nachempfundenen Stoffen steht trotzdem in keinem Vergleich zu einer billigen Chemiebombe. Die erkennt man daran, dass der Duft flach und gleichzeitig aufdringlich ist. Flach bedeutet, dass er sich nicht entwickelt, nicht subtil ist und auf jeder Haut gleich riecht. Da diese Parfums dieselben Substanzen

Vom Biber:
Bibergeil
• • •
Von der Katze:
Zibet

enthalten, die auch zur Beduftung von Wasch- und Putzmitteln verwendet werden, wirken sie weder mysteriös noch Fantasie anregend.

E **DOSIERUNG** Kosmetikkönigin Estée Lauder hat einmal gesagt: „Parfum ist wie die Liebe. Ein bisschen ist nie genug." Den Begriff atemberaubend sollte man bei der Parfümierung trotzdem niemals wörtlich nehmen. In Kanada und in den USA gibt es bereits Bewegungen für eine duftfreie Arbeitsatmosphäre. Duftbelästigung kann Kopfschmerzen und Übelkeit verursachen und ähnlich foltern wie Lärm. Glücklicherweise gehen viele Menschen tagsüber von alleine sparsamer mit ihrem Duft um als nachts. Da der Geruchssinn uns ursprünglich vor Gefahren warnen sollte, werden Sie Ihr eigenes Parfum nach einiger Zeit nicht mehr wirklich wahrnehmen, Ihre Mitmenschen jedoch schon. Denken Sie daran, bevor Sie die Dosis erhöhen oder wechseln Sie ab und zu das Parfum, damit Sie sich wieder selbst riechen.

F **UNISEX** Unisex ist zwar ein unsexy Wort, doch bei einem komplexen Duft wird sich auf der Haut einer Frau etwas völlig anderes entwickeln als bei einem Mann, was das Ganze zu etwas sehr Magischem machen kann. Manche Frauen können sehr gut Herrendüfte tragen.

G **WO UND WANN** Am besten eignen sich für Parfum die Handgelenke und der Hals, weil sie so gut durchblutet sind. Außerdem die Stelle zwischen den Brüsten, hinter den Ohren, in den Ellenbogen und Kniekehlen und am untersten Ende des Rückens.

Sie können Ihr Parfum auch auf ein Kleidungsstück sprühen, das Sie am nächsten Tag anziehen wollen. So entfaltet sich über Nacht die Basisnote. Die meisten Menschen entscheiden sich nach Gefühl für ihren Sommer- oder Winterduft. Feste Regeln gibt es weder für die Jahres- noch für die Tageszeiten. Meist ergibt sich ein Trageverhalten aus dem eigenen Gespür heraus, so dass Sie sich im Sommer automatisch nach frischeren Noten sehnen oder nachts nach provokanteren als am Tag.

Die Beziehung zu einigen Düften endet mit einem Lebensabschnitt, dann ist es Zeit für etwas Neues. Es gibt keine Regel, die besagt, dass man einem Duft ein Leben lang treu sein muss. Sehen Sie Ihr Parfum eher als Begleiter für Phasen und Launen und nutzen Sie es als Ausdrucksmittel.

# 063 DIAMANTEN ERKENNEN

Wenn Sie einen Diamanten besitzen, dann halten Sie es hoffentlich nicht mit Marilyn Monroe und bezeichnen ihn als Ihren besten Freund. Vielleicht als Ihren ältesten, denn selbst junge Diamanten sind mehrere Millionen Jahre alt. Ein treuer Begleiter ist er auch, denn seine Schönheit ist über jede Mode und jeden Zeitgeist erhaben. Außerdem ist er leicht zu transportieren und wird weltweit gleich bewertet. Er ist also auch noch ein Freund, mit dem man gut verreisen, durchbrennen oder auswandern kann. Abgesehen davon, dass der wirklich beste Freund aktiver und unterhaltsamer sein sollte als kristallisierter Kohlenstoff, kann man schon sagen, dass Frauen und Diamanten sehr gut zusammenpassen. Sogar einen Kosenamen geben ihm einige, nämlich Bling Bling, was lautmalerisch schön funkelt und deshalb gut in Songtexte passt. Für zurückhaltende Eleganz steht Bling Bling allerdings nicht, denn nicht nur der einzig wahre Diamant darf so genannt werden, sondern jede Art von teuren Dingen, die glänzen. Auch verchromte Felgen.

A *HARTER STOFF* Zu etwas Besonderem macht den Diamanten nicht nur sein Aussehen, das vor der Bearbeitung übrigens recht unspektakulär ist. Der

Diamant ist auch das härteste bekannte Mineral. Seine Schleifhärte ist 140-mal höher als die auf der Mohs'schen Härteskala folgenden Steine Rubin und Saphir. Er hat mit 10 Punkten die höchste Punktzahl, und kein anderes Material kann ihn ritzen. Deshalb werden Diamanten auch mit Diamanten geschliffen.

B **THEORETISCHE LAIENTRICKS Ritztest** Ein Echtheitstest ohne Fachmann wird zwar nicht empfohlen, ist aber theoretisch möglich, indem man versucht, den Stein mit einem Kupferstift zu ritzen. Ein echter Diamant würde den Angriff theoretisch unzerkratzt überstehen. Ein Diamant ist jedoch nicht unzerstörbar, und das verweist wieder auf Profiarbeit, denn bei unsachgemäßer Behandlung kann er zerspringen, weil sehr hart auch immer sehr spröde bedeutet.

*Fetttest* Bei der Förderung von Diamanten macht man sich ihre Adhäsion (Haftungsfähigkeit) an Fett zunutze. Das Geröll gelangt auf gefettete Bänder, wertlose Stücke werden später weggespült, die Diamanten bleiben dagegen am Fett haften. Für den Test im Hausgebrauch bedeutet das, dass ein echter Diamant, den man mit Fett bestreicht und gegen einen Spiegel drückt, sich dort festsaugt. Dies ist allerdings nur ein Test für einen Stein ohne Fassung.

*Ahnung haben* Experimentfreudige Frauen mit Ahnung von Physik und Geologie könnten ihre Steine anhand der elektrischen Leitfähigkeit, der Wärmeleitfähigkeit, der Lichtbrechung und anderer Faktoren von künstlichen Diamanten oder anderen Edelsteinen unterscheiden. Was aber aufwendiger wäre als ein Gang zum Juwelier.

*Prüfen lassen* Sicherheit bieten kann Ihnen erst Ihr Juwelier, der zwar häufig Prüfgeräte in seinem Geschäft hat, sich aber die hundertprozentige Antwort in einem Prüflabor einholen wird. In Deutschland wird er den Stein nach Idar-Oberstein schicken, der Hauptstadt der deutschen Edelstein- und Diamantenindustrie.

C **4 C** Den Wert eines Diamanten kann nur ein Experte bestimmen. Anhand der berühmten 4 C: Carat • Clarity (Reinheit) • Colour (Farbe) • Cut (Schliff).

**1. Carat** Der Wert eines Diamanten steigt mit seinem Gewicht, und das wird in Carat (Abk. ct) angegeben, das man immer mit C schreibt, wenn es um Diamanten geht. Bei Gold benutzt man die Schreibweise mit K. Ein Carat entspricht 0,2 Gramm. So viel wiegt ein Samen des Johannisbrotbaums, der früher als Wägeeinheit benutzt wurde. Darauf kam man, weil Johannisbrotsamen für ein Naturprodukt ein erstaunlich konstantes Gewicht aufweisen.

**2. Clarity • Reinheit** Bei der Reinheit geht es darum, dass der Wert steigt, wenn möglichst keine Einschlüsse zu sehen sind. Im Gegensatz zum Bernstein, bei dem es gewünscht ist, ein kleines Fossil mit bloßem Auge erkennen zu können, handelt es sich bei den Einschlüssen in Diamanten um winzige Partikel anderer Mineralien (meist Silikatmineralien), die unter dem großen Druck während der Entstehung in den Stein gelangten. Wenn bei einer zehnfachen Vergrößerung keine Einschlüsse sichtbar sind, gilt der Diamant als lupenrein. If = internal flawless (lupenrein) • Vvsi 1, vvsi 2 = very, very small inclusions (sehr, sehr kleine Einschlüsse) • Vsi 1, vsi 2 = very small inclusions (sehr kleine Einschlüsse) • Si 1, si 2 = small inclusions (kleine Einschlüsse) • Pique 1 = Einschlüsse, die man schwierig mit bloßem Auge erkennt • Pique 2 = Einschlüsse, die man gut mit bloßem Auge erkennt • Pique 3 = Einschlüsse, die man sofort mit bloßem Auge erkennt.

**3. Colour • Farbe** Bei den nichtbunten Diamanten gilt die absolute Farblosigkeit als begehrtester Ton. Die Tabelle reicht bis hin zur schlichten Bezeichnung yellow für gelbe Steine: River+ = Hochfeines Weiß+ • River = Hochfeines Weiß • Top Wesselton+ = Feines Weiß+ • Top Wesselton = Feines Weiß • Wesselton = Weiß • Top Crystal = Leicht getöntes Weiß • Crystal = Getöntes Weiß • Top Cape = Getönt 1 • Cape = Getönt 2 • Light Yellow = Getönt 3 • Yellow = Getönt 4

Früher wurde die Farbe bestimmt, indem man den Diamanten auf weißes Papier legte und unter dem Nordhimmel betrachtete. Der Unterschied zur Farbe des Papiers galt dabei als der entscheidende Parameter. Heute erfolgt die Farbbestimmung mit speziellen Tageslichtlampen. Die Feststellung der Farbe ist nach wie vor weniger präzise als die der anderen drei C-Bewertungskriterien. **Fancy Diamonds:** Bei den so genannten Fancy-Colour-Diamanten dagegen ist die intensive Färbung gewünscht, weil die kräftigen Nuancen sehr viel seltener sind als weiße oder getönte Diamanten. Bei farbigen Diamanten spielt deshalb auch die Reinheit keine Rolle. Ebenso wenig natürlich bei schwarzen Diamanten, die eine ganz andere Schönheit haben, und bei denen Einschlüsse sowieso nicht sichtbar sind. Die gewünschten Farben haben dann auch so schöne Namen wie Goldorange, Lemon, Noir/ Black, Schoko oder Electric-Blue.

*4. Cut • Schliff* Dem C-Bewertungskriterium Nummer vier, dem Cut oder Schliff, gehen das Markieren, Spalten, Sägen und Rundieren voran. Anschließend wird poliert. Der Diamantenschleifer arbeitet mit einem Wunder der Natur, deshalb kann es auch bei allerbester Arbeit zu einem weniger glanzvollen Schliff kommen, wenn der Rohdiamant nicht die richtigen Bedingungen mitbringt. Anhand der Form des Rohdiamanten entscheidet der Schleifer, welchen Schliff er wählt und stellt viele Berechnungen an, um ein Optimum an Schönheit zu erhalten. Auch die Einschlüsse spielen bei seinen Berechnungen eine Rolle, denn an diesen Stellen kann der Diamant brechen. Die einfallenden Lichtstrahlen werden durch die Facettierung des Steins so geleitet, dass eine optimale Reflektion entsteht. Die Facetten wirken hierbei wie Spiegel.

Die Brillanz oder Strahlkraft bezeichnet man als „Feuer" des Steins. Beim Schliff wird in vier Qualitätsstufen unterteilt, bei denen es um die Strahlkraft und die perfekten Proportionen geht: Sehr gut (very good) = Hervorragende Brillanz • Gut (good) = Gute Brillanz • Mittel (medium) = Brillanz gemindert • Gering (poor) = Brillanz erheblich gemindert.

ᴅ **DER BRILLANT** Dem achtsymmetrisch rund geschliffenen Diamantkristall wird die höchste Strahlkraft, also Brillanz zugeordnet. Nur die runde Schliffform mit mindestens 32 Facetten und der Tafel oben und mindestens 24 Facetten im unteren Teil darf als Brillant bezeichnet werden. Der Brillant hinterlässt von allen Schliffen den stärksten Eindruck, weshalb in der Umgangssprache auch Brillanten mit Diamanten gleichgesetzt werden. Nicht jeder Diamant ist ein Brillant, aber jeder Brillant ist ein Diamant.

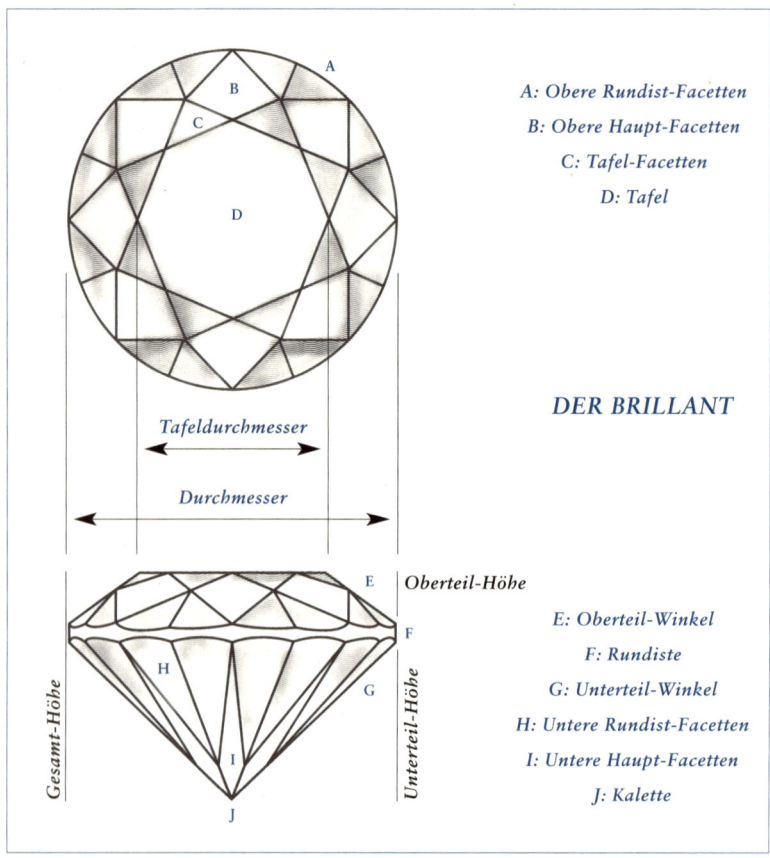

A: Obere Rundist-Facetten

B: Obere Haupt-Facetten

C: Tafel-Facetten

D: Tafel

**DER BRILLANT**

E: Oberteil-Winkel

F: Rundiste

G: Unterteil-Winkel

H: Untere Rundist-Facetten

I: Untere Haupt-Facetten

J: Kalette

ᴇ **DAS FÜNFTE C** Das C Nummer fünf steht für *conflict* oder sollte das *certificate* sein. Damit ist gemeint, dass unbedingt die Herkunft des Diamanten nachgewiesen werden muss, da der Begriff „Blutdiamanten" für Steine, mit denen Bürgerkriege finanziert werden, mittlerweile überall bekannt ist und bei aller Liebe zum Luxus sehr ernst genommen wird. Seit einiger Zeit werden Diamanten auch durch Laser direkt mit Prüfnummern versehen, da sie fälschungssicherer sind als andere Zertifikate.

**KAUFEMPFEHLUNG** Wenn Sie demnächst einen großen materiellen Wunsch frei haben und Schmuck bei Ihnen ganz oben auf der Liste steht, kaufen oder wünschen Sie sich einen möglichst schweren Brillanten, flawless, very good geschliffen, in hochfeinem Weiß+ oder einer sehr seltenen fancy colour.

# 064    GEFÄLSCHTE DESIGNERWARE ERKENNEN

Im Designbereich wird alles gefälscht, was stark nachgefragt wird. Vor allem Taschen, Sonnenbrillen, Parfums, Polohemden und Sportschuhe werden kopiert. Experten schätzen, dass beispielsweise eines von zehn Lacoste-Hemden weltweit nicht echt ist.

Aufwendige Designermode oder Haute Couture wird weniger kopiert, denn hier sind die Erkennungsmerkmale nicht so offensichtlich oder die Schnitte sind zu kompliziert. Die große Mehrheit aller Fälschungen kommt aus Asien und ist auch vom Laien leicht zu identifizieren. Sie lehnen sich an das Original lediglich an, aber die verarbeiteten Materialien sind von minderwertiger Qualität, das vermeintliche Leder entpuppt sich als Plastik, und manche Produkte, wie zum Beispiel die Aufkleber für Fingernägel mit dem Logo eines großen Designerlabels, gibt es als Original überhaupt nicht.

Auch an übergroßzügiger, protziger Logopräsenz, die selbst Louis Vuitton zum Erröten brächte, lassen sich so genannte Fakes erkennen, genauso wie die Marke betreffende Rechtschreibfehler wie zum Beispiel „Yves Seint Laurent".

Rechtschreibfehler befinden sich auch oft in Pflegeanleitungen oder bei beigelegten Zertifikaten. Wenn gefälschte Ware bis ins Detail an das Original heranreichen will, müssen hochwertige Materialien sehr gut verarbeitet werden. Für die Kopierer hieße das, dass sie sich auf einem ähnlich teuren Produktions- und Materialniveau bewegen müssten wie die Hersteller der Originale. Tatsächlich gibt es Edelplagiate, aber nicht für den Massenmarkt, da sie schlicht zu teuer wären.

A **LUSTIGER SCHUND** Die meisten Frauen, die sich eine Kopie kaufen, tun dies ganz bewusst, weil sie sich die echten Stücke nicht leisten können oder wollen. Deshalb sind sie auch nicht zimperlich, wenn bei einer Kopie an manchen Stellen gegen die Werkstreue verstoßen wird.

Eine billige Pseudo-Chanel-Tasche gilt als witziges Souvenir und wird als originelles, nicht als orginales Geschenk von Reisen mit nach Hause gebracht. Manche dieser Stücke haben tatsächlich einen ganz eigenen, modischen Trash Appeal.

B **TODERNSTER HINTERGRUND** Bei näherer Beschäftigung mit dem Thema „Gefälschte Designerware" bleibt einem allerdings das Lachen im Halse stecken. Das Geschäft mit den Plagiaten ist kein Robin-Hood-Spiel, bei dem sich freundliche Omis an der Nähmaschine etwas dazuverdienen können, indem sie Statussymbole demokratisieren, sondern der Markt für gefälschte Designerware ist weltweit fest in der Hand des organisierten Verbrechens. Die oberen Etagen derjenigen, die von Ihrem lustigen Mitbringsel profitieren, sind auch diejenigen, die in allen anderen krummen Geschäften wie Drogen, Waffen- und Frauenhandel mitmischen. Das Fälschen von Designerware ist für sie lediglich eine weitere Einnahmequelle und ein Geldwäschezweig, der im Gegensatz zu ihrem sonstigen Geschäft vermutlich etwas entspannter abläuft.

Der italienische Journalist Robert Saviano, der in einem Aufsehen erregenden Bestseller die Machenschaften der italienischen Camorra beschreibt, berichtet in seinem Buch auch von den Verbindungen zwischen organisiertem Verbrechen und der Designwelt. Demnach gibt es in Italien Fabriken, die die Originalware produzieren und die unter dem Schutz der Camorra Teile davon abzweigen, um sie auf anderem Wege zu verkaufen.

Laut Saviano geschah dies teilweise mit dem Wissen der Luxuskonzerne. Diese Art von Fälschungen ist dann aufgrund ihrer äußeren Merkmale so gut wie gar nicht von den Originalen zu unterscheiden. Sie sind „echte Fakes", mit denen sich gutes Geld verdienen lässt. Saviano steht seit Erscheinen seines Buches unter dauerndem Polizeischutz, bei der Camorra gilt er als Persona non grata, was nichts anderes bedeutet, als dass er in Lebensgefahr schwebt.

c **ORIGINAL ODER FÄLSCHUNG?** Zuerst empfiehlt sich ein Realitäts-Check: Sie wissen, dass das Leben kein Wunschkonzert ist, man in der Regel nichts geschenkt bekommt und dass Qualität und Marken ihren Preis haben. Der gesunde Menschenverstand zwingt Sie somit regelrecht nach dem Haken zu fragen, wenn etwas zu schön ist, um wahr zu sein. Das gilt auch für Luxusartikel zum Ramschladenpreis. Viele Kopien erkennt man sofort an ihrer mäßigen Verarbeitung und am billigen Material. Fühlen und riechen Sie beispielsweise am Leder. Designertaschen stinken nicht nach Lösungsmitteln und sind mit tadellosen Reisverschlüssen ausgestattet. Bei originalen Sonnenbrillen klebt das Logo nicht schief auf dem Bügel – schief und krumm sind immer Indizien für Fakes. Genauso wie Leimflecken an Stellen, die eigentlich genäht sein sollten. Außerdem haben viele Produkte Echtheitszertifikate mit eigenen Nummern und Hologrammen. Auch diese Zertifikate werden inzwischen gefälscht, haben dann aber oft alle dieselbe Nummer. Ein weiteres Indiz ist die Verpackung, denn große Designhäuser verwenden nur die beste Pappe, aufwendige Drucke und bestes Seidenpapier. Eine vermeintlich echte Designertasche in einer Plastiktüte sollte Ihnen verdächtig erscheinen. Achten Sie bei Kleidungsstücken auf die Etiketten. Und zwar nicht nur auf die, die Ihnen sofort entgegenblinken, sondern auch auf die Pflegeanleitungen. Jedes große Haus verzichtet gerne auf Reklamationen und legt deshalb Wert auf möglichst strenge Reinigungsvorschriften. Die Fälscher hingegen verzichten lieber auf zusätzlichen Aufwand und lassen diese Etiketten weg. Dasselbe gilt für Ersatzteile wie Knöpfe, Ösen und Stoffstücke. Bei Parfum geben sich die Fälscher oft mit der Verpackung noch mehr Mühe. Allerdings weist das Glas der Flaschen oft mehr Luftblasen auf und der Duft trifft so gut wie nie das Original.

d **SIE SIND ÜBERALL** Die Sonnenbrillen, die Ihnen im Urlaub am Strand oder auf irgendwelchen Märkten von fliegenden Händlern angeboten werden, sind gefälscht, etwas anderes zu glauben wäre naiv. Dafür sind alle Produkte, die Ihnen in den luxuriösen Concept Stores oder den Flagship Stores angeboten werden, mit Sicherheit echt. Schwierig wird es bei allen Anbietern, die sich dazwischen bewegen. Als Schnäppchenjäger können Sie davon ausgehen, dass Teile, die in Outlets oder Kaufhäusern angeboten werden, in der Regel auch echt sind, wobei es durchaus vorkommt, dass selbst bei großen Ketten von Kaufhäusern hier und da mal ein kopiertes Teil dazwischenrutscht. Allerdings wird dort in der Regel gegen einen solchen Fauxpas hart vorgegangen, denn das Interesse daran ist groß, dass solche Fälle Einzelfälle bleiben. Verständlich: Der Ruf des Unternehmens würde durch das regelmäßige Auftauchen von Fälschungen stark beschädigt werden.

E **SUCHEN IM NETZ** Kritisch ist vor allem die Lage im Internet, einem lukrativen Absatzmarkt für gefälschte Designerware. Sie sollten hier so wachsam einkaufen wie auf einem unübersichtlichen Basar.

*Die Menge* Da die Topmarken sehr wählerisch bei der Wahl ihrer autorisierten Händler sind, liegt der erste Grund misstrauisch zu werden schon in der Anzahl. Bei Anbietern, die Luxusmarken in allen Farben und Größen anbieten, liegt die Vermutung nahe, dass es sich um Plagiate handelt. Dasselbe gilt übrigens für Vintage-Läden, die Second-Hand-Ware verkaufen. Eine märchenhafte Auswahl an Größen und Farben sollte Ihnen auch hier suspekt sein.

*Die Herkunft* Die Welt-Kommune kann sehr viel Spaß machen und bietet Shoppingmöglichkeiten rund um die Uhr und den Globus. Schauen Sie trotzdem nach, aus welchem Land Ihnen das gute Stück zugesandt werden soll. Entspricht der Preis für Ihr Designerstück dort mehreren Akademikergehältern, können Sie sich den Rest denken.

*Die Verkaufssprache* Neue ebay & Co-Käuferinnen sollten darauf achten, dass viele Anbieter zwar durchweg positive Bewertungen bekommen, dies aber nichts mit der Echtheit der Ware zu tun hat. Viele Käufer sind mit einem Etikett oder Versprechen zufrieden und freuen sich über den niedrigen Preis und die prompte Lieferung. Anderen genügen Artikelbeschreibungen wie „Gucci-Style", die den Verkäufer davor schützen, als Vertreiber von Fälschungen belangt werden zu können, denn „Style" ist nicht gleich Marke. Ominös sind auch Beschreibungen, in denen zu viele bekannte Namen genannt werden. Ein Gucci-Prada-Marc-Jacobs-Chloé-Kleid? Und noch dazu

ein „super süßer Traum"? Im Wachzustand betrachtet wäre es eine Sensation, wenn die Chefdesigner dieser Häuser gemeinsam ein Stück entwerfen und es für den Preis einer Tankfüllung verschleudern würden. Dieser Trick dient nur dazu, Namensfetischisten auf die Auktion zu locken.

Hochgeladene Pressefotos von Modenschauen oder Prominenten mit dem feilgebotenen Stück sind ebenfalls Bäuerinnenfang und nicht relevant, wenn es um die Echtheit des Produkts geht. Wenn ein Verkäufer nicht in der Lage ist, Ihnen mehrere Fotos des Objekts im Ist-Zustand zu schicken, stimmt etwas nicht.

*Keine Garantie* Wie überall, wo es um viel Geld geht, wird auch hier nicht geschlafen. So nehmen die Händler gefälschter Ware natürlich auch die Prüfkriterien in ihr Repertoire auf. Wer Handtaschen und Sonnenbrillen nachmachen kann, schafft das auch mit Staubbeuteln, Etiketten, Seriennummern und Kassenbelegen. Originalverpackungen sind außerdem billiger zu beschaffen als Originalware.

*Finden im Netz* Übrig bleibt eine sehr überschaubare Zahl von Anbietern. Eine gute Wahl sind Leute, die tatsächlich gerade ausmisten. Die besitzen nämlich einen Kleiderschrank und keine Lagerhalle voller Blüten. Ergo finden Sie hier pro Modell nur ein Exemplar und das ist meist auch gepflegt, aber getragen. Das ist noch keine Garantie, aber der richtige Weg. Sie haben das Recht, vor dem Bieten oder Kaufen Fragen zu stellen, die der Verkäufer Ihnen auch beantworten können sollte.

Fragen Sie nach der Bezugsquelle, nach Originalbelegen und nach den Gründen des Verkaufs. Interessant sind auch Jahr und Kollektion, denn damit finden Sie das Stück auf der offiziellen Homepage des Designers. Viele Privatpersonen preisen ihre Produkte weniger marktschreierisch an als

Großverkäufer. Wer daran gewöhnt ist, exklusiv zu kaufen, geht davon aus, dass auch andere Käufer wissen, wer der jeweilige Designer ist und für was er steht. Das sieht man auch am Preis. Drei- oder vierstellige Eurobeträge inmitten vieler Fast-Geschenke fallen natürlich auf. Der hohe Preis kann aber auch ein Hinweis darauf sein, dass der Verkäufer irgendwann einmal den noch viel höheren Originalpreis hingeblättert hat und nun wenigstens auf die Hälfte spekuliert. Teuer ist natürlich keine Echtheitsgarantie, besonders wenn das Produkt bereits bei ebay ersteigert und jetzt wieder eingestellt wurde. Die sehr seltenen, aber tatsächlichen Schnäppchen machen Sie bei Verkäufern, die Originale ohne viel Tamtam anbieten, weil sie sie einfach nur loswerden wollen.

# 065 EIN TUCH FALTEN

Stellen Sie sich vor, Sie haben nichts anzuziehen! Oder Sie wollen endlich wissen, wie es ist, ohne Gepäck zu vereisen. Theoretisch brauchen Sie lediglich zwei Tücher, um jeden Tag ein neues Outfit daraus zu binden. Eine schöne Vorstellung. Mit den richtigen Tüchern könnten Sie sich auch noch Ihrem Urlaubsort anpassen, indem Sie sich einen Sari binden, einen Turban zaubern, sich verschleiern, Ihr Haar beim Cabriofahren schützen oder einen Bikini daraus knoten.

Wer Wert auf große Namen legt, kommt natürlich nicht am handbedruckten Seidentuch von Hermès vorbei. Man sagt, dass alle 25 Sekunden irgendwo auf der Welt ein Carré Hermès verkauft wird. Die Liste seiner prominenten Trägerinnen ist sehr lang, darunter die englische Königin und Grace Kelly, die es auch als Schlinge für ihren gebrochenen Arm benutzte.

Hermès bringt zwei Kollektionen im Jahr heraus, immer mit der Signatur der Designer (vgl. Kapitel *Die Frau und der Konsum*, Rubrik *Gefälschte Designerware erkennen*). In den Maßen 90 mal 90 cm gibt es natürlich auch Tücher anderer Hersteller, denn sie eignen sich hervorragend für die verschiedensten Bindungen.

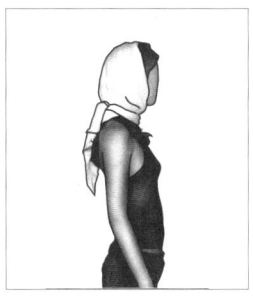

*Fahren Sie Cabrio? Ein Tuch schützt vor fliegender Frisur.*

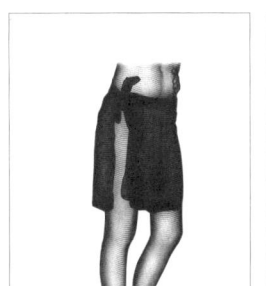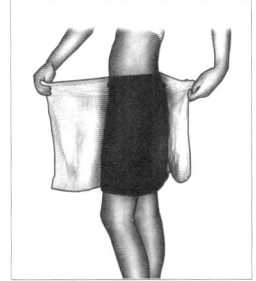

*Haben Sie Ihren Rock verloren? Nehmen Sie zwei Tücher.*

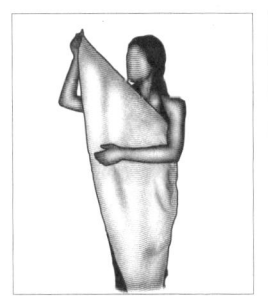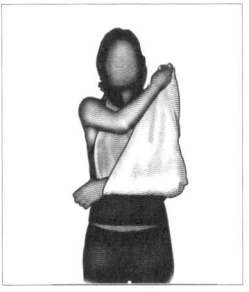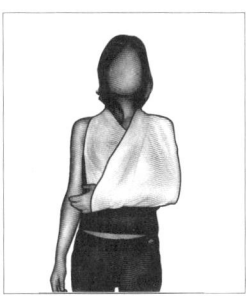

*Pause für den Arm? Ein Tuch statt der Schlinge von der Krankenkasse.*

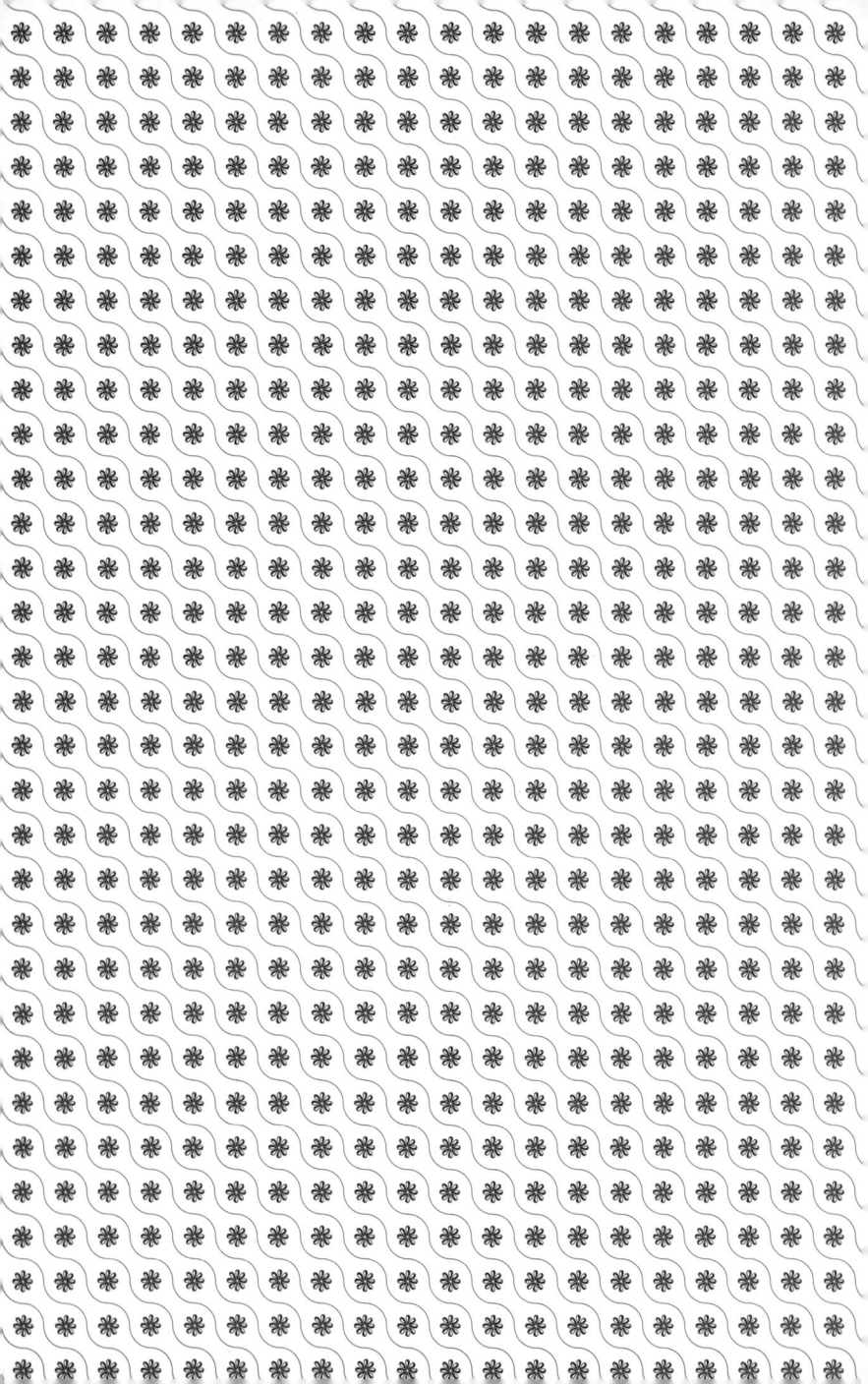

*DIE FRAU IM SPIEGEL*

Ein Foto ist eine Momentaufnahme, die vielen Frauen für einen längeren Moment die Laune verderben kann. Sicherlich haben Sie auch schon amüsiert bis entsetzt auf bestimmte Bilder gestarrt und sich gefragt, ob das wirklich Sie sind.

Sie sind es, aber vermutlich wurden Sie nicht von Ihrer besten Seite getroffen. Glücklicherweise kann der Wirklichkeit ein wenig auf die Sprünge geholfen werden. Geschummelt wird in der Modefotografie ganz selbstverständlich, und die Resultate sind oft spektakulär. Auch Models haben Pickel, rote Nasen, magentafarbene Fleischlappen, die gerade noch als Hände durchgehen, und abstehende Ohren. Sie zeigen Sie nur nicht oder der Fotograf lässt sie im Nachhinein verschwinden. Bevor Sie also verzweifeln und zu drastischeren Maßnahmen schreiten (vgl. Kapitel *Die Frau im Spiegel*, Rubrik *Etwas nachhelfen mit Botox und Co)*, eignen Sie sich ein paar Tricks und Kniffe an und schließen Sie Frieden mit sich und Ihrem Abbild. Realität ist schließlich ein dehnbarer Begriff.

A    *EINE FRAGE DES TRAININGS* Wenn Sie sich regelmäßig dabei ertappen, dass Sie Fotos, auf denen Sie zu sehen sind, am liebsten ungeknipst hätten, gehen Sie in die Offensive. Ihr Fotoapparat ist nicht Ihr Freund? Dann machen Sie ihn zu einem. Da Sie hoffentlich auch im Zeitalter der digitalen Fotografie angekommen sind, fotografieren Sie sich an einem guten Tag mit Selbstauslöser und zwar von allen Seiten und allen für Sie erdenklichen Gesichtausdrücken. Geschminkt, ungeschminkt, Haare hoch, Haare runter: Finden Sie Ihre Schokoladenseite und Ihren Schokoladenlook und üben Sie, ihn auf Knopfdruck einzusetzen.

B    *SCHWACHSTELLEN VERTUSCHEN* Fast alle Menschen haben auf Fotos dieselben Schwachstellen. Fotografische Schwachstellen des menschlichen Körpers sind Ohren, Nasen, die meistens etwas röter sind als der Rest des Gesichts, Hände und Füße. Da Sie diese Körperteile nicht vorübergehend ablegen können, machen Sie das Beste draus. Als Erstes kommen Haare immer über die Ohren. Schminken Sie sich! Nicht unbedingt bunt und ausdrucksstark, sondern so, dass die natürlichen Farbunterschiede in Ihrem Gesicht von den Augenrändern bis zu den roten Äderchen farblich angeglichen werden. Ein bisschen Abdeckstift, ein leichtes Make-up und immer wieder Puder. Glänzende Speckgesichter machen sich auf Fotos nun einmal nicht gut. Ihre Hände sollten Sie so gut es geht aus dem Bild raushalten. Sie sollten Sie auch nicht falten oder vor der Brust verschränken. Während Hände im normalen Leben gar nicht weiter stören, oft sogar sexy und attraktiv sein können, wirken Sie auf Fotos meistens wie bizarre, geäderte Fremdkörper. Füße gehören in Schuhe und da sollten sie auch bleiben. Auch Zähne können zur bösen Falle mutieren, nämlich dann, wenn irgendwelche Essensreste den ganzen Abend dazwischenhängen. Checken Sie nach dem Essen immer Ihr Gebiss! Und noch etwas: Auf Fotos sehen alle Menschen immer dicker aus, als sie wirklich sind. Relativ gesehen ist also alles in Ordnung. Wenn Sie konkret etwas daran ändern möchten, tragen Sie eher dunkle als helle Töne und meiden Sie die Farbe weiß.

c **SICH IN POSE SCHMEISSEN** Ein paar kleine Posen für den Fall der Fälle auf Lager zu haben, kann nie verkehrt sein. Schauen Sie sich internationale Roter-Teppich-Paraden an, zum Beispiel bei den Oscars. Sie werden schnell feststellen, dass bestimmte Schauspielerinnen sich in der immer gleichen Pose ablichten lassen. Das machen sie nicht, weil ihnen nichts Besseres einfällt, sondern weil sie entschieden haben, dass sie so am besten rüberkommen. Eine Pose, die sich zum Beispiel immer gut macht, ist, sich mit den Rücken zum Fotografen zu stellen und mit dem Kopf dann seitlich zur Schulter zu drehen. Schauen Sie leicht von unten in die Kamera und werfen Sie dem Fotografen einen koketten Blick zu. Diese Pose ist nicht nur sexy, sondern verbirgt auch den Hals, eine weitere potentielle Schwachstelle, und gegebenenfalls ein Doppelkinn. Auch auf Familienfesten darf posiert werden. Hier sollten Sie im Kreise von Omi, Opi und Tante Erna nicht auf Nicole Kidman machen, aber nichts ist schlimmer und deprimierender als Verwandte aus allen Zeit-

und Weltenläufen, die wie Zinnsoldaten und mit gefrorenem Lächeln nebeneinander stehen. Legen Sie die Arme umeinander, bleiben Sie in Bewegung, interagieren Sie. In dem Moment, in dem der Fotograf aber abdrückt, sollten Sie weder reden oder mit den Händen fuchteln, was sich auf Familienfeiern als äußerst schwierig gestaltet, aber die Selbstdisziplinierung wird Sie mit einigen schönen Erinnerungsfotos belohnen.

D **AUF PARTYS** Auf Partys wird viel und gerne fotografiert und heraus kommt viel Lustiges. Lustiges, worüber vor allem die anderen lachen können. Dabei ist eine Party schon einmal die beste Voraussetzung für gelungene Fotos, denn Sie sind wahrscheinlich gut angezogen und geschminkt. Nach ein, zwei Gläschen sind Sie vielleicht auch etwas lockerer als sonst. Nach zwei, drei Gläschen kommen Sie richtig in Schwung, aber auf den Fotos wirken Sie im Nachhinein bestürzend derangiert. Deshalb beherzigen Sie die Regel, dass Sie sich weniger fotografieren lassen, je mehr Sie getrunken haben. Und wenn, dann bitte kein Portrait, sondern nur eine Aufnahme aus der Ferne. Und bewegen Sie sich: Machen Sie auf Saturday Night Fever oder was Ihnen sonst noch so einfällt, denn es ist die Gelegenheit für den Gesamteindruck von Weitem und nicht für die Nahaufnahme Ihrer glasigen Augen.

E **FOTOGRAF SEIN** Wenn Sie der Fotograf sind, können Sie anderen Menschen helfen, auf Fotos möglichst gut wegzukommen. Als Erstes setzen Sie sich mit Ihrer Kamera auseinander. Viele Frauen wissen lediglich, wo Ihre Kamera an und aus geht und wo der Auslöser ist. Selbst einfache Digitalkameras haben aber interessante und hilfreiche Funktionen, die für die fotografierwillige Menschheit ein Segen sind. Zum Beispiel können Sie ein bisschen freundlich überblitzen. Das glättet alle Falten und überspielt unterschiedliche Farbtöne des Gesichts. Um rote Augen zu vermeiden, haben viele Kameras eine doppelte Blitzfunktion. Der erste kurze Blitz dient dazu, die Pupillen zu schließen und dann wird noch ein zweiter Blitz hinterhergeschickt. Wenn Sie so arbeiten wollen, kündigen Sie Ihre Blitztechnik aber vorher an, denn die meisten Leute denken nach dem ersten Blitz, dass es das war und haben sich beim zweiten Blitz schon wieder abgewandt, nach der Zigarette gegriffen oder die Augen geschlossen. Generell sollten Sie Weitwinkel möglichst meiden, weil sie auf gemeine Weise Nasen vergrößern. Umgekehrt sieht man durch ein Teleobjektiv oft besser aus.

Animieren Sie die Menschen, die Sie vor der Kamera haben. Gerade auf Familienfesten kann ein bisschen Ansage und Entertainment Wunder wirken, Verspannungen lösen und für viel Spaß sorgen, wenn Opa auf „Der Pate" macht. Schwarzweiß zu fotografieren lässt Menschen auch besser aussehen, da die Kontraste höher sind als bei Farbfotografie. Allerdings ist diese Methode so bekannt, dass jeder sofort weiß, warum der Fotograf diese Methode gewählt hat – nämlich um zu schmeicheln.

F **LETZTER AUSWEG GUTES FOTO** Wenn alle Stricke gerissen sind und es einfach nichts wird mit dem zufriedenstellenden Abbild, Sie aber ein gutes Foto brauchen, schummeln Sie wie die Profis. Alles, was Sie brauchen, ist ein Photoshop-Programm und eine Idealvorstellung davon, wie Sie aussehen möchten. Doppelkinn, Nase, rote Augen, rote Nase, Pickel, Falten und Schatten lassen sich mit etwas Übung einfach wegretuschieren. Allerdings ist es auch hier wie bei realen, physischen Eingriffen: Erfolgreich sind Sie erst, wenn es beim Betrachten des Bildes keiner merkt.

# 067 DIE GURKENMASKE • DER KLASSIKER

Es gibt Dinge, die sind so einfach und gut, dass man es kaum glauben mag. Wenn Ihnen vor lauter Anti-Age, Anti-Rides, Detox, Botox, Retinol, Hyaluronsäure, Kaviar, Q10, Zink und Co. KG einmal der Kopf schwirrt, legen Sie sich ein paar Gurkenscheiben auf das Gesicht und entspannen Sie sich. Eine Gurkenmaske versorgt die Haut mit Feuchtigkeit und Vitaminen, hat einen (wenn auch kurzen) straffenden Effekt und wirkt obendrein noch abschwellend und kühlend. Im Gegensatz zu vielen anderen Masken müssen Sie weder auf Ihre Kleidung noch auf Ihren Haaransatz achten.

Alles, was Sie dazu brauchen, ist eine möglichst unbehandelte Gurke, ein Messer und ein paar Minuten Zeit. Schneiden Sie sich so viele Scheiben ab, wie auf Ihr Gesicht passen und legen Sie sich ein paar Minuten auf den Rücken. Gurkenscheiben sind so mild und harmlos, dass Sie sie bedenkenlos auch auf die empfindliche Augenpartie legen können. Anschließend nehmen

*Essbar, bezahlbar und pflegend:*
*Gurkenscheiben.*
• • •

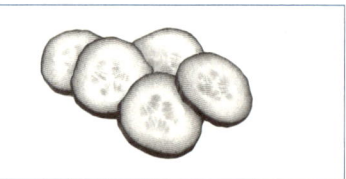

Sie die Scheiben einfach wieder ab, schmeißen sie weg und spülen Ihr Gesicht kurz mit lauwarmem Wasser ab. Fertig. Fortgeschrittene werfen eine Gurke in den Mixer, vermischen den gewonnenen Saft mit Quark oder Joghurt und streichen sich die Paste auf das Gesicht. Das ist ebenfalls Feuchtigkeit spendend, preisgünstig und angenehm, aber nicht so bestechend einfach wie der Klassiker.

# 068               EIN BAD NEHMEN

Ein Bad zu nehmen ist zwar keine ausschließliche Frauentätigkeit, sieht bei Frauen aber besser aus als bei Männern. Die badenden Frauen von Rembrandt, Picasso und Renoir sind nur drei Beispiele von vielen in der Kunst. Allerdings nehmen die meisten Frauen eher ein Bad, um sich selbst einen Gefallen zu tun, als Männer zu inspirieren. Und damit haben sie völlig Recht. Denn solange Ihnen niemand den eingeschalteten Fön in die Wanne schmeißt, ist das Bad der Inbegriff entspannter Schönheitspflege.

A **ROYAL • IN MILCH UND HONIG BADEN** Cleopatra war die Erste, die mit großer Außenwirkung gebadet hat. Eselsmilch und Honig waren ihr offenes Schönheitsgeheimnis. Esel muss nicht sein. Geben Sie eineinhalb bis zwei Liter normale Kuhmilch und eine halbe Tasse Honig in das Badewasser, das zwischen 36° und 39° warm sein sollte. Milch und Honig sind nicht nur als Getränk, sondern auch im Bad ein Mittel gegen Unruhe und Schlaflosigkeit. Wenn Sie es exklusiver mögen oder gegen Kuhmilch allergisch sind, probieren Sie Stutenmilch, die Sie auch in Pulverform kaufen können. Stutenmilch ist für ihre heilende Wirkung bei strapazierter Haut bekannt, und der Liter kostet ungefähr zehnmal mehr als ein Liter Bio-Milch von der Kuh.

B *ROMANTISCH • EIN ROSENBLÜTENBAD NEHMEN* Dafür übergießt man zehn Rosenblüten mit rund zwei Liter kochendem Wasser und lässt das Ganze eine halbe Stunde lang ziehen. Achten Sie darauf, dass die Rosenblätter aus ökologischem Anbau sind, denn Sie wollen ja nicht in Pestiziden baden. Der Sud wird ins warme Badewasser gegeben und wenn Sie möchten natürlich auch die Blüten oder Rosenblätter. Das duftet nicht nur sehr gut, das entspannt auch.

C *KLÄREND • THYMIAN UND MOLKE* Unreine Haut ist nicht so romantisch, kann aber vorkommen. Zur Klärung werden Thymian und Molke empfohlen. Brühen Sie 100 g Thymian-Extrakt mit einem Liter Wasser auf und lassen Sie das Ganze zehn Minuten ziehen. Den Sud geben Sie mit eineinhalb Litern Molke in das Badewasser. Thymianbäder helfen übrigens auch gegen Erkältungen.

D *ANTI • IN MEERSALZ UND NATRON BADEN* Kaisernatron aus der Drogerie ist eine Mehrzweckwaffe, die man zum Reinigen, Backen, Zähneputzen oder gegen stinkende Turnschuhe verwendet. Auch als Badezusatz hat Natron eine riesige Anhängerschaft. Es wird als Anti-Cellulite-Bad, Anti-Muskelkater-Bad, Anti-Kater-Bad, Anti-Aging-Bad und vor allem als Anti-Übersäuerungsbad eingesetzt, denn es ist basisch. Suchen Sie sich eins dieser Probleme aus und probieren Sie es. Obwohl das Bad weder duftet noch schäumt und dadurch ein bisschen karg daherkommt, fühlt man sich danach ausgezeichnet. Nehmen Sie eine 500-g-Packung Salz (Totes-Meer-Salz), geben Sie dazu 50 g Natron – und bürsten Sie während des Bades die Haut öfter ab.

Solange Sie keine ernsthaften Herz-Kreislauf-Probleme haben und sich trotzdem täglich mehrere Stunden ins heiße Wasser legen, können Sie die lustfeindlichen Vorbehalte gegen das Baden ignorieren und ständig neue Bäder ausprobieren. Schöne und verschönernde Badezusätze gibt es wie Sand am Meer – und wenn Sie die Gelegenheit haben, sich ab und zu mit echtem Meerwasser zu umgeben, umso besser.

# 069 DIE NÄGEL POLIEREN

Wenn Sie der Meinung sind, dass Sonnenaufgänge nicht auf die Fingernägel, sondern in den Urlaub gehören und außerdem ein Leben führen, in dem der Nagellack nie länger als einen dreiviertel Tag perfekt aussieht, unabhängig von der Sorte, die Sie benutzen, dann polieren Sie sich die Nägel.

Kaufen Sie sich eine spezielle Polierfeile und haben Sie keine Bedenken, damit quer über Ihre Fingernägel zu gehen. Selbst Frauen, die Samt oder raues Holz nicht mögen, weil sie so gänsehautanfällig sind, haben kein Problem mit dieser peelingartigen Behandlung. Nachdem Sie alle Rillen und Unebenheiten geglättet haben, polieren Sie mit der feinen Seite der Feile nach, bis der Nagel richtig glänzt. Während Sie das tun, können Sie mit viel Grandezza herumsitzen, denn da Sie die Oberfläche behandeln und nicht die Nägel in Form bringen, müssen Sie auch nicht angestrengt darauf schauen. Das Polieren der Nägel kann eine sehr meditative Tätigkeit sein, die Sie aber maximal alle 4–6 Wochen ausüben sollten, denn sonst wird der Nagel zu dünn.

Ansonsten ist das Polieren völlig unschädlich und hat zudem die unbezahlbare Ausstrahlung von natürlicher Schönheit. Lackieren können Sie die polierten Nägel natürlich trotzdem. Wenn Sie überhaupt keine Lackfreundin sind, tun Sie dasselbe mit Ihren Fußnägeln oder auch mit den Nägeln Ihres Partners, denn im Gegensatz zum lackierten ist der polierte Nagel auch beim gepflegten Herrn ein Hingucker ohne Fragezeichen.

„Fehler im Aussehen entstehen, weil viele das tragen, was sie meinen tragen zu müssen, und nicht das, was sie tragen möchten", hat der viel zitierte Karl Lagerfeld einmal gesagt.

Da wirklich strenge Kleidungsvorschriften immer seltener werden, hat das Over- oder Underdressed-Sein tatsächlich eher mit persönlichem Unwohlsein als mit gesellschaftlicher Ächtung zu tun. Doch auch die selbstbewusstesten Frauen investieren viel Zeit in die Frage, wie sie sich zu welchem Anlass kleiden sollten. Auf der Unerfreulichkeitsskala beginnt das falsch gewählte Outfit nämlich nach wie vor mit „nicht so schön" und endet mit „Albtraum". Denn das Gefühl, unpassend angezogen zu sein, erinnert an den weit verbreiteten Albtraum, in dem man nackt ist, es aber nicht sein sollte.

A **ALLZEIT BEREIT SEIN** Es gibt kein weibliches Pendant zum guten Anzug für den Mann. Das klassische Kostüm und der strenge Hosenanzug sind es nicht wirklich. Die machen sich zwar gut bei seriösen Auftritten und können sehr wohl auch sexy aussehen, sind aber oft keine gute Wahl auf Partys oder Bällen. Der Anzug hingegen schon. Dass Männer es in diesem Punkt leichter haben, bringt jedoch Sie als Frau kein Stück weiter. Und es widerspricht außerdem der Meinung vieler Männer, die Frauen oft um ihre vielfältigen Möglichkeiten beneiden, sich zu kleiden.

Frauen, die immer gut angezogen, aber nie overdressed sind, strahlen eine beneidenswerte Souveränität aus, indem sie folgende Kleidungsstücke strategisch klug einsetzen:

*Die klassische Jeans* – die Jeans, die auf einen experimentellen Schnitt und jeden Schnickschnack verzichtet und passt. Wenn Sie die einmal gefunden haben und richtig kombinieren, werden viele Frauen in Kleidern Sie sogar um Ihre Lässigkeit und Ihren Komfort beneiden.

*Das kleine Schwarze* – dessen Name manche Frauen abschreckt, weil sie meinen, dafür eine sehr, sehr kleine Konfektionsgröße haben zu müssen. Das ist Unsinn. Denn das kleine Schwarze gibt es in Tausenden von Varianten. Es ist einfach nur nicht lang, dafür aber schlicht, elegant und universell einsetzbar. Und einen geeigneten Schnitt gibt es für jede Figur.

*Der schöne Pullover* – Wählen Sie ihn sehr sorgfältig aus, dann ähneln Sie damit weder einer Kirchentagsbesucherin noch einem traurigen Erstklässler und beweisen Geschmack und Understatement.

*Die elegante Bluse* – sie ist zeitlos und passt perfekt. Mit nur einem Knopf mehr geschlossen oder offen entscheiden Sie zwischen seriös und sexy.

*Das spektakuläre Teil* – eine schöne Hose zum dezenten Pullover über weißer Bluse sorgt für ein Leben ohne Fauxpas. Ab und zu sollte es aber bitte richtig krachen. Ob Sie als Kracher das aufregende Oberteil, das atemberaubende Kleid oder den umwerfenden Hosenanzug wählen, entscheiden natürlich Sie.

B  *NIEMALS FAD SEIN* Aus Angst vor Fehlern gar nichts zu tun, ist in fast allen Lebensbereichen ein Fehler. Wenn Sie meinen, dass Sie der Frage nach der richtigen Kleidung am besten mit einer langweiligen Kombination aus schmerzfreien, dafür aber sehr teuren Klamotten aus dem Weg gehen können, irren Sie sich. Einfallslosigkeit kann man nicht mit Geld bekämpfen. Das hat sinngemäß jeder große Modemacher schon einmal von sich gegeben. Und Lässigkeit kann man sich übrigens genauso wenig kaufen wie Geschmack. Ursprünglich lässige Dinge wie Jeans und weiße T-Shirts in der Luxusvariante sind kein cooler Kompromiss. Teure Sachen sind zwar oft schöne Sachen, aber genauso oft auch nicht. Je öfter Sie sich etwas kaufen, weil Sie glauben, mit dieser Marke immer auf der sicheren Seite zu stehen, desto größer wird aller Wahrscheinlichkeit Ihre Beliebigkeit. Denn Sie meistern mit dieser Methode keine Gratwanderung zwischen kreativer Bohèmienne und seriöser Frau, sondern sehen einfach nur aus wie eine unentschiedene Langweilerin.

C  *OFFIZIELL* „Wenn man nicht weiß, was man auf einer Gesellschaft anziehen soll, kommt man am besten als Erste. Dann haben die anderen das Gefühl falsch angezogen zu sein."

Dieser kluge Ratschlag stammt von Dagmar Koller, die als Operetten-königin und Ehefrau des ehemaligen Wiener Oberbürgermeisters viele Er-fahrungen mit wichtigen Anlässen und der passenden Garderobe sammeln konnte. Gerade aber wegen ihrer Anziehprobleme sind viele Frauen weit davon entfernt immer die Erste zu sein. Im Gegenteil: Sie sind sogar unpünktlich.

Je größer und offizieller der Anlass, umso mehr Vorbereitungszeit haben Sie meist auch. Malen Sie sich vorher aus, wie Sie auf dieser Veran-staltung herumlaufen werden. Wenn Ihnen für diese Fantasie etwas fehlt – ein Accessoire, die passenden Schuhe etc. – können Sie es sich noch besorgen. Wenn nichts fehlt, Sie aber bestimmte Stücke lange nicht anhatten, prüfen Sie rechtzeitig deren Zustand und auch Ihren eigenen, denn ein Kleid, das überraschenderweise nicht mehr passt, ist nicht nur schlecht für den Zeitplan, sondern auch für Ihre Laune. Wenn Sie sogar schriftlich um Antwort und „black tie" gebeten werden, wissen Sie, dass es Ihren Gastgebern ernst ist und Sie nicht etwa mit einem schwarzen Schlips, sondern möglichst elegant er-scheinen sollten. Wenn Sie einen Mann mitbringen, gilt ihm das „black tie" und fordert ihn auf, einen Smoking zu tragen. Steht sogar „white tie" auf der Einladung, heißt das für Sie: Abendkleid.

D **PRIVAT** Wenn Sie informell und spontan eingeladen werden, schauen Sie sich an, wer Sie einlädt oder mitnimmt. Wenn Ihre Begleiter eher leger aussehen und ihr Mitbringsel aus Bier von der Tankstelle besteht, können Sie sich einen Abstecher nach Hause oder in die nächste Boutique sparen und einfach mit-gehen. Sollte Sie jemand am Telefon zu einer Veranstaltung locken, stellen Sie die richtigen Fragen. Die Adresse, der genaue Anlass und auch Alter und Beruf des Gastgebers sind wichtige Informationen. Wenn die Party schon im vollen Gange ist, fragen Sie ganz ungeniert, wie die Leute dort so aussehen. Für auffällig unpassendes Aussehen gibt es nämlich meist ganz simple Gründe:

Die falsch Gekleidete war schlecht informiert und hat den Event über- oder unterschätzt. • Sie kommt aus einer anderen Stadt und die Fluggesell-schaft hat ihren Koffer verschlampt. • Sie trägt das, was sie immer trägt, passt damit aber nicht auf die Veranstaltung.

Wenn Sie allerdings einer Frau begegnen, die das trägt, was sie immer trägt, werden Sie feststellen, dass sie meist nur auf den ersten Blick falsch gekleidet ist. In Wirklichkeit ist es ihr egal, was die anderen sagen oder anhaben, denn sie steht konsequent zu ihrer Wahl, egal ob es sich um ein wallendes Gewand, ein Chanel-Kostüm oder einen Trainingsanzug handelt.

Dieser Typ Frau ist nicht nur beneidenswert souverän, sondern auch der wandelnde Beweis dafür, dass Over- oder Underdressed-Sein mehr mit einem selbst als mit den anderen zu tun hat.

**E WENN ES BEREITS ZU SPÄT IST** Wie bereits erwähnt, begegnet man dem harten Dresscode immer seltener. Das macht es nicht einfacher, denn leger geht zwar fast immer, während man overdressed oft deplaciert, wenn nicht gar peinlich bemüht wirkt. Wenn Sie die Einzige im Abendkleid sind, während alle anderen Flip-Flops und Armeehosen tragen, spielen Sie den Paradiesvogel. Solange Sie nicht knietief im Schlamm tanzen oder Holz für ein Feuer sammeln müssen, kann das eine ganz schöne Rolle sein. Wenn Sie im umgekehrten Fall die einzige Person im T-Shirt sind, umringt von Schmuck und Abendgarderobe, spielen Sie das enfant terrible und geben sich betont entspannt, sonst hält man Sie womöglich noch für die Hausmeisterin.

Egal, in welche Richtung Sie sich auch vergriffen haben, umso selbstverständlicher Sie sich in Ihrem Outfit bewegen, umso weniger wirken Sie wie ein Ufo.

Jede Frauenzeitschrift dieser Welt wird Ihnen immer wieder aufs Neue erklären, wie Sie sich am besten schminken, was die aktuellen Make-up-Trends sind, wie Sie vorteilhafter wirken und welche Tricks es zu beachten gilt. Wenn Sie das wirklich alles wissen wollen, gehen Sie zu einer Visagistin und lassen Sie sich in Ruhe alle Tricks und Kniffe zeigen. Schminken ist neben dem technischen Know-how, das gar nicht so einfach ist und sich vor allem nicht einfach aus einer Zeitschrift abmalen lässt, vor allem eine Typ- und Geschmacksfrage. Neben sehr vielen Dos gibt es einige wenige Don'ts. Bevor Sie in den Schminktopf greifen, sollten Sie diese als Erstes verinnerlicht haben.

*DIE „SCHMINKEN, SO WIRD DAS NICHTS"-LISTE* Zu dünne Augenbrauen oder schlimmer noch zu dünn gezupfte Augenbrauen mit Augenbrauenstift: Sie sind kein Pantomime-Clown und auch kein rückwärts sprechender Zwerg aus einem Film von David Lynch.

• Dunkler Lipliner mit hellerem Lippenstift ausgefüllt: Die Lippen zu vergrößern, indem Sie außen herum malen, klappt so gut wie nie. Sogar der blödeste Mann der Welt sieht, wo Ihre Kontur tatsächlich aufhört.

• Mascara, der Ihre Wimpern zwar länger, aber auch dicker beziehungsweise weniger zahlreich macht, weil er sie verklebt: Sie sind doch kein Insekt.

• Rougebalken oder Rougekreise werden auch als Bauernmalerei bezeichnet. Und tatsächlich sehen Sie damit aus wie Volkskunst aus Osteuropa.

• Zu heller Abdeckstift um die Augen: Es ist völlig in Ordnung, sich ein bisschen die Müdigkeit unter den Augen wegzukaschieren. Wenn Sie aber aussehen, als hätten Sie sich eine helle Nickelbrille um die Augen tätowiert, haben Sie etwas falsch gemacht. Fällt besonders im Blitzlicht und auf Fotos auf.

• Zu dunkles Make-up, das am Hals schlagartig aufhört: Wenn Ihr Gesicht die Farbe von Naomi Campbell hat, Ihr Körper aber die Farbe von Kate Moss, haben Sie etwas falsch gemacht.

• Zu helles Make-up, das am Hals schlagartig aufhört. Wenn Sie braun sind und aussehen, als würden Sie sich einen weißen Pappteller vor das Gesicht halten, es aber kein Teller, sondern Ihr Gesicht ist, stimmt ebenfalls etwas nicht.

• Weißer Lippenstift: Sieht aus wie Penatencreme oder Herpessalbe. Geht nur bei Models und auch da nur auf Fotostrecken.

• Die Doppelschicht schieben: Schön dick grundieren und schön dick Puder drüber ist eine Technik, die am Theater angewendet wird. Was man auf den hinteren Rängen nicht sieht, sind die Rinnsale, die sich in den Falten bilden, und die abblätternden Bröckchen. Wenn Sie nicht wie ein ausgetrocknetes Flussbett aussehen wollen – nehmen Sie nur ein leichtes Produkt, und zwar wirklich nur eins.

• Ein Lidstrich bis zur Schläfe (oder noch weiter) macht Sie weder zur Catwoman noch zur Cleopatra, sondern zu einem sprechenden Sarkophag.

• Grelle Farben bei Hautirritationen: Von roten Pusteln und anderen vorübergehenden Erscheinungen kann man nicht mit noch röteren Lippen oder grellem Lidschatten ablenken, im Gegenteil. Es entsteht ein Farbspektakel im Gesicht, bei dem die aufgetragenen mit den ungewollten Farben um die Wette leuchten.

• Experimente nachschminken. Bevor Sie das tun, merken Sie sich: Die Frauen, die für teure Modestrecken auf Vogel, Elfe oder Vampir geschminkt werden, sind ungefähr 16 Jahre alt, verziehen ihr Gesicht nur auf Anweisung und werden ständig nachgepudert. Sie auch? Gut, dann müssen Sie jetzt nur noch einen guten Beleuchter finden.

# 072      MIT DEM FRISEUR REDEN

Glücklich ist die Frau, die einen Friseur gefunden hat, dem sie vertraut, der sie kennt und durch die Höhen und Tiefen des Lebens begleitet. Bis sie den gefunden hat, fallen in der Regel viele Haare und manchmal auch ein paar Tränen. Denn wo Männer einen Haarschnitt wünschen, erwarten Frauen eine Frisur. Und zwar eine, die die gegenwärtige Lebensabschnittsphase unterstützt oder in manchen Fällen demonstrativ nach außen für alle sichtbar beendet, zum Beispiel kurz vor oder nach der Trennung von einem Partner. Das Problem ist, dass die Frau zwar weiß, wie sie aussehen möchte, dass aber diese Information auf dem Weg ins Ohr des Friseurs oft auf mysteriöse Weise verzerrt wird. Das Resultat dieses Missverständnisses muss die Frau dann auf ihrem Kopf spazieren tragen. Hier einige Tipps, wie Sie möglichst nahe an den Look kommen, der Ihnen vorschwebt.

A **DIE VORBEREITUNG** Setzen Sie der Relativität des gesprochenen Wortes die Eindeutigkeit der Abbildung entgegen. Das heißt, Sie suchen sich ein Bild, auf dem Ihre Wunschfrisur abgebildet ist und bringen es dem Friseur mit.

*Welker Schnittlauch*
*ist ein Fall*
*für den Profi.*

Bei der Auswahl Ihrer Traumfrisur sollten Sie darauf achten, dass Sie Ihren eigenen Haartyp ehrlich berücksichtigen. Glatte, dünne Schnittlauchhaare werden Sie mit keiner Schere und Dauerwelle der Welt in eine sexy Lockenpracht verwandeln.

B **DER AKT** Ein seriöser Friseur schneidet niemals einfach drauflos. Auch nicht, wenn Sie ihm zu verstehen geben, dass er „einfach mal machen soll". Bevor es losgeht, muss zwischen Ihnen eine Abmachung getroffen sein, wohin die Reise geht. Auch während des Schneidens ist es ein gutes Zeichen, wenn der Friseur erklärt, was er gerade macht. Gegebenenfalls können während des Schneidens auch noch kleine Veränderungen an der Grundlinie vorgenommen werden. Sollten Sie sich in einem Anfall von Radikalität dazu entschlossen haben, die Haare von lang auf kurz schneiden zu lassen, ist jetzt der letzte Moment für einen Rückzieher. Wenn Sie Zweifel haben, sprechen Sie sie aus. Ein guter Friseur wird das verstehen und Sie nicht überreden, zu Ihrer vorhergehenden Eingebung zu stehen. Andererseits sollten Sie bei Friseuren, die Sie überzeugen wollen, Ihre „tollen Haare" doch so zu lassen wie sie sind, ebenfalls skeptisch sein. Ein guter Friseur freut sich darüber, die Herausforderung, von lang auf kurz zu schneiden, anzunehmen.

c **DAS RESULTAT** Der Schopf ist ab und im Spiegel schaut Ihnen ein anderer Mensch entgegen. Dieser Moment ist bei den meisten Frauen emotional hoch aufgeladen. Nun beginnt die Phase der ehrlichen Beurteilung. Es handelt sich deswegen um eine Phase, weil es meistens ein bis zwei Tage und einige Haarwäschen dauert, bis ein abschließendes, realistisches Urteil über einen neuen Look gefällt werden kann. Kurzfristige Reklamationen wie zum Beispiel ein zu langer Pony können jetzt noch korrigiert werden. Ob Ihr flaues Bauchgefühl aber von der Angst vor der eigenen Courage stammt oder ob der Friseur völlig an Ihren Vorstellungen vorbeigeschnitten hat, das klärt sich erst ein paar Tage später. Teilen Sie in jedem Fall Ihrem Friseur Ihr Gefühl mit. Sagen Sie nicht „toll", wenn Sie innerlich einen Nervenzusammenbruch haben. Ein guter Friseur wird dann mit Ihnen gemeinsam überlegen, was zu tun ist und auch noch ein paar Tage später auf Ihre Beanstandungen eingehen. Eins sollten Sie aber fairerweise nicht vergessen: Die Person, die in diesem Falle Hand an Sie gelegt hat, ist Friseur und nicht plastischer Chirurg von Beruf. Wenn Sie nach dem Haareschneiden zwar die Frisur von Kate Moss haben, aber trotzdem nicht so aussehen wie sie, ist das nicht dem Friseur anzulasten.

# 073 HAARE FÄRBEN

Es gibt darüber zwar keine offizielle Statistik, aber Sie brauchen sich nur umzuschauen und werden feststellen, dass die meisten Frauen gefärbte Haare haben. Die Gründe dafür sind unterschiedlich, fest scheint lediglich zu stehen, dass Frauen, ob ergraut oder nicht, nicht so gut auf Ihre Naturhaarfarbe zu sprechen sind. Leider legen Sie dann in der Wahl Ihrer neuen Haarfarbe selten Fantasie an den Tag. Ein weiterer kritischer Blick in Ihre Umwelt oder gar ein selbstkritischer Blick in den Spiegel wird Ihnen zeigen, dass es aussieht, als würden sich viele Frauen mit gefärbten Haaren die gleichen drei Intensivtönungen in blond, rot oder schwarz teilen.

A **DIE WAHL DER FARBE** Nicht jede Frau kann jede Haarfarbe problemlos tragen. Ihr Hauttyp spielt dabei eine entscheidende Rolle. Hellere Hauttypen können gut kühlere Töne tragen, Frauen, die einen Hautton haben, der ins olivfarbene geht, sollten zu wärmeren Tönen greifen. Extreme Farben wie blauschwarz, wasserstoffblond oder knallrot können, wenn überhaupt, vor allem junge Frauen mit einem reinen, makellosen Teint tragen, weil sie das Gesicht stark überbetonen. Ein paar Fältchen, ein paar Nächte zu wenig Schlaf oder ein Pickel: Was sonst kaum auffällt, erscheint mit Knallhaarfarben schnell wie unter dem Vergrößerungsglas. Keine schöne Vorstellung. Der Trick ist, wenn Sie beispielsweise sehr dunkel oder sehr blond sein wollen, lieber zu einem satten Dunkelbraun zu greifen, leichte Goldreflexe in ein Blond einzuarbeiten oder einen etwas sandigeren, dunkleren Blondton zu wählen. Auf bereits blond gefärbte Haare sollten Sie im Übrigen niemals dunkle Töne setzen. Mit höchster Wahrscheinlichkeit kommt dabei ein mehr oder minder intensives Grün heraus.

B **DIE WAHL DES PRODUKTS** Alles, was man aus zwei Komponenten mischen muss, ist mehr als nur eine Tönung, die sich wieder auswäscht, auch wenn sie sich Intensivtönung nennt. Die Farben, die es im Drogeriemarkt gibt, sind nicht notwendigerweise schlecht. Nur beraten kann Sie hier niemand, und für den Laien ist es schwierig zu entscheiden, ob und wie man die eine Farbe eventuell mit der anderen mischen kann, um einen Ton zu modifizieren. Gehen Sie deshalb lieber in ein Friseurfachgeschäft. Dort kennt man sich mit diesen Dingen aus.

C **ZU HAUSE FÄRBEN** Ein gutes Ergebnis zu Hause zu erzielen erfordert Geschick und Erfahrung. Die meisten Frauen färben die Haare so, als würden sie sie waschen, das heißt, sie shampoonieren sich mit dem Färbemittel die Haare und lassen es die angegebene Zeit einwirken. Das Ergebnis ist meistens ungleichmäßig, und wenn man es mehrmals so macht, bilden sich an den Haarenden Schichten von Farbe, die die Haare stumpf und brüchig machen. Außerdem wird nach ein paar Anwendungen der Farbverlauf nach unten hin dunkler. Wenn Sie also zu Hause färben, lassen Sie sich auf jeden Fall von einer Freundin helfen. Gehen Sie dabei Strähne für Strähne vor. Ab dem zweiten Mal färben Sie lediglich den Ansatz und tragen eventuell zum Schluss noch Farbe auf die anderen Haare auf und lassen Sie kürzer einwirken als am Ansatz. Strähnchen sollten niemals von Laien gefärbt werden. Das ist ein Job für Experten.

D **_HAARE FÄRBEN IM SALON_** Es kostet relativ viel Geld, sich in einem guten Salon die Haare färben zu lassen, aber es ist eine sehr lohnenswerte Investition. Haare gut zu färben ist ein Handwerk und eine Kunst zugleich. Sie würden sich ja auch nicht Ihre Schuhe selber schustern. Bei einem guten Friseur kostet das Haarefärben, je nach Länge und Aufwand, um die 50 Euro, und es kann schnell das Doppelte werden. Nachfärben ist in der Regel günstiger. Dafür dürfen Sie davon ausgehen, dass Sie bei der Farbauswahl beraten werden, dass die verwendete Farbe eine sehr gute Qualität hat und dass vorteilhafte Nuancen eingearbeitet werden.

E **_WENN FÄRBEN SCHIEFLÄUFT_** Friseure kennen zwei Arten von Färbekatastrophen. Beide sind in der Regel selbstverschuldet. Das erste Problem sind kaputte Haare, sprich Spliss bis in die Spitzen, hervorgerufen durch häufiges, planloses Selberfärben. Das andere Problem ist die Haarverfärbung, bei der etwas völlig anderes herausgekommen ist, als man ursprünglich wollte. Die Lösung für das erste Problem kann nur über einen Haarschnitt gelöst werden. Danach sollten Sie, wenn es geht, eine Färbepause einlegen. Problem Nummer zwei kann und muss durch farbliche Gegenmaßnahmen von einem Experten beseitigt werden. Ihre Haare werden davon aber nicht gesünder. Beste Pflege ist im Anschluss ein absolutes Muss.

A **BRASILIANISCH** Wenn Sie sich kurz die brasilianische Strandmode vor Ihr inneres Auge holen, werden Sie feststellen, dass es nicht möglich sein wird, mehr als ein winziges Dreieck oder einen Streifen Haar im Schambereich stehen zu lassen. Ein Trend zu mehr Stoff ist, zumindest in Brasilien, nicht in Sicht. Ein Trend zu üppigerer Körperbehaarung ebenso wenig. Und heiß ist es auch die meiste Zeit. In Brasilien werden Haare an den falschen Stellen – und dazu gehören eigentlich alle Haare außer denen auf dem Kopf – gnadenlos verfolgt. Für Frauen im Alter von neun bis neunzig Jahren gehört der Besuch im Waxing-Studio zur normalen Körperpflege.

Auch in Deutschland entwickelt sich, wenn auch etwas verschämt, ein gewisses Copacabana-Feeling. In den Großstädten gibt es immer mehr Waxing-Studios, die von Brasilianerinnen geführt werden oder in denen viele Brasilianerinnen arbeiten. Anders als in Brasilien ist in Deutschland der Beruf der Depiladora kein Ausbildungsberuf, und deshalb gibt es auch keine allgemeinen Qualitätsstandards. Wenn Sie also das erste Mal zum Intimwaxing gehen, hören Sie auf die Empfehlung von Freundinnen und achten Sie auf selbstverständliche Hygienestandards wie zum Beispiel, dass die Frauen im Waxing-Studio Handschuhe tragen und dass die Papierauflagen auf den Liegen gewechselt werden.

B **IM WAXING-STUDIO** Beim ersten Besuch im Waxing-Studio sind Sie vermutlich nervös und ängstlich. Das ist durchaus nachvollziehbar, denn das Intimwaxing ist ein kosmetischer Eingriff, bei dem Sie Ihr Schamgefühl an der Tür abgeben sollten. Stellen Sie sich zur Auflockerung am besten vor, was Ihre Depiladora im Laufe ihres Arbeitstages so alles zu Gesicht bekommt. Sie stellen da – auch ohne Unterhose – keine Besonderheit dar. Die Situation mag außergewöhnlich intim erscheinen, ist für die Waxing-Dame aber Berufsalltag. Alle Körperteile werden gleichberechtigt in der Preisliste angeboten, und so ist es ihr auch relativ egal, ob sie unter Ihren Armen oder zwischen Ihren Pobacken arbeitet – sie entfernt schlicht unerwünschte Haare.

Das zweite Problem ist der Schmerz. Hier müssen Sie einfach tapfer und sehr dankbar für die Dienstleistung sein, denn die wenigsten Menschen sind in der Lage, sich mit Absicht und aller Konsequenz selbst weh zu tun. Besonders weh tut es übrigens in der Zeit von vier Tagen vor bis vier Tage nach Ihrer Periode. In dieser Zeit sollten Sie von Waxing-Maßnahmen absehen. Dafür ist das Ergebnis einer guten Waxing-Session sehr ansehnlich, glatt und wesentlich nachhaltiger als bei einer Rasur. Manche Menschen sind gegen Haarentfernung mittels Wachs allergisch. Wenn Sie auf Nummer sicher gehen wollen, testen Sie die Enthaarung mit Wachs vorher an einer unauffälligen Stelle.

Ihre Schamhaare sollten beim Waxen nicht zu lang und nicht kürzer als 4 Millimeter sein, weil sonst das Wachs nicht greifen kann. Zu lange Haare führen zu schmerzhaften Verklebungen. Das meistverwendete Wachs kommt aus Brasilien und ist eine Mischung aus Honig und Wachs, das erhitzt wird und sich dann verflüssigt. Das sehr warme, flüssige Wachs wird auf die Stellen aufgetragen, an denen keine Haare erwünscht sind. Die erfahrene Depiladora passt nun den richtigen Moment ab. Das Wachs darf nicht mehr kleben, muss aber noch so elastisch sein, dass sie es abziehen kann, und zwar unbedingt gegen die Wuchsrichtung. Dann macht es „ratsch", und schon ist es vorbei. Dazwischen liegt ein unbeschreiblich unschönes Gefühl. Anschließend werden die Stellen mit dem Allheilmittel Aloe-Vera-Gel beruhigt. Je öfter Sie zum Waxing gehen, als desto weniger unangenehm werden Sie den Schmerz empfinden.

Damit Haare beim Nachwachsen nicht einwachsen oder Haarwurzeln sich nicht entzünden, meiden Sie nach der Enthaarung fettige Körpercremes. Auch ein Peeling im enthaarten Bereich soll das Einwachsen von Haaren verhindern. Meiden Sie am ersten Tag nach dem Waxing auch die direkte Sonneneinstrahlung, da die behandelten Hautpartien sonst ungleichmäßig braun werden könnten. Wahrscheinlich entstehen mit jedem neuen Waxing-Studio auch neue Frisurenbezeichnungen. Hier die gängigsten:

*Brazilian Landing Strip* oder *Bikini Ipanema* – Es bleibt ein schmaler Streifen stehen, und zwar in der Mitte. Und falls man es noch erwähnen muss:

senkrecht. • *Ticket de Metro* – Der Streifen ist etwas breiter, allerdings nicht quadratisch wie zum Beispiel die Berliner U-Bahntickets. • *Bikini Leblon* oder *Brazilian Triangle* – ein kleines Dreieck. • *Hollywood Cut, Bikini Copacabana* oder *Sphinx* – der komplette Verzicht auf Behaarung.

Auf den Style- und Preislisten der Brazilian-Waxing-Studios werden Sie alle Frisurenvorschläge auch als Komplettpaket finden. Sprich, der glatte Po gehört dazu. In Brasilien ist die Schamhaar-Enthaarung eine eigene Kunst. Hier können Sie sich richtige Schamhaarfrisuren wachsen lassen, die dann auch gefärbt werden. Beliebte Motive sind Herzen, Sterne oder auch Katzen.

Was für die Brasilianer das Wachs ist, ist für die Orientalen Hawala. Die Tradition des Enthaarens ist in arabischen Ländern und im Orient viel älter als die brasilianische Strandmode und an Bio eigentlich nicht zu übertreffen. Dass man ein aalglattes Ergebnis nur mit Zucker, Honig, Zitronensaft und ein paar Stoffstreifen erreichen kann, hört sich für Laien fast nach Magie an, ist aber schon seit den alten Ägyptern eine bewährte Methode.

C **WAXING ZU HAUSE** Es soll Frauen geben, die die oben geschilderte Prozedur alleine zu Hause vornehmen. Dazu benötigt man den Körper einer chinesischen Akrobatin, einen Spiegel und eine extra Portion Masochismus.

D **HAARE LOSWERDEN DURCH LICHT** Frauen mit starkem Haarwuchs an unpopulären Stellen können auch dauerhaft eingreifen lassen, und das sogar relativ schmerzfrei und weitgehend ungefährlich. Mit der Intense Pulse Light Technology – kurz IPL Methode (an deren Verbesserung ständig gearbeitet wird, informieren Sie sich) – werden die Haare samt Follikel durch Licht eliminiert. Evolutionär kommt diese Technik nach dem Laser und rottet die unerwünschten Haare mit der Wurzel aus. Der Fortschritt liegt vor allem darin, dass früher nur Haare mit sehr großem Farbunterschied zur Haut so entfernt werden konnten, sprich schwarze Haare auf weißer Haut. Mittlerweile können auch sehr helle Haare oder dunkle Haare auf dunkler Haut dauerhaft entfernt werden. Viele Studios bieten übrigens auch das Entfernen von Besenreißern und anderen sichtbaren Hautproblemen mittels Licht an.

*ZU BEACHTEN* Sie benötigen mehrere Behandlungen, denn die Haare befinden sich in unterschiedlichen Wachstumsphasen, die Sie nicht beeinflussen können. Pro Sitzung ist es deshalb nur möglich, 20 bis 30 Prozent der Haare dauerhaft zu entfernen, die anderen kommen nach. Für ein perfekt glattes Ergebnis müssen Sie zwischen vier und sechs Behandlungen einkalkulieren. Viele Leute sind damit aber sehr zufrieden, weil schon die ersten beiden Sitzungen einen deutlichen optischen Erfolg bedeuten. Sie dürfen Wochen vorher nicht waxen, epilieren oder chemische Methoden wie Enthaarungscremes anwenden. Es funktioniert nur rasiert. Außerdem müssen Sie vorher und nachher das Solarium und die Sonne meiden, sonst kann es zu Pigmentflecken kommen. Am besten eignet sich daher der Winter. Als winterdepressive Person sollten Sie dann aber Mittel vermeiden, die Sie lichtempfindlicher machen, wie beispielsweise den natürlichen Stimmungsaufheller Johanniskraut.

Sieben Jahre lebt ein menschliches Haar. So lange haben Sie mindestens Ruhe, denn die von Ihnen Verdammten sind jetzt tot. Es kann sein, dass deren unmittelbare Nachbarn zum Leben erwachen, denn Anlagen für den Haarwuchs haben wir überall, außer in den Hand- und Fußflächen und auf den Lippen und Schleimhäuten. Es kann auch sein, dass Sie an den behandelten Stellen für immer Ruhe haben. Vielleicht passiert es auch, dass Sie endlich glatt sind und plötzlich die behaarte Frau zum Schönheitsideal erhoben wird. Dann müssten Sie in die andere Richtung nachhelfen.

# 075 ABSURDE DIÄTEN

Frauen sind unersättlich, wenn es um das Thema Diäten geht, was damit zu tun hat, dass viele Frauen unerträglich sind, wenn es um die Selbsteinschätzung der eigenen Figur geht. „Zu dick" lautet das pauschale Eigenurteil, und die einschlägige Diätenliteratur und die Frauenmagazine unterfüttern dieses Gefühl mit immer neuen Tipps und Tricks zum Abnehmen. Dabei könnte es so einfach sein, denn wer weniger isst und sich mehr bewegt, der wird zwangsläufig abnehmen. Auch eine grundsätzliche und langfristige Ernährungsum-

*Abnehmen: Manchmal hilft*
*ein Stoßgebet.*

stellung auf fett- und zuckerarme Kost führt garantiert zum Verlust von Pfunden. Diese Methoden sind allerdings disziplingebunden und unglamourös. Spaß beim Abnehmen bereitet nämlich nicht nur das Resultat, sondern auch die Methode. Noch mehr Spaß bereitet es, sich über geglückte und gescheiterte Methoden im Freundinnenkreis auszulassen. Wer mit Exotik punkten will, dem seien die folgenden absurden Diäten empfohlen, die alle in Buchform erhältlich sind.

A **DIE BIBEL-DIÄT** Für alle, die bei Ihrer Diät das Universum nicht aus den Augen verlieren wollen. Anhand konkreter Bibelstellen wird gezeigt, wie man sich gesund ernährt und auch noch seelischen Ballast loswird. Ob die Diät nur bei Christen oder auch den Mitgliedern anderer Glaubensgemeinschaften wirkt, ist unklar.

B **DIE BURGER-DIÄT** Der Mitarbeiter eines Callcenters hat mit dieser Diät, bei der nur Fastfood gegessen werden darf, angeblich radikal abgenommen. Seltsamerweise gibt es auch einen amerikanischen Dokumentarfilm, bei dem der Regisseur sich dem gleichen Experiment unterzieht und dabei fast hops geht, also: stirbt. Als psychologischer Trick jedoch perfekt geeignet: Wenn Sie das nächste Mal bei einer Fastfoodkette essen, suggerieren Sie sich, dass diese Aktion Teil eines ausgeklügelten Diätplans ist.

C **DIE HOLLYWOOD-DIÄT** Bringen Sie echten Glamour in Ihren langweiligen Diätplan. Die Hollywood-Diät macht an und für sich schon etwas her. Sie wurde in den zwanziger Jahren des vergangenen Jahrhunderts entwickelt,

und die großen Diven der frühen Filmgeschichte brachten sich damit in kurzfristige Form. Bei der Hollywood-Diät dürfen pro Tag nicht mehr als tausend Kalorien zu sich genommen werden, und zwar in Form von Fisch, Hummer, magerem Fleisch und Obst. Alles sexy Essen, aber leider auch etwas einseitig, zumal zu viel Eiweiß die Nieren belastet. Mangelerscheinungen und Jojo-Effekt warten bei der Hollywood-Diät nicht lange auf ihren großen Auftritt.

D **DIE 3-D-DIÄT** Das Ergebnis dieser Diät materialisiert sich in einer Person, Karl Lagerfeld, weswegen sie auch als „Karl-Lagerfeld-Diät" bekannt ist. Die 3-D-Diät läuft nicht nach einem simplen Schema ab, sondern in drei Stufen – und unter Einnahme von diversen Pülverchen. Sie wurde vom französischen Arzt Jean-Claude Houdret entwickelt. Um diese Diät ernsthaft durchzuziehen, sollte man für die Dauer der Diät einen Koch, einen Arzt und einen Assistenten engagieren. Der Koch kann die Gourmetrezepte umsetzen, der Arzt hält ein Auge auf Sie, und der Assistent kauft ein und besorgt Ihnen in Frankreich die Nahrungsergänzungsmittel. Karl Lagerfeld passt seitdem in Anzüge von Hedi Slimane und Sie danach bestimmt in jedes Chanel-Kostüm.

E **DIE SHANGRI-LA-DIÄT** Angeblich „die einfachste Diät der Welt". Der Trick: Zweimal täglich einen Löffel Zucker in einem Glas Wasser auflösen, trinken, und Hunger ist wie weggeblasen. Und falls nicht, ist es auch egal, denn angeblich kann man jetzt schlemmen wie man will, man nimmt trotzdem ab. Da kommt ewige Ferienstimmung auf.

**·····**

*Null-Diät*

*ist auch keine*

*Lösung.*

**·····**

F **DIE SCHREIBER-DIÄT · THE WRITING DIET** Abnehmen, indem Sie künstlerisch tätig werden. Nein, nicht anstrengendes Action-Painting sondern Schreiben. Wörter zählen, nicht Kalorien. Lernen Sie über Ihre schlechten Essgewohnheiten und die zugrunde liegenden psychischen Blockaden zu schreiben und Ihr Körper wird überschüssige Energie in kreative Ergüsse umsetzen. Während Ihre Kladden wachsen, schmelzen die Pfunde.

G **DIE NULL-DIÄT** Die konsequent absurdeste Diät der Welt, kurzfristig garantiert erfolgreich und langfristig garantiert pathologisch, weil magersüchtig. Nichts zu essen bringt eben auch nur Scherereien.

# 076 ─────── ETWAS NACHHELFEN MIT BOTOX & CO

Schöne, glatte Haut wird einem in die Wiege gelegt. Das ist ungerecht, aber wahr. Die Gene bestimmen maßgeblich, wann die ersten Falten auf Ihrem Gesicht erscheinen und wie stark sie sich im Laufe der Jahre ausprägen. Vier andere Faktoren kommen hinzu: Wer raucht, trinkt, in der Sonne liegt und sich schlecht ernährt, wird – Gene hin oder her – vermutlich eher und schneller altern als Frauen, die ihr Sündenkonto nur mäßig belasten. Askese hat im Übrigen auch nicht unbedingt eine förderliche Wirkung auf die äußere Erscheinung. Wer sich alle lustigen Ungesundheiten dieser Welt prinzipiell erspart und sie sich im Dienste der Schönheit permanent versagt, übt Stress auf sich selbst aus. Und der schlägt sich dann auch wieder äußerlich nieder.

Eines Tages ist es jedoch bei allen Frauen so weit: Man schaut in den Spiegel und sieht dort Falten, die auch nach einer Woche Ausschlafen nicht verschwunden sind. Und dann? Dann gibt es die Frauen, die diese Entwicklung zur Kenntnis nehmen und damit schlecht, recht oder gut zurechtkommen, und diejenigen, die zu so genannten Anti-Aging-Maßnahmen übergehen.

A **VOR DEM BESUCH BEIM ARZT** Seien Sie ehrlich zu sich selbst und versuchen Sie herauszufinden, warum Sie ausgerechnet jetzt verjüngende Eingriffe vornehmen lassen wollen. Haben Sie gerade eine Trennung hinter sich? Sind Sie von Ihrem Partner betrogen worden? Dann ist es vielleicht heilsamer, sich mit diesem Thema zunächst auf einer anderen Ebene auseinanderzusetzen. Kein Mann wird zu Ihnen zurückkehren oder aufhören, anderen Frauen hinterherzugucken, weil Sie Ihre Stirnfalte chemisch lahmgelegt haben oder neuerdings einen Schmollmund tragen.

Wenn Sie Schauspielerin oder Model sind, überlegen Sie sich, was Sie mit einem ärztlichen Eingriff bezwecken. Wollen Sie jünger aussehen? Einen bestimmten Job ergattern? Alles nachvollziehbare Gründe, aber denken Sie auch darüber nach, wie Sie langfristig mit dem unvermeidlichen Altersthema umgehen wollen.

Oder anders gesagt: Blättern Sie die einschlägigen Boulevard- und Celebrity-Magazine durch und fragen Sie sich ernsthaft, ob das für Sie eine Option ist. Ob es Ihrem Ideal entspricht, auch mit 50 noch prall, ohne Falten und mit aufgerissenen Augen auf dem roten Teppich zu stehen.

Es gibt keine falschen und richtigen Gründe, sein äußerliches Alter weniger oder gar nicht sichtbar zu machen. Versuchen Sie sich nur darüber im Klaren zu sein, warum Sie es tun, und was Ihr Ziel bei der Sache ist. Denken Sie auch darüber nach, was es für Sie bedeutet, unvermeidlich alt zu werden und was Sie sich vom Alter erwarten, und zwar bevor Sie irgendwelche Maßnahmen einleiten.

Wenn Sie ganz objektiv noch jung sind, sollten Sie darüber nachdenken, warum Sie mit Ihrem äußeren Erscheinungsbild unzufrieden sind und Menschen, denen Sie vertrauen, zu Rate ziehen.

B **BEIM ARZT** Sie sind jetzt mit Ihrem Wunsch nach einem Anti-Aging-Eingriff zum Arzt gegangen. Und zwar hoffentlich zu einem auf diesem Gebiet erfahrenen Dermatologen. Wenn Sie sich bei einer Kosmetikerin oder auf irgendeiner Party wiederfinden, gehen Sie schnell wieder nach Hause. Es mag im ersten Moment billiger oder lustiger erscheinen, sich auf diese Weise behandeln zu lassen, aber unter Umständen sitzen Sie danach sowieso beim Dermatologen. Nämlich dann, wenn der versucht, den Pfusch wieder auszugleichen.

Doch wie erkennen Sie, ob ein Arzt gut ist oder nicht? Hören Sie auf vertrauenswürdige Empfehlungen, fragen Sie ihn nach seiner Erfahrung und seien Sie sehr skeptisch, wenn er versucht, Sie von weiteren Eingriffen zu überzeugen. Weniger ist auch in diesem Falle mehr. Ein guter Arzt wird stets Ihre Gesamterscheinung im Auge behalten und Sie nicht in ein glattes Maskenwesen verwandeln wollen. Er lässt lieber ein paar mehr Falten stehen und achtet darauf, wie das Gesicht mit Hals und Händen harmoniert, an denen sich ja bekanntlich das wahre Alter manifestiert. Ein guter Arzt sagt auch einmal nein und fördert ein natürliches Aussehen. Wenn alle Ihre Freunde Sie nach Ihrem Eingriff darauf ansprechen, ob Sie was haben machen lassen, ist es vermutlich nicht ganz so gut gelaufen.

C **DIE MASSNAHMEN** Es gibt temporäre Maßnahmen, zu denen die Behandlungen mit Botox oder Hyaluronsäure gehören, und es gibt permanente Maßnahmen wie einen operativer Eingriff, bei dem das ganze Gesicht geliftet wird. Tendenziell lässt sich feststellen, dass immer weniger geliftet und immer mehr gespritzt wird. Botox ist ein Protein, das kleinste Muskeln an ausgewählten Stellen paralysiert, zum Beispiel um die Augen herum, und dadurch die äußere Erscheinung von Falten mindert. Botox baut sich über den Körper nach und nach ab; eine Behandlung hält in der Regel drei bis fünf Monate. Hyaluronsäure ist ein Glykosaminoglykan, das auch im menschlichen Körper vorhanden ist, das unter anderem Wasser an sich bindet und Falten so von unten auffüllt. Auch diese Behandlung wirkt nur temporär. Bei einem Lifting wird hinter den Ohren die Haut aufgetrennt, nach hinten gezogen und an der Kopfhaut vernäht. Ein Lifting sollte man, wenn überhaupt, nur einmal im Leben machen, denn mit jedem Lifting wird die Haut straffer und dünner. Außerdem gibt es im Bereich des Anti-Agings und der plastischen Chirurgie noch unzählige andere Möglichkeiten, auf sein Aussehen Einfluss zu nehmen, sei es durch Schlupflidoperation, Peeling, Fettabsaugen, Brustvergrößerungen oder -verkleinerungen.

D **DIE NEBENWIRKUNGEN** Alle Eingriffe, die Sie an Ihrem Körper vornehmen, können ungewünschte Nebenwirkungen hervorrufen. Bei Anti-Aging-Maßnahmen gilt: Je mehr Sie machen und je massiver der Eingriff ist, desto größer ist das Risiko von Nebenwirkungen oder unerwünschten Resultaten. Lassen Sie sich eingehend über alle möglichen Risiken beraten und wägen Sie gründlich ab. Bei Botox-Behandlungen können, kurz nachdem die Spritze gesetzt wurde, kleine Quaddeln auftreten, die innerhalb von fünfzehn Minuten wieder verschwinden. Insgesamt gibt es aber bei erfahrenen Ärzten kaum Nebenwirkungen bei der Behandlung mit Botox oder Hyaloronsäure, und wenn, verschwinden diese meist von selbst. Ein Lifting ist immer ein massiver Eingriff, auch die so genannten „Mini-Liftings" haben nicht weniger potentielle Nebenwirkungen. Neben den gängigen Risiken einer Operation, die beispielsweise durch die Narkose entstehen, können bei einem Lifting Wundinfektionen, Nervenverletzungen und im schlimmsten Fall Gesichtslähmungen die Folge sein. Es existiert bei diesen Problemen und auch bei Kunstfehlern in der plastischen Chirurgie eine Dunkelziffer. Nebenwirkungen haben alle diese Eingriffe auch auf Ihre Finanzen. Botox gibt es schon ab 350 Euro pro Sitzung, für ein Lifting zahlt man bis zu 10 000 Euro.

E **FOREVER YOUNG** Es ist schön, dass die Zeiten, in denen Männer Ihre Frauen der Einfachheit halber ab einem gewissen Alter „Mutti" nannten, vorbei sind. Heute fallen Frauen nicht mehr in lediglich zwei Kategorien – nämlich jung und begehrenswert oder alt und bestenfalls für die Versorgung zuständig. „Wenn es heute die medizinischen Möglichkeiten gibt, sich ohne großes Risiko sein gutes Aussehen zu bewahren, warum sollte man es dann

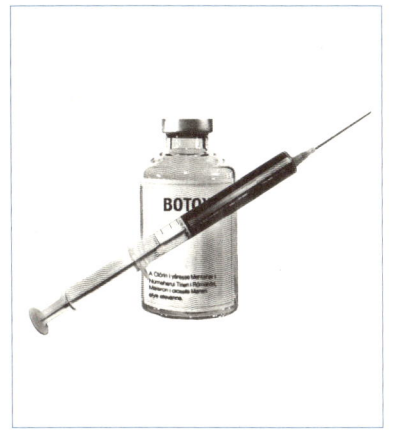

. . .

*Forever young ist eine Illusion.*

*Aber Botox und Spritze*

*legen kleinere Falten*

*lahm.*

. . .

nicht machen?", sagt Dr. Joachim von Rohr über die Einstellung seiner Patienten; Rohr führt in Hamburg eine bekannte dermatologische Praxis. Die Zeiten, in denen 50-Jährige kaschierende Flanellhosen trugen, sind vorbei; heute tragen sie Jeans in den gängigen Größen und kennen sogar deren Marke. Wenn man sich dann nicht nur jünger fühlt als man aussieht, sondern unter dem Alterungsprozess zu leiden beginnt, finden viele Frauen den Gang zum Schönheitschirurgen oder Dermatologen nur konsequent.

Allerdings sind Jugend und körperliche Frische nur ein Aspekt von Attraktivität. Gelassenheit, Erfahrung, Erfolg, Intelligenz und Stilsicherheit sind Vorzüge, die ältere Frauen sexy machen. Doch oft sind es die Frauen selbst, die in frauentypischer Manier den Perfektionismus zum Leitmotiv erheben: die tolle Karriere, die perfekten Kinder und das beste Aussehen. Männer sehen diese Dinge oft sehr viel entspannter beziehungsweise: Sie sehen die Falten gar nicht, wegen derer Frauen die Wände hochgehen. Vielleicht gönnen Sie sich doch einfach den Luxus und die Entspannung, in Würde durch die Jahre zu gehen. Das ist attraktiv, und zwar attraktiver als das Gesicht ohne Falten. Konzentrieren Sie sich auf Ihre vorteilhaften Seiten: „Jeder, der sich die Fähigkeit erhält, Schönes zu erkennen, wird nie alt werden", wusste schon Franz Kafka.

*DIE FRAU IN DER KRISE*

Während witzige Männer eindeutig als begehrenswert, also sexy, eingestuft werden, erwartet man von Frauen (selbst wenn sie einen brillanten Humor haben) seltener die Spaßperformance, dafür aber den Beifall, also das Lachen. Irgendwie hält sich das Gerücht, dass Frauen weniger „Spaß verstehen" als Männer; vielleicht auch nur, weil bei früheren Humorforschungen Frauen und Männern sexistische Witze vorgelegt wurden, um ihren Humor zu messen. Da Frauen über diese Art von Spaß weniger lachten, wurden sie auch von der Wissenschaft als weniger humorvoll eingestuft.

Männer freuen sich, wenn Frauen über ihre Witze lachen. Und da Frauen auch gerne über die Witze anderer lachen, könnte die Welt eine spaßige Lachnummer sein, wenn nur die Qualitätsunterschiede zwischen lustig und lustig nicht so riesig wären. Aber selbst wenn Sie öfter dem mittelmäßigen als dem Topwitz begegnen, sehen Sie es mit Humor, denn den brauchen Sie unbedingt, um ihn an bestimmten Stellen vortäuschen zu können.

ᴬ *WAS TUN SIE DA EIGENTLICH?* Sie haben sich mit dem vorgetäuschten Humor, wissenschaftlich betrachtet, für eine Strategie der Unterwerfung entschieden. Es wäre prekär, wenn Sie sich in einer Abhängigkeitssituation befänden, in der Sie regelmäßig zum Lachen gezwungen werden, und Ihnen bei Verweigerung ernste Konsequenzen drohten.

Lassen Sie uns aber davon ausgehen, dass Sie sich für den vorgetäuschten Humor entschieden haben, denn wir reden hier über die Frau in der Krise und nicht über die Frau mit der Pistole an der Schläfe.

Man kann den vorgetäuschten Humor auch als eine der Königsdisziplinen der Kommunikation bezeichnen und Sigmund Freud zitieren, der sagte: *„Der Witz (...) ist die sozialste aller auf Lustgewinn zielenden seelischen Leistungen."* Wenn dieser Lustgewinn einseitig ist, sprich: jemand reißt Witze, Sie jedoch lachen nur aus Höflichkeit, Menschenliebe oder aufgrund Ihres großen Harmoniebedürfnisses, dann erbringen die soziale Leistung eigentlich Sie.

B **ECHT UND NICHT ECHT** Dass wir lachen, ist nicht kulturell erlernt, sondern genetisch bedingt. Ein lachendes Gesicht wird also überall und von jedem Menschen auf der Welt erkannt und gleich gedeutet. Wenn Sie richtig und ehrlich lachen müssen, wird im Gehirn Ihr Belohnungssystem aktiviert, das Dopamin ausschüttet. Deshalb, so die Humorforscherin Barbara Wild, ähnelt ein herzhafter Lachanfall einem Kokainrausch, da auch hier Dopamin, allerdings in noch größeren Mengen, ausgeschüttet wird. Stellt man diese beiden Dinge zur Auswahl, würden die meisten Menschen das Lachen wählen – kein Wunder also, dass Comedy so ein gutes Geschäft ist.

Das echte Lächeln nennt man Duchenne-Lächeln, nach dem französischen Physiologen Guillaume-Benjamin Duchenne, der den Lachmuskel entdeckte und herausfand, dass wir für diesen Gesichtsausdruck nicht nur den Jochbeinmuskel anspannen, sondern auch den Augenringmuskel. Einige Menschen sind in der Lage, das von Herzen kommende Lächeln täuschend echt zu imitieren, andere lächeln so lange, bis sich das falsche in ein echtes Lächeln verwandelt, und bei einigen sieht es so unecht aus wie ein mit Kuli aufgemalter Schnurrbart. Selbst wenn Sie zu letzterer Gruppe gehören, werden Sie die Situationen kennen, in denen Ihr Lächeln oder Lachen – egal wie gut Sie es hingekriegt haben – diplomatischer war als ein Pokerface. Wenn Sie sich gegen folgende Situationen und Charaktere wappnen, sind Sie wie eingangs erwähnt diejenige, die Humor beweist, indem sie ihn vortäuscht. Das ist grotesk, aber auch lustig.

C **WITZEWIEDERHOLER UND -ZERSTÖRER** Oft trifft man ihn auf Familienfesten, und im besten Fall sind Sie nicht mit ihm verheiratet. Denn seiner Frau ist nach vielen Jahren mit demselben Repertoire oft sogar das gestellte Lachen vergangen. Falls nicht, schauen Sie sich diese begnadete Schauspielerin doch mal genauer an.

Vielleicht ist sie nicht nur die Stütze ihres Mannes, sondern auch eine Meisterin der Deeskalation. Dann weiß sie, dass sich an einer Familientafel ein glockenhelles Heimatfilm-Lachen besser macht als offen gezeigter Ehefrust oder eine verbitterte Abrechnung mit allen Anwesenden. Der witzige

Verwandte kann deshalb auch als positive Figur gesehen werden, die vielen Familienfeiern den Psychodruck nimmt. Sein Beitrag ist vielleicht nicht brillant und leider auch nicht neu, dafür aber schon Folklore und nett gemeint.

Wenn Sie ihm und sich mal eine Pause gönnen wollen, lassen Sie nachschenken und sprechen Sie strahlend einen Toast auf ihn und seine Lustigkeit aus. Dieses Feedback wird er sehr mögen.

Den Zerstörern von Pointen, die es oft auch zu zweit nicht schaffen, einen Witz in der dramaturgisch richtigen Reihenfolge zu erzählen, können Sie helfen, indem Sie sie mittendrin mit solidarischem Gelächter unterbrechen. Ja, Sie wissen was gleich kommt. Stimmt genau, die Pointe ist beziehungsweise wäre in der Tat extrem lustig.

◊ *SPASSVÖGEL WÄHREND DER BALZ* In Flirtratgebern für Männer kann man oft lesen, dass viel Gelächter seitens der Frau bei der ersten Verabredung so etwas wie eine Garantie für anschließenden Sex ist. Angeblich steigt das Erotikbarometer noch, wenn die Frau sich beim Lachen auch noch an den Hals fasst oder mit ihren Haaren spielt. Es ist wahr, dass lustige Männer bei Frauen sehr gut ankommen. Es ist auch wahr, dass viele unlustige Männer sich offensichtlich an diese Flirtratgeber halten. Viele Anmachsprüche sind zwar weiß Gott keine Brüller, zeigen aber mehr Engagement als stumpfes Glotzen. Wenn Sie hier mit etwas ähnlich Abgedroschenem kontern oder fragen, ob er immer so originell ist, werden Sie schnell herausfinden, ob der Mann über Eigenironie verfügt oder nicht.

Wenn ein Mann Sie beim ersten Date unbedingt zum Lachen bringen will, und Sie es vorziehen, erstmal nur zuzuhören anstatt einzugreifen, gehen Sie am besten vor wie eine nette Lehrerin: Sie belohnen nicht seine Leistung, sondern seine Bemühungen. Außerdem amüsieren Sie sich auch selbst besser, wenn Sie öfter herzhaft lachen und begeistert „Nein! Echt?" rufen. In vielen Bars können Sie sich dabei auch noch unauffällig im Spiegel betrachten. Vielleicht kommt daher die These mit den Haarspielereien. Grundsätzlich sind lustige Geschichten beim Kennenlernen ein besseres Zeichen als Jammereien, Pathos oder zähes Schweigen. Wenn er Ihren Lachnerv nicht trifft, seien Sie anfangs so tolerant, dass Sie Punkte wie Unsicherheit und Angst vor unangenehmer Stille mit einbeziehen. Der Mann, der Sie unterhält, legt sich offensichtlich ins Zeug, und seine Show sagt mehr über ihn als zum Beispiel sein Sternzeichen. Sollten Sie feststellen, dass es ihm eigentlich egal ist, ob Sie lachen oder nicht, sind Sie wohl Publikum eines Standardprogramms. Sie können dann schon beim zweiten Treffen mit einer Wiederholung rechnen.

Wenn Sie selber auch etwas Lustiges zu sagen hätten, aber vor lauter Pointen nicht zu Wort kommen, überlegen Sie sich gut, ob Ihnen sein Monolog auf längere Sicht gefallen würde.

Wenn Ihnen sogar das Lächeln schwerfällt und Sie innerlich zählen müssen, dann schießt der Mann wohl genau an Ihrem Sinn für Humor vorbei und zermürbt Sie damit. Dann sollten Sie Ihn auf jeden Fall unterbrechen, denn mit ernsthafter Qual ist niemandem geholfen.

E **FROHSINN IM BETRIEB** Gute Stimmung am Arbeitsplatz ist vielen Leuten sehr wichtig. Sie beginnt zum Bleistift mit total verrückten Geburtstagskarten, auf denen gezeichnete Tiere etwas Anzügliches sagen, und endet auf Firmenfeiern, auf denen sich jeder verkleiden muss. Wenn Ihnen die Humorfarbe Ihrer Kollegen oder Vorgesetzten nicht liegt, halten Sie sich immer vor Augen, dass es Schlimmeres gibt als spaßige E-Mails oder die allmorgendliche Wiedergabe von Sendungen, die Sie schon im Fernsehen nicht mögen. Lachen hilft. Und um Wohlwollen und Sympathie zu bekunden, müssen Sie sich ja nicht ausschütten, sondern können kurz kichern oder nett grinsen. Wegen penetranter Witzigkeit vors Arbeitsgericht zu ziehen, ist fast aussichtslos und lässt Sie auch noch als Spaßbremse dastehen. Wenn Ihre Schmerzgrenze wirklich erreicht sein sollte, entziehen Sie sich diplomatisch, indem Sie den anderen klarmachen, dass Sie ihnen ihre Heiterkeit jederzeit gönnen, aber im Moment leider nicht teilhaben können. Schließlich haben Sie bei der Arbeit die beste Ausrede, nämlich die Arbeit.

F **PROMINENT SEIN** Sollten Sie prominent sein oder vorhaben, es zu werden, bringen Sie Ihren vorgetäuschten Humor auf die High-End-Stufe. Lachen

Sie so viel wie möglich und beliefern Sie die Öffentlichkeit mit einem Feuerwerk der guten Pointen. Vergessen Sie nie, dass Sie ständig beobachtet werden und einmal getätigte Aussagen jederzeit und von jedem wieder abrufbar sind. Wenn Sie ein A-Promi sind und über das nötige Selbstbewusstsein verfügen, kann es Ihnen eigentlich egal sein, was die Nullen über Sie als Eins sagen. Weil aber niemand unverletzbar ist, und weil gute Journalisten eben oft keine Nullen sind, sollten Sie niemals mit peinlichen Ausflüchten antworten, wenn Ihnen lästige Fragen gestellt werden. Mit einer schlagfertigen Antwort, die auch noch lustig ist, wischen Sie ein unangenehmes Thema schneller vom Tisch als mit einem zickigen Verbot der Frage. Denn auch bei der Presse gilt die Regel, dass keine Antwort auch eine Antwort ist.

Humor ist die beste Waffe gegen verbale Angriffe. Er nimmt nicht nur Ihren Gegnern den Wind aus den Segeln, sondern macht Sie auch beim Publikum viel beliebter als eine Klage, die meist nur neues Wasser auf die Mühlen derer ist, die Sie geärgert haben.

Humorvoll mit Kritik umzugehen bedeutet, dass man souverän ist. Und für Souveränität erntet man Respekt.

G **SCHLECHTE WITZE ABWEHREN** Nicht nur Prominente, sondern auch normale Menschen sind oft die Zielscheibe für drögen Humor. Wenn Ihr Aussehen, Ihre Herkunft, Ihr Beruf oder Ihr Name seit Jahren Anlass für die gleichen vorhersehbaren Witze ist, nutzen Sie Ihren Vorteil und legen Sie sich einen geeigneten Gegenstoß zurecht. Schließlich wissen Sie ja schon, was kommt, wenn Sie sich zum Beispiel mit Ihrem Namen vorstellen. Unwitzige Menschen erkennen Sie sofort daran, dass sie überzeugt davon sind, die Ersten zu sein, denen ein blöder Spruch, Witz oder Reim zu Ihrem Namen einfällt. Feinere Geister können sich denken, dass eine Bemerkung zu diesem Thema Ihnen nicht neu ist. Je trockener Ihre Parade, desto treffsicherer. Und während Ihr Gegenüber über seine eigene Einfallslosigkeit nachdenken muss, können Sie sich entspannt ins Fäustchen lachen.

Sollten Sie feststellen, dass der altbekannte Witz auf Ihre Kosten jemandem bereits auf der Zunge liegt, er ihn sich aber angestrengt verkneift, erteilen Sie ihm die Erlaubnis. Am besten mit einer königinnenhaften Handbewegung und einem generösen Nicken. Einige Menschen benutzen auch die Offensive, um eventuelle Beleidigungen abzuwehren. Sie kommen den anderen selbst mit einem Witz über ihre eigenen Eigenschaften oder Unzulänglichkeiten zuvor, was aber oft auch als Zeichen von Unsicherheit aufgefasst wird.

H *UNTER DER GÜRTELLINIE* Vorgetäuschter Humor ist die gute Miene zum platten oder talentfreien Spiel. Unangebracht ist er, wenn es wirklich böse, menschenverachtend, rassistisch, sexistisch oder alles zusammen wird. Kurz: Wenn die Grenzen des guten Geschmacks eindeutig überschritten werden, hört der Spaß auf. An dieser Stelle weiterzulachen, würde bedeuten, dass Sie der Niveaulosigkeit entweder zustimmen oder ihre Tragweite nicht verstanden haben, was fast noch schlimmer wäre.

# 078 — MENSTRUATIONSBESCHWERDEN LOSWERDEN

Die leidigen Symptome des prämenstruellen Syndroms, kurz PMS, oder akute Menstruationsbeschwerden en détail zu beschreiben, erübrigt sich. Sie als Frau wissen, was gemeint ist, und wenn Sie es nicht wissen, sind Sie keine Frau (vgl. Kapitel *Die Frau am Start*, Rubrik *Mädchen werden*).

Menstruationsbeschwerden scheinen neben kalten Füßen das unabwendbare Kreuz der Weiblichkeit zu sein. Die meisten Frauen tragen es mit Fassung, nach dem Motto: Augen zu, Wärmflasche drauf, Schmerzmittel rein und durch. Neben einem verständnisvollen Umfeld sind das die einzigen Lösungen, die die westliche Welt zu diesem leidigen Thema anzubieten hat. Aus dem Blickwinkel der chinesischen Heilkunde handelt es sich bei Menstruationsbeschwerden dagegen eher um eine Art innere Gleichgewichtsstörung, die nicht gott- oder göttinnengegeben ist, sondern durch Akupunktur, Akupressur oder Kräuterheilkunde unproblematisch behoben werden kann (vgl. Kapitel *Die Frau zu Hause*, Rubrik *Kräuter pflanzen*).

**A** **_DIE FRAU, DAS ZYKLISCHE WESEN_** In der chinesischen Medizin sind alle Menschen bestimmten wiederkehrenden Zyklen und Einflüssen unterstellt, wie zum Beispiel den Jahreszeiten, die sich auf ihr Befinden und ihre Konstitution auswirken. Die entscheidenden Entwicklungsschritte finden bei Frauen alle sieben, bei Männern alle acht Jahre statt. Entscheidende Veränderungen passieren bei Frauen also mit sieben, vierzehn, einundzwanzig und so weiter Jahren. Frauen sind zudem auf besondere Art und Weise ihrem monatlichen Fruchtbarkeitsrhythmus unterworfen. Ein Bild, das das revolvierende Wesen der Frau gut verdeutlicht, ist das der Sanduhr, die immer wieder umgedreht wird: Nur einmal im Monat, für einen kurzen Moment, sind beide Seiten der Sanduhr ausbalanciert und zwar dann, wenn in beiden Gläsern exakt gleich viel Sand ist. Bei der Frau wäre das der Zeitpunkt des Eisprungs. Der Sand in den beiden Seiten der Sanduhr steht in diesem Fall für Qi (sprich Tschi) und für Blut. Qi ist eine Art grundsätzliche Lebensenergie beziehungsweise Kraft. Blut ist einmal Blut im herkömmlichen Sinne, aber auch die Substanz, die mit dem Herzen eng verbunden ist. Qi und Blut fließen zusammen durch den Körper. Blut und Herz halten aus chinesischer Sicht den Geist im Körper fest.

Der Moment, in dem Blut und Qi komplett ausgeglichen sind, ist dann der Moment des Eisprungs.

**B** **_PMS CHINESISCH BETRACHTET_** In der chinesischen Heilkunde gibt es verschiedene Organe, die im Zusammenspiel das „Meer des Blutes" genannt werden. Die Organe, die zum Meer des Blutes gehören, sind der Uterus, die Leber und das Herz, wobei das Herz in der chinesischen Medizin der Sitz des Bewusstseins ist. PMS bedeutet nun, dass das Meer des Blutes im Ungleichgewicht ist, und das schlägt zwangsläufig auf die Stimmung und sorgt für alle anderen Symptome von PMS.

**C** **_BAUCHKRÄMPFE CHINESISCH BETRACHTET_** Alle Schmerzen werden auf die Stagnation von Qi zurückgeführt. Wenn demnach das Qi fließt, gibt es auch keine Schmerzen mehr.

Stagnierendes Qi können Sie sich ungefähr so vorstellen: In einem Kaufhaus bewegen sich die Kunden auf vorgegebenen Bahnen in einem stetigen Fluss, wie zum Beispiel auf einer Rolltreppe. Die Kunden, also physischen Personen, stehen für das Blut, und die Intention der Kunden, warum sie durch das Kaufhaus ziehen, steht für das Qi. Wenn nun eine Person am Absatz der Rolltreppe stehen bleibt und sich umständlich die Schuhe zubindet, kommt es zur Stagnation und Folgereaktionen, und so entsteht dann Schmerz.

Ein kundiger Akupunkteur muss jetzt herausfinden, warum derjenige am Ende der Rolltreppe stehen geblieben ist. War es Aggression, Müdigkeit oder war der Schuh tatsächlich offen? In jedem Fall muss er die Person beziehungsweise das Qi wieder in Schwung bringen.

D **DIE CHINESISCHE ANTWORT** Sie wissen jetzt also, dass Ihr Meer des Blutes im Ungleichgewicht ist und dass Ihr Qi nicht fließt, das hilft Ihnen aber nur bedingt weiter. Ein Akupunkteur würde jetzt versuchen, durch das Nadeln bestimmter Körperpunkte die Organe, die zum Meer des Blutes gehören, wieder ins Gleichgewicht und das Qi zum Fließen zu bringen. Wenn er es schafft, wird es Ihnen spürbar besser gehen. Es ist schwer möglich und nicht empfehlenswert, sich selbst diese Nadeln zu setzen. Um einen guten Akupunkteur zu finden, suchen Sie nach jemandem, der zum Beispiel ein Diplom der „Arbeitsgemeinschaft für Klassische Akupunktur und Traditionelle Chinesische Medizin e.V.", kurz AGTCM besitzt. Professionelle Akupunkteure arbeiten außerdem mit Zungen- und Pulsdiagnose. Was Sie durchaus zu Hause alleine probieren dürfen, um sich Linderung zu verschaffen, ist Akupressur. Dabei üben Sie Druck auf bestimmte Punkte an Ihrem Körper aus, die dann wiederum den oben beschriebenen Fluss des Qi und die allgemeine Balance herstellen.

E **PUNKTE ZUR SELBSTBEHANDLUNG *Name des Punkts: Leber 3*** (Le 3), auch genannt: Taichong „Der große Blockadenbrecher". Zu finden auf dem Fußrücken, zwischen dem großen und dem zweiten Zeh, in einer empfindlichen Grube, etwa zwei Querfinger oberhalb der Zwischenzehen-

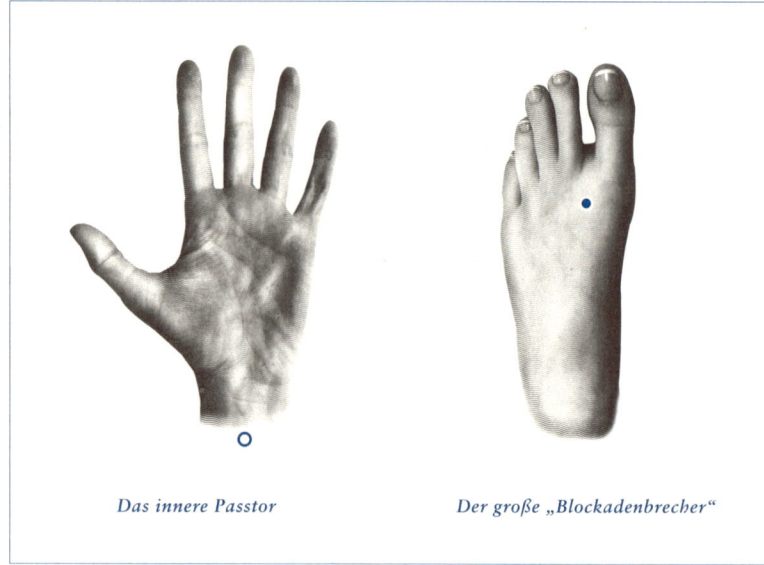

*Das innere Passtor*        *Der große „Blockadenbrecher"*

Schwimmhaut. *Stimulation:* Etwa 3 Minuten und zwar fest mit dem Daumen kreisen, es darf etwas wehtun.

*Name des Punkts: Milz-Pankreas 6* (Mi 6), auch genannt: San Yin Jiao „Die Vereinigung der drei Yin". Am hinteren Rand des Schienbeins, etwa drei Querfinger oberhalb des Knöchels in einer empfindlichen Grube. *Stimulation:* wie oben

*Name des Punkts: Milz–Pankreas 10* (Mi 10), auch genannt: Xuehai „Das Meer des Blutes". Wieder eine empfindliche Grube, in diesem Fall auf der Innenseite des Oberschenkels, etwa auf der inneren Hosennaht, knapp oberhalb des Knies. *Stimulation:* wie oben. Für die bekannte eher psychische Unpässlichkeit empfiehlt sich vor allem der erstgenannte Punkt Leber 3 in Verbindung mit: MP 10

*Name des Punkts: Perikard 6* (Pe 6), auch genannt: Neiguan „Das innere Passtor". Zwischen den beiden größten Beugesehnen des Unterarmes, zwei Daumenbreiten vor der Handgelenksfalte. *Stimulation:* wie oben.

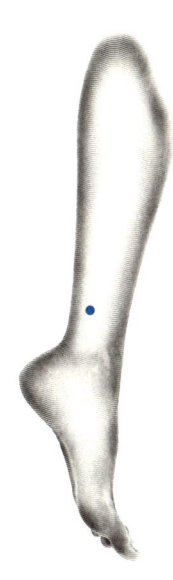

*Die Vereiningung der drei Yin*

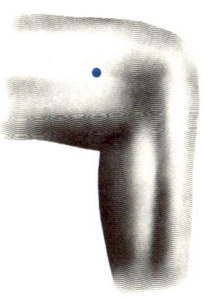

*Das Meer des Blutes*

Stutenbissigkeit hat fast jede Frau schon einmal zu spüren bekommen oder sich selbst stutenbissig verhalten. Neid und Missgunst sind die Auslöser für schnippisches und herabwürdigendes Verhalten gegenüber einer Geschlechtsgenossin, von der die stutenbissige Frau sich bewusst oder unbewusst in Ihrer Position bedroht fühlt. Konkret heißt das zum Beispiel: Die allseits beliebte Cousine, die Sie aber aus anderen Gründen nicht ausstehen können, wird von Ihnen mit ein paar abfälligen Bemerkungen zur „interessanten" Frisur auf dem Familienfest ins Lächerliche gezogen. Oder die neue, ehrgeizige Kollegin wird vor versammelter Mannschaft auf kleinere Fehler in einer Präsentation hingewiesen. Noch schlimmer wird es, wenn hinter dem Rücken die Konkurrentin systematisch niedergemacht wird, was dann auch nicht mehr in die Kategorie entspanntes Lästern fällt (vgl. Kapitel *Die Frau in der Gesellschaft*, Rubrik *Lästern*) und sich schnell Richtung Mobbing entwickeln kann. Während Männer in den direkten Wettbewerb zum Konkurrenten treten, sei es mittelbar im Beruf oder unmittelbar in einer Schlägerei, gilt das weibliche Konfliktverhalten als schleichender und intriganter. Sind denn auch Pferde beziehungsweise Stuten die verschlageneren Tiere, und welche Rückschlüsse lassen sich aus deren Verhalten ziehen?

*STUTEN UNTER SICH* Grundsätzlich haben Pferde ein natürliches Abstandsbedürfnis, das zwar überwunden werden kann, aber auf das Sie stets Rücksicht nehmen sollten, wenn Sie sich einem unbekannten Pferd nähern. Es handelt sich hierbei quasi um eine Art Privatsphäre des Tiers. Wenn Unbekannte einem Pferd ohne Vorsicht und mit hektischen Bewegungen zu nahe kommen, ist eine abwehrende oder verteidigende Position nicht ausgeschlossen. Während Hengste grundsätzlich direkter zum Angriff ansetzen, sind Stuten diejenigen, die in ihrem Abwehrverhalten kiebiger und unberechenbarer sind. Zwar beißen Sie niemanden blutig, aber die Knuffe und Stupser reichen oft schon für einen amtlichen Bluterguss. Getreten wird von Stuten auch gerne, unter Umständen auch aus dem Hinterhalt.

Es gibt drei Gründe, warum Pferde beziehungsweise Stuten sich stutenbissig zeigen. Zunächst, wie die meisten Säugetiere, wenn Sie Nachwuchs bekommen haben. In dieser Zeit sollten Sie sich Stuten mit besonderer Vorsicht nähern und den Fohlen nur, wenn es Ihnen durch einen Bauern oder Tierpfleger explizit gestattet ist. Stuten können sehr angriffslustig werden, wenn Sie den Nachwuchs in Gefahr wähnen, nicht nur Menschen, sondern auch anderen Pferden und Tieren gegenüber.

Ein weiterer Grund, der Stuten in die Stutenbissigkeit treibt, ist die Verteidigung der Rolle in der Herde beziehungsweise Gruppe. Somit sind Kabbeleien zwischen Stuten oft Rangordnungskämpfe. Manchmal ist es aber einfach wie im richtigen, menschlichen Leben, denn Stuten freunden sich innerhalb ihrer Gruppe mit anderen Stuten an und gehen mit diesen zum Beispiel gemeinsam zum Trog oder auf die Wiese. Umgekehrt gilt aber auch, dass manche Stuten einander, aus für den Menschen selten nachvollziehbaren Gründen, nicht leiden können und sich bei Annäherung sofort in die Mähne kriegen. Dagegen ist dann kein Kraut gewachsen. Diese beiden Rivalinnen vor einen Wagen zu spannen, ist nicht ohne Blessuren realisierbar. Da hilft es nur, wie im richtigen Leben auch, sich aus dem Weg zu gehen.

# 080 ENDLICH KOCHEN KÖNNEN

Es gibt Frauen, die nicht kochen können wollen, es gibt Frauen, die nicht kochen können und es gerne lernen würden, und es gibt Frauen, die denken, dass Sie kochen können, es leider aber nicht beherrschen. Sollte eine Frau sich entschließen, grundsätzlich auf das Kochen zu verzichten, so ist das in Ordnung. Dann seien ihr aber viele kochende, gastfreundliche Freunde, ein kochender Partner oder genug Geld für häufige Restaurantbesuche gewünscht, denn ein Leben ohne gutes Essen ist nur halb so schön. Frauen, vor allem jenseits der 30, denen eines Tages auffällt, dass Sie nicht kochen können, denken oft, dass es sich dabei um eine Geheimwissenschaft handelt, die Ihnen für den Rest Ihres Lebens verschlossen bleiben wird. Ähnlich wie

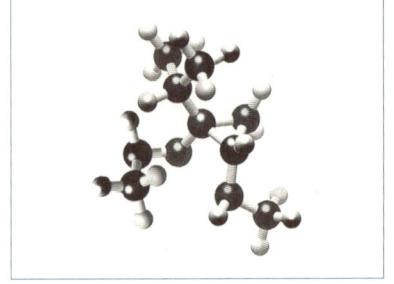

Männer, die mit über 30 noch keinen Führerschein besitzen, haben sie es sich
auf dem Beifahrersitz beziehungsweise am Küchentisch bequem gemacht.
Bleiben Sie ruhig sitzen, wenn Sie kochen wirklich nicht interessiert. Wenn
Sie aber nur Angst vor Misserfolg haben oder vor Ihren angeberischen Freunden eingeschüchtert sind, die inzwischen auf Molekularkochen à la Ferran
Adrià umgestiegen sind, machen Sie sich locker, denn Kochen kann jeder
lernen, der es möchte.

A **GERNE ESSEN** Wer gerne isst, wird auch lernen gut zu kochen. Diese Regel
leuchtet ein und klingt sehr einfach, ist aber für viele Frauen nicht leicht zu
befolgen (vgl. Kapitel *Die Frau im Spiegel*, Rubrik *Absurde Diäten* und Kapitel *Die Frau und die Kultur*, Rubrik *Richtig Salat essen*). Wenn Sie kochen
lernen wollen, weil Sie denken, es wird von Ihnen erwartet, oder weil Sie jemanden beeindrucken wollen, ist das die denkbar schlechteste Motivation.
Wenn Sie panisch Kalorien zählen, viele Lebensmittel nicht mögen oder eklig
finden, ebenfalls. Bevor Sie also loslegen, überprüfen Sie Ihre Einstellung zum
Essen. Läuft Ihnen bei dem Gedanken an bestimmte Gerichte das Wasser im
Mund zusammen? Sehr gut, dann kann es losgehen.

B **EINKAUFEN** Bevor Sie sich nun das erste Mal an den Herd stellen, gehen
Sie einkaufen; einkaufen, nicht shoppen. Am besten eignet sich für Koch-
anfänger dazu ein Wochenmarkt, und wenn es auch noch Spätsommer ist,
umso besser, denn dann quellen die Stände förmlich über. Machen Sie die

*• • •*

*Einkaufen am Gemüsestand*

*ist ein guter Anfang.*

*• • •*

Augen auf und schauen Sie, was es alles gibt – und was Ihnen gefällt. Obst und Gemüse aus biologischem Anbau ist konventionellem geschmacklich meist vorzuziehen. Es sei denn, es ist alt und labberig, dann nützt Bio auch nichts. Konventionelles Obst und Gemüse von kleinbäuerlichen Betrieben ist in der Regel besser als Ware aus dem Treibhaus. Aber auch hier sollten Sie Ihren Augen und Ihrem Geschmack vertrauen. Wenn Ihre Recherchen abgeschlossen sind, kaufen Sie, was Ihnen besonders gefallen hat und kein Vermögen kostet, also zum Beispiel eine Handvoll junger Kartoffeln, ein frisches Fischfilet und einen Salat. Zu Hause probieren Sie dann aus, was Sie aus diesen unkomplizierten Zutaten zustande bringen, also zum Beispiel Pellkartoffeln mit Butter, gebratenen Fisch mit Zitrone und einen Salat, der nur mit etwas Essig und einem guten Öl angemacht ist. Wenn es klappt, steigern Sie sich und fangen Sie an, ein bisschen zu experimentieren. Dazu eignen sich unter anderem die verschiedenen Kräuter ganz hervorragend. Kaufen Sie bei Ihrem nächsten Marktbesuch einfach eine frische Kräutermischung, peppen Sie damit Ihr Essen auf und lassen Sie sich überraschen, was ein paar grüne Blättchen alles anrichten können.

c **DIE GUTE SCHULE** Probieren Sie aus, üben Sie und machen Sie bitte Fehler. Ein versalzenes Ragout, ein zäher Braten oder eine verkochte Pasta sind zwar ärgerlich, aber ganz normal. Überlegen Sie sich, was schiefgegangen ist, und fangen Sie von vorne an. Werden Sie Topfguckerin und fragen Sie bei Essenseinladungen nach, wie eine Speise, die Ihnen besonders geschmeckt hat, genau zubereitet wird. Gute Restaurants bieten Kochkurse an, was eine sehr sinnliche und kommunikative Art ist, das Thema anzugehen. Außerdem können Sie dem Kochlehrer Fragen stellen. Achten Sie bei der Buchung

*Halten Sie es unkompliziert und qualitativ gut.*

nur darauf, dass Sie sich als Anfängerin nicht in Kurse über Trüffel oder Kaviar einbuchen. Kochbücher können für Anfängerinnen auch sehr hilfreich sein, aber auch hier gilt: Lassen Sie sich nicht von den tiptop gestylten Foodbildern beeindrucken. Wählen Sie ein Buch, das Ihrem Einstiegsniveau entspricht. Am besten ist es, sich aus all diesen Komponenten zu bedienen. Nur alleine mit dem Kochbuch zu Hause ist langweilig, nur Topfgucken zu theoretisch, und Kochkurse zu buchen, bis Sie kochen können, würde Unsummen verschlingen.

D **FOND-PANIK** Wenn Sie schon etwas geübter im Kochen sind und in die Kochbücher für Fortgeschrittene schauen, werden Sie feststellen, dass viele Gerichte auf der Basis oder unter Zugabe von Fonds gekocht werden. Fonds sind klare Suppen, die dadurch entstehen, dass Sie Fleisch, Fisch oder Gemüse unter Zugabe von Würzgemüse stundenlang auskochen. Hier strecken viele Frauen den Kochlöffel nieder, weil Sie denken, dass es unfassbar kompliziert und anstrengend ist, einen Fond zu kochen. Das Gegenteil ist der Fall. Es gibt kaum etwas Einfacheres. Probieren Sie es aus. Jedes Schulkochbuch wird Ihnen ein Fondrezept mit auf den Weg bringen, und da Fond meist in größeren Litermengen hergestellt wird, frieren Sie den ungenutzten Teil ein. Es lohnt sich sehr, immer Fond im Eisschrank zu haben, denn scheinbar aufwendige Speisen oder Saucen können damit ruckzuck zubereitet werden.

<sub>E</sub> **DIE AUSRÜSTUNG** Auch hier gilt: Halten Sie es unkompliziert und qualitativ gut. Kaufen Sie sich ein Einsteigerset mit drei bis vier Töpfen unterschiedlicher Größe, eine Pfanne, einen Kochlöffel, einen Pfannendreher und

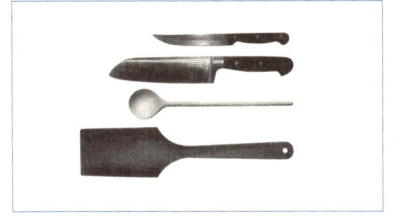

• • •

*Achtung: Messer müssen*

*richtig scharf sein.*

• • •

ein großes und ein kleines Messer, beide richtig scharf. Damit können Sie loslegen. Was Sie sonst noch benötigen, werden Sie in der Praxis schnell selber feststellen. Verzichten Sie von daher darauf, am Anfang viele spezielle Gerätschaften zu kaufen. Denn der Trüffelhobel, 18 verschiedene Messer und die Spezialtöpfe hemmen Sie vermutlich eher, als dass sie Sie bestärken würden.

# 081 ———————————— KÄSE ALS AUSWEG

Wenn Sie nicht kochen können, aber gerne Gastgeberin sind, haben Sie sicherlich einen Weg gefunden, trotzdem öfter Gäste zum Essen zu haben. Egal, wem Sie das Kochen überlassen haben, lassen Sie sich den letzten Gang nicht entgehen und servieren Sie selbst Ihre Käsevariation. Wenn das Hauptgericht nicht aus Käsefondue oder einem überbackenen Auflauf bestand, können Sie dafür mit viel Beifall von Ihren Gästen rechnen, ohne den Herd auch nur gestreift zu haben. Sie müssen einfach eine gute Einkäuferin sein. Falls Sie bis jetzt nur Gouda light und Scheibletten kennen, sollten Sie sich ein gutes Geschäft suchen und etwas Zeit mitbringen. Nach Möglichkeit sollten Sie auch noch Lust auf ein Gespräch mit dem Verkäufer haben, denn als Debütantin wird Sie die große Auswahl vielleicht überfordern. Ein echter Käsekenner hat ähnlich viel zu schmecken und zu lernen wie ein Weinkenner. Bevor Sie sich durch die Herstellungsverfahren, Reifezeiten, Regionen und Kategorisierungen arbeiten, fangen Sie klein an, indem Sie erst einmal nur nach Konsistenz und Intensität einkaufen. Wenn Sie nach Käsesorten von sehr hart bis fast flüssig und von mild bis außerordentlich pikant fragen, wird Ihre Käsevariation auf keinen Fall eintönig.

A **WIE VIEL VON WAS** Rechnen Sie pro Person mit 60 bis 80 Gramm. Insgesamt, nicht pro Käse. Natürlich könnten Sie Ihre Gäste mit einer Normandie-Themenplatte oder einer Komposition besonders strenger Aromen beeindrucken. Ebenso können Sie sich näher mit den Milchsorten befassen und sich auf Käse aus Ziegen-, Schafs- oder gar Rentiermilch spezialisieren. Für den Anfang ist es aber spannend genug, sich auf drei mal drei Sorten festzulegen. Der Käse kann nach verschiedenen Kriterien eingeordnet werden; gehen Sie vorerst nach der Konsistenz und suchen Sie sich je drei geschmacklich variierende Hartkäse, halbfeste Schnittkäse und Weichkäse aus. So kommen Sie auf eine interessante Auswahl und eine schöne ungerade Zahl.

B **NEUN FRANZOSEN** Empfehlenswerte Hartkäse sind zum Beispiel *Comté*, *Beaufort* und *Mimolette*.

Bei den halbfesten Schnittkäsen können Sie sich den würzigen, kräftigen *Pont L'Evêque* merken, eine der ältesten Käsesorten der Normandie. Außerdem machen sich gut auf einer Käseplatte der milde *Reblochon*, zu erkennen an seinem runden Laib und dem orangefarbenen Punkt in der Mitte, und der blauschimmlige *Fourme d'Ambert*, der pilzartig und nussig im Geschmack ist.

Und schließlich drei weiche Käse: der pyramidenförmige *Valancay*, ein Ziegenfrischkäse, der *Epoisses*, ein kräftiger Rohmilchkäse, und der *Saint Marcellin*, ebenfalls ein Rohmilchkäse im hübschen Tontopf, mit leichter, weißer Schimmelschicht.

Hervorragende Käsesorten gibt es fast überall, und wenn Sie jetzt klangvolle Namen aus Deutschland, Österreich, Schweiz oder Italien, Spanien,

Skandinavien und Großbritannien vermissen, dann haben Sie Recht. Aber schon die französische Vielfalt ist so beeindruckend, dass Sie sich gleich auch noch den *Coulommiers,* den *Neufchâtel* und den *Chabichou* merken sollten.

Außerdem das Verb *chambrieren,* das zum Glück nicht für eine Meisterleistung in der Küche steht, sondern nur für das Öffnen und Schließen der Kühlschranktür. Denn *chambre* heißt Zimmer, und dessen Temperatur sollte der Käse unbedingt haben. Holen Sie ihn also früh genug aus dem Kühlschrank, damit er vor dem Servieren noch nachreifen und sein volles Aroma entfalten kann.

c **PAS DE PROBLÈME** Wenn Sie an einer Ausspracheblockade bei französischen Worten leiden sollten, erinnern Sie sich an die vielen Designer, Urlaubsorte und vielleicht auch Weinsorten, mit denen Sie ja auch kein Problem haben. Wenn das nicht hilft, fliegen Sie nach London und hören Sie den gourmetfanatischen aber sprachunbegabten Briten beim Einkaufen und im Restaurant zu. Wenn Sie sich dann immer noch nicht sicher sind, zeigen Sie einfach auf den Käse und hören Sie zu, wie der Verkäufer ihn ausspricht. Hoffentlich richtig.

D **SERVIEREN** Bei der Anordnung der Käsesorten sollten Sie eine bestimmte Geschmackslogik beachten. Man arbeitet beziehungsweise isst sich von den milden zu den würzigen Sorten vor, niemals umgekehrt. Wenn Ihnen das nicht sofort einleuchtet, stellen Sie sich einfach eine gute Party vor, die zahm beginnt und schließlich wild endet. Bei einer Käseuhr legt man deshalb auch den mildesten Käse auf die 12, um sich im Uhrzeigersinn zu steigern. So eine Uhr muss nicht sein, achten Sie aber auf diese Abfolge und auch darauf, dass die Käsesorten weit genug voneinander entfernt liegen und jeder Käse sein eigenes Messer bekommt. Und da es hier nicht um einen Käseigel geht, lassen Sie jedem Käse seine Rinde und zerstückeln Sie ihn nicht. Das ist nicht nur besser für den Käse, das sieht auch schöner aus. Silber- und Edelstahlplatten können den Geschmack beeinträchtigen. Servieren Sie Ihre Käsevariation deshalb lieber auf Marmor, Schiefer, Holz oder Glas.

*Käse und*
*Weintrauben – ein altes,*
*aber harmonisches Paar.*

• • •

E **GETRÄNKE UND DEKORATION** Käse und Weintrauben bilden ein schönes Paar. Käse und gute, aber unaufdringliche Brotsorten ebenfalls. Passend sind auch Feigen und Äpfel, die Sie niemals zu klein schneiden sollten. Und eine gute Nachricht für alle, die am Ende eines Menüs mit Weißwein Bedenken hegen, auf Rotwein umzusteigen: Zu vielen Käsesorten passen Weißweine sogar besser. Und Dessertweine erst recht. Sie sind also relativ frei bei der Auswahl, sogar wenn Sie höchste Ansprüche an sich und Ihre Käservariation stellen. Wenn Sie sich unter die Käse-Wein-Kombinationsfachfrauen begeben wollen, müssen wir Sie an dieser Stelle wieder an die Fachkräfte und die Fachliteratur verweisen, denn: Wer nicht fragt, bleibt Dilettant.

# 082    KLEIDERGRÖSSEN RELATIV GESEHEN

Es ist noch nicht lange her, da waren Kleidergrößen so verlässlich wie der zweimal jährlich auf Termin stattfindende, für alle verbindliche Schlussverkauf. Wenn sich die eigene Kleidergröße veränderte, dann nur, weil man zu- oder abgenommen hatte. Jede Frau, die gegenwärtig shoppen geht, weiß, dass diese Zeiten vorbei sind. Kleidergrößen geben nur noch einen ungefähren Richtwert dessen an, was Sie uns eigentlich sagen sollten. Ansonsten gibt es ein gewolltes und ungewolltes Durcheinander, auch wenn die europäische Größentabelle auf den ersten Blick sehr übersichtlich aussieht.

| LAND | GRÖSSE |
|---|---|
| U.K. | 8 10 12 14 16 18 20 22 24 26 28 30 32 34 36 |
| Irland | 8 10 12 14 16 18 20 22 24 26 28 30 32 34 36 |
| | |
| Frankreich cross-section | 36 38 40 42 44 46 48 50 52 54 56 58 60 62 64 |
| Spanien | 36 38 40 42 44 46 48 50 52 54 56 58 60 62 64 |
| Portugal | 36 38 40 42 44 46 48 50 52 54 56 58 60 62 64 |
| | |
| Italien | 40 42 44 46 48 50 52 54 56 58 60 62 64 66 68 |
| | |
| Deutschland | 34 36 38 40 42 44 46 48 50 52 54 56 58 60 62 |
| Niederlande | 34 36 38 40 42 44 46 48 50 52 54 56 58 60 62 |
| Belgien (La Redoute) | 34 36 38 40 42 44 46 48 50 52 54 56 58 60 62 |
| Belgien (Matentab.) | 34 36 38 40 42 44 46 48 50 52 54 56 58 60 62 |
| Norwegen | 34 36 38 40 42 44 46 48 50 52 54 56 58 60 62 |
| Schweden | 34 36 38 40 42 44 46 48 50 52 54 56 58 60 62 |
| Finnland | 34 36 38 40 42 44 46 48 50 52 54 56 58 60 62 |
| Dänemark | 34 36 38 40 42 44 46 48 50 52 54 56 58 60 62 |
| Luxemburg | 34 36 38 40 42 44 46 48 50 52 54 56 58 60 62 |
| Griechenland | 34 36 38 40 42 44 46 48 50 52 54 56 58 60 62 |

Die Modeindustrie hat inzwischen teilweise ihre firmeneigene Interpretation der klassischen Größen. Und die ist eher schmeichelhaft. Wer zum Beispiel normalerweise Jeansgröße 30 hat, passt bei einigen Marken locker in eine 29. Und bei gleichem Look und gleichem Preis, zu welcher Jeans glauben Sie, wird eine Frau dann eher greifen? 29 oder 30? Eben.

Komplizierter und gefühlt frustrierender wird es, wenn die walküreske deutsche Frau ins europäische Ausland reist. Sie gehört nämlich zusammen mit den Frauen aus den Beneluxländern, den Skandinavierinnen und den Griechinnen zu den stämmigsten und größten ihrer Art, gerade im Vergleich mit den zierlichen Französinnen, Spanierinnen oder Italienerinnen. Wenn Sie also in Deutschland in ein Kleid der Größe 40 passen, müssen Sie in Italien bei Größe 46 suchen. Auch wenn die 46 in diesem Fall nur eine Nummer ist, seltsam fühlt es sich trotzdem an. Italienerinnen mit der italienischen Größe 38 brauchen sich bei uns gar nicht erst ins Einkaufsvergnügen zu stürzen, denn sie hätten eine deutsche 32, und diese Größe gibt es in Deutschland nur theoretisch. Die 38er-Italienerin müsste es daher in der Kinderabteilung versuchen. Und dann gibt es noch die englischen Größen, die mit ihrer völlig anderen Nummerierung sozusagen den Linksverkehr der Kleidergrößen repräsentieren.

Damit diese Zahlenverwirrung eines Tages hoffentlich ein Ende findet, ist eine bespiellose europäische Körpervermessung im Gange. In ganz Europa werden Menschen vermessen, allein in Deutschland 12 000 Personen. Die Auswertung dieser Messungen soll dann zu einer neuen, einheitlichen europäischen Kleidergrößenordnung führen.

# 083    DRINGEND AUF DIE TOILETTE MÜSSEN

Jede Frau kennt das: Starker Harndrang kann eine echte Krise auslösen. Vor allem, wenn keine adäquate Toilette in der Nähe ist. Dass Frauen an Blase und Harnleiter empfindlicher sind als Männer, hat mit der Anatomie der Frau zu tun, denn die weibliche Harnröhre ist kurz, und Bakterien müssen hier keinen langen Weg zurücklegen. Außerdem ist das Fassungsvermögen der weiblichen Blase kleiner, weswegen das Reservoir schneller voll ist.

A **WIE LANGE ANHALTEN?** Eine Frau, die sehr dringend auf Toilette muss, sagt häufig, dass ihr gleich „die Blase platzt". Auch wenn es sich so anfühlen mag, eine Blase kann nicht platzen. Das durchschnittliche maximale Fassungsvermögen einer weiblichen, erwachsenen Blase beträgt zwischen 350 und 420 Millimeter. Wenn Sie partout nicht auf Toilette gehen können oder wollen, wird die Blase irgendwann von alleine überlaufen. Reißen kann eine Blase nur durch einen äußeren Einfluss wie zum Beispiel einen Sturz.

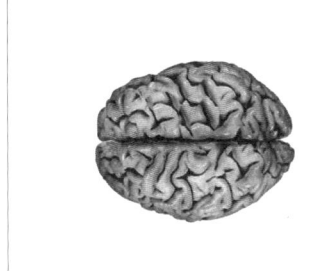

*Blase an Hirn, Blase an Hirn:*
*Ich muss mal.*

Den eigentlichen Vorgang des Wasserlassens nennen Ärzte „Miktion". Eine Miktion ist ein hochkomplexer Vorgang: Die Blase füllt sich nach und nach, und dann kommt die Meldung ans Gehirn, die besagt, dass Sie auf Toilette gehen sollten. Ärzte nennen dieses Gefühl „Harndrangepisode". Die erste Harndrangepisode kann fast jeder Mensch unterdrücken. Sie kennen das beispielsweise von der Arbeit oder wenn Sie abends einen spannenden Krimi im Fernsehen anschauen. Dann vergessen Sie trotz des Signals Ihres Körpers, Ihre Blase zu leeren und denken nicht weiter daran. Die meisten Frauen schaffen das maximal dreimal, und dann müssen Sie flitzen, egal ob die Enttarnung des Mörders im Krimi unmittelbar bevorsteht oder nicht.

B **EINE BLASENENTZÜNDUNG HABEN** Frauen bekommen viel häufiger Harnleiter- oder Blasenentzündungen als Männer, und diese machen sich derart bemerkbar, dass Sie das Gefühl haben, im Minutentakt unerträglich stark Wasser zu lassen zu müssen. Was folgt, sind dann aber nur ein paar Tröpfchen. Generationen von besorgten Müttern und Großmüttern haben ihren Töchtern und Enkelinnen eingeprägt, dass wir uns vor allem „untenrum" warmhalten müssen, um uns derartige Unannehmlichkeiten zu ersparen. Das stimmt allerdings nur bedingt. Harnleiter- und Blasenentzündungen werden vornehmlich durch Kolibakterien ausgelöst und nicht primär durch Kälte. Kälte oder Zug können, bei entsprechender Disposition, die Anfälligkeit für Bakterien erhöhen, sie sind aber nicht der Grund für die Beschwerden.

Wenn Sie gerade frisch verliebt sind und häufig Geschlechtsverkehr haben und dann eine Harnleiter- oder Blasenentzündung bekommen, leiden Sie unter einer so genannten „Honeymoon Cystitis". Der rege Austausch von Körperflüssigkeiten und die andauernde mechanische Stimulierung Ihres Intimbereichs hat Ihr bakterielles Abwehrsystem kollabieren lassen. Wenn das Verliebtsein eine Art psychische Reizüberflutung ist, so haben Sie es nun auch noch mit einer Art physischen, bakteriellen Reizüberflutung zu tun – was aber ganz und gar nicht bedeutet, dass Ihr Partner unsauber oder gar krank ist.

Ein dritter Zeitpunkt für ein vermehrtes Auftreten dieses typischen Frauenleidens ist die Zeit der Schwangerschaft. Durch das verstärkt ausgeschüttete Hormon Progesteron wird Ihr Körper regelrecht „aufgeweicht", um das Wachstums des Babys zu ermöglichen und den Körper auf die Geburt vorzubereiten. Dadurch haben Bakterien in dieser Zeit ein viel leichteres Spiel, sich ihren Weg in Richtung Blase zu bahnen. Zudem wird durch den Druck des Babys von oben der Weg zur Blase noch weiter verkürzt.

Eine Harnleiter- oder Blasenentzündung ist jedenfalls kein Drama und kann, je nach Schwere, mit Antibiotika oder Tees und Naturheilmitteln kuriert werden. Viel zu trinken ist auch immer gut, denn dadurch werden die Bakterien regelrecht herausgeschwemmt. Behandeln lassen sollten Sie diese Krankheit aber stets, da sonst im schlimmsten Fall die Bakterien weiter aufsteigen und eine viel kompliziertere Nierenentzündung hervorrufen können.

# 084   EINEN BURNOUT ERKENNEN UND BEHANDELN

Wenn Sie Ihre Mitmenschen in letzter Zeit langweilen, indem Sie nur noch über ein Thema reden und ansonsten eher abwesend wirken, wenn Sie wahlweise unter zu wenig Appetit oder Fressanfällen leiden, wenn Sie eine eigenartige Beziehung zu Ihrem Mobiltelefon entwickelt haben und nicht einmal mehr dem niveaulosesten Fernsehprogramm folgen, geschweige denn ein Buch lesen können – dann müssen Sie nicht zwangsläufig verliebt sein. Im Gegenteil – Sie können natürlich auch Liebeskummer haben, aber sehr gut möglich ist bei diesem Verhalten auch, dass Sie an einem Burnout leiden. Eine Erhebung der größten deutschen Krankenkasse (der AOK) bestätigt, dass der Krankheitsstand nie so niedrig war wie im Jahr 2007. Allerdings erfolgen zirka 60 Prozent der Krankschreibungen anders als früher nicht mehr aus körperlichen, sondern aus seelischen Gründen. Das Burnout-Syndrom ist eine dieser Diagnosen, es wird häufig von Angstzuständen begleitet und kann bis zur Depression führen. Unheilbar ist es jedoch nicht. Sollten Sie oder ein wichtiger Mensch in Ihrem Umfeld ausgebrannt sein – prüfen Sie, ob es sich um einen ernsthaften Erschöpfungszustand oder nur eine vorübergehende Krise handelt.

A *SIE HABEN KEINEN BURNOUT* Wenn jedes Syndrom, über das Sie kurz lesen, sofort einen festen Platz in Ihrem Leben erhält. Wenn Ihre Kollegen das Fenster gegen Ihren Willen öffnen oder kein Deo benutzen, ist das kein Mobbing. Wenn Sie eine gelesene Zeitung nicht sofort zum Altpapier legen, sind Sie kein Messie, und wenn Ihr Kind nicht still sitzen kann, ist es nicht gestört und gleichzeitig hochbegabt. Auch wenn Sie eine Monothematikerin mit Essstörungen sind, die ziemlich fertig von ihrer Arbeit ist, lautet die Diagnose noch nicht automatisch Burnout.

B *SIE HABEN KEINEN BURNOUT* Wenn Sie einfach nur angekotzt von Ihrem Beruf oder der Arbeit generell sind. Denn typisch für wirklich Burnout-Betroffene ist, dass sie ihren Job meist sehr enthusiastisch und engagiert begonnen haben. Oft führen Enttäuschungen und Rückschläge erst zur Resignation und dann in ein Loch. Pflichtbewusste und ehrgeizige Menschen fechten den Kampf in diesem Loch dann weiter aus und verlieren (wie auch Suchtkranke) sich selbst mehr und mehr aus den Augen.

C *SIE HABEN KEINEN BURNOUT* Wenn Sie eine selbstmitleidige Nervensäge sind. Sonst würde es keine Burnout-Tests mehr geben, denn die Zahl derer, die dieses Syndrom gern in ihre Jammerlitanei einbauen, ist sehr hoch. Typisch für Menschen, die wirklich daran leiden, ist das Verdrängen beziehungsweise das Nichtbemerken der Tatsachen. Menschen mit einem echten Burnout-Syndrom werden entweder von ihren Mitmenschen zum Arzt geschickt oder kommen mit einer völlig anderen Eigendiagnose. Sie wundern sich zum Beispiel über ihre Angstzustände, Schlaflosigkeit oder körperliche Unregelmäßigkeiten.

**TYPISCHE SYMPTOME** *Sie sind ständig überfordert* Eigentlich sind Sie hoch qualifiziert, aber: Sie arbeiten und arbeiten und arbeiten und nie ist etwas im Kasten. Der viel zitierte Kampf des Don Quixote gegen die Windmühlen erfordert viel Energie und bringt kein Ergebnis. Wenn Sie es lieber griechisch als spanisch mögen, dann vergleichen Sie sich mit Sisyphos; der musste ständig einen Felsblock einen Berg hinaufrollen, der ihm dann aber kurz vorm Ziel entglitt und wieder hinabrollte. Sisyphos begann trotz pausenloser Arbeit ständig bei null und hatte nie ein Erfolgserlebnis. Frustrierend.

> • • •
> *Windmühlen gelten als besonders*
> *ermüdende Gegner.*
> • • •

*Sie laufen gegen Mauern* Sie wollen Dinge gut, ja besser machen, und keiner Ihrer Vorschläge fruchtet. Deshalb bleibt alles mies, ineffizient, unmodern, unkreativ – schlicht beim Alten. Und dabei wollten Sie ursprünglich etwas schaffen und verändern.

*Sie haben mehr zu tun, als Sie eigentlich schaffen können* Es ist nie Ruhe, es hört nie auf, egal ob Sie 2 oder 20 Überstunden machen. Würden Sie auf Ihren Urlaub verzichten, würde das auch nichts helfen. Gar nichts.

*Ihre Kommunikation nimmt eigenartige Formen an* Sie ignorieren E-Mails – leider werden Sie mit denen regelrecht zugeschüttet. Menschen verlangen ständig Antworten und Entscheidungen von Ihnen, für die Sie keine

Zeit und keine Nerven haben, denn für viele dieser Dinge brauchten Sie Ruhe und Kreativität – aber beides ist Ihnen abhanden gekommen. Das Telefon ist immer an, aber die abgewürgten Anrufe oder die Mailbox sind auch nur Aufschiebungen wichtiger Dinge. Die Menschen sind verschieden – einige fühlen sich schriftlich bedroht, andere mündlich beziehungsweise reagieren schon hysterisch auf das Klingeln ihrer Telefone. Der Zustand der permanenten Erreichbarkeit ist nur gut für die Seele von Menschen im Kindesalter oder im Ruhestand.

*Zwischenmenschlich stimmt auch nichts mehr* Ihre Kollegen sind Ihnen keine Hilfe. Da gibt es die Neun-bis-fünf-Fraktion, die einfach abhaut und Sie allein lässt, und dann gibt es diejenigen, die immer mehr von Ihnen fordern und denen Sie sich nicht anvertrauen können, weil Sie mit Ihrer Professionalität punkten müssen. Und privat versteht Sie niemand, weil diese Menschen zwar sehr lieb sind, aber keinen Einblick in Ihren täglichen Wahnsinn haben.

*Sie können nicht mehr abschalten* Der Job verfolgt Sie nach Hause und lässt Ihr Privatleben verkümmern. Aber eigentlich lieben Sie Ihr Privatleben, Ihren Job in letzter Zeit aber nicht mehr wirklich. Ganz einfach ausgedrückt ist Ihnen alles entglitten, und auf keiner Ebene funktioniert mehr irgendetwas.

*Sie stimmen allen Punkten zu?* Stoppen Sie sofort hier, halten Sie inne und tun Sie was – obwohl tun gerade jetzt Ihr Reizwort sein dürfte …

E **IM GROSSEN BÜRO** Natürlich ist immer alles leichter gesagt als getan, doch besagen Studien, dass das Burnout-Syndrom bei Festangestellten viel häufiger vorkommt als bei Selbstständigen, die zwar in der Regel sehr viel tun müssen, denen es aber leichter fällt sich selbst zu sagen, wofür die ganze Plackerei gut ist – für sie selbst und ihr Unternehmen nämlich. Es ist auch nicht verwunderlich, dass besonders viele Menschen in wirklich großen Großraumbüros an diesem Syndrom leiden, und dass in Japan, dem Ursprungsland dieser Art des Büros, erschreckend viele Menschen einfach verschwinden. Niemand weiß, ob sie Selbstmord begangen haben oder einfach irgendwo versuchen, ein neues Leben ohne Druck zu leben.

Ein Chanson des großen Charles Aznavour heißt: „Als es mir beschissen ging". Darin singt er von den vielen Freunden, dem vielen Rotwein und den tollen Nächten in der Zeit ohne Geld und Erfolg. Er trauert dem Leben hinterher, in dem es ihm offiziell beschissen ging. Toll und sehr poetisch – jedoch wissen wir auch: Geld, Erfolg, Liebe, Spaß und Gesundheit gleichzeitig wären am allerbesten. Denn pleite Rotwein trinken ist auf Dauer auch keine Lösung. Was also tun?

F **WOHIN MIT DEM BURNOUT?** Wie immer: zum Experten natürlich. In diesem Fall zu einem guten Psychiater. Der kann Ihnen nämlich im Gegensatz zum guten Psychologen Medikamente verschreiben, sollte es nötig sein. Vielleicht werden Sie an ihn auch von Ihrem ebenfalls sehr kompetenten Hausarzt überwiesen, denn wie wir bereits festgestellt haben, ist das Burnout-Syndrom selten eine Eigendiagnose.

Entgegen der Wald-und-Wiesen-Meinung therapiert ein Wochenende, an dem Sie nicht erreichbar sind, oder ein längerer Urlaub ein Burnout-Syndrom nicht. Sie – oder auch der geliebte Burnout-Patient in Ihrem Umfeld – reagieren auf den Urlaub wie auf Feierabend; Sie nehmen ihn hin, nutzen ihn aber nicht, sondern verfallen in Grübeln, Entzugszustände oder schlimmer: Sie versuchen alles weiter zu kontrollieren.

Ein guter Therapeut wird Ihnen die Auszeit verschreiben wie ein Medikament. Und zwar so autoritär, dass Sie anfangs Ihre Mühle vermissen und viel später erst feststellen, wie gut die Therapie anschlägt. Die Welt dreht sich nämlich weiter, sie lastet nicht mehr auf Ihren Schultern, und so können Sie nach einiger Zeit feststellen, dass Sie wieder den Kopf frei haben, um an anderes zu denken. Zum Beispiel daran, wie es nach der Auszeit für Sie weitergehen könnte.

G **DIE MITTE** Wenn Sie sich mit asiatischer Lebensweisheit befasst haben, werden Sie wissen, wie wichtig es ist, dass man seine Mitte findet und bewahrt. Das ist für nichtasiatische Menschen genauso wichtig, wird aber anders oder gar nicht ausgedrückt. Man kann auch von „in sich ruhen",

„eins mit allem sein" oder von „rundum wohlfühlen" sprechen. All diese Zustände haben eins gemeinsam – sie sind frei von Angst, und das ist unbezahlbar. Sie müssen keinen spirituellen Optimalzustand erreichen, sich aber vorerst wieder mit sich selbst befassen. Neben einem Therapeuten, der Sie begleitet, wahrscheinlich sogar auch noch, nachdem Sie Ihr Leben grundlegend geändert haben, eignen sich Techniken wie Tai Chi oder Yoga hervorragend, um den Fokus wieder auf andere Dinge als ein klingelndes Telefon zu lenken. Das kann sich im falschen Zusammenhang nach Lifestyle-Quatsch anhören, es funktioniert aber; allerdings nur, wenn Sie es eben nicht als Quatsch empfinden, sondern sich ernsthaft auf die Suche nach etwas begeben, das Sie außerhalb der Arbeitswelt „erdet", „mittet", „stabilisiert" oder wie immer Sie es nennen wollen.

Es kann übrigens auch sehr gut sein, dass Sie niemals Yoga praktizieren werden, sich aber einer neuen Fremdsprache, einem Musikinstrument, einer Kunst oder einem anderen Hobby zuwenden. Dass Sie sich wieder intensiver den Menschen in Ihrem Umfeld zuwenden können, ist natürlich der schönste Teil der Gesundung.

H *GOOD NEWS DEPARTMENT* Man kann immer etwas tun. Sobald Sie bemerkt haben, dass Sie sich in einer Sackgasse befinden, sind Sie nicht am Boden angelangt, sondern auf der Mitte des Wegs nach oben, wenn nicht sogar weiter. Der Arbeitsmarkt ist zwar kein Streichelzoo, doch sicherlich fällt Ihnen nach einer Phase der wirklichen Erholung auf, dass Sie sich selbst in der Pfeife geraucht haben, dass andere Dinge auch wichtig sind, und dass es auch andere Möglichkeiten in der Arbeitswelt für Sie gibt; Jobs, Firmen oder vielleicht auch nur Abteilungen, in denen Sie sich wohler fühlen. Moderne Arbeitgeber reagieren außerdem zunehmend sensibel auf das Thema Burnout, denn häufig sind es ihre ehemaligen Spitzenkräfte, die ausfallen.

Wenn es in Ihrem bisherigen Arbeitsumfeld gar nicht mehr geht, ist es außerdem ein Trost, dass viele sehr erfolgreiche Menschen Job-Hopper oder Umsattler waren. Jahrelang unglücklich in einem Büro voller Idioten, dafür aber ohne Fenster – das wird nichts. Erfolg haben meistens Leute, die nach einer Krise komplett umdenken mussten. Denn das haben Krisen, die man überlebt, so an sich: Man geht wie erneuert daraus hervor, nimmt aber die Erfahrung der Vergangenheit mit, so dass selten dieselbe Krise noch mal entsteht.

# 085 EINEN ANGRIFF ABWEHREN

Die Vorstellung, in eine bedrohliche oder gar lebensbedrohliche Situation zu geraten, die durch einen körperlichen Angriff von außen ausgelöst wird, ist für Frauen ein Albtraum. Zum Glück sind Frauen im Alltag relativ sicher, wenn Sie ein paar generelle Vorsichtsmaßnahmen beachten, wie zum Beispiel nicht per Anhalter zu fahren, nicht alleine nachts im Park spazieren zu gehen oder im Parkhaus auf Frauenparkplätzen zu parken. Es gibt keinen Grund, paranoid zu werden. Trotzdem beschleicht Frauen, wenn Sie daran denken, wie Sie auf einen Angriff reagieren würden, nicht nur das große Grausen ob der Unfassbarkeit der möglichen Tat, sondern auch, weil Sie nicht wissen, welche Methoden der Gegenwehr Sie vor dem Schlimmsten bewahren könnten. So viel vorweg: Es gibt leider kein Patentrezept, um einen Angreifer von seinem Plan abzubringen oder zu bezwingen. Eine grundsätzliche Überlegenheit gegenüber einem körperlich stärkeren Angreifer können Sie nur durch jahre-, wenn nicht jahrzehntelanges Training erreichen. Mit einem schwarzen Judogürtel oder einem Boxtitel in der Tasche können Sie den meisten Männern im unheilvollen Ernstfall gelassen gegenüberstehen. Es gibt aber auch für unsportliche Frauen ein paar Tricks, die ihre Wirkung nicht verfehlen und die Sie verinnerlichen sollten, immer in der Hoffnung, sie niemals anwenden zu müssen.

▲ *DIE SITUATION EINSCHÄTZEN* Wenn Sie bedroht werden, versuchen Sie schnell herauszufinden, warum. Möchte der Angreifer Ihre Handtasche haben oder möchte er Sie persönlich angreifen? Wenn er Ihre Handtasche oder irgendeinen anderen Gegenstand haben möchte, rücken Sie heraus, was immer er will, und schauen Sie, dass Sie so schnell wie möglich das Weite suchen. Auch wenn Ihnen der Täter unsicher oder gar lächerlich vorkommt, riskieren Sie nichts! Eine Handtasche weniger, das ist sehr ärgerlich, sie lässt sich aber ersetzen. Ein Täter, der nicht bekommt, was er will, wird unter Umständen viel mehr als nur ärgerlich und steht am Ende gar mit Waffe vor Ihnen.

Führen Sie sich vor Augen, dass der Täter bereits eine psychologische Schwelle überwunden hat, nämlich Sie zu bedrohen und Ihnen etwas wegnehmen zu wollen. Sie können sich niemals sicher sein, dass er nicht locker auch noch ein paar weitere psychologische Barrieren überspringt, um das zu bekommen, was er will.

B **DEN KOPF EINSCHALTEN** Wenn Sie in Gefahr sind, schaltet Ihr Gehirn über die Adrenalinausschüttung auf hellwach und konzentriert, und das ist auch gut so. Auch Ihre Intuition wird Ihnen sicherlich zur Seite stehen. Ihr wichtigster Helfer aber ist Ihr Fluchtreflex. Hören Sie auf ihn; das heißt, wenn die Chance besteht zu flüchten, flüchten Sie. Wenn die Chancen dünn sind, zielen Sie darauf, sich den nötigen Raum zu verschaffen, um flüchten zu können. Es besteht kein Grund, den weiblichen Superhero zu spielen und Ihren Peiniger zu besiegen. Greifen Sie Ihren Angreifer niemals an, außer er lässt Ihnen keine andere Wahl. Das Beste und Heldenhafteste, was Sie tun können, ist wegzurennen.

C **HILFE HOLEN** Rufen Sie immer und grundsätzlich um Hilfe. Je lauter und selbstbewusster Sie trotz Ihrer Angst auftreten können, desto besser. Nicht selten finden gewalttätige Angriffe auch inmitten von Menschenansammlungen statt, also zum Beispiel in der U-Bahn. Zeugen einer Gewaltausübung an Dritten reagieren oft wie paralysiert, also leider gar nicht, obwohl sie eigentlich in der Überzahl sind. Dahinter steht die verständliche Angst, selbst zum Opfer zu werden, die Sie aber versuchen können zu durchbrechen. Anstatt abstrakt um Hilfe zu schreien, sagen Sie den Leuten, was Sie tun sollen und sprechen Sie sie direkt an. Sagen Sie zum Beispiel: „Sie in der grünen Jacke, bitte rufen Sie die Polizei" oder „Sie mit den blonden Haaren, halten Sie bitte den Täter von hinten fest, zusammen mit der Frau in der blauen Jacke." Durch die persönliche Ansprache und eine konkrete Handlungsanweisung lösen sich Zuschauer oft aus ihrer Schockstarre. So kann die unangenehme Ausgangslage, dass niemand etwas tut, sogar ins Gegenteil umschlagen, nämlich dass sich nun alle gegen den Täter verbünden und einander gegenseitig helfen.

D **STÄRKE BEGINNT IM KOPF** Die meisten Frauen sind schwächer als Männer, denn sie haben bis zu 30 Prozent weniger Muskeln. Das heißt aber nicht, dass Frauen schwach sind. Machen Sie sich diesen Unterschied sehr deutlich und versuchen Sie ihn zu verinnerlichen. Eine Frau, die im Kopf alle Kräfte freilässt, kann einen Mann locker aus der Bahn werfen. Sie sollen Ihren Angreifer ja nicht besiegen, oft reicht es schon, ihn für ein paar Sekunden zu schwächen, damit Sie fliehen können. Das Problem ist aber, dass viele Frauen nichts von ihrem Kraftpotential ahnen oder sich nicht trauen, es einzusetzen. Hier beginnen gute Selbstverteidigungskurse, denn vor der perfekten Technik steht der Wille, seine Stärke auch uneingeschränkt zu nutzen. In Selbstverteidigungskursen steht ein gepolsterter Trainer vor Ihnen, auf den Sie einschlagen dürfen und sollen. Viele Frauen haben sehr große Hemmungen, genau das zu tun, und entschuldigen sich sogar zunächst ständig, weil sie dem Trainer nicht wehtun wollen.

Männer haben mit dieser psychologischen Barriere wenig am Hut. Sie hauen drauf, wenn Sie dürfen. Beim Schlagen ist es wie beim Werfen (vgl. Kapitel *Die Frau und die Technik*, Rubrik *Werfen)*, Sie schlagen nicht nur mit der Hand, sondern mit vollem Körpereinsatz zu. Versuchen Sie, das Gewicht Ihres gesamten Körpers in Ihre Faust zu verlagern, nur dann können Sie einen ordentlichen Treffer landen. Und auch eine Faust zu ballen, will gelernt sein. Intuitiv verstecken viele Frauen ihren Daumen in der Faust, was ein ernstzunehmender Fehler ist. Der Daumen gehört aus der Faust heraus, weil Sie ihn sich sonst unter Umständen beim Zuschlagen brechen. Das Wichtigste ist jedoch, dass Sie lernen, den Impuls auszuschalten, jemandem nicht wehtun zu wollen. Im Ernstfall wollen Sie nämlich diesem Jemand sehr wehtun, weil sonst Ihnen sehr wehgetan wird.

*DIE FRAU IN DER KRISE*

*• • •*
*Daumen raus!*
*Damit Sie kraftvoll*
*zuschlagen*
*können.*
*• • •*

E **MENSCHLICHE SCHWACHSTELLEN** Es gibt menschliche und eine ausschließlich männliche Schwachstelle, die jede Frau kennen sollte, und das ist das Geschlechtsteil des Mannes beziehungsweise sein Hodensack. Diese Schwachstelle zu treffen, sollte im Falle eines männlichen Angriffs Ihr erstes und oberstes Ziel sein.

Ein kurzer, schneller Schlag auf die Halsschlagader kann, wenn richtig platziert, bei Männern wie Frauen gleichermaßen zum kurzen Knockout führen. Auch die Augen sind sehr empfindlich und verwundbar. Wenn Sie nicht zuschlagen können, weil Sie zum Beispiel festgehalten werden, beißen Sie. Bisswunden sind äußerst schmerzhaft, und der Täter lässt mitunter für einen kurzen Moment von Ihnen ab.

Um zu antizipieren, was Ihr Täter vorhat, schauen Sie ihm nicht in die Augen, um seine verrohten Gedanken zu lesen, sondern schauen Sie auf seine Schultern. In den Schultern zeigt sich ein Bewegungsablauf schon Sekundenbruchteile, bevor er ausgeführt wird. So können Sie es schaffen, sich rechtzeitig wegzuducken. Wenn Sie stark in der Defensive sind, achten Sie darauf, möglichst Ihren Kopf zu schützen.

F **WAFFEN ZUR SELBSTVERTEIDIGUNG** Waffen zur Selbstverteidigung bei sich zu haben, ist ein zweischneidiges Schwert. Einerseits suggerieren Sie Sicherheit, andererseits können Sie genau den gegenteiligen Effekt auslösen, denn eine Waffe kann Ihnen abgenommen und gegen Sie verwendet werden. Waffen, egal ob CS-Gas, Schlagringe oder Elektroschocker, führen immer zu einer Eskalation des Konflikts, dessen sollten Sie sich bewusst sein. Besser ist es, auf sie zu verzichten.

G *EINEN SELBSTVERTEIDIGUNGSKURS BELEGEN* Die Auswahl an Selbstverteidigungskursen und Kampfsportarten ist groß. Wie also das richtige Angebot finden? Grundsätzlich gilt, wenn Sie eher der gemütliche Typ sind, der noch nicht einmal eine Rolle rückwärts hinbekommt, wird auch ein Selbstverteidigungskurs Sie nicht über Nacht in Lara Croft verwandeln. Dort können Sie aber auf jeden Fall lernen, hinderliche weibliche Hemmschwellen abzubauen und ein neues Körpergefühl und Selbstbewusstsein zu entwickeln.

Wenn Sie also nicht Kampfkunst als Sport betreiben möchten, ist es das Beste, sich einen Kurs zu suchen, der nicht zu einseitig auf eine spezielle Kampfsportart ausgerichtet ist. Eine Mischung aus verschiedenen Methoden ist für Einsteiger meistens genau richtig. Nach diesem Prinzip funktionieren auch die Kurse, die die Polizei in verschiedenen deutschen Städten anbietet. Hier sind Sie auf jeden Fall in professionellen Händen. Die wichtigsten unbewaffneten Kampfsportarten im Überblick:

*Boxen* Der Boxsport gehört zu den populärsten Kampfsportarten weltweit. Hier geht es nicht nur um Kraft, sondern auch um Schnelligkeit und Präzision.

*Jiu Jitsu* Jiu Jitsu ist eine klassische Selbstverteidigungssportart, die bei Frauen sehr beliebt ist. Ziel ist es, einen Angriff abzuwehren, den Gegner in Schach zu halten, ihn aber nicht ernsthaft zu verletzen.

*Judo* Bei Judo steht die Harmonie von Körper und Geist im Vordergrund. Judo ist weniger aggressiv als beispielsweise Boxen und auch für Einsteigerinnen gut geeignet.

*Karate* Karate ist nicht nur eine Selbstverteidigungs- sondern auch eine Angriffssportart. Durch die Mobilisierung aller geistigen und körperlichen Kräfte werden verborgene Kräfte gezielt aktiviert.

*Ringen* Beim Ringen darf nicht geschlagen oder getreten werden. Ziel des Ringkampfes ist es, den Gegner mit den Schultern auf der Matte zu halten. Die Ringer dürfen sich dabei werfen, schleudern oder hebeln.

*Taekwondo* Taekwondo ist das koreanische Karate, das sich durch sehr harte Hand-, aber auch Fußschläge auszeichnet. Auch hier wird großer Wert auf die geistige Kraft und die Verschmelzung von körperlicher und geistiger Stärke gelegt.

*Tai Chi* Tai Chi, auch Tai Chi Chuan genannt, gehört zwar zu den Kampfkünsten, ist aber eher eine Art Schule für meditative Bewegungsabläufe, die aus der Kampfkunst abgeleitet sind. Ziel ist die Stärkung der allgemeinen Lebensenergie und die Geschmeidigkeit der Muskeln und Gelenke. In einem fortgeschrittenen Stadium kann Tai Chi mit Waffen- oder Selbstverteidigungstraining verbunden werden.

# 086      TORSCHLUSSPANIK VERMEIDEN

Wenn Sie 22 Jahre alt sind und regelmäßig heftige Panikattacken haben, weil Sie noch nicht Mutter sind, sind Sie entweder sehr früh dran oder leben nicht in Europa. Wenn Sie Mitte 30 oder älter sind, ist es schwieriger, Ihnen eine gewisse Unruhe zu nehmen, und dass Sie noch endlos Zeit haben, ist auch eine Lüge. Aber so neunmalklug und breitgetreten es sich auch anhört: Bleiben Sie locker.

**KINDERWUNSCH UND MIDLIFE-CRISIS** Die Idee des Endlosen ist eine zeitliche Fantasie wie der Sankt Nimmerleinstag. Im Gegensatz dazu steht die realistische Endlichkeit – und die betrifft uns alle. Nur wird uns das meist erst ab Mitte 30 bewusst.

Sie haben plötzlich Gedanken, an die Sie in Ihren Zwanzigern keine Sekunde verschwendet hätten, und Sie begegnen neuerdings Leuten, die zu einem Zeitpunkt geboren wurden, zu dem Sie schon erwachsen waren, die aber aus unerklärlichen Gründen auch erwachsen sind.

Tataaaa – Sie sind nicht mehr richtig jung. Es kann sogar sein, dass Ihr Abschied von der Jugend sich so schmerzhaft gestaltet, dass man von einer Midlife-Crisis sprechen kann. Und das, obwohl man heute bei einer gesunden Frau davon ausgeht, dass sie mit 35 noch längst nicht in der Mitte ihres Lebens angelangt ist.

Frauen mit Kindern werden von diesen Gedanken auf die natürlichste Art und Weise überhaupt abgelenkt. Wenn man sich täglich mit jemandem befasst, der gerade zahnt, lesen lernt oder einfach nur Unsinn anstellt, wird das Nachdenken über das Älterwerden vorerst verschoben. Durch ihr Baby begeben sie sich sozusagen auf Neustart, denn die eigene Zeitleiste tritt, zumindest in den ersten Jahren als Mutter, extrem in den Hintergrund. Wenn man so will, ist Kinderkriegen ein wirksames Mittel gegen die Midlife-Crisis.

Die weniger werdende Zeit, in der man noch Mutter werden kann, und die Erkenntnis, dass man nicht ewig lebt, fallen bei kinderlosen Frauen oft zusammen und sorgen so für doppelten Druck.

B **DAS GLÜCK DER ANDEREN** Die Gründung einer Familie ist niemals ein Trend, sondern eine sehr individuelle Entscheidung. Das müsste zwar klar sein, gerät aber manchmal aus dem Fokus.

Sollten Sie sich in einem Freundeskreis bewegen, der ausschließlich aus sorgenfreien Bilderbuchfamilien besteht, fühlen Sie sich ohne Kind zwangsläufig wie ein Freak, der sich fragen muss, was mit ihm nicht stimmt.

Zu meinen, dass es alle anderen besser haben als man selbst, ist immer ein Fehler. Das sprichwörtliche grünere Gras in Nachbars Garten ist eine Falle, in die Sie mit Ihrer Torschlusspanik noch schneller tappen als normalerweise. In Wirklichkeit sind Ihre Mitmenschen nicht zwangsläufig glücklicher als Sie, sie befinden sich nur in einem anderen Lebensabschnitt. Frauen, die sehr früh Mutter wurden, hatten zum Beispiel oft einsame und schwere Zeiten, während ihre Freundinnen noch ihre Freiheit genießen konnten. Singlemütter können Ihnen ebenfalls ein Lied vom Verzicht singen, und auch Paare mit Kindern jauchzen nicht den ganzen Tag. In einem gut durchmischten Bekanntenkreis treffen Sie auch auf Menschen, in deren Leben gerade

*DIE FRAU IN DER KRISE*

*• • •*
*Auch wenn das Tor zu ist,*
*ist noch lange nicht Schluss.*
*• • •*

andere Dinge als Fortpflanzung die Hauptrolle spielen. Einige werden kinderlos glücklich sein, andere denken im Moment nicht darüber nach, wieder andere haben bereits große Kinder und damit auch andere Probleme als die, die gerade Eltern geworden sind. Seien Sie egoistisch genug, sich nicht mit Kleinkindthemen zu befassen. Die sind nämlich meist nur für die Betroffenen interessant und lassen Ihre biologische Uhr noch lauter ticken.

Wenn Sie fest planen, innerhalb der nächsten Jahre schwanger zu werden, widmen Sie Ihre Zeit vorher lieber aufregenden Erwachsenenthemen und genießen Sie bewusst die Tatsache, dass Sie noch unabhängig sind.

c **SIE ALLEIN** Der Gedanke, eine Chance unwiderruflich verpasst zu haben, ist beängstigend. Selbst einen Universitätsabschluss können Sie mit über 70 noch nachholen (vgl. Kapitel *Die Frau und das Alter*, Rubrik *Studieren im Alter*), Kinder können Sie irgendwann nicht mehr bekommen. Blicken Sie zurück. Fragen Sie sich, warum Sie bisher keine Kinder hatten. Da wir hier nicht über Frauen reden, die aus gesundheitlichen Gründen keine Kinder bekommen können, sondern über die klassische Torschlusspanik, hat die Kinderlosigkeit auf jeden Fall etwas mit Ihren bisherigen Entscheidungen und Ihrer Lebensgestaltung zu tun. Viele Frauen sind lange sehr glücklich und ausgefüllt ohne Kinder und geraten erst ziemlich spät unter Druck. Das ist völlig legitim, trotzdem gab es wahrscheinlich schon Zeitpunkte, zu denen Sie Mutter hätten werden können, es waren in Ihren Augen nur nicht die richtigen. Ob es die Freiheit, die Karriere oder die falschen Männer waren, ein Kind passte einfach nicht ins Bild. Vielleicht passt es ja immer noch nicht, aber Sie haben das Gefühl, dass Ihnen die Zeit davonrennt. Darunter leiden viele Frauen oft mehr als unter der Tatsache, dass sie nicht Mutter sind. Das macht es nicht wirklich einfacher, aber es ist eine wichtige Erkenntnis. Wenn der Druck von außen kommt, sollten Sie ihn abwehren. Andere Menschen meinen es oft gut, wenn sie Ihnen ein Kind wünschen. Was Sie sich aber letztlich selbst wünschen, wissen ganz allein Sie.

D **SCHON WIEDER EIN MÄNNERPROBLEM** Wenn Sie sich noch ein paar Jährchen geben (können), weil Sie auf den richtigen Vater warten, ist das gut. Denken Sie dabei aber immer an die vielen Mütter, die nicht mit dem Erzeuger ihrer Kinder zusammenleben. Eine Trennung ist immer möglich, ganz gleich, ob der Mann Ihre große Liebe war oder nicht. Wenn Ihnen die Vorstellung, alleinerziehend zu sein, die Kehle zuschnürt, gehen Sie noch einmal in sich. Dabei fallen Ihnen hoffentlich auch die vielen Frauen ein, die ihren Traummann erst getroffen haben, nachdem sie bereits ein Kind mit einem anderen hatten. Niemand plant die Gründung einer Patchworkfamilie. In Ihrer Situation sollten Sie aber im Auge behalten, dass dieses Modell ein wunderbarer Plan B sein kann, wenn Ihnen Mr. Right und Superdaddy in einer Person nicht schnell genug über den Weg laufen sollte.

Das heißt nicht, dass Sie keinerlei Ansprüche an Ihre künftigen Partner mehr stellen dürfen, nur weil Sie über 35 sind und ein Kind wollen. Aber vielleicht hilft es Ihnen, wenn Sie sich bei der Partnerwahl so verhalten, als würde die Zeit eben nicht drängen. Dadurch wird Ihre Suche weniger verbissen und perfektionistisch verlaufen, womit wir wieder beim Sich-Locker-machen wären. Wenn der Mann bei Ihnen sowieso keine Rolle spielt, ziehen Sie die Sache ganz allein durch. Wenn Sie mit einem Mann zusammen sind, der partout nicht will, stehen Sie vor der wirklich schweren Entscheidung, was Ihnen wichtiger ist.

E **DAS SCHÖNE ZUM SCHLUSS** Sie befinden sich in guter Gesellschaft. Die Anzahl der Frauen, die ihr erstes Kind nach ihrem 35. Geburtstag zur Welt bringen, hat sich in den vergangenen Jahren vervielfacht, mit weiterhin steigender Tendenz. Dass Kinderkriegen in jungen Jahren viele Vorteile hat, steht außer Frage. Ältere Erstgebärende zu sein hat aber auch etwas für sich. Mit Ihrer 18-jährigen Tochter werden Sie sicherlich nicht mehr verwechselt, wenn Sie diese mit knapp 40 zur Welt gebracht haben. Auf solche Komplimente sind Sie dann aber hoffentlich auch nicht mehr angewiesen (vgl. Kapitel *Die Frau im Spiegel*, Rubrik *Etwas nachhelfen mit Botox & Co*).

Dafür bringen Sie andere gute Voraussetzungen mit ins Mutterleben: ein gutes Stück Lebenserfahrung und die damit einhergehende Gelassenheit zum Beispiel. Außerdem hat man irgendwann immer weniger das Gefühl, etwas zu verpassen.

Wenn Sie zudem eine Anhängerin der Aussage „50 ist die neue 30" sind, müssen Sie sich auch nicht davor fürchten, beim Elternabend als Oma angeredet zu werden. Ob die 50 wirklich die neue 30 ist, darüber kann man diskutieren, denn vor ein paar Jahren war es noch die 40. Fakt ist, dass heute viele Frauen jenseits der 40 ganz anders wirken, aussehen und auch leben als ihre Mütter und Großmütter in diesem Alter.

Zur Abschlussentspannung lesen Sie doch einfach die Liste mit prominenten Spätmüttern und deren Namensideen, und genießen Sie Ihre Ruhe, solange Sie noch können.

*Ursula Andress:* Dimitri Alexander mit 44 • *Kim Basinger:* Ireland Eliesse mit 42 • *Monica Bellucci:* Deva mit 41 • *Halle Berry:* Nahla Ariela mit 41 • *Kate Bush:* Albert mit 40 • *Marcia Cross:* Savannah & Eden mit 44 • *Bette Davis:* Barbara mit 39 • *Geena Davis:* Alizeh Keshvar mit 46, Kian William & Kaiis Steven mit 48 • *Dame Judi Dench:* Tara Cressida mit 38 • *Linda Evangelista:* Augustin James mit 41 • *Salma Hayek:* Valentina Paloma mit 41 • *Holly Hunter:* Zwillinge mit 47. Ob diese Kinder nach einem Gemüse, Badeort oder ätherischen Öl benannt wurden, weiß man nicht, denn H.H. hält die Namen geheim • *Annette Humpe:* Anton mit 42 • *Helen Hunt:* Makena'lei mit 41 • *Nicole Kidman:* Sunday Rose mit 41 • *Hildegard Knef:* Christina Antonia mit 42 • *Jennifer Lopez:* Max & Emme mit 38 • *Madonna:* Lourdes Maria mit 38, Rocco John mit 42 • *Helena Rubinstein:* Roy Valentine mit 39, Horace Gustav mit 42 • *Julia Roberts:* Hazel Patricia & Phinnaeus Walter mit 37, Henry mit 40.

Fruchtbarkeit verbindet man mit Frauen. Obwohl die Männer genauso dazugehören, ist für die Sicherung der Fortpflanzung in fast jeder Religion mit mehr als einem angebeteten Gott eine Göttin zuständig. In ihrer Rolle als Mutter oft sogar die Hauptgöttin. Fruchtbarkeit war stets der wichtigste Kontaktgrund der Menschen zur höheren Instanz, deshalb sind viele Göttinnen neben ihrem eigentlichen Ressort noch zusätzlich damit betraut worden. Hinzu kommen die vielen Göttinnen, die vor der Fruchtbarkeit für die Liebe und anschließend für die Schwangerschaft, das Wochenbett und den Schutz von Mutter und Kind zuständig sind. Unzählige der sowieso schon unzähligen Fruchtbarkeitsgöttinnen basieren irgendwie aufeinander oder sind von neueren Religionen übernommen und abgewandelt worden. Kulturelle und geographische Veränderungen haben die Zahl ihrer Namen und Geschichten nochmals vervielfacht. Und auch vorher schon waren ihr Aussehen und ihre Charakterzüge so vielseitig wie die der irdischen Frauen. Alle hatten jedoch eins gemeinsam: Sie waren sehr, sehr mächtig. Schließlich standen sie für die Erhaltung unserer Art. Hier deshalb nur eine winzig kleine Auswahl derer, an die man sich mit Kinderwunsch wendet:

*Aphrodite* und *Demeter* Im griechischen Olymp für die Fruchtbarkeit zuständig. Die kapriziöse Aphrodite steht für die Liebe, die Schönheit und die sinnliche Begierde. Dinge, die im Idealfall vor der Fruchtbarkeit kommen. *Besonderheiten:* Nach einer längeren Vorgeschichte landeten die abgeschnittenen Genitalien des Uranos im Meer. Daraus entstand die Aphrodite, die zwar mit dem hässlichen Hephaistos verheiratet war, aber unzählige Affären hatte.

Erdmutter Demeter ist gütig und selbstlos und vor allem für das Wachsen der Pflanzen verantwortlich, steht aber auch für die Fruchtbarkeit im Allgemeinen, weshalb man sich auch mit Kinderwunsch und in der Schwangerschaft an sie richtete. *Besonderheiten:* Ein bekanntes, zehntägiges Fest im alten Griechenland, die Thesmophorien, wurden Demeter und ihrer Tochter Persephone zu Ehren veranstaltet, und zwar ausschließlich von Frauen.

*Aphrodite*

*Demeter*

*Bastet*

*Taweret*

*Bes*

*Freya*

*Innana*

*Juno*

*Papa*

*Tanit*

*Yemaya*

*Ochún*

*Bastet* Ägyptische Katzen-, Glücks- und Fruchtbarkeitsgöttin. *Besonderheiten:* Bekannt als hübsche, sitzende Katzenskulptur. Ihr zu Ehren wurden rauschende und orgiastische Feste veranstaltet. Der Katze wurde nicht nur als Göttin viel zugetraut, sie wurde auch beerdigt wie ein Mensch, und Ägypter, die Katzen misshandelten, mussten mit drakonischen Strafen rechnen.

*Taweret* Ägyptische Schutzgöttin der schwangeren Frauen. *Besonderheit:* Ein antiker Trost für alle schwangeren Frauen ist die Darstellung der Taweret. Eine gute Göttin mit dem Körper eines schwangeren Nilpferds hat etwas sehr Beruhigendes.

*Bes* Ägyptischer Zwergengott der Zeugung und der Geburt und Beschützer der Schwangeren, Neugeborenen und Wöchnerinnen. *Besonderheiten:* Ein Mann. Und zudem kleinwüchsig und mit einem Löwenkopf. Dafür ist er überaus sympathisch. Er tanzt, spielt Instrumente, tötet Schlangen und beschützt so gut, dass sein Bild eine beliebte Verzierung für die Kopfenden von Betten war.

*Freya* Die nordgermanische Göttin der Liebenden und der Fruchtbarkeit. *Besonderheiten:* Freya ist wie Venus und Aphrodite sagenhaft schön. Sie besitzt ein von Zwergen geschmiedetes Halsband, einen von Waldkatzen gezogenen Wagen und ein Falkengewand, mit dem sie fliegen kann. Aus ihrem Namen entstand nicht nur der Wochentag Freitag, sondern auch das deutsche Wort Frau.

*Innana* Die sumerische Göttin der Fruchtbarkeit, wurde in Babylon Ischtar genannt und überall im antiken Orient unter verschiedenen Namen geliebt und verehrt. Sie war für fast alles zuständig, unter anderem für die Pracht, die Liebe und die Fortpflanzungskraft der Menschen. *Besonderheit:* Ihre beispiellosen Kräfte raubte sie Enki, dem Gott der Weisheit, als er schlief, nachdem Innana ihn beim Biertrinken besiegt hatte.

Enki hat ihr das übrigens verziehen, weil er eben weise war. Innana/Ischtar war nicht nur klug, sondern auch attraktiv und meist nackt. Beeindruckend schön ist auch das Ischtartor, zu sehen im Berliner Pergamonmuseum.

*Juno* Die römische Göttin der Geburt und Ehe war das Pendant zur griechischen Hera, somit höchste Göttin und ständig betrogene Ehefrau zugleich. *Besonderheiten:* Nach ihr wurde der Monat Juni benannt. Ihr Feiertag am 1. März hieß Matronalia, und auch der Valentinstag soll auf einem Juno-Kult beruhen.

*Mama Allpa* Fruchtbarkeitsgöttin der Inka. *Besonderheiten:* Sie hat sehr viele Brüste und passt gut zu den beiden Inka-Göttinnen Mama Coca (der Göttin der Gesundheit und Freude, aus deren Körper das erste Cocablatt wuchs) und Mama Killa (der Mondgöttin, deren Name klingt wie der einer Hiphop-Künstlerin, und die über Hochzeiten und Feste wacht). Gesundheit, Freude und Feste gehören auf jeden Fall auch zur Fruchtbarkeit, davor und danach.

*Papa* Die Mutter aller Götter und Menschen der Maori in Neuseeland. *Besonderheiten:* In unseren Ohren ist Papa ein interessanter Name für eine Mutter. Papa wurde durch eine längere Götterauseinandersetzung von ihrem Mann Rangi getrennt. Sie wurde daraufhin zur Erde und er zum Himmel, der manchmal vor Sehnsucht nach ihr weint.

*Tanit* Die Fruchtbarkeitsgöttin der Punier, deren Hauptstadt Karthago war, welches im heutigen Tunesien liegt. *Besonderheiten:* Tanit ist ein sehr gutes Beispiel für die Übernahme und Umbenennung der großen Göttinnen. Sie steht in direktem Zusammenhang mit Astarte und damit auch mit Ischtar und ist eine der Urgöttinnen der Berber. Am längsten wurde sie aber in Europa verehrt, und zwar auf Ibiza.

*Yemaya* und *Ochún* Sind Orishas, so heißen die Gottheiten der westafrikanischen Yoruba und des Santéria und Candomblé-Kults auf Kuba beziehungsweise in Brasilien. Yemaya ist die Göttin des Meeres und der Mutterschaft. Ochún ist für die körperliche Liebe, die Fruchtbarkeit, die Schwangeren und die Gebärenden zuständig. *Besonderheiten:* Sie treten meist gemeinsam in Erscheinung und sind sehr feminin, weshalb man ihnen auch mit hübschen Dingen wie Blüten und Düften huldigt. Weil sie so sinnlich sind, werden gern Salsaschulen nach ihnen benannt. Ochún ist zwar verheiratet, aber nicht monogam.

*DIE FRAU UND
DIE KULTUR*

Sie wissen, wie das mit dem Kino ist: Dauernd starten neue Filme, und das schon seit einiger Zeit. Deshalb fehlen hier auch unzählige großartige Filme für die Frau. Diese 35 sollten Sie unserer Meinung nach aber sehen oder gesehen haben. Auch sind wir sehr forsch davon ausgegangen, dass es reicht, wenn wir *Vom Winde verweht, Sissy, Thelma & Louise, Pretty Woman, Die fabelhafte Welt der Amélie* und *Titanic* nur kurz erwähnen, was wir hiermit getan haben.

**THE WOMEN** • *Die Frauen* • *George Cukor 1939* Dieser Film ist zur Legende geworden, weil kein einziger Mann in ihm auftaucht. Dabei spielt er weder im Gefängnis noch im Kloster, sondern in der New Yorker Gesellschaft. Die Frauen sind wahnsinnig unterhaltsam, und eine Schlägerei gibt es auch. Erraten Sie, um was es geht? Richtig, um Männer.

**CASABLANCA** • *Michael Curtiz 1942* Casablanca ist so etwas wie die Wagenfeld-Leuchte unter den Filmen und zu Recht ein Klassiker. Frauen jeder Generation denken an ihn, wenn sie sich auf dem Flughafen verabschieden müssen. Dass Humphrey Bogart angeblich auf einer Kiste stand, um Ingrid Bergman zu überragen, beeinträchtigt die Strahlkraft dieses Filmpaares nicht im Geringsten.

**ALL ABOUT EVE** • *Alles über Eva* • *John L. Mankiewicz 1950* Eve (Anne Baxter) ist jung und will ganz nach oben. Margo (Bette Davis) ist nicht mehr jung und war schon ganz oben. Eve ist zwar die Titelfigur, aber dies ist eindeutig ein Bette-Davis-Film, die damit den Prototypen der alternden Diva schuf. Die beißenden Dialoge stammen in der deutschen Fassung übrigens von Erich Kästner.

**FRÜHSTÜCK BEI TIFFANY** • *Blake Edwards 1951* Stilbildend. Noch heute spricht man von Audrey-Hepburn-Frisuren, -Augen, -Kleidern, -Frauentypen generell. Und das zu hundert Prozent positiv und neidlos.

**BLONDINEN BEVORZUGT** • *Howard Hawks 1953* Dorothy (Jane Russell) und Lorelei (Marilyn Monroe) haben ein Jahrtausende altes Frauenproblem: Sie suchen einen sehr,

sehr reichen Mann. Aber Lorelei hat die besseren Karten, und das nur durch ihre Haarfarbe. Eine Tatsache, die Nichtblondinen immer wieder zu denken gibt.

**ZEUGIN DER ANKLAGE** • *Billy Wilder 1957* Gerichtsklassiker mit legendärer Marlene Dietrich nach einem Stück von Agatha Christie.

**FORTY GUNS** • *Samuel Fuller 1957* Ein Western. Die 40 Gewehre gehören 40 Männern auf 40 Pferden. Deren Anführer ist kein Mann, sondern Jessica Drummond, gespielt von Barbara Stanwyck, der die Männer blind gehorchen, weil sie reich ist und Eier hat. Aber verfallen sind ihr einige auch einfach so. Stanwyck, zu dieser Zeit 49 Jahre alt, verzichtete auf eine Stuntfrau und ließ sich von einem Pferd mitschleifen. Sexappeal, Macht und viel körperlicher Einsatz mit ungefähr 50. Vielleicht erinnert Sie das vage an die Sängerin Madonna, die aber ganz sicher keine Schauspielerin ist.

**DIE KATZE AUF DEM HEISSEN BLECHDACH** • *Richard Brooks 1958* Dieser Film steht hier nicht wegen Tennessee Williams, seinem fantastischen Theaterstück und der kongenialen Verfilmung durch Richard Brooks mit Elizabeth Taylor. Dieser Film steht hier, weil Paul Newman darin aussah wie keiner davor oder danach.

**VIVA MARIA!** • *Louis Malle 1965* Zwei wirklich heiße Feger (Brigitte Bardot und Jeanne Moreau) namens Maria treffen einander 1903 in Mittelamerika. Eine Maria ist Anarchistin, die andere Tingeltangelkünstlerin, und man lernt voneinander. Nachdem die beiden aus Versehen den Striptease erfinden, in einen Bauernaufstand geraten und sich für dessen Anführer begeistern, werden Sie schließlich zur Spitze der Revolution und zu Volksheldinnen, die nach Paris müssen, um dort weiter zu kämpfen.

**MADEMOISELLE** • *Tony Richardson 1966* Mademoiselle (Jeanne Moreau) ist eine altjüngferliche Lehrerin, die es – untertrieben ausgedrückt – faustdick hinter den Ohren hat. Diese verklemmte und hochgefährliche Frau hat sich kein Mann ausgedacht, sondern Marguerite Duras.

**BELLE DE JOUR** • *Die Schöne des Tages* • *Luis Buñuel 1967* Buñuel hat sich einem sehr beliebten Thema gewidmet: der bürgerlichen Dame, die ein Doppelleben führt, sprich: heimlich schlimme Dinge tut. Und regelrecht genial war seine Idee, diese Frau von Catherine Deneuve spielen zu lassen (Kostüme: Yves Saint Laurent).

**DIE REIFEPRÜFUNG** • *Mike Nichols 1967* Ein angewinkeltes Männerbein, dem gerade ein Strumpf übergezogen wird, war zu Recht niemals Motiv für ein Filmplakat. Ein Frauenbein schon. Es gehörte Anne Bancroft als Mrs. Robinson, der reifen Verführerin des erst noch reifenden jungen Mannes Dustin Hoffman. Hey, hey, hey – haben Simon & Garfunkel dazu gesungen.

**BARBARELLA** • *Roger Vadim 1968* Das 41. Jahrhundert ist optisch eine solche Herausforderung, dass man darüber fast den Plot vergisst. Der ist jedoch schnell erzählt: Barbarella alias Jane Fonda muss die Welt retten und trägt dabei aufregende Kostüme von Paco Rabanne.

**HAROLD UND MAUDE** • *Hal Ashby 1971* Nicht ältere Frau und jüngerer Mann, sondern sehr alte Frau und sehr junger Mann treffen hier aufeinander. Nicht anrüchig, sondern schrullig, klug und lebensbejahend geht es um das große alte Paar der Themen: Liebe und Tod.

**DIE BITTEREN TRÄNEN DER PETRA VON KANT** • *Rainer Werner Fassbinder 1972* Am Ende wird die reiche und arrogante Modeschöpferin Petra von Kant von allen verlassen und sitzt allein in ihrem luxuriösen Apartment. Ein Kammerstück mit interessanten Frauen und ohne Männer, was hier aber eher wirkt wie ein Zufall.

**SZENEN EINER EHE** • *Ingmar Bergman 1973* Wir wissen nie, was kommt. Jedenfalls dann nicht, wenn wir uns außerhalb eines Hollywood-Drehbuchs bewegen. Bergman war kein Pessimist, er war Realist, und dieser Film beschreibt die Ehe aus der Sicht der Frau Marianne, gespielt von Liv Ullmann, einer der fünf Ehefrauen Bergmans.

**FEDORA** • *Billy Wilder 1978* Als die Schönheitschirurgie noch in den Kinderschuhen steckte, zogen es manche Frauen vor, überhaupt nicht mehr gesehen zu werden. Das Verstecken anstelle des Runzelnzeigens zelebrierten unter anderem Marlene Dietrich und Greta Garbo. Hildegard Knef lieferte sich als eine der ersten bekannten gelifteten Frauen Schlachten mit der Presse und spielt hier eine der Hauptrollen. Diese mysteriöse und konfliktbeladene Anti-Aging-Methode diente als Ausgangspunkt für ein Drama par excellence.

*ALIEN I–IV* • *Ridley Scott, James Cameron, David Fincher, Jean-Pierre Jeunet 1979–1997* Die unbestritten einzige Heldin des SciFi-Monster-Genres ist Lt. Ellen Ripley (Sigourney Weaver). Sie stellt sich dem Alien, dem Ding (von H.R. Giger entworfen) immer wieder, wird von ihm schwanger, opfert sich, wird geklont, kämpft weiter und darf erst nach 100 Jahren Kampf zurück auf die Erde.

*POLYESTER* • *John Waters 1981* Jede Frau kennt ihn, den lebenslangen Kampf gegen unangenehme Gerüche. Auch Hausfrau Francine, gespielt von der kolossalen Drag-Queen Divine. Um deren olfaktorische Erlebnisse zu verdeutlichen, gab es zum Film Odorama-Geruchskarten für die Kinobesucher. Ein sehr trashiges Fest für alle Sinne.

*TAMPOPO* • *Juzo Itami 1986* Auch wenn in diesem zu den Kultfilmen zählenden Werk mehr passiert, kann man es sehr schnell auf den Punkt bringen: Eine Frau ist besessen davon, die perfekte Nudelsuppe zu kochen.

*MONDSÜCHTIG* • *Norman Jewison 1987* Sympathische und schnell erzählte Liebesgeschichte, in der Nicholas Cage sich in Cher verliebt, die sich nach einem Friseurbesuch von einer eher unscheinbaren Frau in eine Frau verwandelt, die aussieht wie Cher. Das sorgte für viel gute Laune und einen Oscar für Cher.

*GEFÄHRLICHE LIEBSCHAFTEN* • *Stephen Frears 1988* Diese Kostümintrige ist so inspirierend, dass sie auch von Miloš Forman und Roger Vadim verfilmt wurde. In Frears' Version lassen die Spieler Glenn Close und John Malkovich aber die schönsten Puppen tanzen: Michelle Pfeiffer, Uma Thurman und Keanu Reeves. Und das zu Barockmusik. Prunkvoller geht es nicht.

*FRAUEN AM RANDE DES NERVENZUSAMMENBRUCHS* • *Pedro Almodóvar 1988* Die ewige Suche nach dem Glück kann schon mal an den Nerven zerren. Pepa wird von ihrem verheirateten Liebhaber betrogen, der Liebhaber ihrer Freundin Candela hingegen ist ein schiitischer Terrorist. Marisa hat zwar einen harmlosen Mann (Antonio Banderas), trinkt aber von einem Gazpacho voller Schlaftabletten und verschläft deshalb große hysterische Ereignisse.

**HARRY UND SALLY** • *Rob Reiner 1989* Ein Aufklärungsfilm über Frauen und Männer, den der von Meg Ryan fingierte Orgasmus unvergesslich gemacht hat.

**THE CRYING GAME** • *Neil Jordan 1992* Wenn Sie diesen Film nie gesehen haben, wäre es unfair, Ihnen den Clou zu verraten. The Crying Game wird als Thriller, Polit-Drama, bizarre Liebesgeschichte voller Überraschungen und noch viel mehr bezeichnet. Nichts ist, wie es scheint, und die Frau, um die es geht – die schon mal gar nicht.

**PRÊT-À-PORTER** • *Robert Altman 1994* Klatsch- und Modemagazine lesen plus Soaps schauen, raubt auf Dauer sehr viel Zeit. Wenn Sie jedoch Wert auf Unterhaltung, Mode und ausschließlich A-Prominenz legen, bekommen Sie mit diesem Film alle drei Dinge auf einmal. Mit dabei: Sophia Loren, Harry Belafonte, Marcello Mastroianni, Tracey Ullman, Forest Whitaker, Lauren Bacall, Tim Robbins, Julia Roberts, Kim Basinger, Linda Evangelista, Claudia Schiffer und nicht zu vergessen: viele andere.

**FARGO** • *Ethan und Joel Coen 1996* Das clevere Coen-Drehbuch schickt Frances McDormand durch den Schnee von Minnesota, um einen Dreifachmord aufzuklären. Das erledigt sie, und zwar hochschwanger und äußerst unaufgeregt. McDormand schafft damit eine unvergessliche Frauenfigur und gibt dem sonst zu häufig benutzten Wort „geerdet" eine sympathische Entsprechung.

**BOUND** • *Gefesselt* • *Larry und Andy Wachowski 1996* Stellen Sie sich vor, Sie sind ein unsympathischer Mafia-Handlanger und Ihre Freundin betrügt Sie. Das könnten Sie vielleicht sogar durchgehen lassen, denn Ihre Konkurrenz ist eine wirklich aparte Handwerkerin. Passen Sie aber auf Ihre ebenfalls unsympathischen Freunde, Ihre teure Einrichtung und das viele Geld auf, denn die Frauen sind nicht ohne, und Sie befinden sich in einem film noir.

**JACKIE BROWN** • *Quentin Tarantino 1997* Jackie Brown ist über 40 und hat anfangs nicht wirklich was zu lachen, aber auch nichts zu heulen. Das Gelassenheitswunder unter den Tarantino-Frauen.

**ROMY UND MICHELE** • *David Mirkin 1997* Mira Sorvino und Lisa Kudrow spielen zwei Verliererinnen auf dem Weg zum Klassentreffen. Dort tischen sie den anwesenden Angebern auf, sie wären durch die Erfindung der gelben Klebezettel, „Post-it" genannt, reich geworden. Das ist kein cineastischer Meilenstein, das ist lustig.

**IN THE MOOD FOR LOVE** • *Wong Kar-Wai 1999* Die wunderschöne Maggie Cheung trägt in fast jeder Einstellung ein neues Kleid, und Tony Leung ist der erotischste Mann des asiatischen Kinos. Trotzdem sind die beiden nicht die Glücklichen, sondern die Betrogenen. Dazu singt Nat King Cole auf Spanisch, und es gibt kein Happy End. Es bleibt die Erinnerung an ein Ästhetikfestival.

**CHICKEN RUN** • *Peter Lord, Nick Park 2000* Ginger, das Huhn, will die Freiheit für sich und ihre Mitinsassinnen. Denn als wäre es nicht schon schlimm genug, an einem Ort zu leben, der aussieht wie ein Konzentrationslager, hat die Bäuerin obendrein auch noch eine Hühnerpastetenmaschine bestellt. Das alles hört sich nicht nach Zukunftsmusik an, und auf den aufschneiderischen Hahn Rocky kann man sich auch nicht verlassen. Was sagt uns das? Hühner müssen zusammenhalten, Hühner müssen stark sein, und Hühner dürfen die Hoffnung niemals aufgeben. Ein sehr weiser Hühnerfilm aus demselben Stall wie Wallace & Gromit.

**TIGER & DRAGON** • *Ang Lee 2000* Dieses Martial-Arts-Märchen macht Lust auf einen Selbstverteidigungskurs. Meister Lee lässt die stärksten und interessantesten Frauenfiguren des Kampfkunstkinos in Aktion treten und ganze Horden von Kriegern niederstrecken. Viel geflogen und geliebt wird auch.

**8 FRAUEN** • *François Ozon 2002* Catherine Deneuve, Isabelle Huppert, Emmanuelle Béart, Fanny Ardant und Kolleginnen sitzen im Schnee fest, streiten sich und geben Musicaleinlagen. Dass das bei dieser Besetzung sehr chic aussieht, versteht sich von selbst. Sogar die Köchin heißt Madame Chanel. Mit von der Partie ist auch ein Mann, der hat allerdings ein Messer im Rücken.

**LITTLE MISS SUNSHINE** • *Jonathan Dayton, Valerie Faris 2006* Nach dieser bezaubernden Reise wissen wir, was wir bereits ahnten: Schönheitswettbewerbe für kleine Mädchen sind ein übles Geschäft, und die funktionierende Bilderbuchfamilie ist eine Illusion, selbst wenn der Opa kein Heroin nimmt.

Schaumwein ist der Oberbegriff für alles, was prickelt. Alles was prickelt und weinhaltig ist, gilt gemeinhin als typisch weibliches Getränk. Testen Sie selbst. Gehen Sie mit einem Freund in ein Restaurant und bestellen Sie ein Glas Champagner sowie ein weiteres Getränk. Mit ziemlicher Sicherheit wird der Kellner ungefragt den Champagner bei Ihnen abstellen und das andere Getränk bei Ihrem männlichen Begleiter. Nehmen Sie es als Kompliment. In gutem Schaumwein liegt viel Arbeit, Zeit und Können, denn die Blasen im Wein bieten im Idealfall eine Verfeinerung auf höchstem Niveau. Andererseits ist es auch die einfachste Art, mit etwas Kohlensäure und Zucker aus einem eigentlich unverkäuflichen Wein noch ein paar Euro herauszupressen.

Eine Frau, die Schaumweine schätzt, tut also gut daran, sich auf diesem Gebiet einen grundlegenden Überblick zu verschaffen. So vermeiden Sie nicht nur geschmackliche Enttäuschungen und Sodbrennen, sondern ziehen auch mit sicherer Hand die wenigen Flaschen aus dem Überangebot heraus, für die es sich lohnt, die Korken knallen zu lassen.

**A** *SCHAUMWEIN • WARUM PRICKELT'S?* Blubber ist nicht gleich Blubber. Die Art und Weise, wie das Kohlendioxid in die Flasche kommt, sagt alles über die Klasse eines Schaumweins. Es kann entweder schnell von außen regelrecht hineingepumpt werden, vergleichbar mit der Wirkweise einer Sahnepatrone, oder es entsteht allmählich während der natürlichen zweiten Gärung auf der Flasche. Bei der „Méthode Champenoise" dauert das mindestens drei Jahre. Das Resultat ist im besten Fall feines, anhaltend edles „Mousseux"; so nennt man das Perlen der Blasen, das sich vom aggressiv groben Sprudeln schlechter Schaumweine wohltuend unterscheidet.

**B** *SCHAUMWEIN • WELCHER TAUGT ETWAS?* Es gibt so exzellenten Sekt, Cava, Spumante, Prosecco und Champagner wie es grauenhaften gibt. Die Qualität eines Schaumweins liegt zum einen in der Qualität des Weines oder der Weine, die ihm zu Grunde liegen. Entscheidend ist zum anderen aber auch die Machart, also die Methode, die den Sprudel via Mousseux (Blasen) erst zum Sprudeln bringt. Und schließlich entscheidet die so genannte „Dosage", die billiges Traubenmostkonzentrat ebenso sein kann wie hochwertige alte Reserveweine, ob ein Schaumwein süß, sauer und unharmonisch schmeckt oder trocken, fein, erfrischend und ausbalanciert. Die „Dosage" bestimmt den Stil eines Hauses oder einer Marke.

Es gibt viele große Namen und Hersteller von Schaumwein, die teilweise Unmengen an Flaschen herausjagen. Ob der enormen Produktionsmengen bleibt dabei oft die Qualität auf der Strecke. Deshalb lohnt es sich immer, sich von einem Weinhändler beraten zu lassen und die Produkte handwerklich arbeitender Winzerbetriebe zu testen. Hier kann man zumindest davon ausgehen, dass sie ihre eigenen Weine verarbeiten und nicht in großen Mengen Wein zukaufen müssen. Im Extremfall verarbeiten schlechte Schaumweinhersteller Weinabfälle aus der ganzen Welt, frei nach dem Motto: Mit ein bisschen Kohlensäure und Zucker bekommen wir das Gesöff schon unter die Leute.

C **SCHAUMWEIN • DIE VERSCHIEDENEN SORTEN** *Perlwein* In aller Regel das Billigste vom Billigen, versetzt mit ein bisschen Kohlensäure. Braucht keinen Sektkorken und braucht kein Mensch, der einen guten Schaumwein schätzt.

*Sekt* Sekt kommt aus Deutschland oder aus Österreich; es gibt auch Schweizer Sekt, zum Beispiel aus dem Tessin, der aber kaum exportiert wird. Somit sagt die Bezeichnung nur etwas über die Herkunft, jedoch nichts über die verwendete Rebensorte oder die Herstellungsmethode. Guter Sekt hat meistens eine Flaschengärung hinter sich und ein mittelstarkes Mousseux. Wenn er seriös auf der Hefe vergoren wurde, langsam und mit genügend Zeit, kann er anspruchsvolles, aber milderes Schaumweinvergnügen liefern als Champagner. Deutscher Sekt bietet neben billigen Importschaumweinen das wohl größte Spektrum an Qualität; von untrinkbar und schäbig bis zum echten Spitzenprodukt wird alles geboten. Dabei kann der Preis durchaus ein Indikator für das sein, was einen erwartet.

*Frizzante* Ein Frizzante ist ein nur leicht schäumender italienischer Schaumwein. Ihn verschließt stets lediglich ein Weinkorken, weil er niedrigen Druck hat und damit nur leicht perlt. Die Kohlensäure wird ihm von außen zugefügt. Frizzante ist ein erfrischender Schaumwein zum Wegtrinken ohne große Ansprüche. Da es für Frizzante keine gesetzlichen Regelungen und festgelegte Herkunftsregionen gibt, ist hier allerdings dem Pantschen Tür und Tor geöffnet. Deshalb Vorsicht!

*Prosecco* Prosecco kommt an sich ebenfalls aus Italien. Der Name und der Inhalt sind aber, anders als bei Sekt, Cava oder Champagner, nicht gesetzlich geschützt, weshalb niemand mit Sicherheit sagen kann, was sich genau in Ihrer Flasche Prosecco befindet. Weil Prosecco so erfolgreich ist, segeln unter dieser Flagge auch Piraten, die mit echtem Prosecco aus der Prosecco-Traube nichts zu tun haben. Alle Trauben der Welt werden heute zu Partygesöffen verarbeitet und als Prosecco angeboten. Seriöser Prosecco ist immer „Spumante", dessen feine Blasen also echter, zweiter Flaschengärung zu verdanken sind. Weist das Etikett den Zusatz „Valdobbiadene" aus, stammen die Trauben tatsächlich aus dem Ursprungsgebiet des Proseccos, und dann schmeckt er so, wie er soll, nämlich auf jeden Fall besser als einfacher Prosecco. Verlassen Sie sich bei Prosecco auf Ihren Geschmack und die Hilfe Ihres Weinhändlers.

*Spumante* Spumante ist italienischer Sekt aus Flaschengärung. Deshalb besitzt er mehr Druck mit lang anhaltendem, feinem Mousseux in cremig weichem Geschmackseindruck. Besonders gute Spumantes kommen aus Franciacorta in der Lombardei. Sie werden auf gleiche Art und Weise hergestellt wie Champagner. Die Böden dort sind sandige Kies- und Lehmböden, die Rebsorten wie in der Champagne Pinot Noir und Chardonnay. Trotz gleicher Machart und Rebsorten schmeckt anspruchsvoller Spumante aus Italien aber ganz anders als Champagner. Er ist zugänglicher, cremiger, weicher, fruchtiger und duftiger als der doch eher karge, präzise trockene und säurebetonte Champagner.

*Cava* Der spanische Cava kommt aus der Region Katalonien, wo die einheimischen Rebsorten Macabeo, Parellada und Xarel-Lo für den so eigenständigen Geschmack und Duft dieses legendären spanischen Edelsprudels sorgen. Cava entsteht wie Spumante ausschließlich durch Flaschengärung. Durch die kargen Böden und die ungewöhnlichen Rebsorten besitzt Cava einen ungewohnten Duft mit eigenwilligem Geschmack, die ihn wohltuend anders und charaktervoll machen. Oft sind gute Cavas „Extra Brut" ausgebaut, also in der Dosage sehr niedrig angesetzt, so dass sie besonders frisch, bekömmlich, säurebetont und trocken wirken.

*Crémant* Crémant ist französischer Sekt. Alles, was sprudelt und nicht aus der Champagne kommt, heißt dort Crémant. Es gibt ihn in fast jeder der 13 französischen Weinbauregionen. Crémant hat weniger Druck als Champagner und kann von herausragender Qualität sein. Crémant ist ein Schaumwein aus regionalen Rebsorten, immer aus Flaschengärung, manchmal eher simpel und rustikal, oft aber delikat, bekömmlich und von exzellenter Qualität. Ein guter Crémant kann eine sehr gute Alternative zum Champagner sein, zum Beispiel Crémant de Bourgogne oder Crémant de Jura.

*Champagner* Champagner ist einmalig, unverwechselbar, köstlich, belebend und sexy. Der Champagnerrausch, nicht die Nüchternheit, ist das Gegenteil von Besoffensein. Es gilt durchaus die Regel, dass Männer, die gerne und von sich aus Champagner trinken, tendenziell zu den Guten ihrer Art gehören. Richtig schlecht ist Champagner selten. Ordinär kann er durchaus sein. Ob der enormen Produktion ist er nämlich nicht mehr unübertroffen und automatisch allen anderen Schaumweinen überlegen.

Die besten Lagen der Champagne stehen auf einem Kreidesockel, der nur eine dünne Erdauflage hat. Diese besondere geologische Gegebenheit vermittelt den Weinen der Champagne eine stahlige, fast penetrante, aber eben auch einmalig erfrischende Säure. Es ist zum einen die Qualität des Lesegutes, zum anderen der besonders langsame Ausbau der Hefe, die jedem Champagner für den finalen Gärungsprozess zugegeben wird, die guten von ärgerlichem Champagner unterscheidet. Guter Champagner besitzt nicht die unangenehme Süß-Sauer-Disharmonie billigen Champagners, sondern schmeckt trotz seiner unverwechselbaren Trockenheit und Säure bekömmlich cremig, weich und feinperlig und wird damit zu jenem einmalig belebenden Getränk, das man eigentlich zu jeder Tages- und Nachtzeit genießen kann.

<sub>D</sub> *DER PREIS • EIN INDIKATOR FÜR DIE CHAMPAGNERQUALITÄT?*
Nein. Man bekommt sehr guten Champagner durchaus schon in der Preisklasse von Mitte 20–40 Euro. Die explodierende Nachfrage auf dem Weltmarkt hat allerdings dazu geführt, dass einige Handelshäuser in Bedrängnis kommen. Wenn beispielsweise pro Jahr 16 Millionen Flaschen im Standard-Cuvée-Segment geliefert werden müssen, aber nur wenige Hektar eigener Anbaufläche zur Verfügung stehen, dann muss fertig abgerüttelter Champagner von Winzern aus der Region zugekauft werden. Ein übliches Verfahren, das man in der Champagne „sur latte"-kaufen nennt. Diese fertig vergorenen Flaschen werden im entsprechenden Handelshaus wieder geöffnet, von der Gärhefe befreit („Degorgement"), und den dadurch entstandenen Verlust an Flüssigkeit gleicht man dann mit der haustypischen „Dosage" aus, die dem zugekauften Champagner die entscheidende geschmackliche Signatur des Hauses vermittelt.

Deshalb gilt bei Champagner folgende Regel: Keiner schmeckt wie der andere. Und weil jedes Haus seinen eigenen Stil hat, muss man, um „seinen" Champagner-Stil zu finden, probieren, probieren, probieren.

Es gibt in der Champagne aber nicht nur die bekannten großen Marken und Handelshäuser, es gibt dort auch rund 4000 Winzer, von denen so mancher Familienbetrieb zu ungewohnt günstigem Preis so genannten „Winzer-Champagner" produziert, der die genussvolle Frau durchaus zu verwöhnen versteht.

<sub>E</sub> *VINTAGE CHAMPAGNER* Das ist Jahrgangs-Champagner. Wenn Sie also auf Nummer sicher gehen wollen und Geld keine Rolle spielt: Vintage Champagner ist immer außergewöhnlich, ob seiner langen Lager- und Reifezeit auf der Hefe aber auch entsprechend teuer. Selbst bei den größten Handels-Häusern stammt der Basiswein für die Prestige-Cuvées oft aus eigenem Anbau, bei den kleineren Betrieben ist das immer der Fall. Zehn und mehr

Jahre reift ein Champagner auf der Flasche, bis er als Vintage deklariert auf den Markt kommt.

F **CRISTAL CHAMPAGNER** In zahlreichen Hip-Hop-Songs fließt „Cristal" in Strömen. Es handelt sich hierbei aber nicht um eine neue Sorte Champagner, die noch teurer und noch besonderer ist als alle anderen, sondern um Prestige-Cuvée, einen Vintage Champagner aus dem Hause Louis Roederer, den man aus Marketinggründen in eine durchsichtige Flasche gefüllt hat. Pfiffige Idee, teuer und lecker.

G **WAS SIE SONST NOCH WISSEN SOLLTEN** Das große Geheimnis der Champagnerhäuser ist die oben angesprochene individuelle „Dosage". Sie entscheidet über die gewünschte Geschmacksrichtung wie auch über den Restzuckergehalt. Neben Weinen unterschiedlicher Qualität und unterschiedlichen Alters wird in der Regel auch Zuckerlösung zugesetzt. Folgende Geschmacksrichtungen sind üblich:

*Ultra Brut, Brut Nature* oder *Brut Intégral, non dosé* oder *zero dosage:* keine Dosage, 0 bis 3 g/l Restzucker • *Extra Brut:* Dosage von 0 bis 6 g/l Restzucker • *Brut:* Dosage von 0 bis 15 g/l Restzucker • *Extra Sec oder Extra Dry:* Dosage von 12 bis 20 g/l Restzucker • *Sec:* Dosage von 17 bis 35 g/l Restzucker • *Demi Sec:* Dosage von 35 bis 50 g/l Restzucker • *Doux:* Dosage von mehr als 50 g/lRestzucker (bei Champagner selten)

# 090     DAS PFERD EINMAL ANDERS BETRACHTET

Wenn Sie glauben, dass „Bille und Zottel" eine deutsche Folkband aus den siebziger Jahren ist, dann liegen Sie falsch. Wenn Sie glauben, dass nur Rinder, Kälber, Schweine und Lamm essbar sind, ebenfalls. Pferde- oder Rossfleisch liegt geschmacklich zwischen Wild und Rind, schmeckt also kräftig und ist magerer und cholesterinärmer als die meisten gängigen Fleischsorten. Die Zubereitung von Pferdefleisch ist mit der von Rindfleisch vergleichbar.

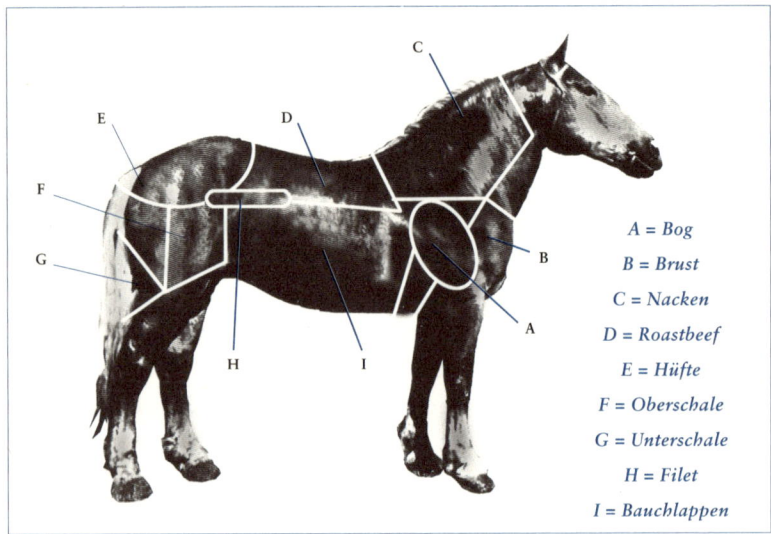

A = Bog
B = Brust
C = Nacken
D = Roastbeef
E = Hüfte
F = Oberschale
G = Unterschale
H = Filet
I = Bauchlappen

Das traditionelle deutsche Gericht „Rheinischer Sauerbraten" wurde einst vor allem aus Pferdefleisch zubereitet. Generell wird in Deutschland aber wenig Pferdefleisch gegessen, in der Schweiz beispielsweise wird Pferdefleisch gleichwertig neben anderen Fleischsorten in Supermärkten verkauft. In Europa essen die Italiener am liebsten und am meisten Pferdefleisch, gefolgt von Franzosen und Belgiern.

# 091   EIN AMERIKANISCHES DATE ABSOLVIEREN

Wenn europäische Frauen in die USA reisen, kann es passieren, dass unsere amerikanischen Freunde mehr sein wollen als „just friends". Vor dem Austausch von Intimitäten zwischen europäischer Frau und amerikanischem Mann steht jedoch für Europäerinnen ein mysteriöser Ablauf von Handlungen und unterlassenen Handlungen, die in den USA gemeinhin unter „Dating" laufen. Diese Regeln sind nirgendwo eindeutig festgelegt, und doch beherrscht sie jeder paarungswillige Amerikaner. Um interkontinentale Herzensverwirrungen zu vermeiden, tut eine Frau, die die USA besucht, gut daran, sich mit diesem eigentümlichen Regelwerk auseinanderzusetzen.

A **DIE ANBAHNUNG** Sie sind selbstbewusst und wissen, wen oder was Sie wollen? Das sollte jetzt erst einmal egal sein. Der Mann fragt die Frau nach ihrer Telefonnummer. Anders als in Europa geschieht das dafür relativ schnell und einfach. Eine kleine Gemeinsamkeit wie das Interesse an einem Film, der gerade in die Kinos gekommen ist, reicht, und Sie sind Ihre Nummer los. Der Kontaktaufnahme steht nun theoretisch nichts mehr im Wege. Allerdings müssen Sie sich schon ein paar Tage gedulden können, denn ein Anruf am nächsten Tag gilt als Verzweiflungstat.

B **DIE ERSTE VERABREDUNG** Einfach so mal treffen auf ein Gläschen läuft hier nicht. Beim ersten Date hat der Mann der Frau etwas zu bieten. Der Klassiker wäre Kino mit anschließendem Abendessen. Wichtig ist auch der Zeitpunkt für die Verabredung. Eine erste Verabredung an einem Freitag oder Samstag gilt als problematisch, da dadurch die Bereitschaft zum offenen Ende im Raum schwebt (Sex), und das wäre beim ersten Mal zu viel des Guten. Nach dem Kino ermöglicht das gemeinsame *Revue-passieren-Lassen* des Films noch ein wenig unverfängliches Einstiegsgeplauder, bevor es ans Eingemachte geht.

C **DIE SELBSTDARSTELLUNG** Genauso wie Amerikaner auf das ständige „How are you"-Gefrage nur eine Antwort kennen, nämlich „great", genauso ist die Selbstdarstellung auf einem ersten Date zu absolvieren. Betrachten Sie es als Vorstellungsgespräch, bei dem Sie sich von Ihrer besten Seite zeigen. Natürlich ist bei Frauen das Aussehen wichtig, aber mit einem interessanten Job, einem nicht zu exotischen Hobby, tollen Freunden und solventen Eltern können Sie zusätzlich punkten. Pleiten, Pech und Pannen haben an Ihrem Tisch nichts zu suchen. Und Übertreibungen sind als Stilmittel akzeptiert und werden Ihnen später nicht unbedingt angekreidet.

**DIE FOLGENDEN VERABREDUNGEN** Die zweite Verabredung läuft noch ähnlich wie die erste, bei der dritten wird es sich wahrscheinlich um einen Termin am Wochenende handeln. Jetzt wird es ernst. Da beim klassischen Dating davon ausgegangen wird, dass der Mann grundsätzlich alles bezahlt, wird im Gegenzug davon ausgegangen, dass die Frau, was körperliche Annäherungsversuche nach der dritten Verabredung angeht, nicht zimperlich sein darf. Im Klartext heißt das: Sex ist jetzt mehr als nur eine Option, und sollten Sie sich nicht sicher sein und noch ein paar Treffen anberaumen wollen, wird Ihnen Ihre Zögerlichkeit bald als Unhöflichkeit ausgelegt.

E **WIE KOMMEN SIE DA WIEDER RAUS?** Dating ist für europäische Frauen ein eher befremdlicher Vorgang. Was Sie auf jeden Fall beherrschen müssen, ist die schnelle, realistische Einschätzung Ihres Gegenübers. Da Sie sich aber nur mit selbsternannten Supermännern treffen werden, ist das gar nicht so leicht. Ein unter europäischen Frauen verbreiteter Trick ist es, nach einer Verabredung im Restaurant das Portemonnaie zu zücken und für sich selbst zu bezahlen. Tun Sie das unter allen Umständen, wenn Ihnen der Mann nicht gefällt. Kosmopolitische Amerikaner wissen, dass die selbst bezahlende Frau in Europa zur Tagesordnung gehört, weniger kosmopolitische Amerikaner werden diese Maßnahme als Affront empfinden. In beiden Fällen sind Sie erstmal vom Haken. Im besten Fall wird Ihr Zahlen als legitime Denk- und Handlungspause angesehen, im schlimmsten Fall, der dann vermutlich so schlimm nicht ist, sind Sie den Typen los.

# 092 RICHTIG SALAT ESSEN

Frauen lieben Salat. Anders als bei Männern, die Salat eher als Dekorationsbeilage begreifen, ist Salat für Frauen ein Grundnahrungsmittel. Er steht für eine leichte, ausgewogene und bewusste Ernährung. Schaut man genauer hin, handelt es sich bei Salat und seiner weiblichen Interpretation davon um einen eher dehnbaren Begriff. In dem Bemühen, sich selbst leichte Kost vorzugaukeln, wird auf drei schlappe Blätter von triefendem Geflügel über Mais bis Thunfisch oder Nudelsalat alles angehäuft, was nur geht, solange man sich selber suggerieren kann, man hätte ja nur Salat gegessen. Essen Sie doch lieber Ihr Brathähnchen schamfrei, wenn Ihnen danach ist, und freuen Sie sich später an einem Salat, der den Namen verdient.

A **SALAT EINKAUFEN** Kaufen Sie Salat in der Saison, also zum Beispiel Kopfsalat im Sommer, Feldsalat im Herbst, Endiviensalat im Winter. Die

*Jede Saison schmeckt ein anderer Salat: Kopfsalat, Feldsalat, Endiviensalat.*

saisonalen Salate sind nämlich Freilandsalate und haben im Gegensatz zu ihren Treibhauskollegen auch einen feinen Geschmack. Salat gilt als gesund, aber tatsächlich hat Salat kaum Vitamine. Die Vitamine und Mineralstoffe sitzen vor allen in den Kräutern oder Sprossen, die Sie untermischen. Kaufen Sie Salat nicht eingeschweißt, in Plastiktüten oder in Plastikschälchen. Noch besser kaufen Sie Salat auf dem Markt oder im Bioladen. Wenn Salat schlapp ist, egal ob bio oder konventionell, lassen Sie ihn liegen und essen Sie statt dessen lieber einen Apfel, wenn Sie sich etwas Gutes tun wollen.

B **SALAT ZUBEREITEN** Ein Salat muss nach dem Waschen immer trocken geschleudert werden, damit die Salatsauce nicht verwässert wird. Eine gute Salatschleuder sollte möglichst stabil sein und sich nicht verbiegen. Investieren Sie außerdem Geld in gutes Öl, Essig und Senf. Sehr gutes Olivenöl ist beispielsweise immer extra vergine und kalt gepresst. Wenn Sie sich nicht sicher sind, kaufen Sie verschiedene Öle und testen Sie ihren Geschmack. Im direkten Vergleich werden Sie die Unterschiede herausschmecken. Wer sich darauf einlässt, findet im Olivenöl ähnliche Facetten und Nuancen wie im Wein. Es lohnt sich daher, gerade bei Öl zu recherchieren und auf kleinere Anbieter zurückzugreifen. Mit dem Essig verhält es sich ähnlich, wobei Sie bei einem guten Weißweinessig nicht viel verkehrt machen können. Der Balsamico-Essig, den Sie bei uns im Supermarkt erhalten, hat nur ansatzweise mit dem zähflüssigen Essig in winzigen Fläschchen zu tun, den Sie für unbegrenztes Geld vornehmlich in Italien kaufen können. Wenn Sie sich glücklich schätzen dürfen, ein solches Fläschchen zu besitzen, reichen ein paar Tropfen, um Gemüse, Fleisch oder Salat damit zu verfeinern. Um Salatsaucen zu variieren, eignen sich neben Salz und Pfeffer auch Kräuter oder Knoblauch. Von fertigen Salatgewürzmischungen ist abzuraten. Die meisten enthalten Aromen und Geschmacksverstärker, die den Salat nur penetrant mit einer künstlichen Geschmacksrichtung überziehen. Frische Kräuter machen ein bisschen mehr Arbeit, aber das Ergebnis ist fantastisch, und wenn Sie einmal anfangen, mit echten Basiszutaten eine Salatsauce herzustellen, werden Sie Fertigsaucen geschmacklich bald als das entlarven, was sie sind: langweilige bis aufgesetzte Störenfriede.

c *SALAT, DEM ANLASS ENTSPRECHEND* Ein echter Salat ist eine tolle Vorspeise, Beilage oder eine leichte Zwischenmahlzeit. Klassiker wie der *Salade Niçoise* oder der *Cesar's Salad* eignen sich vor allem im Sommer auch gut als Hauptmahlzeit. Neben den Alibi-Salatessern unter den Frauen, die sich autosuggestiv auf ihren Salat alles häufen, was draufpasst, gibt es wiederum Frauen, die sich zwanghaft nur Salat bestellen, wenn Sie zum Essen eingeladen werden. Das ist nicht nur unhöflich, sondern auch wenig sinnlich. Sich bei einer Einladung in ein tolles Restaurant nur einen Salat zu bestellen, zeugt von schlechtem Benehmen. Wenn Sie Angst um Ihre Figur haben, essen Sie vorher zwei Tage nur Salat und langen Sie im Restaurant zu. Sie und Ihre Begleitung werden garantiert mehr Spaß haben, und Sie brauchen keine Angst zu haben, als genussfeindliche „Salattussi" abgestempelt zu werden.

„Frauen, die lesen, sind gefährlich", heißt ein Bestseller. Tatsächlich sind viele lesende Frauen leider äußerst harmlos. Es kommt eben immer drauf an, was Sie lesen. Eins jedoch ist gewiss: Wer gar nicht liest, dem entgehen Welten. Frauen und natürlich auch Männer, die nicht lesen, sind von daher zwangsläufig beschränkter. Diese Liste ist keine Liste von „Frauenliteratur", sondern eine subjektive Auswahl an Büchern, die aus dem intelligenten, wilden, verrückten, lustigen, braven, ketzerischen, traurigen und heroischen Leben von Frauen (und manchmal auch aus dem der Männer) berichten.

**DAS ANDERE GESCHLECHT** • *Simone de Beauvoir* „Was ist eine Frau?", fragte Simone de Beauvoir: „Ein Mann käme gar nicht auf den Gedanken, ein Buch über die besondere Lage zu schreiben, in der sich innerhalb der Menschheit die Männer befinden." Weil sie aber eine Deutung der Frau für nötig hielt und die blitzgescheite und eloquente de Beauvoir war, beleuchtete sie ihr Geschlecht unter biologischen, anthropologischen, psychoanalytischen, geschichtlichen, sozialen und noch viel mehr Aspekten. Dieses Buch ist kein Kampfmanifest gegen die Männerwelt, sondern eine spannend geschriebene und zu dieser Zeit mehr als notwendige Erklärung dessen, was wir sind.

**DER BESUCH DER ALTEN DAME** • *Friedrich Dürrenmatt* Claire Zachanassian kommt nach 45 Jahren als Milliardärin in ihre bankrotte Heimatstadt zurück, weil sie dort noch eine Rechnung offen hat. Mit einem Mann. Alle anderen werden wie erwartet aus Gier zu ihren Handlangern. Der Dalai Lama würde sicherlich eine andere Strategie empfehlen, aber fast jede Frau weiß, wie vorzüglich kalte Rache schmecken kann.

**DAS BÖSE MÄDCHEN** • *Mario Vargas Llosa* Unbezähmbare Mädchen werden als böse bezeichnet, unbezähmbare Männer als cool. Besagtes Mädchen schert sich darum gar nicht. Es reist Jahrzehnte rund um den Globus und ist nicht böse, sondern macht, was es will, und taucht immer wieder im Leben des verliebten Erzählers auf. Wir wissen: Wäre sie bei ihm geblieben, wäre sie niemals zu seiner Obsession geworden. Denn so ist das mit den Männern, und mit den Frauen auch.

**CHÉRI** • *Colette* Léa ist nicht mehr jung, ihr Chéri genannter Liebhaber jedoch schon, und die Frau, die er schließlich heiratet, ist noch jünger, nämlich erst 19. Trennungsschmerz und die gleichzeitige Erkenntnis, zum alten Eisen zu gehören, sind eine harte Kombination. Aber dieses sehr unterhaltsame und ehrliche Buch hat einen zweiten Teil, und der heißt „Chéris Ende"; denn während der Mann stagniert und nicht glücklich wird, gehört die Frau zu denen, die mit jeder Falte klüger werden. Léa ist natürlich Colettes alter ego.

**EFFI BRIEST** • *Theodor Fontane* Eine junge, lebenslustige Frau, die in ihrer muffigen Ehe zu ersticken droht, verliebt sich in einen Mann und beginnt eine Affäre mit ihm. Klingt banal, ist es aber nicht, denn diese Begegnung spielt sich am Ende des 19. Jahrhunderts ab, und nachdem die Affäre auffliegt, sind Tod und Verbannung die tragische Folge. Das preußische Sittengemälde Fontanes wirkt umso eindringlicher, da seine leichte und präzise Sprache die gesellschaftliche Starre nie direkt anprangert. Konventionen und sinnentleerte Rituale werden en passant beschrieben und so aufgedeckt.

**ELEANOR RIGBY** • *Douglas Coupland* Von der Eleanor Rigby der Beatles wissen wir nur, dass sie sehr einsam war. Die von Douglas Coupland ist zusätzlich noch unattraktiv, fett und sich dessen bewusst. Das wiederum macht sie zu einer zynischen und exzellenten Ich-Erzählerin, die keinesfalls hübscher wird, aber deren Leben sich radikal ändert, wie sich das für eine unvergessliche Romanheldin gehört.

**FRANNY UND ZOOEY** • *J.D. Salinger* Holden Caulfield kann einpacken im Vergleich zu der wunderbaren Heldin dieses Buches, Franny Glass, die auf dem zerschossenen Sofa der Familienwohnung ihren Nervenzusammenbruch auskuriert. Zusammen mit ihrem Bruder Zooey redet und raucht sie, als könnten Wörter, Qualm, Scharfsinn und Witz die trüben Gedanken davontragen, wenn nur genügend davon produziert wird. Auch wenn Franny ihr Lager bis zum Ende des Buches nicht verlässt, so ist doch gewiss, dass hier keine neurotische junge Frau auf dem Sofa ihre Familie dauerterrorisiert, sondern dass es sich um eine kurze und kluge Verschnaufpause handelt, bevor es wieder hinausgeht in das seltsame Rätsel namens Leben.

**DIE GLASGLOCKE** • *Sylvia Plath* Ein sehr junges und außergewöhnlich abgeklärtes Mädchen aus der Provinz macht in den 1950ern ein Praktikum bei einer Modezeitschrift in

New York. Und jetzt wird es nicht etwa turbulent auf hohen Absätzen, sondern die Ich-Erzählerin schildert radikal ihre erste Existenzkrise. Die Geschichte einer sehr unglücklichen Frau, bei der man sein Glück in Plaths Sprache findet.

## DIE HEXEN VON EASTWICK • *John Updike*

Updike, bekannt durch seine brillanten Beobachtungen von Paaren, erzählt hier aus der weiblichen Perspektive von drei geschiedenen Frauen: Jane, Alex und Sukie, die trotz ihrer magischen Kräfte unendlich gelangweilt sind. Drei Männer müssten her, aber leider taucht nur einer auf. Und der ist auch noch ein Blender, der sich einer Nichthexe zuwendet. Nach viel Ärger nach Frauenart kommen die drei endlich auf die naheliegende Idee, sich einen Ehemann herbeizuhexen und das öde Kaff zu verlassen.

## ICH • *Helmut Berger*

Es gibt sehr viele wichtige Autobiografien großer Frauen. Die Erinnerungen, die sich lesen wie eine Insiderausgabe zum Jubiläum einer Klatschzeitschrift, stammen aber von einem Mann. Berger liefert pro Kapitel mindestens zwei große Namen wie A. Gardner, F. Castro, M. Callas, M. Dietrich oder M. Jagger – und die Erklärung, warum er Kokain schöner findet als den besten Sex.

## JANE EYRE • *Charlotte Brontë*

Die Waise Jane Eyre wird seit 150 Jahren geliebt, weil sie nicht plappernd auf ihre Hochzeit wartet, sondern tapfer und klug das Beste aus ihren schlechten Startbedingungen macht. Andere Romane dieser Zeit hätten damit geendet, dass Mr. Rochester die unscheinbare Lehrerin heiratet. Hier aber ist Mr. Right kein toller Fang, sondern Bigamist, was dem Roman eine zusätzliche Gothic-Ebene verleiht, denn Ehefrau Nummer eins lebt gruseligerweise noch im Haus. Der viktorianische Liebesroman mit einer aktiven Heldin, die am Ende gewinnt.

## DAS KOPFKISSENBUCH DER DAME SEI SHONAGON • *Sei Shonagon*

Diese Aufzeichnungen sind um die tausend Jahre alt und ein Klassiker der japanischen Literatur. Sei Shonagon war Hofdame am Heian-Hof und schreibt so zeitlos, dass man denkt: Eine Frau ist eine Frau ist eine Frau.

## KURZE INTERVIEWS MIT FIESEN MÄNNERN • *David Foster Wallace*

Vielleicht gibt es Frauen, die meinen, dass diese Männer Fiktion sind. Lachen ist natürlich erlaubt, aber sehen Sie sich vor: Es gibt sie. Und hier geben sie kurz ihre Tarnung auf und sind ehrlich. Das ist zwar haarsträubend, aber kein Grund zur Sorge, denn im Gegensatz zu Zombie oder Alien braucht man zur Abwehr des fiesen Mannes keine Spezialwaffe, sondern nur den rechtzeitigen Einsatz eines Wortes: „Nein."

### LADY CHATTERLEY'S LIEBHABER • *D.H. Lawrence* Die Geschichte von Constance Chatterleys Ehe mit einem impotenten Mann, zu dem sich schließlich ein Liebhaber gesellt, war bei ihrem Erscheinen 1928 in England innerhalb weniger Stunden vergriffen, stand aber in den USA bis Ende der 1950er auf dem Index. Wegen der nicht zu knapp abgehandelten Erotik natürlich.

### MEISTERERZÄHLUNGEN • *Daphne du Maurier* Daphne du Maurier ist eine Muse der Filmschaffenden. „Die Vögel", „Rebecca" und „Wenn die Gondeln Trauer tragen" kennt jeder. All diese großen Filme basieren auf ihren Erzählungen, von denen diejenigen, die nicht verfilmt wurden, die Fantasie oft noch mehr anregen.

### DER MEISTER UND MARGARITA • *Michail Bulgakow* Der Teufel hat ganz Moskau fest im Griff. Nur ein Liebespaar ist nicht korrumpierbar, allerdings erleidet die männliche Hälfte einen Nervenzusammenbruch. Die Frau, Margarita, kämpft weiter um die Liebe, und muss sogar als Gastgeberin auf dem rauschenden Ball des Satans auftreten.

### MYRA BRECKINRIDGE • *Gore Vidal* Myra B. ist einen Tick zu umwerfend und amüsant. Zu wild, zu dreist und zu sexy ist sie außerdem noch. Später erfährt man, wie es zu dieser Überdosis an Frau kommen konnte. Myra hat sich selbst erfunden und war mal Myron. Trotzdem oder gerade deswegen ist diese Satire ein Frauenbuch.

### DAS NIBELUNGENLIED • *z.B. in der Übertragung von Uwe Johnson und Manfred Bierwisch* Das Epos von Liebe, Intrigen und viel Hass muss man nicht auf mittelhochdeutsch lesen, aber lesen, und zwar unverfälscht. Die Geschichte steht und fällt mit zwei Heldinnen, den ersten der deutschen Literatur. Brünhild ist kein grimmiges Mannweib, sondern schön und enorm stark und deshalb zu Recht verärgert über die Heirat mit dem schwachen Gunther. Die anfangs viel bravere Kriemhild legt schließlich ihr sanftes Wesen ab und sorgt verbittert und konsequent für den Untergang der Burgunder.

**NORA ODER EIN PUPPENHEIM** • *Henrik Ibsen* Anwaltsgattin Nora verlässt ihren Mann und die drei Kinder, weil sie nicht in einem Puppenheim leben kann; so bezeichnet sie das gespielte Glück ihrer Ehe. Der letzte Akt endet nicht mit einer Versöhnung oder dem Streit um die Kinder, sondern mit Noras klarer Begründung ihrer Entscheidung und der krachenden Haustür, die hinter ihr ins Schloss fällt. Dieser radikale Schritt schockiert nicht nur den zurückbleibenden Ehemann, sondern sorgte bei der Uraufführung 1879 für einen Skandal. Elfriede Jelinek inspirierte er zu dem Stück „Was geschah, nachdem Nora ihren Mann verlassen hatte".

**PIPPI LANGSTRUMPF** • *Astrid Lindgren* Pippi, das nach wie vor stärkste Mädchen der Welt, kann auf erwachsene Leser schnell einen verhaltensgestörten Eindruck machen. Wer aber mit ihr aufgewachsen ist, wird sich immer an Pippi als Heldin erinnern und ihre Geschichten der nächsten Generation vorlesen.

**DAS SPIEL IST AUS** • *Jean-Paul Sartre* Eine Dame und ein Revolutionär begegnen einander erst, nachdem sie tot sind, verlieben sich ineinander und bekommen eine zweite Chance. Bedingung dafür ist, dass sie sich wahrhaftig und völlig vorbehaltlos lieben. An dieser schwersten aller Aufgaben scheitern sie, denn Sartre war kein Romantiker, sondern Existenzialist. Was allerdings kein Grund für ihn war, nicht trotzdem eine große Liebesgeschichte zu schreiben.

**DIE STUNDEN** • *Michael Cunningham* Ein Tag im Leben dreier Frauen in drei Jahrzehnten. Eine davon ist Virginia Woolf, die im Begriff ist, ihre „Mrs. Dalloway" zu schreiben. Nicole Kidman hat für deren (langnasige) Darstellung im gleichnamigen Film einen Oscar bekommen; Cunningham ist für seine meisterhaften Frauenporträts u.a. mit dem Pulitzer Prize for Fiction und dem PEN/Faulkner Award ausgezeichnet worden. Ein Kunstwerk.

**URTEIL IN STEIN** • *Ruth Rendell* Am Anfang steht die Frage, warum eine wohlhabende, kultivierte und durchweg sympathische Familie von der eigenen Haushälterin und deren Freundin massakriert wurde. Die Antwort findet kein kauziger Inspektor, sondern die Leserin selbst, denn dies ist eine brillante Psychostudie, die sich Seite für Seite an die Eskalation heranschleicht. Dieses Buch steht stellvertretend für Literatur von Frauen rund um den Mord, in der es nicht um Polizeiarbeit, sondern um seelische Abgründe geht.

**EIN VERMÄCHTNIS** • *Sybille Bedford* Ein Gesellschaftsroman, der bildet und unterhält, weil drei Familien – verschlafener Landadel, politisch aktiver Adel und jüdisches Großbürgertum – im Mittelpunkt stehen. Dies ist nicht nur eine Familienchronik mit spannender Besetzung, sondern auch eine faszinierende Beschreibung Europas vor dem Ersten Weltkrieg.

**EIN WINTER AUF MALLORCA** • *George Sand* Abgesehen davon, dass Sand (eigentlich Amandine-Aurore-Lucile Dupin, verheiratete Baronin Dudevant), eine Provokateurin in Männerkleidung mit sehr prominentem Freundes- und Liebhaberkreis war, gilt sie auch heute noch als große Autorin. Den Winter 1838 verbrachte sie mit ihren beiden Kindern und ihrem dauerkränklichen Geliebten Frédéric Chopin auf Mallorca. Dort ärgerte sich Sand nicht nur über mangelnden Komfort und klamme Kälte, sondern vor allem über die Mallorquiner, die damals noch nicht an anspruchsvolle Gäste gewöhnt waren. Der Reiseroman einer extravaganten Frau, die ihrer Zeit voraus war.

# 094 — KUNST KAUFEN

Wenn Sie die letzten Jahre wach und auf diesem Planeten verbracht haben, werden Sie vom Kunstboom gehört haben. Unabhängig davon können Sie Kunstliebhaberin sein oder werden, denn Kunst selbst ist zum Glück keine zeitlich begrenzte Erscheinung. Sie existiert unabhängig davon, ob angesagte Leute sich lieber in Galerien oder im Zoo treffen. Außerdem kann sie klug, aufregend, witzig, wunderschön und sogar erleuchtend sein. Und zudem ist Kunst eine der sinnlichsten Arten der Geldanlage. Jedoch: Bei aller berechtigten Liebe zur Kunst und zum Einkaufen gibt es zwei große Barrieren zwischen vielen Frauen und dem Kaufobjekt Kunst.

Zum einen die Meinung, dass sich zwischen der Preiskategorie eines gerahmten Posters aus dem Möbelhaus und der eines bekannten Gemäldes ein Vakuum befindet. Das stimmt nur, wenn Sie von null auf hundert gehen und Ihr Kandinsky-Plakat tollkühn durch das Original ersetzen wollen. Tatsächlich existiert aber sehr viel dazwischen, denn Kunst gibt es in jeder Preisklasse. Das wiederum können Sie als spannende Herausforderung sehen.

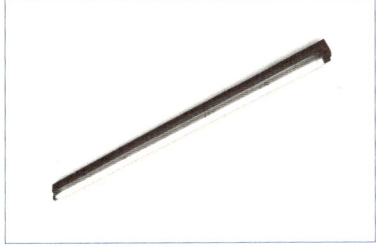

*Neonlicht beleuchtet
oft Kunst, macht den Teint
aber fahl.*

Oder auch als zweite Barriere zwischen sich und der Kunst. Viele Branchenfremde sind zwar interessiert, empfinden den Kunstbetrieb nebst Personal aber als – nennen wir es mal – mysteriös.

Egal, ob das Drumherum für Sie ein aufregender Zirkus oder ein Buch mit sieben Siegeln ist, machen Sie es sich leicht und sehen Sie es so:

Sie möchten sich etwas kaufen, das Ihnen gefällt. Bei einem Tonträger oder einem Buch ist das die leichteste Übung der Welt. Vor dem Kauf eines Kunstwerks ist etwas mehr Recherche nötig, weil Sie sich auf die Suche nach etwas Einzigartigem begeben, was unter anderem den Reiz des Kunstkaufs ausmacht.

**GESCHMACK** Auch wenn Museen und Galerien nicht Ihr zweites Wohnzimmer sind: Haben Sie keine Angst vor Ihrem eigenen Geschmack. Natürlich lässt er sich durch häufiges Schauen und Vergleichen verfeinern, aber letztlich wird er etwas Subjektives bleiben, egal was gerade öffentlich gelobt oder verschmäht wird. Es gibt unzählige zeitgenössische Künstler. Dass Sie die nicht alle kennen können, ist klar. Und dass Sie nicht mit allen etwas anfangen können, ist erst recht klar.

Denken Sie an die anderen Künste – vielen Menschen fällt es bei Musik, Literatur oder Film leichter, zu ihren Vorlieben und Abneigungen zu stehen als bei bildender Kunst. Und natürlich sollten Sie sich immer auf Neues einlassen und provozieren lassen. Nur so entwickeln Sie ein Urteilsvermögen und stoßen auf Offenbarungen. Das gilt für alles, egal ob es sich um Design, kulinarische Geschmacksrichtungen oder Kunst handelt.

B **ZUM GESCHMACK STEHEN** Wenn Sie etwas nicht verstehen oder scheußlich finden, lassen Sie sich nicht einschüchtern und stehen Sie dazu. Sie müssen es nicht in der Galerie herumposaunen, aber Sie müssen auch nichts großartig finden, nur weil es einen beeindruckenden Preis oder geistreichen Fürsprecher hat. Denken Sie daran: Ein Mensch, der wenig sagt, ist nicht automatisch ein verkanntes Genie. Und Kunst, die wirkt wie Quatsch, muss auch nach langer Betrachtung nicht zwangsläufig zu etwas Intellektuellem oder Ironischem werden. Vielleicht handelt es sich tatsächlich um Quatsch. Manchmal ist Kunst radikal, manchmal will sie es auch nur sein. Seien auch Sie radikal mit Ihren Urteilen, besonders dann, wenn Sie Kaufabsichten haben und sich die Arbeit in Ihrem Wohnzimmer vorstellen müssen. Der Fall, dass ein Kunstwerk bei Ihnen noch nicht einmal ein Fragezeichen, sondern schlicht nichts auslöst, muss nicht bedeuten, dass Sie eine Banausin sind. Schließlich handelt es sich um die Aussage eines Individuums, häufig sogar die eines Exzentrikers. Wieso sollte ausgerechnet dessen Sicht der Dinge jeden erreichen? Schauen Sie sich also nach Arbeiten um, die Sie emotional und natürlich ästhetisch ansprechen.

C **INFORMANTEN** Mit einem von Galeristen, Kunstkritikern und Künstlern durchsetzten Freundeskreis haben Sie leichtes Spiel. Auch wenn dann die Gefahr besteht, dass Ihre Kennerfreunde feste Meinungen haben und diese so charismatisch vertreten, dass Ihr eigener Geschmack niedergeschrien wird und schließlich verkümmert.

Wenn es gut läuft, sind diese Leute aber Ihre Informanten und Ratgeber. Wenn Ihnen Kunst in Wohnungen ins Auge fällt, fragen Sie natürlich die Besitzer. Spannend ist nicht nur der Künstler, sondern auch die Kaufgeschichte. Hier wird Ihnen auffallen, wie oft es sich um unbekannte Künstler handelt, die die Leute aus purer Begeisterung gekauft haben.

Um ein gutes Gespräch mit einem Galeristen zu führen, müssen Sie nicht mit ihm befreundet sein. Es ist sein Job, Ihnen etwas über seine Künstler zu erzählen. Wenn er gut ist, inspiriert er Sie auch noch und schärft Ihren Blick. Ein Galerist ist übrigens auch kein Verkäufer in einer Boutique, der säuerlich grinst, wenn Sie Stunden in seinen Räumen verbringen und dann gehen, ohne zu kaufen. Und Vernissagen sind öffentliche Ereignisse, auf denen sich massenhaft Besucher drängeln, aber nur einzelne, manchmal nur einer, oft auch keiner kauft. Auch damit lebt der Galerist (oft sehr gut) und wird Sie jederzeit in seine Einladungsliste aufnehmen, unabhängig von Ihren Kaufabsichten. Wenn Sie Kunst, Kunstschaffende und Kunstliebhaber in großen Mengen sehen wollen, besuchen Sie die Messen und Biennalen.

Als Frau in einer Gegend, die eher arm an Galerien ist, oder als Frau, die sich – warum auch immer – ungern auf Kunstevents aufhält, können Sie trotzdem kaufen. Ob man keine Vernissage auslässt, sich gern im Einzelgespräch beraten lässt oder lieber allein liest und im Internet nach Informationen sucht, ist nicht nur eine Frage des Wohnorts, sondern auch des Charakters.

D **KAUFEN • SO NICHT** Bei aller Sympathie für bestimmte Galerien, ihre charmanten Besitzer und ihre netten Vernissagen – Kunst kaufen Sie nur, wenn Sie sie wirklich begeistert. Etwas anderes erwartet im Übrigen auch niemand von Ihnen. Das gilt auch, wenn Sie Künstler in Ihrem Freundeskreis haben sollten. Wenn Sie jemanden sehr mögen und seine Kunst auch – großartig. Wenn Sie nur die Person mögen, bleibt es eben dabei. Eine potthässliche Hose, gekauft bei Ihrer Lieblingsboutiquenbesitzerin, ist eine Lappalie verglichen mit dem Fehltritt, den Sie mit einem aus Freundschaft gekauften Kunstwerk tun können.

F **PREISE** Bei moderner Kunst ist es nicht möglich, mit klaren Preisfaustregeln einkaufen zu gehen. Trotzdem entspringen die Preise nicht der Fantasie einzelner Menschen. Sie richten sich nach dem Bekanntheitsgrad des Künstlers, seinen bisherigen Verkäufen und auch nach der Technik, in der die Arbeit ausgeführt ist, und dem Material, das verwendet wurde. Wenn also ein bekannter Künstler wie Damien Hirst einen Totenschädel medienwirksam mit echten Diamanten besetzt, wird das ohne Frage teuer.

Stattdessen könnten Sie sich aber zum Beispiel nach Zeichnungen, Skizzen oder Studien von Malern umschauen, deren Öl- oder Acrylarbeiten

Ihr Budget deutlich sprengen würde. Und da es sich um einen Markt handelt, sind die Preise selbstverständlich auch das Resultat von Angebot und Nachfrage.

F **SO GESEHEN KEIN RISIKO** Kunst kaufen ist eigentlich etwas Idealistisches. Auch wenn Ihnen prophezeit wurde, dass Ihre Anschaffung demnächst im Wert steigen werde, spekulieren Sie nicht mit einem Gewinn, sondern sehen Sie die Wertsteigerung als netten Nebeneffekt.

Wäre sie das Hauptkriterium für Ihren Kauf, würden Sie zu den Käufern gehören, die den Kunstkauf als Investmentgeschäft betreiben. Die gibt es natürlich auch. Dafür ist man am besten sehr reich, verfügt über die allerbesten Kontakte und beschäftigt gleich mehrere Privathändler. Bleiben wir aber beim liebevollen Idealismuskauf. Wenn Sie sich etwas gekauft haben, bei dem die Preisentwicklung überhaupt keine Rolle spielt, haben Sie trotzdem gewonnen. Denn Ihr Kunstwerk sollte immer eine persönliche Bereicherung für Sie sein, unabhängig von seinem Marktwert.

G **SAMMELN** Weder Briefmarken noch Modelleisenbahnen gelten als besonders sinnlich, und ihre Sammler stehen unter dem Verdacht, verklemmte Pedanten zu sein. Frauen betrifft das sehr selten. Die umfangreiche weibliche Schuhsammlung hat immerhin einen Nutzwert, während ihre Besitzerin den Ruf hat, kaufsüchtig zu sein. Mit Kunst wird Ihnen das nicht passieren. Im schlimmsten Fall unterstellt man Kunstsammlern, dass sie wohlhabende Langweiler sind, die sich das Wilde, das Verrückte und den Ruf eines Schöngeistes kaufen wollen. Wir gehen davon aus, dass Sie vorerst nur für sich sammeln.

Eine Sammlung kann auch ohne großen Masterplan entstehen, einfach indem Sie sich von Zeit zu Zeit etwas Interessantes für Ihre Wände anschaffen. Vielleicht sind Sie ab Ihrem ersten Kauf auf der Suche nach Ähnlichem und möchten sich auf einen Stil oder Künstler spezialisieren. Wie bei anderen Sammelobjekte auch, können Sie Ihre Kunst von Zeit zu Zeit umschichten, indem Sie beispielsweise mehrere kleine Arbeiten gegen eine

große tauschen. So ist ein höheres Niveau oder auch eine interessante Um-
gestaltung Ihrer Sammlung möglich, ohne dafür neu investieren zu müssen.

H **GUTES PASST ZUSAMMEN** Wenn Sie sammeln wollen, müssen Sie sich
weder thematisch noch stilistisch festlegen. Denn das Gute an guter Kunst ist,
dass sie immer zusammenpasst. Vielleicht ist Ihnen das schon in öffentlichen
Sammlungen und Museen aufgefallen. Eigentlich ist das nicht so verwunderlich, denn wenn in einer guten Ausstellung die Bilder verschiedener Maler
nebeneinander hängen, darf man durchaus davon ausgehen, dass das auch
gut aussieht. Besonders wenn die Künstler und Kuratoren internationale Stars
sind. Trotzdem, und das können Sie auch im kleineren Rahmen, zum Beispiel in Privathaushalten sehen: Gute Kunst harmoniert miteinander, denn
ihr gemeinsamer Nenner ist die Qualität.

Und um bei allen ideellen Werten wie Liebe, Leidenschaft, Herz und
Geschmack realistisch zu bleiben: Viel Geld hilft in vielen Fällen viel. Auch
beim Sammeln von Kunst.

I **WO SIE MEHR ERFAHREN** *Ausstellungskataloge* Sind nicht nur schöne
Souvenirs, sondern lassen Sie auch den Überblick behalten, wenn Sie häufig
Ausstellungen besuchen und sich schlecht Namen merken können.

*Biennalen* Biennalen gibt es weltweit, von Sidney bis São Paulo und
von Göteborg bis Johannesburg. Die Mutter aller Biennalen ist aber die in
Venedig. Die große Kunstschau existiert seit 1895. Später kamen die Film-
festspiele, die Festivals für Musik, Theater und Tanz und die alternierend
stattfindende Architektur-Biennale hinzu. Zum einen stellen hier die Künstler in den Länderpavillons aus und erhoffen sich einen Goldenen Löwen, zum
anderen organisieren namhafte Kuratoren Themenausstellungen.

*Christie's* Zusammen mit Sotheby's das Traditions-Auktionshaus. Ein
Erlebnis, besonders wenn Sie die Gelegenheit haben, in London oder New
York an einer Auktion teilzunehmen. Zeitgenössische Kunst ist nur ein Teil
der großen Repertoires dieser Häuser, die beide auch auf Objekte bestimmter Epochen, Kontinente und andere schöne Sammlerstücke wie Porzellan,

Möbel, Schmuck oder Kunsthandwerk spezialisiert sind. Christie's und Sotheby's sind zugänglicher als allgemein erwartet. Der typische „My-Account" lässt sich im Internet so einfach einrichten wie überall anders auch; bieten können Sie zudem am Telefon, online und auch per SMS. Wenn Sie als Bieterin dabei sein wollen, müssen Sie mit der Anmeldung einen der Auktion angemessenen Kontoauszug vorlegen.

**documenta** Sie gilt als bedeutendste Ausstellung zeitgenössischer Kunst und macht sich mit ihrem Fünf-Jahresabstand bei der Kunstwelt und beim Publikum rarer als die anderen Kunstgroßereignisse. Sind dann wieder fünf Jahre vergangen, dauert sie 100 Tage und verzeichnet seit ihrer Gründung 1955 einen kontinuierlichen Besucherzuwachs. Die Redewendung „Ab nach Kassel!" hat nichts mit der documenta zu tun.

**Internet** Online finden Sie nicht nur Galerien, Veranstaltungen und Künstler weltweit, sondern können auch in Ruhe die Preise vergleichen und sich einen Überblick verschaffen. Kaufen und ersteigern können Sie natürlich auch.

*www.artfacts.net* bietet ein riesiges Künstlerverzeichnis, mit der Galerienvertretung, dem aktuellen Marktwert, den Ausstelllungen und Biografien der Künstler, die auch in einem Ranking aufgelistet werden.

*www.artnet.de* hat die größte Preisdatenbank mit den Preisinformationen zu Kunstwerken von über 180 000 Künstlern.

*www.saatchi-gallery.co.uk* Charles Saatchi ist zwar der bekannteste Kunstsammler der Welt, mag aber den elitären Kunstbetrieb nicht. Dem setzte er seine spielwiesenartige Website entgegen. Junge Künstler haben die Chance, sich zu präsentieren, Galeristen können auf Talentsuche gehen, und Käufer können hemmungslos nach Kunst in jeder Preislage stöbern.

*Kunsthochschulen* Stellen regelmäßig ihre Studenten und Absolventen aus. Interessant, um sich junge Künstler ohne Galeristen vorzumerken.

*Messen, nur einige* Art Basel • Art Basel Miami Beach • Art Cologne • Art Forum, Berlin • Frieze, London

*Triennalen* Drei Triennalen: die RuhrTriennale, die Triennale der Photographie in Hamburg und die Tate Trienal in London finden, wie man am Namen erkennen kann, nur alle drei Jahre statt.

*Turner Prize* Dotiert mit 40 000 Pfund und bedeutendster Kunstpreis Großbritanniens. Er wird jährlich in der Tate Britain in London an einen jungen (das heißt unter 50-jährigen) Künstler verliehen, der in den Monaten zuvor in einer großen Ausstellung mit allen Mitanwärtern präsentiert wird.

*Zeitschriften* Grob gesagt lassen sich Kunstzeitschriften in zwei Sorten unterteilen. Die einen meinen es ernst und lassen eine gewisse Strenge walten in dem, was sie als Kunst durchgehen lassen. Es sind zum Beispiel diese: Artforum (englisch) • Kunstforum • Texte zur Kunst (deutsch). Die anderen sehen es lockerer und neigen eher zu einer Vorstellung von „Lebenskunst" im Allgemeinen: Monopol • Art (deutsch) • ArtReview (englisch). In Letzteren kann auch mal von allen möglichen schönen Dingen des Lebens die Rede sein, Design und Architektur inbegriffen. Während die einen um die Klärung mehr oder minder akademischer Fragestellungen bemüht sind, erkennt man die Lebenskunst-Fraktion am schnellsten daran, dass man sie auch in Wartezimmern hipper Ärzte und Friseure findet.

# 095          14 MASS BIER TRAGEN

Eine Maß Bier ist ein Liter Bier. Ein klassischer Bierkrug wiegt zwischen 500 und 800 Gramm. Das heißt, wenn Sie 14 Maß tragen, schleppen Sie bis zu 25 Kilo vor sich her. Oktoberfestbedienungen machen das den ganzen

Tag, genauer von 08.30 Uhr bis 23 Uhr, und das sechzehn Tage hinter-einander. Nun sind 14 Maß Bier tatsächlich eine absolute Profieinheit. Als

*14 Maß Bier:*
*Nicht trinken,*
*tragen!*
● ● ●

Anfängerin fangen Sie vielleicht mit 6 oder 8 Maß Bier an. Laut Claudia Neuhofer, die seit mehr als 10 Jahren Wiesnbedienung ist (in München heißt das Oktoberfest: die Wiesn), liegt das Geheimnis der Steigerung auf 14 Maß dann nicht primär in der Kraft, sondern in der Technik.

A **14 MASS BIER: SO GEHT'S** Alsdann: Das Maßkrugtragen basiert auf einer ganz bestimmten Technik. Jeder Krug hat dabei seinen eigenen Platz. Beim Tragen von vierzehn Stück reiht man je sechs Maßkrüge sternförmig aneinander, die Griffe nach innen gerichtet. Man lässt nur eine kleine Öff-nung, damit man die Griffe mit den Händen umfassen kann. Auf jeweils einen Stern stellt man nun oben einen weiteren Krug in die Mitte.

   Wichtig ist, dass auf Ihren Bieren eine gute Schaumkrone liegt. Sie federt den wässrigen Teil des Biers ab und sorgt dafür, dass nichts überläuft. Wenn keine dichte Schaumkrone auf den Bieren liegt, können Sie davon ausgehen, dass Sie in kürzester Zeit in Bier getränkt sind, eine eher jämmerliche Figur abgeben und Ihre Gäste auch nur dreiviertel gefüllte Krüge bekommen.

B **WAS SIE NOCH BEACHTEN MÜSSEN** Viele Rätsel ranken sich um den Job der Wiesnbedienung. Das Grundrätsel, um das es geht, ist jedoch die Frage, wie eine Frau so etwas stemmen kann. Denn selbst, wenn der Akt des Maßtragens vor allem ein technischer ist, so scheint die Wiesnbedienung doch so etwas zu sein wie der Ironman des Gastronomiegewerbes (vgl.

Kapitel *Die Frau am Start*, Rubrik *Den Ironman machen*). Auch wenn Sie das Oktoberfest als den Gipfel der guten bayerischen Geselligkeit sehen – aus der Serviceperspektive ist es mehr Kampf als Kür, nur dass Sie, anders als im Schützengraben, stets ein Lächeln auf den Lippen haben müssen. Chronische Überfüllung, besoffene Grabscher, Muskelkater und Erschöpfung sind nur einige der garantierten Begleiterscheinungen dieses Jobs. Zusätzlich zu der körperlichen Konstitution zählen als Qualifikationen für Wiesnbedienungen vor allem Flexibilität, Spontanität, Teamfähigkeit und Toleranz. Dass Frauen mit dieser ausgeprägten Qualifikation dann trotzdem nicht Sozialarbeiterin werden, liegt wohl vor allem an der legendär exzellenten Bezahlung für Wiesnbedienungen. Und darüber, wie hoch die genau ist, senkt sich die Wiesn-Omertà, sprich: das bayerische Schweigegelübde.

# 096 — IN DEN IRAN REISEN

Es gibt sehr unterschiedliche Länder islamischer Prägung: Die Türkei und Saudi-Arabien haben vermutlich weniger Gemeinsamkeiten als Schweden und Italien. Was Frauen beachten müssen, wenn sie in ein islamisch geprägtes Land reisen, hängt also gar nicht unbedingt nur mit dem Koran oder „dem Islam" zusammen, sondern mit der Auslegung des Islams zum Beispiel durch die politische Führung. Wer als Frau in den islamischen Süden von Thailand fährt, muss außer gebührendem Respekt, den man jedem Gastland entgegenbringen sollte, eigentlich gar nichts weiter beachten, außer dass Sie sich nicht mit blanken Busen an den Strand legen sollten. Das wiederum ist aber selbst in Kalifornien, das wirklich kein islamisches Land ist, teilweise unter Strafe gestellt. Eine Frau, die nach Jordanien fliegt, braucht kein Kopftuch zu tragen. Im Jemen gibt es weder eine Religionspolizei noch einen Kopftuchzwang, die meisten Frauen verschleiern sich dennoch. Die Gleichung verschleierte Frau gleich in allen Bereichen entrechtete Frau geht also nicht grundsätzlich auf. Im Oman müssen Frauen an der Universität eine Burka tragen, aber es gibt mehr Studentinnen als Studenten, und die werden dort vom Staat gefördert.

Wenn Sie als europäische Frau in ein islamisches Land fahren, informieren Sie sich also vorher, wie Sie sich dort zu kleiden und zu verhalten haben, denn beides ist unter Umständen Lichtjahre von Ihrem Alltag entfernt, vielleicht kommen Sie aber auch mit einem höflichen Touristenverhalten gut über die Runden. Wenn Sie in den Iran reisen, müssen Sie als Frau unbedingt folgende Regeln beachten:

A **REISEANLASS** Als Frau auf eigene Faust alleine in den Iran zu reisen, ist nicht empfehlenswert, wenn Sie niemanden kennen oder keine Verwandten dort haben. Wenn Sie sich für die kulturellen und historischen Sehenswürdigkeiten des Landes interessieren, fahren Sie am besten mit einer organisierten Reisegruppe. Am interessantesten ist eine Reise in den Iran, wenn Sie Freunde oder Bekannte am Ort haben, die Ihnen Land und Leute näherbringen können.

B **WELCHE KLEIDUNG DÜRFEN SIE TRAGEN?** Sobald Sie das Flugzeug im Iran verlassen, müssen Sie sich mit einem Kopftuch bedecken. Das Kopftuch sollte idealerweise alle Haare, sowie die Hals- und Nackenpartie verdecken; diese gelten als ganz besonders verführerisch. Daran halten sich allerdings die wenigsten modernen Frauen im Iran. Die Tücher werden zunehmend transparenter und bedecken häufig nur noch den Hinterkopf. Sie sollten aber sicherheitshalber keine gewagten Experimente vornehmen. Mit dem Kopftuch ist es jedoch nicht getan. Der Rest des Körpers, also Arme und Beine, sollte ganz bedeckt sein, am besten mit weit geschnittener Kleidung in gedeckten Farben. Der Schritt sollte mindestens bis zum Knie von einem Mantel, Kleid oder langen Hemd umspielt werden. Das gesamte, züchtige Ensemble nennt sich „Hijab" und variiert in den Details von Land zu Land.

C **DAS GESICHT** Schminke gilt als „haraam", was so viel wie unzüchtig bedeutet. Die iranische Sittenpolizei, deren Aufgabe es ist, Verstöße gegen das islamische Recht zu ahnden, ist in Schminkfragen allerdings nicht sonderlich streng, und die Perserinnen tragen gerne dick auf. Die Augen werden mit sehr

*Wenn das Flugzeug landet,*
*müssen Sie sich umziehen.*

viel Kajal betont. Mit den Augen wird non-verbal kommuniziert und vor allem geflirtet. Die meisten Iranerinnen beherrschen eine Reihe von ausgeklügelten Augenaufschlägen, die auch über große Distanzen und durch verdunkelte Autoscheiben Männern den Verstand rauben können. Es ist jedoch nicht empfehlenswert, dies bei einem kurzen Aufenthalt im Iran zu imitieren. Auf roten Nagellack und Lippenstift sollten Sie verzichten, es sei denn Sie bewegen sich ausschließlich in verdunkelten Privatautos auf dem Weg von einer bewachten Privatwohnanlage zur nächsten. Das Kopftuch ablegen dürfen Sie in Ihrem Hotelzimmer und in Privatwohnungen, nicht aber im Restaurant oder Café, außer Sie sitzen in einer speziellen Sektion, die nur für Frauen bestimmt ist. Im Zweifelsfall tun Sie es den anderen Frauen gleich. Sollte keine andere Frau da sein, behalten Sie das Kopftuch in jedem Fall auf.

D **WEITERE VERHALTENSREGELN** Wenn Sie unverheiratet sind, empfiehlt es sich, einen Ehering zu tragen. Vor allem, wenn Sie sich mit einem europäischen Freund ein Zimmer teilen. Der sollte dann natürlich auch einen Ehering tragen, und Sie müssen sich offiziell als Ehepaar im Hotel anmelden. Wenn Sie und ein Freund zwei Zimmer in einem Hotel buchen, dürfen Sie sich nicht auf den Zimmern treffen. Sie können alleine ein Restaurant, ein Café oder ein Museum besuchen. Berührungen zwischen Männern und Frauen in der Öffentlichkeit sind verboten, dazu gehört auch ein Handschlag oder Händchenhalten mit Ihrem Partner. Männer untereinander zeigen Ihre Verbundenheit allerdings stets durch Umarmungen oder Wangenküsse.

E **HINTER DEN KULISSEN** Wenn Sie das Glück haben, iranische Freunde zu haben, die Ihnen das Leben hinter der öffentlichen Fassade zeigen, werden Sie erstaunt sein. Vor allem die jungen Iranerinnen und Iraner sind große Partyfreunde und feiern gerne – und gerne auch ausgiebig. Im Iran ist Alkohol verboten, aber es gibt dort Alkoholdealer, die Partys beliefern. Auf Partys kommen sich Männer und Frauen näher. Es wird sehr leidenschaftlich diskutiert, intelligent geflirtet und sexy getanzt. Wenn der Alkoholdealer da war, werden viele Cocktails getrunken. Dann wird noch mehr und noch lauter diskutiert, geflirtet und gesungen.

F **TROTZDEM KEIN SPASS** Im Iran sind Frauen den Männern vor dem Gesetz nicht gleichgestellt. Das gilt unter anderem für das Zivilrecht, das Erbrecht und auch für das Strafrecht. Die Zeugenaussage einer Frau ist zum Beispiel vor einem Gericht ganz offiziell nur halb so viel wert wie die eines Mannes. Frauen, die sich nicht an die oben geschilderten, öffentlichen Kleidungsvorschriften halten, müssen unter Umständen mit schweren Strafen rechnen. *Genauso schlimm:* Männer und Frauen, die sich für die Gleichberechtigung der Frauen einsetzen, werden verfolgt, eingesperrt und mundtot gemacht. Eine der prominentesten iranischen Frauenrechtlerinnen ist die Rechtsanwältin, Journalistin und Friedensnobelpreisträgerin Shirin Ebadi, die zusammen mit der Generalsekretärin von Amnesty International, Irene Khan, eine Erklärung veröffentlichte, die an die iranische Regierung gerichtet war und die dazu aufrief, die Diskriminierung von Frauen zu beenden.

Die Erklärung sollte die so genannte „Kampagne der Gleichheit" unterstützen, die von Iranern und Iranerinnen ins Leben gerufen wurde, und deren Ziel es war, eine Millionen Unterschriften zu sammeln, um damit einer Gleichbehandlung der Geschlechter vor dem Gesetz Nachdruck zu verschaffen. Vor der Veröffentlichung, am 04. März 2007, wurden allerdings bereits 33 iranische Frauen verhaftet, die sich im Sinne dieser Forderung zu einer friedlichen Demonstration vor dem Revolutionsgericht eingefunden hatten.

# 097 WASSER AUF DEM KOPF TRANSPORTIEREN

Gefäße auf dem Kopf zu transportieren ist eine Technik, die Sie bereits auf altägyptischen Darstellungen sehen können, und mit Sicherheit ist sie noch viel älter. Diese Jahrtausende alten Darstellungen zeigen – ebenso wie zeitgenössische Fotos – den Unterschied zwischen Tragen und Schleppen. Die Beförderung schwerer Dinge auf dem Kopf ist an Eleganz durch keine andere Trageweise zu überbieten; und außerdem ist sie damals wie heute eine Qualifikation, die man Frauen zuschreibt.

A *AFRIKA UND DAS KLISCHEE* Afrika ist kein Landstrich, sondern ein Kontinent, auf dem sehr viele unterschiedliche Frauen leben. So, wie nordische Frauen nicht zwangsläufig Knäckebrot essende Walküren sind, tippeln auch die Frauen aus Asien nicht in einem Kimono umher und kichern dabei freundlich. Genauso wächst nicht jede afrikanische Frau mit einem Wassergefäß auf dem Kopf auf. Allerdings gehört diese Art des Transports zu den Vorstellungen von Afrika, die immer noch aktuell sind, weil sie sich als Methode seit Jahrtausenden bewährt hat.

B *DIE VOLLENDETE HALTUNG* Für alle geplagten Europäer, die eine Rückenschule besuchen und trotzdem aussehen wie ein hochkant gestellter Kleiderbügel oder gar ein Fragezeichen, ist der Gang dieser Frauen ein Phänomen. Man liest und hört zuweilen, dass Kindern in autoritären Haushalten früher Bücher auf den Kopf und unter die Arme geklemmt wurden, um ihnen die korrekte Haltung bei Tisch ein für allemal einzutrichten; eine Methode, die nicht besonders kinderfreundlich ist, keine Frage. Weit weg von der afrikanischen Technik ist auch die Idee, dass man durch Zwangsaufgaben (wie Bücher unter den Achseln) irgendetwas versteift. Immer wieder werden die Frauen, die das Pendant zu 20 Prozent ihres Körpergewichts auf dem Kopf transportieren, zu Studien herangezogen. Mit dem Ergebnis, dass diese Transportart weder den natürlichen Bewegungsablauf behindert, noch den Knochen oder der Muskulatur schadet. Als Fazit könnte man sagen, dass wir seit dem aufrechten Gang – den die Menschheit ja auch schon recht lange beherrscht – eigentlich auch aufrecht gehen und sitzen sollten, es aber häufig nicht tun, sondern uns eher krümmen. Ein weiteres Fazit ist: Eine aufrecht gehende Frau sieht stolzer und schöner aus als eine gebeugte, egal ob in der antiken Kunst oder bei einem Modelwettbewerb im Fernsehen. Diese schöne Haltung ist aber oft das Resultat eines Trainings oder starken Körperbewusstseins und trotz unserer genetischen Voraussetzungen keine Selbstverständlichkeit.

c **DER PERFEKTE GANG** Nach Forschungen über die menschlichen Bewegungsabläufe auf unserem Planeten und im All, nämlich unter dem Umstand der nicht vorhandenen Schwerkraft, kam man zu dem Schluss, dass wir uns im Idealfall zu bewegen haben wie ein umgekehrtes Pendel, bei dem der Boden, auf dem wir gehen, der Aufhängungspunkt ist. Das heißt, dass alle Glieder des Körpers senkrecht hängen, aber vollkommen ausbalanciert schwingen. Es gibt keinerlei Bewegungsblockade, und alles ist perfekt um die Achse – die Wirbelsäule – angeordnet. Hinzu kommt das richtige Voreinandersetzen der Füße, das Abrollen der Fersen, das Beugen und Durchdrücken der Knie zur richtigen Zeit – all das hört sich nach einem natürlichen Prozess an, der aber zur Quantenphysik wird, wenn man ihn einmal wissenschaftlich betrachtet. Das wunderschöne Aussehen war bei allen Studien nebensächlich; es ging in erster Linie um den effektivsten Energieverbrauch, parallel zum Bewegungsablauf.

Diesem Zustand kommen wir so gut wie nie nahe, am nächsten kommen ihm aber – laut den Ergebnissen dieser Studien – die afrikanischen Frauen. Und auch die nur, wenn sie sich vorwärts bewegen und eine Last auf dem Kopf tragen.

D **DIE PRAXIS** Wie eingangs erwähnt: Das Tragen sieht ästhetisch, stolz und elegant aus, Wasser aus dem Hahn ist aber weltweit jeder Frau lieber. Hier trotzdem ein Teil des von den Frauen keinesfalls gehüteten Geheimnisses.

*Nicht geeignet*
*für den eleganten*
*Wassertransport:*
*Der Koffer.*

E **FRÜH ANFANGEN** Teil der diversen Studien war unter anderem die Frage nach dem genetischen Ursprung der perfekten Körperhaltung. Diese hat höchstwahrscheinlich damit zu tun, dass schon die Mädchen ihre Mütter mit kleinen Gefäßen begleiten und dabei den erwachsenen Frauen das richtige Tragen abgucken. Wenn Sie als Frau jenseits von Afrika also künftig Ihren Koffer auf dem Kopf tragen wollen, beachten Sie, dass die Frauen dort diese Technik beherrschen wie eine von Anfang an gesprochene Sprache und außerdem andere Gefäße benutzen als unsere Art von Gepäck oder Einkaufstaschen.

F **EIN TUCH TRAGEN** Ein Tuch tragen Frau überall und zu jedem Zweck. Beim Transport der Gefäße auf dem Kopf wird aus einem festen Baumwolltuch eine Art Ring beziehungsweise Zopf gedreht, den man zwischen Kopf und Krug legt. Er dient der Balance ohne Kopfkontakt und soll Kopfschmerzen oder Reiben vorbeugen. Viele Frauen klagen trotzdem darüber – wie gesagt: Das Tragen auf dem Kopf ist zwar bewährt, aber meist alltägliche Pflicht und keine Aktion für die Touristen.

G **DER GROSSE UND DER KLEINE KRUG** Egal, wie geschöpft oder befüllt wird, die Frau hat einen großen und einen kleinen Krug dabei. Das Gefäß kann sie normalerweise auch befüllt ohne fremde Hilfe auf ihren Kopf stellen, denn wenn es zu schwer für ihre Arme wäre, wäre es auch zu schwer für ihren gesamten Körper über mehrere Kilometer. Die Menge beträgt durchschnittlich zwischen sieben und zwölf Litern, manchmal auch mehr.

In den großen Krug wirft sie dann den kleinen leeren Krug. Dieser verhindert das Hin- und Herschwappen des Wassers beim Gehen, was bei diesen Mengen eine beträchtliche Auswirkung auf den ruhigen Gang haben könnte. Mit dem kleinen Krug kann sie später außerdem das Wasser aus der großen Kalebasse schöpfen. Kalebassen stellt man aus bestimmten Kürbissorten her, aber es gibt natürlich auch Gefäße aus anderen Materialien.

H *WAS WIR WEITERHIN WISSEN WOLLEN* Das majestätische Schreiten mal außen vor gelassen – was macht man eigentlich, wenn man ungezogene und dabei auch noch kleine und sehr schnelle Kinder dabeihat? Verfolgen mit zwölf Litern Wasser auf dem Kopf wäre sehr kompliziert. Aber das gehört nicht hierher, sondern in einen weltweit gültigen Erziehungsratgeber.

# 098 IM LOTUSSITZ SITZEN

Es ist eine schöne Idee, beim Sitzen auszusehen wie eine Blüte und dabei die Wirbelsäule zu schonen. Wenn Sie den Lotussitz können, beherrschen Sie eine Grundhaltung des Yoga und haben die Voraussetzung, Meditieren zu lernen, denn Sie können stundenlang in dieser Position sitzen, ohne an Ihren Rücken zu denken. Und das Nicht-Denken ist schließlich das Ziel der Meditation. Der Lotussitz wird aber auch nicht entweiht, wenn Sie in ihm fernsehen, lesen oder anderen sitzenden Hobbys nachgehen.

A *DER LOTUSSITZ • PADMASANA* Sie sitzen breitbeinig auf dem Boden und legen die Ferse des rechten Beins auf den linken Oberschenkel. Oder Sie fangen umgekehrt mit dem anderen Bein an – finden Sie Ihre Schokoladenseite. Nehmen Sie die Hände zur Hilfe und ziehen Sie Ihren Fuß in die richtige Position. Jetzt legen Sie den linken Fuß genauso auf den rechten Oberschenkel.

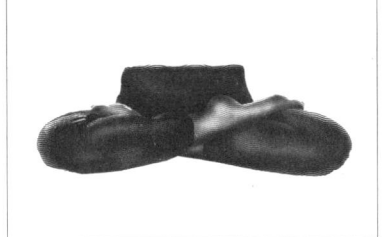

Ihre Beine bilden jetzt ein Dreieck, Ihre Knie berühren nach Möglichkeit den Fußboden. So sitzen Sie sehr stabil. Ihr Oberkörper ist aufgerichtet, Ihre Ellbogen sind nicht durchgedrückt, und die Handrücken ruhen auf den Knien. Aus den Daumen und Zeigefingern können Sie ein O bilden. Sie sehen jetzt sehr majestätisch, ja fast erleuchtet aus. Wenn Sie nicht seit Jahren etwas für Ihre Dehnung tun, sind Sie ein Naturtalent, denn diese Haltung gehört zu den fortgeschrittenen Stellungen, die Anfänger vorerst in Varianten ausüben.

B **HALBER LOTUSSITZ • ARDHA PADMASANA** Jedes Asana – so heißen die Yogastellungen – gibt es in mehreren Varianten und auch unterschiedlichen Schwierigkeitsgraden. Der halbe Lotussitz ist deshalb nicht ganz so anspruchsvoll. Im Gegensatz zum vollendeten Lotus-Anblick sieht man hier nur einen Fuß.

Setzen Sie sich mit gespreizten Beinen hin und führen Sie die Ferse des rechten (oder linken) Fußes an die Innenseite Ihres linken (oder rechten) Oberschenkels. Die linke Ferse legen Sie auf den rechten Oberschenkel. Auch im halben Lotussitz sollten Sie Ihre Knie so weit wie möglich auf den Boden bringen und aus Ihrer Wirbelsäule ein Lot werden lassen. Ein Kissen unter dem Gesäß hilft übrigens, wenn Sie noch an Ihrer Dehnbarkeit arbeiten.

Bei einer weiteren Variante des Lotussitzes ziehen Sie wieder Ihre Ferse an den inneren Oberschenkel, legen den anderen Fuß aber jetzt nicht auf den anderen Oberschenkel, sondern vor das Schienbein. *Muktasana* heißt diese Stellung. Für jeden machbar ist *Sukhasana*, das ist Sanskrit für den stinknormalen Schneidersitz.

Wodka (russ. Wässerchen) ist klar, hat weniger Kalorien als andere harte Sachen, macht keine Fahne und genießt den guten Ruf, am nächsten Tag keinen Kater zu verursachen – wenn man ihm die Nacht über treu bleibt.

A ***ERSTE REGEL: NIEMALS ALLEIN*** Auch eine Zweierrunde geht noch zu sehr in Richtung stillose Sauferei. Ab drei Trinkpartnern wird Wodkatrinken zu einem gesellschaftlich legitimen Ereignis.

B ***ZWEITE REGEL: ES MUSS EINEN ANLASS GEBEN*** Und zwar für jedes einzelne Mal, bei dem das Glas gehoben wird. Immer wieder ganz allgemein „Na sdarowje!", also auf die Gesundheit trinken, gilt nicht. Trinken Sie auf Ihre neue Jeans, das Baby Ihrer Schwester oder einen endlich abheilenden Pickel, aber trinken Sie kreativ.

C ***DRITTE REGEL: DER WODKA WIRD BEGLEITET*** Und zwar nicht von Energydrinks, exotischen Säften oder Schirmchen. Der Wodka bekommt Gesellschaft von kleinen pikanten Speisen wie Gürkchen, Fisch, scharfer Wurst oder Roter Beete. Trendsetter sprechen von Russian Tapas.

D ***DANN WIRD GETRUNKEN*** Tief ausatmen. Heftig trinken. Tief einatmen. Auch wenn diese Atemübung Sie an Ihre Yogastunden erinnern sollte, lassen Sie anschließend bitte Ihren Wagen stehen.

# 100   15 ALBEN FÜR DIE FRAU

Bei der folgenden Liste handelt es sich weder um „Frauenmusik" noch notwendigerweise um die besten Alben der Musikgeschichte. Aber wenn Frauen die komplizierteren, positiv formuliert: facettenreicheren Wesen sind, dann ist diese Auswahl an Künstlerinnen und ihrer Werke ein repräsentativer Ausschnitt aus der weiblichen Gefühls- und Erlebniswelt. Frauen – in der Regel musikalisch eher unterversorgt oder vom Lebenspartner mit durchgefüttert – können sich mit dieser Auswahl eine erste eigene kleine Sammlung zulegen. Sie sichern damit ihre musikalische Grundversorgung und haben für jeden Anlass den richtigen Song im Regal. Männer sollten sich diese Titel und ihre Bedeutung aufmerksam einprägen. Musik sagt eben mehr als tausend Worte: Ein Song erspart unter Umständen viele durchdiskutierte Nächte und sagt dem jeweils anderen in rund dreieinhalb Minuten, woran er ist.

*MARY J BLIGE • SHARE MY WORLD •* 1997, MCA Die große R'n'B Sängerin Mary J Blige plagen seit jeher die immer selben Probleme: Gemeine Männer, schlimme Drogen und andere Niederlagen pflastern ihren Weg. Das ist einerseits bedauerlich, andererseits kommen so grandiose Alben wie dieses zustande. • Was es bedeutet, wenn Frauen „Share my world" hören: *„Ich hab in letzter Zeit schwer was mitgemacht, aber was mich nicht umbringt, macht mich stark."*

*BJÖRK • DEBUT •* 1993, **One Little Indian Records, Elektra Records** Sphärisch, mitreißend, dicht, leicht überspannt und skurril – alle Klischees über Björk vereinen sich auf ihrem ersten Soloalbum zu einem rundum gelungenen Ganzen. • Was es bedeutet, wenn Frauen „Debut" hören: *„Ich bin exzentrisch."*

*BLONDIE • PARALLEL LINES •* 1978, **Chrysalis Records** Der erste kommerzielle Höhepunkt des wasserstoffblonden Engels aus der Bowery mit Hits wie „Sunday Girl" und „Heart of Glass". Kühl, kälter, cool. • Was es bedeutet, wenn Frauen „Parallel Lines" hören: *„Ich bin ein Fashionvictim."*

*CARLA BRUNI • QUELQU'UN M'A DIT •* 2002, *Naive* Vergessen Sie alles, was Sie über Carla Bruni wissen oder nicht wissen wollen, aber trotzdem wissen. Dieses Album steht nicht in der Tradition der großen französischen Chansons, sondern in der Tradition der großen französischen Chansons gepaart mit elegischen Schnulzen und den Irrungen eines Ex-Models auf Abwegen. Funktioniert dabei perfekt auf allen Ebenen. • Was es bedeutet, wenn Frauen „Quelqu'un m'a dit" hören: *„Ich glaube, ich bin ein gefühlvoller und geschmackssicherer Mensch."*

**ARETHA FRANKLIN • *YOUNG, GIFTED AND BLACK* • *1972, Atlantic Records***
Diese Frau hat fast immer alles richtig gemacht und dabei nie auch nur ansatzweise genervt. Das Universum der Soulmusik verdichtet auf einem Album. Respekt! • Was es bedeutet, wenn Frauen „Young, gifted and black" hören: *„Ich bin cool und habe Geschmack."*

**LAURYN HILL • *THE MISEDUCATION OF LAURYN HILL* • *1998, Ruffhouse Records*** Die Welt verbessern wollen und dem Verflossenen in einer überzeugenden musikalischen Black-Music-Leistungsschau hinterherweinen. Empowerment gibt's gratis dazu. • Was es bedeutet, wenn Frauen „The Miseducation of Lauryn Hill" hören: *„Ich bin auf allen Ebenen politisch korrekt."*

**HOLE • *LIVE THROUGH THIS* • *1994, DGC*** Die wütende Frau in Hochform. Courtney Love als säuselnde Zirze und brüllende Nervensäge auf einem der besten Alben des Grunge. • Was es bedeutet, wenn Frauen „Live through this" hören: *„Ich werde Dich verlassen oder Du wirst mich verlassen. Wie dem auch sei, es läuft auf ein unschönes Ende hinaus, und vermutlich bin ich deshalb betrunken oder verkatert oder beides."*

**BILLIE HOLIDAY • *LADY DAY: THE COMPLETE BILLIE HOLIDAY* • *1933–1944, Columbia*** Unerreicht und einzigartig. Die traurige und gedemütigte Frau aus der ersten Hälfte des 20. Jahrhunderts, die den ganzen Kummer der Welt in ihre Stimme zu legen vermag, ohne jemals wie ein Opfer zu klingen. • Was es bedeutet, wenn Frauen „Lady Day" hören: *„Ich hab den Blues."*

**CAROLE KING • *CARNEGIE HALL CONCERTS JUNE 18 1971* • *1996, Epic, Sony, Legacy*** Eine Frau, ein Klavier, eine Botschaft. Erst bebt der Boden unter den Füßen, dann erwächst daraus die neue, selbstbewusste Frau. • Was es bedeutet, wenn Frauen „Carnegie Hall Concerts June 18 1971" hören: *„Ich brauch das jetzt, um mich aufzubauen."*

**LIL' KIM • *HARD CORE* • *1996, Hard Core*** Nichts für Sensibelchen, Pornografie-Gegnerinnen und unter 18-Jährige. Produziert vom späten Notorious B.I.G. vereint dieses Album alles, was Frauen außerhalb der Hiphop-Welt die Sorgen- und Zornesfalten ins Gesicht treibt. Mit Humor genommen allerdings eines der lustigsten Alben. • Was es bedeutet, wenn

Frauen „Hard Core" hören: *„Ich bin schlau und habe einen sympathischen Knall."* Oder: *„Ich bin dumm und habe einen Knall."*

## MADONNA • RAY OF LIGHT • *1998, Warner Bros Records/WEA International Inc* Ein wenig Wissen über Madonna, ihre Musik und ihre Looks steht jeder Frau gut zu Gesicht, ob Sie sie mögen oder nicht. Bei „Ray Of Light" handelt es sich um Madonnas siebtes Album, produziert von William Orbit. Madonna wird erwachsen, und zwar nicht einfach so, sondern mit Kind, Kegel und Kabbala. • Was es bedeutet, wenn Frauen „Ray Of Light" hören: *„Ich bin stark, spirituell, habe mich selbst gefunden und gehe jetzt tanzen."*

## MISS KITTIN & THE HACKER • FIRST ALBUM • *2001, Gigolo Records* Electronica hat eine Stimme. Eine Stimme mit gelangweiltem, französischem Akzent, die auf Englisch singspricht. Die Nacht und Miss Kittin kühlen alle Gemüter und lassen einen (zumindest die innere) Sonnenbrille aufsetzen. • Was es bedeutet, wenn Frauen „First Album" hören: *„Los geht's!"*

## NICO • CHELSEA GIRLS • *1967, Verve Records* Schön, mysteriös und traurig. Nico, die ehemalige Sängerin bei „The Velvet Underground", macht ihre Erscheinung zum Konzept für ihr erstes Soloalbum. • Was es bedeutet, wenn Frauen „Chelsea Girls" hören: *„Mein Gemütszustand ist derzeit irgendwo zwischen melancholisch gestimmt und tief verletzt, aber meine Augenränder sind auch mein bevorzugtes Fashion-Accessoire."*

## PATTI SMITH • HORSES • *1975, Arista Records* Vielleicht eines der besten Alben, um von zu Hause abzuhauen. Musik, die ein anderes, wildes Leben verspricht. • Was es bedeutet, wenn Frauen „Horses" hören: *„Ich bin auf dem Sprung – vermutlich weg von Dir."*

## PEACHES • THE TEACHES OF PEACHES • *2002, XL Recordings* Berlin, der Lärm, der Beat – keine treibt es so wild wie Peaches. Vor allem auf der Bühne. „Fuck the pain away" ist längst die Hymne aller Berlin-Mitte-Girlies und Post-post-post-Feministinnen. • Was es bedeutet, wenn Frauen „The Teaches of Peaches" hören: *„Ich bin sauer und stolz drauf. Wenn Du mir zwischen die Finger kommst, werde ich Dich entmannen oder wilden Sex mit Dir haben oder beides."*

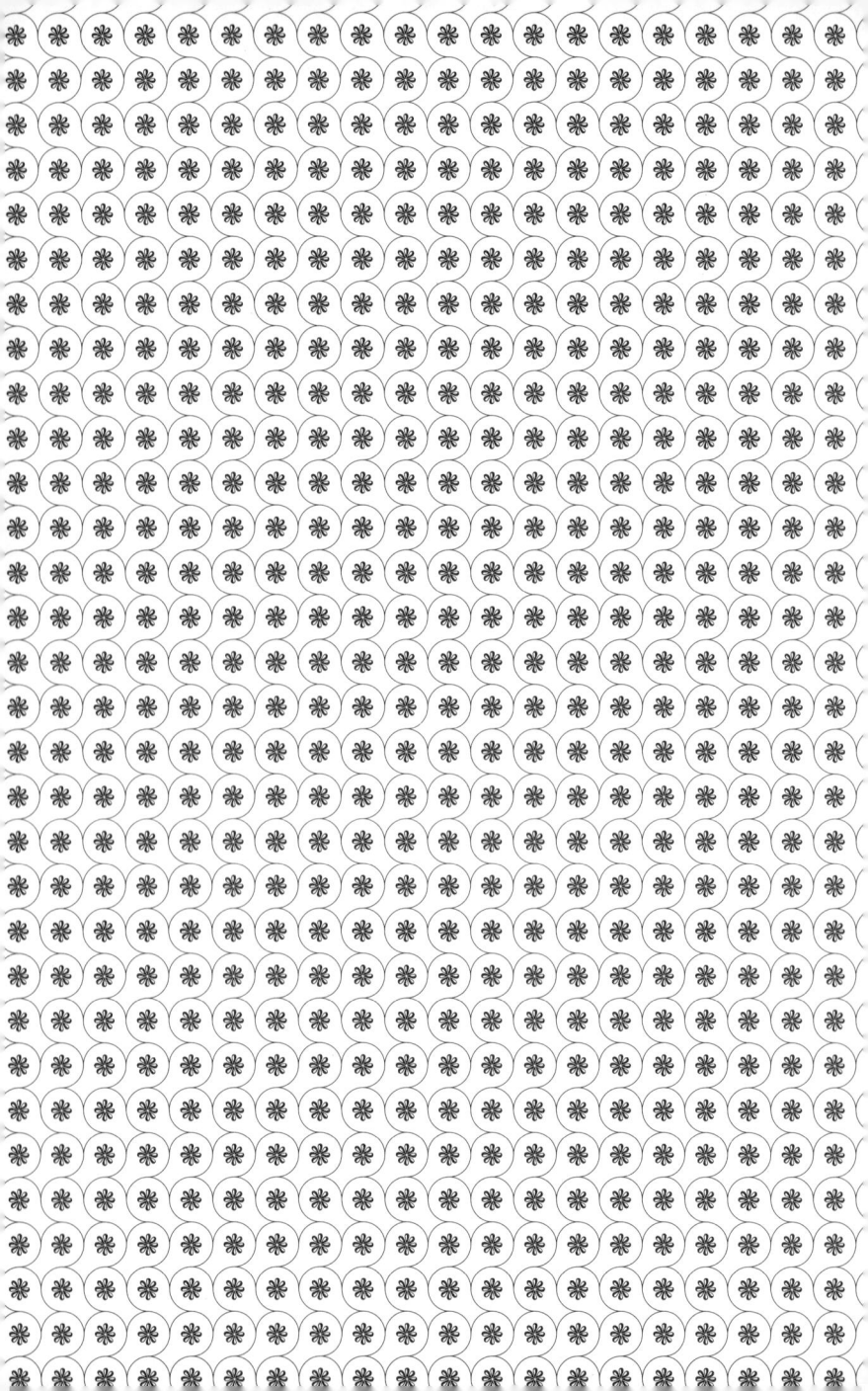

# DIE FRAU IN DER GESELLSCHAFT

Ein Rückblick auf etwas über 100 Jahre Emanzipation zeigt, was sich in dieser Zeit für Frauen alles getan hat. Vieles, was uns heute glücklicherweise als selbstverständlich erscheint, war teilweise bis vor kurzem ganz und gar nicht selbstverständlich. Halten Sie sich zumindest einige dieser historischen Meilensteine im Hinterkopf, denn es sind Fakten; sie rücken vieles – gerade in ideologisch geprägten Diskussionen – in eine sachliche Perspektive. Eine natürlich unvollständige Chronik wichtiger Ereignisse.

*1900* Bei den antiken Olympischen Spielen war Frauen allein das Zuschauen unter Androhung der Todesstrafe verboten, bei den Spielen der Neuzeit sind Frauen dann aber auch als Athletinnen zugelassen; zunächst aber nur zum Tennis, was sich in züchtigen, langen Röcken spielen ließ. Nach und nach werden Ihnen – bis heute – auch andere Sportarten eröffnet, 1928 zum Beispiel einige leichtathletische Disziplinen, zuletzt im Jahr 1994 der Marathon und im Jahr 2000 der Stabhochsprung. Der Ausschluss wurde früher mit „unschicklich" und heute mit „körperlicher Schonung" begründet. Bis heute ist aus diesem Grund beispielsweise der Zehnkampf keine olympische Disziplin für Frauen, sie absolvieren nur sieben Disziplinen und da auch andere Distanzen – zum Beispiel schonende 100 m Hürden statt der 110 m, die die Männer laufen. • *1900* Im Großherzogtum Baden werden Frauen zum ersten Mal als ordentliche Studierende zugelassen. Heute sind knapp die Hälfte aller Erstsemester Frauen, aber nur knapp 15 Prozent aller Professoren sind weiblich. • *1908* erhalten Frauen Zugang zu den politischen Parteien. • *1918* In Deutschland erlangen Frauen das aktive und passive Wahlrecht. Nach der nationalsozialistischen Machtergreifung wird ihnen das passive Wahlrecht wieder entzogen. • *1919* spricht zum ersten Mal eine Frau vor einem deutschen Parlament. Es ist Marie Juchacz (SPD), die vor die Nationalversammlung in Weimar tritt. • *1928* Abschaffung des Züchtigungsrechts des Ehemannes. • *1949* tritt das Grundgesetz der Bundesrepublik Deutschland in Kraft. Darin heißt es in Artikel 3 Absatz 2: „Frauen und

Männer sind gleichberechtigt." • *1950* Die provisorische Volkskammer der DDR beschließt das „Gesetz über den Mutter- und Kinderschutz und die Rechte der Frau". • *1955* wird auf Beschluss des Deutschen Fußball-Bundes (DFB) Frauenfußball verboten. • *1958* bringt das „Gesetz über die Gleichberechtigung von Mann und Frau" erste familienrechtliche Änderungen auf den Weg. Unter anderem wird das „Letztentscheidungsrecht des Ehemannes" in allen Fragen der Ehe und der Erziehung der Kinder abgeschafft. Die Ehegatten werden einander gegenseitig zum Unterhalt verpflichtet, den Haushalt kann die Frau in eigener Verantwortung führen und hat zugleich auch das Recht zur Ausübung einer Erwerbstätigkeit. Frauen dürfen außerdem ihr in die Ehe eingebrachtes Vermögen selbst verwalten und ihren Mädchennamen als Namenszusatz führen. • *1961* kommt die Antibabypille erstmalig in der BRD auf den Markt (DDR 1965). • *1961* Mit Elisabeth Schwarzhaupt (1901–1986) wird erstmals eine Frau als Bundesministerin vereidigt. Sie erhält das Gesundheitsressort, das seitdem fast ausschließlich von Frauen geführt wird. Erst in den achtziger Jahren gelingt es Frauen, sich auch außerhalb des Gesundheitsressorts an der Spitze durchzusetzen. Konrad Adenauer sagte zu der Ministerin: „In diesem Kreis sind auch Sie ein Herr." • *1961* tritt das Familienrechtsänderungsgesetz in Kraft, in dem unter anderem festgelegt wird, dass ein Vater bis zum vollendeten 18. Lebensjahr eines Kindes unterhaltspflichtig ist (vorher bis zum 16. Lebensjahr). • *1968* tritt das Mutterschutzgesetz in Kraft, wonach die Schutzfrist für erwerbstätige Mütter auf sechs Wochen vor und acht Wochen nach der Geburt festgelegt wird. Bei Früh- und Mehrlingsgeburten verlängert sich die Schutzfrist auf zwölf Wochen. • *1970* Nach fast 15 Jahren Fußballverbot für Frauen wird beim DFB-Bundestag im Oktober 1970 die Zulassung von Frauen-Fußballspielen beschlossen. Es gab zwei Gegenstimmen. Zwischen 40 000 und 60 000 Mädchen und Frauen dürften zu diesem Zeitpunkt ohne Segen des DFB Fußball gespielt haben. • *1971* wird Annemarie Renger (1919–2008) erste Bundestagspräsidentin. • *1971* in der Schweiz wird das allgemeine Frauenwahlrecht eingeführt. Die Schweiz war somit eines der letzten europäischen Länder, das seiner weiblichen Bevölkerung die vollen Rechte als

Bürger zugestand. • *1971* Das Magazin Stern erscheint mit der Titel-geschichte „Ich habe abgetrieben", in der sich über 300 Frauen aus allen gesellschaftlichen Schichten der (illegalen) Abtreibung bezichtigen. • *1972* Einführung der Fristenregelung in der DDR, wonach ein Schwanger-schaftsabbruch in den ersten zwölf Schwangerschaftswochen straffrei ist. • *1974* wird die Fristenregelung auch in der BRD eingeführt. Im Laufe der folgenden Jahrzehnte wird das Gesetz immer wieder modifiziert. Heute gilt die Fristenregelung mit einer vorausgehenden Beratungspflicht. • *1975* öffnet die Bundeswehr die Laufbahn der Offiziere des Sanitätsdienstes für Frauen. • *1976* Das erste Frauenhaus Deutschlands, in dem misshandelte oder von Misshandlung bedrohte Frauen und Kinder Schutz und Hilfe finden sollen, wird in Berlin eröffnet. Schon am ersten Tag kommen 20 Frauen und Kinder in die Villa im Grunewald. • *1977* wird das Familienrecht weiter reformiert. Unter anderem wird die „Pflicht zur Haushaltsführung" der Frau abgeschafft, was bedeutet, dass die Frau auch ohne das Einverständnis des Mannes er-werbstätig werden darf. • *1982* wird als erste Frau die Geigerin Madeleine Carruzzo in die Reihen der Berliner Philharmoniker aufgenommen. Bei der zweiten Einstellung, der von Klarinettistin Sabine Meyer, entbrennt zwischen dem Befürworter Herbert von Karajan und dem Orchester ein Machtkampf. Nach Einsatz eines Mediators bleibt Meyer ein Jahr bei den Berlinern. Heute spielen bei den Berliner Philharmonikern 17 Frauen. • *1990* Nach einer Ent-scheidung des Schweizer Bundesgerichts muss Appenzell als letzter Kanton der Schweiz das Frauenwahlrecht auf Kantonsebene gewähren. • *1990* dür-fen Frauen in Bayern zur Schutzpolizei. • *1991* findet die erste offizielle Fuß-ballweltmeisterschaft der Frauen in China statt. • *1992* Maria Jepsen (*1945) wird als erste Bischöfin der evangelisch-lutherischen Kirche in Hamburg ins Amt eingeführt. Damit war die bisherige Pröpstin nicht nur in Deutsch-land, sondern weltweit erste Bischöfin der evangelisch-lutherischen Kirche. • *1993* Mit Heide Simonis (*1943) wird erstmals eine Frau Ministerpräsi-dentin eines Bundeslandes. • *1994* wird der Artikel 3 Absatz 2 Grundgesetz durch folgenden Text ergänzt: „Der Staat fördert die tatsächliche Durch-setzung der Gleichberechtigung von Frauen und Männern und wirkt auf die

Beseitigung bestehender Nachteile ein." • *1997* wird eine Harfenistin bei den Wiener Philharmonikern aufgenommen. Bei diesem Posten ist es bis heute geblieben. • *1997* wird Vergewaltigung in der Ehe unter Strafe gesetzt. • *2001* stehen Frauen alle Bereiche der Bundeswehr offen. Wehrpflichtig sind sie nicht. • *2005* wird Angela Merkel (*1954) erste Bundeskanzlerin Deutschlands. • *2007* Das einkommensorientierte Elterngeld löst das Erziehungsgeld ab. • *2007* Die deutsche Fußball-Nationalmannschaft der Frauen wird zum zweiten Mal Weltmeister und hat als erste Mannschaft in der WM-Historie den Titel erfolgreich verteidigt.

# 102                                 GUT SCHENKEN

Eine Frau, die gut schenken kann, ähnelt einer guten Fee. Sie errät Wünsche, lässt sie wahr werden und beglückt damit ihre Mitmenschen.

A *VORGESORGT HABEN* Es mag sich nicht spontan oder herzlich genug anhören, aber ein Repertoire an Standardgeschenken ist nicht verkehrt. Und auf jeden Fall immer besser als irgendwelcher Nonsens von der Tankstelle. Wenn Sie also gute Erfahrungen mit Dingen gemacht haben, die viele Leute ansprechen könnten, wie Bildbände, Bücher, Musik oder bestimmte Genussmittel, kaufen Sie diese gleich auf Vorrat. Bekanntermaßen sieht man die passendsten Dinge immer dann, wenn gerade kein Anlass besteht. Falls Sie sich ein Lager anlegen, achten Sie darauf, dass sie seine Existenz nicht vergessen, und dass die Dinge darin nicht verderblich sind.

B *DEM ANLASS ENTSPRECHEND* Klar sollte sein, dass Sie nicht mit einem Taschenbuch auf einer Hochzeit und nicht mit einer Designerleuchte bei einem Abendessen auftauchen.

C *DEN RICHTIGEN TON TREFFEN* Blumen und Wein gelten völlig zu Unrecht als uninspiriert. Denn erstens sind sie Klassiker des Schenkens, weil es

• • •

*Blumen und Wein*

*sind immer fein.*

• • •

sie in Tausenden von Varianten und Preisniveaus gibt, und zweitens hält man mit gutem Wein und schönen Blumen die Fehlerquote gering.

Wenn Sie etwas Persönliches schenken möchten, denken Sie vorher darüber nach, welche Aussage Sie mit dem Geschenk treffen. Sie müssen deswegen nicht paranoid werden. Natürlich schenken Sie eine schöne Seife, weil sie gut riecht, und nicht etwa, weil der Beschenkte schlecht riecht. Aber hüten Sie sich vor Geschenken, die bei den Beschenkten und deren Partnern Fragen aufwerfen könnten. Alles, womit Sie sich in die Intimsphäre oder Lebensgewohnheiten einmischen, könnte Sie entweder als anzüglich oder als besserwisserisch dastehen lassen. Essbare Unterwäsche, Kosmetik für die Männer anderer Frauen oder doktrinäre Ratgeberliteratur sind ungünstige Geschenke für Bekannte und oft sogar für Freunde. Lustige Lebenshilferatgeber sind selbstverständlich das beste Geschenk aller Zeiten.

D **MASS HALTEN** Sehr große Geschenke sind nicht immer ein Beweis Ihrer Großzügigkeit, sie können auch als Großkotzigkeit ausgelegt werden oder schlicht zum Problem werden. Vorsicht also bei riesigen Einrichtungsgegenständen, Dekorationsartikeln und Bildern. Sie können nicht erwarten, dass jemand sein Wohnkonzept wegen Ihrer Geschenkidee von Grund auf ändert. Sie können eher damit rechnen, dass Ihr Geschenk anfangs Kopfzerbrechen bereitet und anschließend im Keller oder auf dem Sperrmüll landet – und das wäre doch schade. Wenn Sie viel Geld ausgeben wollen, weil Ihnen etwas sehr gefällt und Ihnen die Person am Herzen liegt, ist das schön. Wenn Sie Ihr

Budget jedoch sprengen, weil Sie ein Geschenk für jemanden suchen, der sehr wohlhabend ist, überlegen Sie sich, was Sie da gerade tun, und ob das wirklich nötig ist.

Leute, denen man nachsagt, sie hätten alles, freuen sich oft über Dinge mit ideellem Wert, gerade weil sie sich alles andere selbst zulegen können. Hier sollten Sie eher kreativ werden und nach etwas Einzigartigem aber Bezahlbarem suchen, also lieber Zeit als Geld investieren.

E **KINDER** Die großartigsten Adressaten für Geschenke sind natürlich Kinder. Lassen Sie sich niemals den Spaß nehmen, die Kinder in Ihrem Umfeld mit schönen Sachen zu beschenken. Achten Sie jedoch darauf, dass Sie den Eltern nicht auf den Schlips treten, indem Sie mit Ihren Geschenken deren Erziehungsstrategie durcheinanderbringen. Wenn die Kinder nur mit Holz spielen dürfen, darf es leider keine Barbie samt Haus, Pferd und Gefolge sein. Das gilt auch für die Ernährungsstrategie der Eltern, die Sie ebenso respektieren müssen wie die Konsumhaltung, die sie einnehmen. Wenn Sie die Kinder toll finden, die Eltern aber nur bedingt, schenken Sie Spielsachen, die Töne von sich geben, die finden Sie in der Hightech- und in der Naturvariante.

F **VON HERZEN** Es ist wichtig, dass Sie gerne schenken. Sobald Sie sich auch nur ansatzweise ärgern oder meinen, das Geschenk wäre zu teuer für die betreffende Person oder den Anlass, lassen Sie es bleiben und disponieren Sie um. Besorgen Sie etwas, das Ihrer Meinung nach passender ist. Denn wenn Sie nur schweren Herzens schenken und dann nicht auf den erwarteten Dank stoßen, sorgt das schnell für Verbitterung. Dank zu fordern zeugt von schlechtem Stil, auch sollte man nicht über den Wert und den großen Aufwand der Beschaffung reden, es sei denn, der Beschenkte fragt ehrlich interessiert nach.

Wenn Sie wirklich von Herzen schenken können, haben Sie es sowieso nicht nötig, Ihre Mühen zu thematisieren, denn Sie haben es ja gern getan. Dann entfällt auch das kleinliche Aufrechnen. Wenn es beim Schenken nämlich nur darum geht, Gleiches mit Gleichem vergelten zu wollen oder gar zu müssen, hat der Spaß ein Loch.

G **GRUPPEN** Hinter einer Geschenkaktion in der Gruppe steht oft der Gedanke, gemeinsam ein größeres Geschenk zu besorgen, das vielleicht für einen Einzelnen zu teuer gewesen wäre. Als Initiatorin sollten Sie den Überblick über die Gruppe behalten, denn vorgeschossenem Geld nachlaufen ist manchmal gar nicht so einfach. Als Beteiligte sollten Sie sich gut informieren, was eigentlich besorgt wird. Beim Geschenk für eine nur mäßig beliebte Kollegin ist es Ihnen vielleicht egal, wenn man Ihr Geld in eine Geschmacklosigkeit investiert, bei Freunden ist es jedoch wichtig, dass das Geschenk auch in Ihrem Sinne ist. Außerdem passiert es zuweilen, dass die Beschenkte sich nur an eine Person dieser Gruppe erinnert, nämlich die, die ihr das Geschenk überreicht hat. Dass noch 20 andere Leute kreuz und quer auf einer Karte unterschrieben haben, ändert daran dann auch nicht viel. Wenn Sie es individueller mögen und außerdem gute Ideen haben, lassen Sie sich niemals unter Gruppenzwang stellen.

H **GUTSCHEINE** Es gibt zwei Arten von Geschenkgutscheinen. Da sind zum einen die, die aus Verlegenheit, Zeitnot oder Ideenmangel ausgestellt werden.

*Manchmal mehr Schein als wirklich gut: Der Gutschein.*

Oft werden diese Gutscheine noch ein paar Mal erwähnt und dann für immer vergessen. Monate nach dem Ereignis ein Geschenk einfordern zu müssen, bringt den Beschenkten in die Rolle des Mahners. Geschenke sollten aber eigentlich nicht an Aufgaben geknüpft sein.

Die zweite Form des Geschenkgutscheins ist ernst gemeint und betrifft Dinge, die man nicht verpackt mit auf eine Party bringen kann. Häufig geht es um Aktivitäten, Reisen oder es sind bereits bezahlte Gutscheine, mit denen sich der Beschenkte selbst etwas Schönes aussuchen kann. Wenn Sie gern Aktivitäten schenken, achten Sie darauf, dass Sie dem Adressaten nichts zumuten, was er nicht mag. Mit Kletterkursen, Fallschirmsprüngen oder Tauchstunden, die schon von Ihnen bezahlt wurden, die aber nie stattfinden werden, weil Ihre Zielperson keine Lust darauf oder sogar Angst davor hat, tun Sie niemandem einen Gefallen.

ı *DIE LEEREN HÄNDE* Auch wenn Sie es nur schwer ertragen können, kramen Sie nicht in Ihrem Privatbesitz herum, sondern stehen Sie zu Ihren leeren Händen. Wenn Sie innerhalb kürzester Zeit ein Geschenk nachschicken, beweisen Sie Ihren Ruf als gute und ernst zu nehmende Schenkerin viel eher, als mit einem halbherzigen Gutschein, einer fadenscheinigen Geschichte oder einem Buch, aus dem Sie im schlechtesten Fall auch noch Ihren Namen herausradieren mussten.

# 103 VORSTELLEN UND VORGESTELLT WERDEN

Die klassischen Regeln, wer wen wann und wie vorstellt, haben das Potential für ein absurdes Theaterstück oder einen Sketch von Loriot. Das hilft Ihnen aber auch nicht weiter, wenn Sie in die Mühlen dieses Rituals geraten. Es empfiehlt sich nicht, zur allgemeinen Ablenkung über den Teppich zu stolpern oder das Gebiss zu verlieren. Wenn Sie die Gastgeberin oder Chefin sind, sind sie in der Regel auch dafür verantwortlich, Freunde oder Mitarbeiter einer dritten Person vorzustellen. Der größte Fehler, den Sie begehen können, ist der, aus Verlegenheit oder Unsicherheit gar nichts zu tun. Das ist fast noch schlimmer, als über den Teppich zu stolpern. Zu Recht wird Ihnen dieses Verhalten als Fauxpas ausgelegt werden.

A *GESCHÄFTLICH VORSTELLEN* Die wichtigste Regel ist, Ihre Mitarbeiter immer mit Namen und Funktion vorzustellen. Wenn Sie Visitenkarten haben, verteilen Sie sie vor dem eigentlichen Gespräch. Das ist auch für Sie praktisch, denn wenn Sie während des Meetings die Karten vor sich auf dem Tisch liegen lassen, können Sie sich die einzelnen Namen und Gesichter besser einprägen. Was Sie im privaten Kreis locker sehen können, sollten Sie im geschäftlichen Rahmen etwas ambitionierter angehen. In der Vorstellung Ihrer Mitarbeiter einem Geschäftspartner gegenüber gehen Sie in der Hierarchie immer von oben nach unten.

Werden Sie von einer ganzen Delegation besucht, stellen Sie sich zunächst selbst vor und dann den Chef der anderen Firma, vielleicht unter Nennung des Anlasses für das aktuelle Treffen. Dann stellen Sie dem Chef der Delegation in oben genannter Reihenfolge Ihre Mitarbeiter vor. Danach wird Ihr Geschäftspartner Ihnen hoffentlich seine Mitarbeiter vorstellen. Sollte das nicht der Fall sein, bitten Sie ihn schnell mit ein paar netten Worten darum, denn sonst müssen Sie später improvisieren und mühsam Namen, Funktion und Gesichter zusammenpuzzeln.

In der Regel gibt man sich im geschäftlichen Umgang die Hand. Seit Neuestem wird aber in einigen Branchen selbst bei Geschäftstreffen auf die Wangen geküsst. Es ist zu empfehlen, dass Sie, ob als Auftragnehmerin oder Auftraggeberin, niemals die Initiative zu einer derartigen Begrüßung ergreifen. Sollte Ihr Geschäftspartner jedoch im Überschwang auf Sie zukommen, erwidern Sie seine Geste pflichtbewusst.

**PRIVAT VORSTELLEN** Da Sie vermutlich nicht bei Hofe residieren, müssen Sie keine starren Rangordnungen beachten, aber die Höflichkeit gebietet es, ältere Herrschaften immer zuerst vorzustellen und sich über die sinkenden Jahreszahlen weiter vorzuarbeiten. Wenn alle Leute mehr oder weniger gleich alt sind, können Sie im privaten Kreis einfach der Reihe nach vorstellen. Wenn es für die hinzukommende Person eine besonders bemerkenswerte Person in der existierenden Runde gibt, bauen Sie eine Brücke, also zum Beispiel: „Das ist Sabine. Sie promoviert über ein ähnliches Thema wie Du." Sie als Gastgeberin müssen sich in der Regel erheben, wenn eine neue Person dazukommt. Als weiblicher Gast dürfen Sie aber zur Begrüßung anderer – zumindest beim traditionellen Vorgehen – sitzen bleiben. Diese Regel weicht heute jedoch mehr und mehr auf. In einer lockeren Freundesrunde müssen sowieso nicht alle ständig aufstehen, wenn jemand Neues dazukommt. Das wäre dann fast schon wieder Loriot. Wenn Sie aber zum Beispiel die Familie Ihres neuen Freundes kennen lernen, kann es nicht verkehrt sei, sich vor den Tanten, Onkeln und Großmüttern zu erheben und ihnen die Hand zu schütteln. Nutzen Sie das Vorstellen immer, um eventuelle Unklarheiten mit den Namen sofort aus dem Weg zu räumen. Es ist legitim nachzufragen, wenn Sie etwas akustisch nicht verstanden haben. Sie können aber auch den Namen in Ihre Begrüßung einfließen lassen: „Nett dich kennen zu lernen, Phil?" und gegebenenfalls korrigiert zu werden. Das ist immer noch besser, als erst nach Jahren festzustellen, dass die Person in Wahrheit Bill, Till, Will, vielleicht sogar Rüdiger oder, noch unangenehmer, Jill heißt, denn dann haben Sie zusätzlich auch nicht gemerkt, dass es sich bei „Phil" um eine Frau handelt.

Wie Sie sehen, ist Benimm heute glücklicherweise nicht mehr nur starre Formalie, sondern auch ein gutes Stück Intuition.

c **SEHR PRIVAT VORSTELLEN** Wenn Sie zu zweit unterwegs sind und auf eine dritte Person treffen, verfallen Sie nicht etwa in ein Schwätzchen, sondern stellen zuerst Ihre Begleitung und die neue Person einander vor. Sie nennen am besten auch den Kontext, aus dem Sie einander kennen, danach können Sie Ihre Plauderei halten, ohne Ihre Begleitung damit zu verärgern. Außerdem wissen Sie ja, dass man sich immer wieder trifft: Ja, der ältere Herr ist Ihr Vater und ja, der eigenartige Herr ist Ihr Kollege, sonst nichts. Das Vorstellen ist nämlich nicht nur Etikette, sondern klärt auch Sachverhalte. Sollten Sie die Begleitperson sein und nicht vorgestellt werden und zudem noch in die unangenehme Situation kommen, dass jetzt längere Zeit so getan wird, als hatten Sie eine Tarnkappe auf, sind Sie auf schlimme Stoffel getroffen. Auch wenn Ihnen anschließend erzählt wird, dass der Dings sowieso nervt und man ihn schnellstens loswerden wollte. Das mag zwar stimmen, trotzdem gilt: Man lässt Sie niemals wie eine Statistin ohne Text im Raum stehen, während man sich mit anderen unterhält. Sorgen Sie stets dafür, dass das nicht geschieht. Notfalls, indem Sie sich in das ohne Sie stattfindende Gespräch einmischen und einfach selbst vorstellen. Damit weisen Sie die anderen auch nonchalant darauf hin, wie unhöflich ihr Verhalten ist: „Ich bin übrigens A.

und gehe jetzt schon mal vor, wenn ihr nichts dagegen habt. War nett, Sie kennen zu lernen." Meist wird Ihre Begleitung daraufhin das Gespräch sofort beenden, und Sie haben klargestellt, dass Sie kein Anhängsel sind.

D *DER NICHT SO SCHÖNE, ABER SEHR VERBREITETE FALL* Eine kleine Katastrophe bahnt sich an, wenn Sie auf Leute treffen, die Sie gerne vorstellen würden, aber leider nur ein Leerzeichen in Ihrem Namensgedächtnis vorfinden. Wenn es gut für Sie läuft, können Sie die Person, deren Namen Sie parat haben, zuerst vorstellen und dann eine bedeutungsvolle Pause einlegen, in der *No Name* seinen Namen nennen sollte. Erfüllt *No Name* Ihre Hoffnung nicht und sagt einfach nur stumpf Hallo, ohne jedoch Ihrer Begleitung ihren/seinen Namen zu nennen, ist es mit *No Names* Umgangsformen auch nicht so weit her. Bleibt zu hoffen, dass Ihre Begleitung reaktionsschnell genug ist, den Braten riecht oder einfach nur interessiert nach

*Mr. No Name*

• • •

*Mrs. No Name*

dem Namen fragt. Wenn *No Name* jetzt endlich seinen verdammten Namen nennt, machen Sie bloß nicht den Fehler ihn nachzusprechen und sich dabei auch noch an die Stirn zu klatschen. Hören Sie außerdem gut hin, tun Sie wissend und merken Sie sich den Namen mindestens für diesen Abend. Denn wenn Sie *No Name* seinen Namen kurz darauf wiederholen lassen müssen, hätten Sie auch gleich zugeben können, dass er Ihnen entfallen ist.

Wenn Sie versiert im Gebrauch von Kosenamen sind und wenn es angebracht ist, begrüßen Sie *No Name* mit Schätzchen, Chéri, Mister Wonderful, Amigo, Muchacho oder Ähnlichem, bevor Sie die andere Person mit Namen vorstellen. Der gute Amigo kann dann selber sagen, wie er bürgerlich heißt. Auch ein begeistertes „Na? Du auch hier?" ist besser als ein Gesicht, dem man die fieberhafte Suche nach dem entfallenden Namen ansieht. Das ist zwar oberflächlich, aber Sie kennen *No Name* ja auch nur oberflächlich, sonst hätten Sie diesen Blackout nicht. Im Berufsleben müssen Sie sich in dieser Situation schnellstens entschuldigen und notfalls jemanden anrufen, der *No Name*s Namen weiß: „Ich treffe hier gerade den Gründer von Microsoft an der Bar, wie hieß der noch mal?" Vergewissern Sie sich vorher, dass Sie keine Mithörer haben.

Wann immer Sie zugeben können, dass Ihnen *No Names* Name entfallen ist, gestehen Sie es so früh und so charmant wie möglich und weisen Sie auf Ihr schlechtes Namensgedächtnis hin, das aber mit einem brillanten Gesichtsgedächtnis einhergeht. Ohne das hätten Sie *No Name* nicht einmal erkannt. Aber das verschweigen Sie natürlich diskret.

# 104 GUTES TUN

Es gibt nichts Gutes, außer man tut es. Eine Wahrheit von Erich Kästner. Viele Frauen würden gern viel mehr helfen. Wem sind Nöte und Missstände schon egal? Wenn Sie zwar regelmäßig das Bedürfnis verspüren zu helfen, aber ein bisschen ratlos sind, wenn es um das „Wie" geht, und wenn Sie kein Hollywoodstar und auch keine Millionärsgattin sind, seien Sie am besten eine Realistin mit Herz und Plan.

A **WORAUF ZU ACHTEN IST** Viele potentielle Spender schreckt es ab, nicht zu wissen, was mit ihrem Geld passiert, und auch die Meldungen über Organisationen, die ineffektiv arbeiten und den Großteil der Spenden in den Verwaltungsapparat fließen lassen, sind demotivierend. Recherchieren Sie also vor dem Spenden. Denn wenn Ihr Geld nur versandet oder gar in private Taschen fließt, können Sie es auch behalten. Das Internet bietet sich zum bequemen Vergleich natürlich an. Jede ernst zu nehmende Hilfsorganisation hat das Spendesiegel des DZI – des Deutschen Zentralinstituts für soziale Fragen, das man auch als den Spenden-TÜV bezeichnet. Ihnen als

Spenderin muss einmal im Jahr ein Jahresbericht zugeschickt werden, in dem dargelegt wird, wofür die Gelder verwendet wurden, und bis spätestens Februar des darauf folgenden Jahres erhalten Sie eine Zuwendungsbestätigung zur Vorlage beim Finanzamt, denn Spenden sind absetzbar. Wer transparent und ehrlich arbeitet, ist auch immer daran zu erkennen, dass er die Verantwortlichen namentlich und ansprechbar in sein Impressum schreibt. Abzocker hingegen erkennen Sie oft an der aggressiven Art der Werbung. Öffentlichkeitsarbeit ist wichtig, wenn man sich über Spenden finanziert, aber ein bestimmter Tränendrüsentonfall, den Sie vielleicht aus unerwünschten E-Mails kennen, nervt nicht nur, sondern ist auch meist unseriös. Es geht niemals nur um ein krankes Kind oder einen Affen in Not, es geht um Hilfe mit einem Konzept, das Ihnen auch plausibel erklärt werden sollte.

B **WOHIN MIT DEM GELD** Der Lieblingsspender der Helfer ist natürlich der, der regelmäßig und vertrauensvoll sein Geld überweist und es den Verantwortlichen überlässt, es dort auszugeben, wo es am dringendsten benötigt wird. Bei Organisationen wie Amnesty International oder Ärzte ohne Grenzen wäre es auch nicht möglich, Ihnen Ihren persönlichen politisch Verfolgten oder eine erkrankte Einzelperson zu vermitteln. Hier geht es normalerweise darum, dass man die Organisation in Ihrer gesamten Arbeit unterstützen will.

Wenn Sie es persönlicher wollen, werden Sie Patin für einen Menschen oder auch Landbesitzerin und übernehmen Sie die Verantwortung für einen Hektar Regenwald und seine Bewohner. Natürlich müssen Sie auch hier darauf achten, dass Sie es mit einer seriösen Organisation zu tun haben. Wenn Ihnen eine Direktpatenschaft mit einem Kind vorschwebt, sind die Organisationen *Plan* und *World Vision* und auch deren langjährig funktionierende Konzepte die bekanntesten. Der Briefkontakt läuft über die Mitarbeiter am Ort, denn es ist einleuchtend, dass die Organisation sich zum Schutz der Kinder zwischenschaltet. Verständlich ist auch, dass nicht ein einziges Kind Ihre rund 30 Euro in bar ausgezahlt bekommt, während das ganze Dorf traurig dabei zuschaut.

Ihr Geld fließt in größere Projekte wie Schulen, Brunnen oder dauerhafte medizinische Versorgung, von denen Ihr Kind und die anderen Kinder profitieren. Auf fast jeder Website werden Ihnen auch Angebote gemacht, einmalig für einen bestimmten Zweck zu spenden.

c **CHARITY LADY SEIN** Ob Sie reich sind oder nicht, der Grundgedanke der Charity Lady bleibt derselbe: Ihrem sozialen Umfeld geht es gut genug, und Sie fungieren als Mittler zwischen deren Brieftaschen und Ihrem Projekt. Voraussetzung dafür ist, dass Sie eine beliebte und glaubwürdige Frau mit einem großen Adressbuch sind. Eine Gala, bei der jeder Ihrer Besucher 2000 Euro Eintritt für den guten Zweck zahlt, muss nicht sein. Vor allem dann nicht, wenn die zahlungskräftigen, aber verwöhnten Gäste inklusive Gourmet-menü und Limousinenservice auf 1900 Euro Kosten pro Nase kommen. Die Idee, Spaß zu haben und dabei auch noch zu teilen, ist jedoch toll, wenn man sie gut umsetzt und mit 20 gespendeten Euro pro Gast mehr erreicht als mit 2000 verschleuderten.

Wenn Sie als Privatperson eine Party geben und gleichzeitig für Ihre Sache sammeln, werden Sie auf jeden Fall auf viele offene Ohren stoßen. Sagen Sie an, dass Sie es statt Geschenken oder Mitbringseln lieber sehen würden, wenn die Gäste etwas spenden oder auf die Kontonummer auf der Einladung überweisen. Denken Sie daran, dass karitative Arbeit bei aller Professionalität immer etwas mit Nächstenliebe und Herz zu tun hat. Wenn man Menschen mit Themen nervt, für die sie sich partout nicht interessieren wollen, erreicht man das Gegenteil. Sie machen zu und reagieren belustigt oder gar aggressiv auf Ihr Anliegen.

Moralistisches Getue, Missionierungsversuche oder regelrechtes Betteln sind immer der falsche Ansatz. Setzen Sie auf die, die gerne dabei sind, und lassen Sie die anderen machen, was sie wollen; vielleicht ist es ja sogar auch etwas Gutes, nur eben nicht Ihr Thema.

D **WENN SIE SELBST IN AKTION TRETEN WOLLEN** Hilfe wird zwar überall benötigt, ein Projekt im Ausland zu gründen ist allerdings nicht einfach. Es gibt tatsächlich Länder, in denen es von Hilfsorganisationen, den so genannten NGOs – Non Government Organisations (Nicht-Regierungs-Organisationen) – nur so wimmelt. Hier bietet es sich eher an, unterstützend zu helfen, als noch mehr Projekte ins Leben zu rufen.

Viele gute Projekte basieren zwar auf der Idee eines einzelnen engagierten Menschen, doch die Gründung einer gemeinnützigen Organisation ist genauso aufwendig wie die Gründung eines Unternehmens. Sie brauchen dafür jede Menge Wissen, Unterstützung und Geschäftssinn, nur dass es bei Erfolg eben nicht in Ihrer Privatkasse klingelt, sondern in der Kasse für Bedürftige. Um Profit geht es aber trotzdem. Nebenberuflich ist das für eine Einzelperson fast nicht machbar. Mitarbeiten ist also oft realistischer als gründen. Wenn Sie selbst gründen wollen, behalten Sie unbedingt im Auge, dass fast alle großen Unternehmen und Konzerne mittlerweile gemeinnützig arbeiten und natürlich über größere Budgets verfügen als Sie und Ihr privates Umfeld. Die Unternehmen könnten wichtige Partner, Unterstützer und Sponsoren für Sie sein.

E **EINIGE ANSPRECHPARTNER** *Maecenata Management* – ist ein Kompetenzzentrum für Gemeinnützigkeit. Sie erhalten hier nicht nur professionelle Hilfe, wenn Sie selbst eine Hilfsorganisation gründen wollen, sondern auch ein Gesamtpaket von Leistungen rund um alles, was das sinnvolle und wirtschaftliche Spenden und Helfen betrifft. Maecenata ist außerdem der momentan einzige Ansprechpartner in Deutschland, wenn es darum geht, dass die von Ihnen hier gesammelten Gelder ins Ausland transferiert werden und Ihre Helfer dafür eine für das deutsche Finanzamt gültige Spendenquittung erhalten. *www.maecenata.eu*

*Bundesverband Deutscher Stiftungen* – hier erhalten Sie alle Informationen zur Gründung einer Stiftung. Private Stiftungen gewinnen mehr und mehr an Bedeutung und werden vom Staat gefördert. *www.stiftungen.org*

*Betterplace* – ist eine Stiftungs-GmbH, auf deren Internetplattform sich Hilfsprojekte weltweit treffen können. Sie können hier Unterstützung finden, sich aber auch Projekte aussuchen, die Sie unterstützen möchten. Interessant ist die riesige Auswahl an verschiedensten Projekten weltweit, mit denen man persönlich in Kontakt treten kann, und die oft auch an Sachspenden, Zusammenarbeit und Know-how interessiert sind. Interessant ist außerdem, dass alle privaten Spenden ohne Abzüge (also zu 100 Prozent) weitergeleitet werden, denn die Stiftung finanziert sich durch denn Gewinn, den sie mit Unternehmen macht, die kostenpflichtig ihr soziales Engagement auf der Website vorstellen, sowie über Partner. *www.betterplace.org*

# 105 DUZEN ODER SIEZEN

Im Deutschen entscheidet man sich nach wie vor zwischen zwei Anredepronomen, dem persönlichen „Du" und dem formellen „Sie", auch als Höflichkeitsform bezeichnet. Die Wahl zu haben ist im Grunde etwas Erfreuliches. Mit der Entscheidung tun sich in diesem Fall allerdings viele schwer.

Die neblige Zone zwischen formell und kumpelhaft entstand, wie viele andere Brüche mit der Tradition, Ende der sechziger Jahre, als das „Du" als anti-spießig erklärt wurde. Vorher redeten sich erwachsene Menschen bis zu einem Schlüsselerlebnis (sehr viel Alkohol, erster Kuss, überstandene Katastrophe) prinzipiell in der Höflichkeitsform an. Weil jede Generation neu bestimmen darf, was spießig ist und was nicht, ist heute weder die strikte Siezerei noch die Du-ist-völlig-okay-du-Regel allgemeingültig. Man darf sich selbst aussuchen, ab wann und wo man vom wem lieber gesiezt oder geduzt werden will. Was das Ganze allerdings nicht einfacher macht.

A **ALTERSREGEL** Die ältere Person bietet der jüngeren das „Du" an, niemals umgekehrt. Das klingt gradlinig, ist es aber nicht. Vor allem deshalb nicht, weil immer mehr Ältere gern sehr viel jünger wären.

Am schwersten tut sich mit der Du-Sie-Frage übrigens die Altersgruppe zwischen 30 und Anfang 40. In dieser Lebensphase kommt es besonders häufig zu einer Selbstbildfrage, was die eigene Jugendlichkeit und ihre Außenwirkung betrifft. Verwirrende Gedanken treten auf: Hat der Abiturient mich geduzt, weil er mich cool findet und denkt, ich bin nur zirka zwei Jahre älter als er? Denkt die Verkäuferin ich bin keine seriöse Kundin? Was fällt dem Kellner eigentlich ein?

*Offiziell* Eine generelle Duzerei macht Sie nicht jünger. Mit „Sehr geehrte Frau" werden Sie spätestens seit Ihrem 18. Lebensjahr schriftlich angeredet, und jünger wollen Sie nur selten sein. Die Anrede ist also mehr eine Frage der Form als der Eitelkeit. Wenn Sie nicht ständig Ihr Bauchgefühl befragen wollen, nutzen Sie einfach die Faustregel: Kleine Kinder, die eigene Familie, Freunde und Freundesfreunde werden mit „Du" angeredet – und das sind meist schon sehr viele Personen. Ein „Sie" für den Rest der Welt muss kein Stacheldrahtzaun sein. Vielmehr ist es eine angenehme Klarstellung. Nette Dienstleister sind oft selbst keine Duzer, und deshalb gebietet schon der Respekt das „Sie" bei ihrer Anrede.

*Privat* Sie müssen nicht jeden Menschen einer Alterskontrolle unterziehen. Entscheiden Sie nach Situation und Beziehung. Wenn Sie von Duz-Freunden mit Ihrem Vornamen bei deren Freunden eingeführt werden, werden Sie in der Regel geduzt und duzen zurück. Auf bestimmten Veranstaltungen geht jeder Besucher von einem „Du" aus. Wenn Sie dort jemand in der Annahme siezt, Sie wären eine Aufsichtsperson, sprich Mutti, haben Sie immerhin einen höflichen Jugendlichen getroffen.

Wenn Sie Ihre neue Schwiegermutter treffen, wird Ihr Partner Sie mit Ihrem Vornamen vorstellen. Seine Mutter würde Sie ohne ihren Sohn wahrscheinlich nicht kennen und hat deshalb die Wahl, sich bei Ihnen mit ihrem Vor- oder Nachnamen vorzustellen. Werten Sie ein „Sie" nicht negativ, selbst wenn Sie Dauer-Duzerin sind. Ein „Du" ist nicht gleich warmherzig und ein „Sie" nicht gleich Ablehnung. Wenn Sie selbst die neue Schwiegermutter sind, überlegen Sie sich gut, wie oft Ihr Kind Ihnen eine neue Liebe vorstellt und ob es sich lohnt, hier auf Kuschelkurs zu gehen. Außerdem haben Sie selbstverständlich das Recht, sich je nach Sympathie abzugrenzen oder zu öffnen.

B **AM ARBEITSPLATZ** In vielen Branchen ist die Höflichkeitsform so gebräuchlich wie das Telefon. In anderen gehört das Duzen zum angesagten

Ton. Die einen müssen am Montagmorgen auf das seriöse „Sie" umsteigen, die anderen müssen auch zur Arbeit. Duzen oder Siezen sagt erst einmal wenig über das allgemeine Betriebsklima aus.

Wenn Sie schon beide Erfahrungen machen konnten, haben Sie sicher festgestellt, dass das modern und offen wirkende „Du" weder an den Hierarchien rüttelt, noch Freundschaft oder gar Schutz vor Ärger und Kündigung bedeutet. Ein ungern benutztes „Du" ist häufig unlockerer als ein nettes „Sie". Wenn Sie selbst Chefin sind, vergessen Sie nie, dass die Anrede „Du" bei aller Professionalität falsche Intimität suggeriert. Wenn Sie einen Duz-Mitarbeiter entlassen müssen, wird das Gespräch automatisch emotionaler, im schlimmsten Fall ähnelt es sogar dem Beenden einer Beziehung. Für das Betriebsklima ist außerdem eine gerechte Lösung von Vorteil. Die Mitarbeiter teilweise zu duzen und teilweise zu siezen, kann das Gefühl vermitteln, Sie wären parteiisch. Bevor Sie Ihre Anrederegeln aufstellen, sollten Sie auf jeden Fall Faktoren wie Branche, Alter und Anzahl der Mitarbeiter und Ihr eigenes Nähe-Distanz-Empfinden mit einbeziehen.

c **DAS „DU" ABLEHNEN** Ist erlaubt, aber leichter gesagt als getan. Und ein einmal eingeführtes „Du" wieder rückgängig zu machen, ist ebenfalls schwierig. Wenn Sie erst nach sehr langer Zeit des Siezens zum „Du" übergehen, kann es zu Umgewöhnungsschwierigkeiten kommen.

d **YOU CAN SAY YOU TO ME** Das war kein Hit von Lionel Richie, sondern ein freundliches Angebot, das Altkanzler Kohl Margaret Thatcher gemacht haben soll. Wenn er das wirklich gesagt hat, dann ist er als höfliches Kind einer Zeit ohne Englischunterricht davon ausgegangen, dass er und Maggie nach langer Zusammenarbeit endlich eine privatere Stufe erreicht haben. So etwas wie Freundschaft.

Heute beneiden viele die angelsächsische Welt für ihr einheitliches „you" und meinen, dass dies die ultimative Formerleichterung wäre. Nun sind die Engländer weder die Erfinder der Gleichmacherei, noch haben sie eine große Tradition in Distanzlosigkeit, denn auch dafür kann das „Du" stehen. Das

„you" ist nicht lässig, sondern entspricht der Höflichkeitsform „Ihr", die früher auch im Deutschen benutzt wurde. Dafür musste das „Du" gehen. Es hieß „thou", und Sie treffen es noch, wenn Sie zum Beispiel Shakespeare im Original lieben oder auf Reisen die Hotelzimmerbibel lesen. Abgesehen von den formellen Anreden Madam und Sir, ist es ganz klar, dass man in der englischsprachigen Welt genauso wenig *best buddy* mit jedem seiner Mitmenschen ist wie überall anders auch. Siezen und Duzen sind gefühlt und ergeben sich aus der Beziehung der Gesprächspartner zueinander.

E **HAMBURGER SIE** Als besonders beneidenswertes Anredemodell erscheint anglophilen Deutschen die Kombination aus Höflichkeitsform plus Vorname. Nach der englischsten aller deutschen Städte wurde dieser Kompromiss irgendwann von irgendwem „Hamburger Sie" genannt, weil man ihn dort angeblich noch öfter hört. Diese Form wirkt auf Deutsch antiquierter als auf Englisch und erinnert an alte UFA-Filme: „Franz Josef, ich hatte Ihnen doch aus Übersee gekabelt!" Auf den zweiten Blick ist diese Kombination tatsächlich eine elegante Lösung, z.B. wenn Sie mit sehr jungen Leuten per Sie bleiben wollen, die sich Ihnen aber mit Vornamen vorgestellt haben.

Sehr verwittert ist die Mixtur aus Sie, formeller Anrede plus Vornamen. Hier würden Sie als Fräulein Marion mit dem Herrn Alexander erst einen Flip trinken und ihm später vielleicht das Du anbieten.

# 106 KONDOLIEREN

Wenn es in Ihrem Familien-, Freundes- oder Bekanntenkreis einen Todesfall gibt, ist es an Ihnen zu kondolieren. Egal wie mitgenommen, verlegen, unsicher oder ängstlich Sie sich selbst fühlen. Hier geht es nicht um Sie. Wer den engsten Freunden und Verwandten eines Verstorbenen nicht kondoliert, signalisiert dadurch – ob gewollt oder ungewollt – mindestens Gedankenlosigkeit. Der reizenden 95-jährigen Nachbarin, die zufrieden im Kreise der Familie eingeschlafen ist, ein paar freundliche Worte hinterherzuschicken,

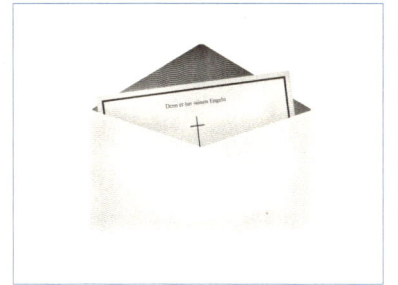

fällt meist nicht ganz so schwer. Der Tod kommt aber leider oft nicht am Ende eines erfüllten Lebens, sondern auf jede erdenkliche, mehr oder weniger unangenehme Art. Die richtigen Worte zu finden ist dann ungleich schwerer. Bedenken Sie jedoch eines: Die passenden Worte sind vermutlich Ihre eigenen, und Sie brauchen keine neoromantische Dichterin zu sein, um etwas Adäquates zu formulieren.

A **DIE FORMALIEN** Natürlich gibt es auch für das Kondolieren bestimmte Regeln. Eine Regel besagt zum Beispiel, dass Sie sofort und umgehend nach Erhalt der Todesanzeige ein schriftliches Kondolenzschreiben verfassen sollten. Beherzigen Sie diese Regel, wenn Sie beispielsweise Bundeskanzlerin oder Staatsoberhaupt sind. Im privaten Rahmen dürfen Sie ruhig etwas Zeit verstreichen lassen. Vielleicht wollen Sie sich erst noch Gedanken über Ihr Verhältnis zum Toten machen und ein paar besondere Erinnerungen aufkommen lassen. In diesem Fall wäre es schön, wenn Sie diese Gedanken in Ihr Kondolenzschreiben fließen lassen. Wer nach drei Wochen nur eine vorgefertigte Grußkarte mit „Herzliches Beileid" schickt, hat zwar seine Pflicht erfüllt, aber eben auch nur diese. Ein schlichtes Kondolenzschreiben wird per Hand und auf weißem Papier geschrieben. Sie können auch auf eine Trauerkarte zurückgreifen oder selbst eine Karte entwerfen.

B **DER INHALT** Auch für den Inhalt eines Kondolenzschreibens gibt es Regeln, an die Sie sich im Zweifelsfall halten können. Im Geschäftsleben ist das sicherlich auch hilfreich. Im privaten Rahmen gilt jedoch, je mehr Sie es schaffen, Ihre eigenen Gefühle und Empfindungen in Worte zu kleiden, desto besser. Selbst in den tragischsten Trauerfällen berichten Familienangehörige, dass ihnen jede Beileidsbekundung Kraft gegeben hat. Trotzdem gibt es ein paar definitive Dos and Don'ts, die Sie beachten sollten: Schreiben Sie etwas Positives über den Verstorbenen, aber übertreiben Sie nicht. Nur weil jemand tot ist, ist er kein besserer Mensch. Achten Sie darauf, dass Sie die Verwandten eines Verstorbenen adäquat ansprechen. Auch wenn ein naher Freund von Ihnen gestorben ist, heißt das noch lange nicht, dass Sie jetzt aus der Solidarität der Trauer heraus seine Eltern duzen dürfen (vgl. Kapitel *Die Frau in der Gesellschaft,* Rubrik *Duzen oder siezen).* Wenn Sie den Angehörigen Geschichten aus dem Leben des Verstorbenen mitteilen wollen, achten Sie auch posthum darauf, dem Verstorbenen gegenüber nicht indiskret zu sein. Sie haben vielleicht mit dem Toten immer eine tolle Zeit im Casino verbracht. Die trauernde Ehefrau möchte das aber sicherlich in diesem Moment nicht wissen. Bieten Sie nur Hilfe an, wenn Sie es auch ernst meinen. Besser noch, bieten Sie konkrete Hilfe an, wenn Sie wirklich helfen wollen. Wenn Sie die Kinder hüten, den Hund ausführen oder bei der Auflösung der Briefmarkensammlung helfen können, schreiben Sie genau das. Zitate, Bibelsprüche oder Gedichte sind in einem Kondolenzschreiben in Ordnung, sollten aber zum Verstorbenen und Ihrer Beziehung zu ihm passen. Für den verstorbenen Vater einer Kollegin wäre ein Zitat von Baudelaire beispielsweise unangemessen.

# 107 PATEN AUSWÄHLEN

Korrekterweise müsste es eigentlich heißen, einen Taufpaten aussuchen, denn die Funktion oder das Familienamt des Paten ist kirchlichen, nicht jedoch biblischen Ursprungs. Der Pate oder die Patin ist bei der Sakramentsspende, also der Taufe, zugegen und hat formal eine ähnliche Funktion wie der Trauzeuge. Allerdings geht die ideelle Rolle des Paten über die des Trauzeugen hinaus. Ein Pate soll sein Patenkind begleiten, beschützen und ein besonderes Augenmerk auf es richten. Die Kirche wünscht sich außerdem, dass der Pate sein Patenkind bei der religiösen Entwicklung begleitet. Soweit die Theorie. In der Praxis basteln sich viele Familien ihr eigenes Patenkonzept. Paten gibt es auch in Familien, die aus der Kirche ausgetreten sind und ihr Kind

> • • •
> *Das Kind nach dem Paten*
> *zu benennen ist nicht Pflicht.*
> • • •

gar nicht taufen lassen. Die Vorstellung, dem Kind noch eine oder zwei weitere Bezugspersonen zur Seite zu stellen, ist für viele Eltern ein schöne Idee, gerade um Menschen, die nicht direkt mit ihnen verwandt sind, die Sie aber sehr schätzen, symbolisch und praktisch an die Familie zu binden.

A ***REGELN DER EVANGELISCHEN KIRCHE*** Wenn Sie Mitglied der evangelischen Kirche sind, wäre eine Taufe theoretisch auch ohne Paten gültig, praktisch sind zwei Taufpaten erwünscht. Wer will, könnte auch weitere Paten benennen. Die evangelische Kirche erlaubt Paten aus allen christlichen Religionsgemeinschaften, wobei aber mindestens einer der Paten evangelisch getauft und konfirmiert sein sollte. Die Patenschaft in der evangelischen Kirche endet formal mit der Konfirmation und erlischt, wenn der Pate aus der Kirche austritt.

B ***REGELN DER KATHOLISCHEN KIRCHE*** Bei der katholischen Kirche dürfen Sie einen oder zwei Paten für Ihr Kind auswählen, die mindestens 16 Jahre alt sein müssen. Wenn Sie zwei Paten wählen, muss es sich um eine Frau und einen Mann handeln. Nur Katholiken können Paten von katholischen Kindern werden, Protestanten oder Nicht-Christen sind davon ausgeschlossen. Sie können aber so genannte „Taufzeugen" werden und als solche in der Taufurkunde vermerkt werden. Katholiken, die mit einer Spruchstrafe belegt sind, das heißt wegen Verfehlungen exkommuniziert sind, können dagegen nicht einmal Taufzeuge werden. So etwas kommt in der Neuzeit allerdings glücklicherweise sehr selten vor, so dass es heute dazu heißt, dass Paten ein Leben führen sollten, das mit der Lehre der katholischen Kirche zu vereinbaren ist.

c *PATE OHNE TAUFE* Wenn Sie nicht gläubig oder kirchlich gebunden sind und sich trotzdem Paten für Ihr Kind wünschen, können Sie diese natürlich selber bestimmen. Was genau die Aufgabe Ihrer Paten ist, können Sie dann im Gespräch mit den Auserwählten definieren. Die Grundidee, dass das Kind von seinem Paten auf seinem Weg unterstützend und wohlwollend begleitet wird, ist aber immer ein wichtiger Aspekt bei der Patenwahl. Auch wenn Sie auf Wolke Sieben schweben: Wichtig ist, dass Sie die potentiellen Kandidaten unter vier Augen ernsthaft fragen, ob er oder sie Lust hat, Pate zu werden. Lieber eine ehrliche Ablehnung als ein Pate, der aus Pflichtbewusstsein zusagt, aber sich für die Aufgabe gar nicht interessiert oder keine Zeit hat.

# 108 KINDER AUFKLÄREN

Idealerweise brauchen Kinder Mutter und Vater beziehungsweise weibliche und männliche Ansprechpartner, wenn es um das Thema Sexualität geht. Im Alltag sind es aber vor allem Frauen, meistens die Mütter, die für das Kind die erste Adresse für Aufklärungsfragen sind. Allein die Vorstellung, was da alles auf sie zukommen könnte, treibt vielen Frauen den Schweiß auf die Stirn. Das ist völlig in Ordnung, denn Sexualität ist auch für viele Erwachsene ein teilweise verwirrendes oder von widersprüchlichen Gefühlen gezeichnetes Terrain. Je weniger Sie aber den Anspruch haben, alles komplett richtig zu machen und je mehr Sie sich von dem Gedanken befreien, dass Sie Ihr Kind in irgendeiner Weise schädigen, desto leichter wird es Ihnen fallen, die kleinen und später die komplexeren Fragen rund um den eigenen Körper und die Sexualität zu beantworten. Denken Sie auch daran, dass es immer besser ist, Ihr Kind holt sich von Ihnen eine etwas verdruckste Antwort als gar keine. Kinder sind von Natur aus neugierig, und wenn Sie Ihnen nicht sagen, woher die Babys kommen, erfahren Sie es schlimmstenfalls irgendwann ungewollt am eigenen Leib, oder Sie beziehen die Informationen aus weniger feinfühligen Quellen wie den fünf Jahre älteren Nachbarskindern oder, ganz modern und anonym, aus dem Internet.

A **AB WANN GEHT ES LOS?** Los geht es von der ersten Sekunde an. Die Sexualität eines Menschen entwickelt sich von der Wiege bis zur Bahre. Babys brauchen keine Aufklärung, aber wenn Sie Ihrem Baby oder Ihrem Kleinkind beispielsweise signalisieren, dass der gesamte Intimbereich eine eklige Tabuzone ohne Namen ist, dann wird das auf seine spätere Entwicklung sicherlich Einfluss haben. Sobald Ihr Kind sprechen kann und anfängt, sich für seinen Körper zu interessieren, sagen Sie Ihrem Kind, wie sein Geschlechtsteil heißt. Ein Penis oder eine Scheide ist nichts Schlimmeres oder Anstößigeres als ein Arm; sie gehören genauso zum Körper dazu. Es ist völlig in Ordnung, wenn Sie dem Geschlechtsteil Ihres Kindes auch noch einen Spitznamen geben wie zum Beispiel Muschi oder Pillermann, aber wenn das Kind die korrekte Bezeichnung kennt, kann es sich viel besser artikulieren, was den eigenen Körper angeht.

B **WO KOMMEN DIE BABYS HER?** Kinder, auch kleine Kinder, wollen genau wissen, wie die Welt funktioniert. Sie fragen einem Löcher in den Bauch, und die Eltern verbringen viel Zeit damit, ihnen zu erklären, warum ein Flugzeug fliegt, ein Schiff nicht untergeht, die Sterne funkeln und die Autos auf der Straße fahren, um nur einige weniger komplexe Beispiele zu nennen. Kein dreijähriges Kind wird tatsächlich genau verstehen, warum Flugzeuge fliegen, Schiffe nicht untergehen, Sterne funkeln und Autos auf der Straße fahren, aber die engagierte Mutter wird sich große Mühe geben, die Frage kindgerecht zu beantworten. Wenn nun Kinder sich zum ersten Mal dafür interessieren, woher die Babys kommen, dann beantworten Sie diese Frage

*Mit Blümchen und Bienchen erklärt sich längst nicht alles.*

genauso unaufgeregt wie die hundert anderen Fragen, die Ihr Kind Ihnen täglich stellt. Oft sind Kinder mit zwei bis drei Sätzen zufrieden. Sie interessieren sich für den rein technischen Ablauf und auf gar keinen Fall für das erotische Beiwerk, das Sie jetzt vielleicht in diesem Moment verlegen werden lässt. Mit der Verschmelzung von Papas Samen und Mamas Eizelle ist es also oft schon getan, und wenn nicht, dann gehen Sie auf die Fragen ein und beantworten Sie sie fachlich und technisch, so gut es geht. Ihr Kind entnimmt dem genauso seine Informationen wie der Bauanleitung für das Flugzeug. Was es nicht versteht, wird wieder ausgefiltert oder gegebenenfalls mit einer weiteren Frage belegt.

C **WIE SAGE ICH ES MEINEN KINDERN?** „Meine Tochter, setz dich hin, ich muss dir etwas erklären." So oder ähnlich liefen, wenn überhaupt, bis vor gar nicht ferner Zeit die offiziellen Aufklärungsgespräche zwischen Mutter und Tochter. Danach waren meistens beide Seiten froh, dass das Thema nun für immer wieder in der Versenkung verschwinden durfte. Wenn Sie diesen riesigen Erwartungsdruck nicht von Jahr zu Jahr vor sich herschieben wollen, warten Sie einfach nicht so lange. Wenn Ihr Kind von selbst nicht fragt, können Sie das Thema auch immer mal wieder anbieten und sehen, ob und wie Ihr Kind darauf reagiert. Das kann eine Schwangerschaft im eigenen Umfeld sein, aber auch das Abtrocknen nach dem Baden, bei dem Sie Ihr Kind fragen können, welche Körperteile es benennen kann. Und vor allem: Machen Sie daraus keine ernste Traueransprache. Lachen Sie, wenn Sie oder Ihr Kind etwas lustig finden. Für Aufklärung gilt dasselbe wie für Sexualität: Ohne Humor macht sie nun wirklich gar keinen Spaß.

Zum Tee können Sie in jedem Alter und in fast jedem Zustand einladen. Und natürlich dürfen auch Ihre Gäste in jedem Alter und in fast jedem Zustand sein. Tee steht für Kultur und auch für Gesundheit, und wenn Sie es richtig machen, steht Ihr Teekränzchen natürlich auch für Stil. Seit Jahrhunderten ritualisieren die Menschen auf allen Kontinenten diese Form des Beisammenseins und haben dafür gute Gründe. Denn man genießt eine Spezialität, tut etwas für Körper und Seele, und im besten Fall amüsiert man sich auch noch prächtig.

A **ARABISCH • AFRIKANISCH** Mit der Art des Teeausschenkens, die man in den arabischen Ländern, in Nord- und in Westafrika praktiziert, können Sie Ihre Gäste beeindrucken wie eine Cocktailmixerin von Stadtruf. Der Tee wird in einer kleinen Emaille- oder Silberkanne gebrüht, die auf einem Stövchen steht. Auf einem Tablett stehen die hübschen kleinen Teegläser, die Sie vielleicht aus Restaurants kennen. Der Tee wird jetzt aus rund 30 Zentimetern Höhe (oder mehr, wenn Sie gut zielen können) in eins der Gläser gegossen. Dann nehmen Sie ein zweites Glas und gießen den Tee kunstvoll und sehr geschickt dreimal zwischen Gläschen eins und Gläschen zwei hin und her, bis er leicht schäumt. Wenn Sie richtig gut sind, schauen Sie dabei Ihre Gäste an und reden einfach weiter. Das kunstvolle Eingießen und das Hin- und Herschütten ist keine Angeberei, es macht den Tee weniger bitter und bringt ihn auf die optimale Trinktemperatur.

*Man nehme:* Grünen Tee (gut ist Gunpowder) und frische Minze (fragen Sie nach Nanaminze oder marokkanischer Minze), die Sie nach Belieben hinzugeben oder auch mit aufbrühen können. Der Tee wird französisch *thé à la menthe* oder arabisch *Ataya* genannt und sehr stark gesüßt.

B **ENGLISCH** Glauben Sie nicht, dass alle Engländer edle lose Tees aus teuren Pflückungen trinken. Die Vorherrschaft haben die PG Tips, das sind die gängigsten aller Teebeutel, und die hat wirklich jeder. Statt Sahne darf es auch einmal schnöde H-Milch sein, gute Milch in einem Kännchen ist natürlich eleganter. Mit dem Eingießen der Milch beginnt der Klassenkampf zwischen den TIFs und den MIFs. „Tea in first" galt ursprünglich als *more posh,* als edler, denn das gute Porzellan einer Lady der *upper class* hält kochendes Wasser auf jeden Fall aus, ohne zu platzen, während Leute ohne Qualitätsgeschirr zur „milk in first"-Methode greifen mussten. Heute ist es natürlich Geschmackssache, genau wie die Auswahl des Tees, aber ein guter ist immer besser, und schwarz sollte er auf jeden Fall sein. Eine feste Regel bei der Teatime ist allerdings, dass nur die Gastgeberin nachschenkt und dass Rauchverbot herrscht, um das Aroma des Tees nicht zu zerstören. Bei Supermarktteebeuteln kann man davon absehen oder sich der Speisenfolge widmen: Erst die Sandwiches – mit Gurke, Lachs oder Schinken belegt – und dann die Scones – weiche Teebrötchen, die man mit Marmelade oder ungesüßter Schlagsahne isst – und am Schluss Gebäck oder Pralinen. Falls Ihre Gäste Sie langweilen sollten, lassen Sie ins Gespräch einfließen, dass die Teatime traditionell um fünf Uhr beginnt und stilvolle Gäste sich spätestens um sieben höflich verabschieden sollten.

Wenn Sie Spaß an Ihren Gästen haben, verwandeln Sie Ihre Teestunde in einen „royal tea", indem Sie den Champagner und den Sherry herausholen oder in einen „tea dance", indem Sie ein Tanzorchester buchen oder tolle Platten auflegen (vgl. Kapitel *Die Frau und die Technik,* Rubrik *Platten auflegen*).

c **JAPANISCH** Für den japanischen Teeweg sollten Sie sich Literatur besorgen und in die Lehre zu einem Meister gehen, denn hierbei handelt es sich nicht um ein Schwätzchen mit Nachgießen, sondern um eine spirituelle Zeremonie, für die Sie sehr viele rituelle Handlungen in der richtigen Reihenfolge absolvieren müssen. Auch Ihre Gäste müssten den Ablauf verstehen und wissen, wann sie sich verbeugen, entschuldigen oder bedanken müssen und wann sie trinken dürfen. Bevor Sie sich ein Steinwasserbecken und einen Gong zulegen und üben, wie man elegant kniet, sollten Sie die hervorragenden grünen Tees aus Japan einfach so probieren:

*Matcha* – den man auch das grüne Gold nennt, ist der Tee der Tee-zeremonie und der beste Tee Japans. Er wird in Steinmühlen zu Pulver gemahlen und ist zehnmal reicher an Inhaltsstoffen als herkömmlicher Grüntee. Sein Gehalt an Antioxidantien (Fänger der Freien Radikale) macht ihn zu einem Zaubertrank. Fit macht er auch, dabei aber nicht nervös. Er wird mit einem Schneebesen aus Bambus schaumig geschlagen und dann serviert.

*Gyokuro* – der Juwelentau. Wie der Matcha wird er vor der Ernte mit Bambus oder Bast abgedeckt und ist deshalb auch ein sehr edler Schatten-tee und ebenfalls hochpreisig.

*Sencha* – der japanische Standardtee, den es in den unterschiedlichsten Qualitäten gibt. Wie die anderen Grüntees auch, macht er angenehm wach und aufmerksam und ist gesund.

D **OSTFRIESISCH** Eine kräftige Ostfriesenmischung kann aus bis zu zehn Sorten Schwarztee bestehen, hauptsächlich aus *Assam,* aber auch aus *Ceylon* und *Darjeeling.* Sie brühen das lose Blatt nach der Faustregel ein Teelöffel pro Tasse und einer für die Kanne auf, die Sie vorher heiß ausspülen, damit der Tee nicht erschreckt. Außerdem brauchen Sie unbedingt groben Kandis, Kluntje genannt. Ein Brocken pro Tasse, auf den der Tee gegossen wird. Wenn Sie kein Gesprächsthema haben, lauschen Sie andächtig dem Knacken des schmelzenden Kandis. Dazu nimmt sich jeder Gast einen Löffel Sahne und legt ihn in seine Tasse. Das Ganze in einer kreisförmigen Bewegung ausgeführt, lässt die Sahne dann hübsch in Form von so bezeichneten „Wölkchen" aufsteigen. Umgerührt wird nicht, denn man trinkt sich schichtweise in kleinen Schlucken bis auf den süßen Tassenboden vor. Es wird nachgeschenkt bis der Zucker verschwunden ist. Die Höflichkeit gebietet mindestens drei Tassen.

E **RUSSISCH • TÜRKISCH • PERSISCH** Wenn Sie eine Frau sind, die von ansehnlichen Haushaltsgegenständen nicht genug bekommen kann, legen Sie sich einen Samowar oder auch Caydanlik zu. Es gibt ihn in unzähligen Designs und Preisklassen. In der Türkei benutzt man auf dem Herd auch

eine Version, die der typisch italienischen Espressomaschine ähnelt, aber auch aus zwei Kannen besteht. Das Prinzip ist einfach und schlau. Während unten das Wasser kocht, wird damit oben die Kanne erhitzt, in der die Blätter liegen und in der anschließend der Sud aufgegossen wird. Klassisch wird der untere Kessel mit Spänen, Holzkohle oder Spiritus beheizt, modern mit Strom, wie ein Wasserkocher. Ein Vorteil des klassischen Samowars ist, dass man stundenlang nachschenken kann, ohne aufzustehen. Ein weiterer Vorteil ist, dass sich jeder den konzentrierten Sud nach Geschmack selbst verdünnen kann. Es kann Ihnen also niemand nachsagen, Sie würden läppischen oder haarsträubend starken Tee servieren. Bevorzugt werden schwarze, kräftige Teesorten verwendet, grüner Tee geht aber auch, zum Beispiel rauchiger *Lapsang Souchong*. Achtung: Die Einladung zum Tee ist in keiner Kultur ein Weight-Watchers-Treffen. Es wird immer richtiger Zucker benutzt, es werden Kalorienbomben aufgefahren, und in Russland darf man sogar pure Marmelade dazu löffeln.

F **SÜDAMERIKANISCH** Blätter mit heißem Wasser aufzugießen ist eine Idee, die die Menschen überall hatten. *Mate* gehört nicht zu den Tees, die aus China in den Rest der Welt kamen, sondern stammt von einer Stechpalme. In Bolivien bezeichnet man auch den Aufguss der Coca-Blätter als Mate.

Der Name Mate stammt eigentlich vom Gefäß, in dem man den Tee zubereitet. Es ist ein aufgeschnittener Kürbis, eine mehr oder weniger kunstvolle Kalebasse, in die man die Blätter, die man yerba (Kraut) nennt, füllt und dann mit heißem, nicht mehr kochendem Wasser aufgießt. Deshalb erkennt

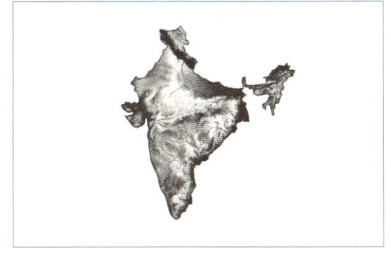

man die passionierten Matetrinker in Argentinien, Uruguay und Paraguay auch daran, dass sie eine Thermoskanne dabeihaben. Ein großartiges Trinkutensil ist die Bombilla, ein dicker Strohhalm aus Silber mit einem eingearbeiteten Sieb. Das Gefäß wird vom Gastgeber immer wieder mit Wasser aufgefüllt und macht die Runde von Gast zu Gast, bis die Blätter nichts mehr hergeben. In Europa wurde Mate vor allem durch seinen Ruf als Hungerbremse und Mineralienlieferant bekannt. Als Diätunterstützer also.

G **DIE SPRACHE DER TEEPACKUNGEN** *Orange* Bedeutet königlich beziehungsweise edel. Denken Sie nicht an die Farbe, sondern an das Königshaus der Oranjes. • *Flowery* Steht für Tees mit blumigem Aroma. • *Pekoe* Bedeutet „weißer Flaum". Damit bezeichnet man die jungen, zarten Teeblätter. • *Golden* Goldene Blattspitzen, was sich viel edler anhört als braune Blattspitzen. • *Tip* Blätter, die heller oxidieren und silbern schimmern. • *Tippy* Tees mit einem hohen Anteil an jungen Blattknospen. Aus den Anfangsbuchstaben der Begriffe können Sie jetzt die Abkürzungen auf den Packungen entschlüsseln, von denen nach OP, FOP, GFOP und TGFOP die längste FTGFOP ist, und damit für *Fine Tippy Golden Flowery Orange Pekoe* steht. • *Broken* Sobald ein B in der Qualitätsbezeichnung auftaucht, sind die Blätter nicht mehr ganz, sondern broken. Die Tees haben weniger feine Aromen, sind dafür aber oft sehr kräftig. • *First Flush* Aus der ersten Pflückung im Frühjahr. • *Second Flush* Aus der zweiten Ernte im Sommer, was auf keinen Fall zweite Wahl bedeutet, sondern den Tee meist dunkler und kräftiger macht als first flush. • *Infusion* In vielen Ländern gelten nur schwarzer und grüner Tee als Tee. Kräutertees werden in der jeweiligen Sprache als Infusion bezeichnet. Haben Sie also keine Angst, dass Sie einen Schlauch eingeführt bekommen, nur weil Sie einen Kamillentee verlangen.

H **SORTEN** *Grüner Tee* ist unfermentiert, *schwarzer Tee* ist fermentierter grüner Tee. *Oolong* ist ein halbfermentierter Tee, bei dem das Oxidieren der Blätter (über dessen genauen Vorgang Sie sich bitte selbstständig informieren) nur sehr kurz stattfindet. Ansonsten wird der Tee sehr häufig nach seinem Ursprungsort benannt – wie *Assam, Darjeeling* oder *Ceylon*. Oder nach seiner Blattform – wie *Gunpowder,* der tatsächlich wie Munition aussieht. Andere Tees haben Namen wie *Sencha,* was man mit Aufbrüh-Tee übersetzen kann. Tees, die nicht schwarz oder grün sind, wie *Roiboos, Honeybush* oder *Lapacho,* heißen nach der Pflanze, aus der man sie gewinnt.

# 110 LÄSTERN

Die meisten Frauen lästern, ob in einer einzelnen abfälligen Bemerkung oder an einem ganzen rotweinseligen Abend. Oft ist es einfacher, seinem Frust indirekt als direkt Luft zu machen. Trotzdem gilt Lästern als unfein und unehrlich, und viele Frauen schämen sich dafür. Doch sollte Lästern nicht nur unter moralischen Gesichtpunkten bewertet werden, denn „lästern", so die Soziologin Brigitte Hebel, „ist gut für die Seelenhygiene", und wer es tut, sollte seinen Frieden damit schließen und es gezielt und gekonnt einsetzen. Lästern Sie bewusst, dann geht es Ihnen besser, und zwar ohne schlechtes Gewissen. Im besten Fall kommen Sie während des Lästerns sogar noch auf neue Ideen, wie Sie sich der Person oder dem Problem auf andere Art nähern können.

A **LÄSTERN • SO GEHT ES** Lästern bedeutet nichts anderes, als dass Sie sich abfällig oder kritisch über eine Person äußern, die nicht anwesend ist. Wenn Sie diese Person nicht kennen und vermutlich niemals kennen lernen werden, dann nennt man das „Klatsch und Tratsch" oder auch Celebrity Gossip.

Davon leben ganze Medienimperien. Tun Sie sich also keinen Zwang an. Hier ist eigentlich gar nichts weiter zu beachten – außer sich zu amüsieren.

Anders sieht es bei Personen aus, die Sie kennen oder sogar sehr gut kennen und mit Ihnen freundschaftlich verbunden sind. Hier gilt die Regel: Was auch immer gesagt wurde zwischen Ihnen und Ihrem Lästerpartner, muss unbedingt unter Ihnen bleiben. Nicht, weil Sie so unglaublich verlogen sind, sondern weil es nicht schön ist zu erfahren, dass andere schlecht über einen reden. Das möchten Sie doch auch nicht. Das heißt allerdings nicht, dass Sie der Person, um die es beim Lästern ging, niemals die im Gespräch mit Dritten geäußerte Kritik nahebringen. Es bedeutet nur, dass Sie bei dieser Adresse etwas sensibler mit Ihrer Kritik umgehen sollten und unter keinen Umständen erwähnen, dass Sie das Problem schon mit einer dritten Person bei einer Flasche Wein durchgekaut haben.

B **DER LÄSTERPARTNER** Am besten lästert es sich zu zweit. Weil man sich besser einigen kann, dass das Objekt der Lästerei es auch verdient hat und weil die Geheimhaltungsregel besser einzuhalten ist. Anwesende Personen, die nicht mitlästern oder gar moralische Bedenken haben, verderben den Lästerspaß. Personen, die sich zu begeistert jeder Lästerei anschließen, sind ebenfalls keine guten Lästerpartner, weil man bei ihnen das ungute Gefühl hat, dass man selbst dran sein wird, sobald man den Raum verlassen hat.

Undiplomatisch ist es außerdem, mit Personen, die man kaum kennt, zu lästern. Es besteht die Gefahr, dass Sie genau die Freunde, Partner, Gewohnheiten oder Besitztümer Ihrer neuen Bekannten beleidigen und somit in ein riesiges Fettnäpfchen treten. Lästern ist kein unverfänglicher Smalltalk.

C **UNTERHALB UND OBERHALB DER GÜRTELLINIE** Sie spüren es selbst, dass man allen Menschen gegenüber, egal wie sehr man sie liebt oder schätzt, von Zeit zu Zeit ambivalente Gefühle hegt. Hier ist Lästern ein wunderbares Ventil, um Luft abzulassen und Dinge loszuwerden, die nerven, aber vielleicht gar nicht so sehr von Belang sind. Ein erfahrenes Lästermaul spürt selbst ganz genau, wo die Grenze zur üblen Nachrede oder Beleidigung überschritten wird. Nehmen Sie dieses innere Warnsignal ernst und hören Sie darauf! Es ist in solchen Situationen durchaus angebracht, dem Lästerpartner zu sagen, dass man das Gefühl hat, den Bogen gerade überspannt zu haben. Das relativiert die Dramatik des Gesagten.

D **LÄSTERN VERSUS PROBLEME HABEN** Es gibt einen feinen Unterschied zwischen ein paar flapsigen, genervten Bemerkungen und wirklichen Problemen. Wenn Sie über Ihre Probleme mit einer Person ausschließlich mit Dritten reden können und niemals mit der Person selbst, dann ist etwas Grundlegendes nicht in Ordnung. Hier ist Lästern für Sie ermüdend, weil es Sie weder befreit noch weiterbringt. Denken Sie auch an Ihr Gegenüber. Nichts ist langweiliger, als sich immer wieder dieselben Geschichten über die immer selben Probleme von anderen anzuhören. Unternehmen Sie etwas und lassen Sie sich von Freunden oder einem Therapeuten helfen, konstruktiv an das Problem heranzugehen.

E **SCHLECHTES GEWISSEN** Wenn Sie immer ein schlechtes Gewissen nach dem Lästern haben, dann haben Sie wahrscheinlich jedes Mal den Bogen überspannt, oder Sie sind einfach zu gutherzig, um entspannt lästern zu können. In beiden Fällen sollten Sie das Lästern für eine Weile einstellen.

# 111     EINE GUTE FIGUR BEI DEN OSCARS MACHEN

Herzlichen Glückwunsch! Sie haben es geschafft, Sie dürfen zur Oscarverleihung und haben einen von ungefähr 3500 Plätzen ergattert. Vermutlich sind Sie für einen Oscar nominiert oder Ihr Partner oder Filmpartner ist der glückliche Aspirant, an dessen Seite Sie den Roten Teppich entlangschreiten dürfen. Schon in diesem Moment werden Sie mehr erreicht habe als viele andere, denn selbst das Hollywood-Establishment, seien es die Produzenten oder Filmemacher, kämpft in komplizierten Verfahren und Hackordnungen um jedes Ticket. Doch wer drin ist, ist noch lange nicht in. Und die Frage, was Sie anziehen sollen oder dürfen, könnte Ihnen vorab den dringend benötigten Schönheitsschlaf rauben (vgl. Kapitel *Die Frau im Spiegel,* Rubrik *Weder over- noch underdressed sein).* Männer haben es da einfacher. Sie tragen Smoking und die Szene ist im Kasten. Sie hingegen müssen gegen alle Sterne dieser Welt anglänzen.

ᴀ *PLANUNG IM VORHINEIN* Am aller einfachsten wäre es natürlich, Sie kaufen sich Ihr Oscar-Traumkleid. Wenn Sie dazu finanziell in der Lage sind. Denn die großen Abendroben der namhaften Designer gibt es erst ab einem fünfstelligen Betrag, und nach oben ist da preislich einiges offen. Sie können sich das Geld aber auch sparen, denn eigentlich müssen Sie sich für die Oscarverleihung kein Kleid kaufen. Je nachdem, ob Sie nominiert sind oder lediglich schmückendes Beiwerk, bekommen Sie ein Kleid für den Abend geliehen oder sogar geschenkt. Grundsätzlich dürfen die Cutter, Tonleute, Dokumentarfilmer & Co aber nie so tief in die Klamotten- und Schmuckkiste greifen wie die nominierten Darsteller. Oder haben Sie je eine Kurztrickfilmemacherin aus Dänemark Cate Blanchett überstrahlen sehen?

Als Partnerin eines Nominierten müssen Sie wahrscheinlich sogar selbst aktiv werden und bei den Public-Relations-Agenturen Ihrer Lieblingsdesigner anfragen. Wenn Nicole Kidman, Angelina Jolie und Uma Thurman dort auch schon angefragt haben, könnte es für Sie etwas schwierig werden. Allerdings ist das ein eher unwahrscheinliches Szenario, denn fast jede große Schauspielerin ist unter Vertrag oder Partnerin von einem namhaften Designer. Ein Wechsel zu einem anderen Designer für die Oscars gleicht dann einem mittleren Skandal, so geschehen als Hilary Swank, die eigentlich ein Lingerie-Abkommen mit Calvin Klein hatte, ihren Oscar im Jahr 2005 in Guy Laroche entgegennahm. Selbst die New York Times schrieb einen eigenen Artikel über die unglaubliche Chuzpe der Schauspielerin. Da Sie vermutlich von Designerseite noch ungebunden sind, suchen Sie sich aus, was Ihnen gefällt, und wenn Sie nicht nur sich selbst glücklich machen wollen, wählen Sie einen Nachwuchsdesigner, denn Ihr Bild wird zumindest in Deutschland viele Klatsch- und Kulturseiten füllen.

B **DIE STILFRAGE** Sie sind zum ersten Mal bei den Oscars, und Sie sind noch nicht berühmt. Bleiben Sie also auf dem Teppich, wenn Sie über den Teppich stolzieren. Extravaganzen dürfen sich lediglich anerkannte Exzentrikerinnen oder Altstars erlauben, die über alles erhaben sind.

Björk kam beispielsweise als Schwan, Cher als Federgetüm, Whoopie Goldberg stilisiert sich sowieso als Ulknudel, Helena Bonham Carter tendiert zum Gruftie-Look, und Ellen DeGeneres trug einen Smoking, als sie die Verleihung moderierte.

Auch rot als Farbe ist ein diplomatischer Fauxpas, außer Sie gehören zur filmischen A-Prominenz. Wenn Sie als Oscar-Debütantin in Rot gewandet erscheinen, bescheinigt Ihnen die Presse wahrscheinlich, dass Sie sich ungebührlich in den Vordergrund spielen, während Pink sich eventuell mit dem roten Teppich beißt. Setzen Sie auf dezent, wunderschön und glamourös, dann machen Sie nichts verkehrt.

C **MAKE-UP UND ACCESSOIRES** Sie lassen sich hin und wieder von Ihrer Kosmetikerin ein leichtes Make-Up auflegen? Nun, in Amerika heißen die Kosmetikerinnen Make-Up-Artists, und das aus gutem Grund. Wenn sich die Blitzlichter auf Sie richten, müssen Sie ein Gesamtkunstwerk darstellen.

Vor den Oscars werden die besten Make-Up-Artists heiß gehandelt, und hier und da kann auch einmal ein Kampf über die begehrtesten von ihnen ausbrechen (vgl. Kapitel *Die Frau in der Krise,* Rubrik *Stutenbissigkeit).*

Einmal in Los Angeles angekommen, rufen Sie die Top-Salons an. Die besten Make-Up-Artists sind natürlich bereits ausgebucht, aber ihre Assistenten sind vermutlich noch buchbar und nicht so teuer wie ein Kosmetik-Star. Ihre Haare haben Sie im Übrigen schon eine Woche vorher schneiden lassen, damit sie noch Zeit hatten, sich auszuhängen. Am Abend der Oscar-Verleihung wird lediglich frisiert.

Einen Tag vorher sollten Sie Ihren kompletten Look inklusive Kleid, Make-Up und Frisur generalproben. Dasselbe gilt für Ihre Frisur. Achten Sie auch auf die Tränenperformance (vgl. Kapitel *Die Frau und die Technik,* Rubrik *Auf Kommando heulen).*

Schmuck ist ein anderes wichtiges Thema. Millionenschwer behangen laufen die Stars über den Roten Teppich. Was Sie nicht sehen, sind die Bodyguards, die auch Ihnen auf Schritt und Tritt folgen. Was Sie auch nicht sehen: Bevor es auf die After-Show-Parties geht, wird Ihnen der geliehene Schmuck an einem Seitenausgang wieder abgenommen und in den Tresor gelegt. Sie können die Sache wesentlich entspannter angehen, wenn Sie auf persönliche Teile oder Erbstücke zurückgreifen.

D **DER GROSSE TAG** It's showtime! Und jetzt auf lässige Europäerin zu machen, die das alles nichts angeht, wäre falscher Ehrgeiz an falscher Stelle. Als Erstes muss der Bauch weg, und wenn nur für diesen einen Tag. Deshalb empfiehlt es sich, vorher ein paar Tage zu fasten oder wenig zu essen. Am Tag der Verleihung sollten Sie auch möglichst wenig trinken. Wenn Sie Durst haben, lutschen Sie auf Zitronenscheiben, denn mit Ihrem Schleppenkleid ständig zur Toilette zu rennen, ist sehr unpraktisch. In Ihre Clutch stecken Sie Nüsse für die Nerven und Pfefferminzbonbons. Auf gar keinen Fall sollten Sie Kaugummi kauen. Sie kommen ja auch nicht in Jeans zu den Oscars. Und nach der Verleihung seien Sie vorsichtig mit dem Alkohol. Drei Tage fasten plus ein Tag Zitronenscheibchen, dazu die ganze Aufregung – das kann selbst trinkfeste Frauen schwächeln lassen. Verlassen Sie sich für die gute Laune vor allem auf Ihre körpereigene Adrenalin- und Endorphinausschüttung.

E **WAS ES SONST NOCH SO GIBT** Wenn Sie nominiert sind oder gar gewinnen, werden Sie mit Geschenken nur so überschüttet. In der Oscar-Gift-Bag, der Oscar-Geschenktasche, befinden sich die tollsten Überraschungen im Wert von über 100 000 Dollar. Diamantschmuck, Reisen, Designer-Handtaschen, Pflegeprodukte, aber auch Colliers für Ihren Hund gehören jetzt Ihnen. Wer könnte da widerstehen? Sie vermutlich nicht und das sei Ihnen gegönnt. Stars wie George Clooney geben die Wunderpakete gerne in eine wohltätige Versteigerung. Aber Achtung: Die Oscar-Gift-Bags müssen beim US-Finanzamt versteuert werden.

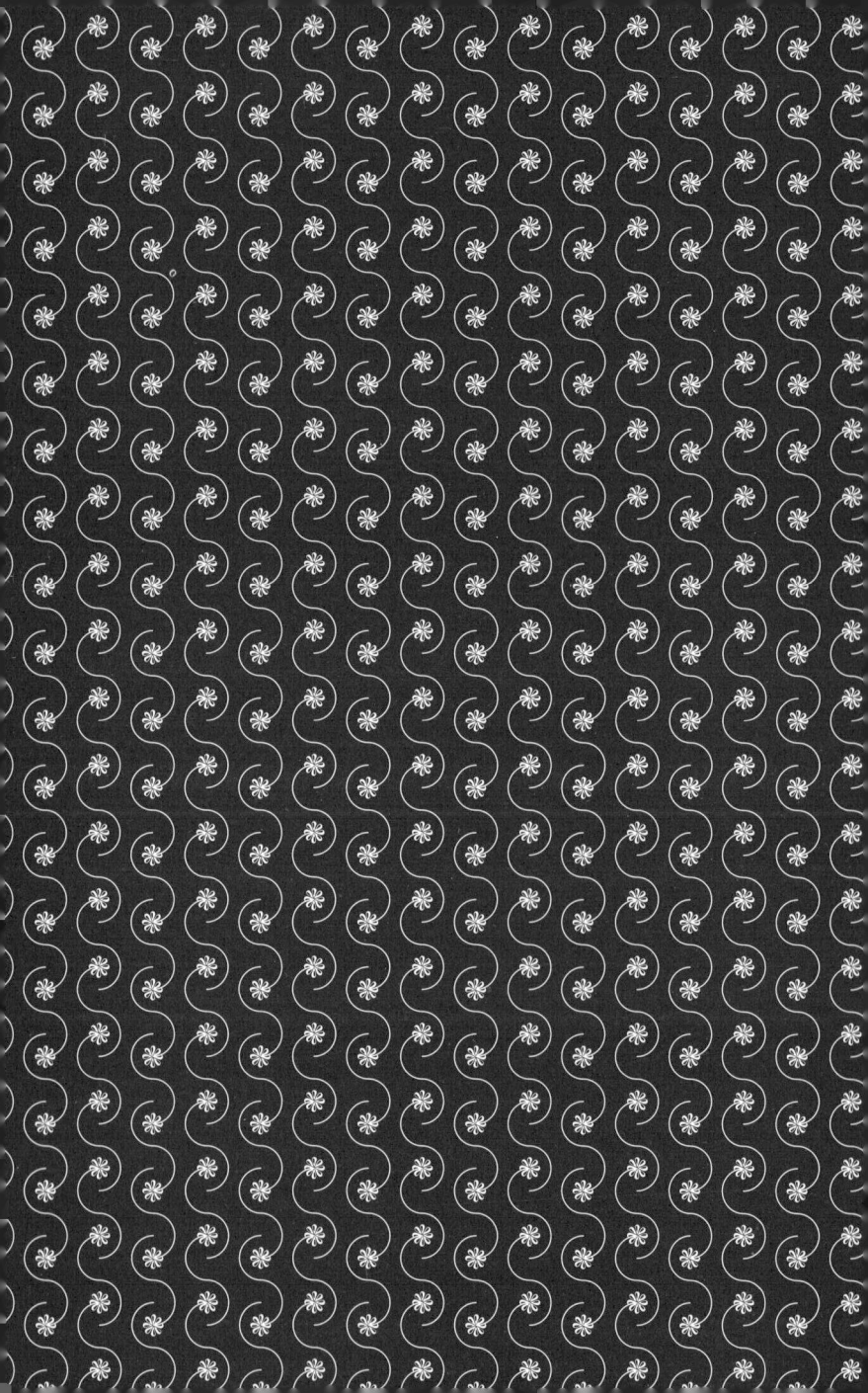

# DIE FRAU UND DAS ALTER

Wer schreibt, der bleibt, sagt man. Und obwohl es viele andere Dinge gibt, durch die man sich unsterblich machen kann, verspüren viele Menschen das Bedürfnis, ihre Lebensgeschichte festzuhalten, auch wenn sie nicht Zeit ihres Lebens geschrieben haben. Denn das Schreiben einer Autobiografie ist nicht nur eine Hinterlassenschaft an die Nachwelt, sondern auch eine kreative Art der Aufarbeitung. Und das Allerschönste ist, dass Sie dadurch selbst bestimmen, wie man Sie später in Erinnerung behalten soll.

A ***ZEIT, BILANZ ZU ZIEHEN*** Da das Leben gern mit einer Reise verglichen wird, sollten Sie ständig mit neuen Mitreisenden und unvorhergesehenen Richtungsänderungen oder Zwischenstopps rechnen. „Verstehen kann man das Leben nur rückwärts, leben muss man es aber vorwärts", hat Kierkegaard gesagt. Wenn man mittendrin steht, zum Beispiel im Berufsleben, ist die Zeit für das große rückblickende Verstehen eindeutig noch nicht reif. Was immer Sie vorher an Wichtigem, Haarsträubendem oder Lehrreichem zu berichten haben – heben Sie sich die Bezeichnungen Autobiografie oder Memoiren möglichst lange auf. So lange nämlich, bis wirklich die Zeit für eine Rückschau gekommen ist, und das fängt frühestens im Alter von 50 oder 60 Jahren an.

B ***WER SICH ERINNERT, LEBT ZWEIMAL*** Das ist ein Ausspruch der italienischen Journalistin Franca Magnani, die auch ihre Autobiografie so nannte. Im glücklichsten Fall werden oder sind Sie eine glückliche alte Dame, die ihr Leben mit größtem Vergnügen Revue passieren lässt. Ob Sie das mit einem verklärten Blick oder mit gnadenloser Offenheit tun – eine Autobiografie ist immer subjektiv, und deshalb haben Sie auch das Recht, sich, Ihre Weggefährten und Erlebnisse aus Ihrer Sicht darzustellen. Vielleicht gefällt es Ihnen, Ihr gesamtes Leben chronologisch und lückenlos wiederzugeben, vielleicht möchten Sie sich auch auf bestimmte Lebensphasen und Beziehungen konzentrieren, während Sie andere mit ein paar Sätzen abtun. Es kann

sogar sein, dass Sie noch das ein oder andere Hühnchen zu rupfen haben und Ihre Memoiren als persönliche Abrechnung nutzen wollen. Dann sind Sie offensichtlich keine gelassene alte Dame, die ihren Frieden gefunden hat und werden ihn vielleicht auch nach Ihrem Buch nicht finden, weil Ihnen Anwälte mit einstweiligen Verfügungen drohen. Die meisten Menschen möchten sich aber sowieso lieber mitteilen, als Rache in Buchform zu nehmen. Und es wäre doch schlimm, wenn Sie Ihr Leben ausschließlich mit ungeliebten Menschen verbracht hätten. Enterben Sie die Bösen lieber und hinterlassen Sie den Guten ein schönes Buch.

C **OHNE ERLAUBNIS** Bei Personen von öffentlichem Interesse ist die Autobiografie gang und gäbe. Einige müssen sogar regelmäßig mit unautorisierten Biografien leben. Einerseits ist das natürlich ein Zeichen für Ihren Marktwert. Andererseits können Sie sich vorstellen, dass es Angenehmeres gibt, als in einem Enthüllungsbuch über sich selbst lesen zu müssen, dass man eine skrupellose Karrieristin, unbeherrschte Trinkerin oder nervensägende Egozentrikerin ist. Genau das kommt nämlich oft dabei heraus, wenn eine Biografie unter Mithilfe verflossener Liebhaber, neidischer Schulkameraden und entlassener Putzfrauen entsteht. Der beste Weg der Klarstellung ist eine Autobiografie oder eine autorisierte Biografie.

D **SCHREIBEN LASSEN** Auch Autobiografien von Prominenten entstehen häufig unter Mithilfe von Co-Autoren oder werden ganz in andere Hände gegeben und dann autorisiert. Auch als Nichtprominente können Sie Erinnerungen aufschreiben und drucken lassen. Häufig werden auch Autobiografien von den Kindern und Enkeln in Auftrag gegeben. Es gibt mehr und mehr Firmen, die diesen Service anbieten, schon ab einer Auflage von einem Exemplar. Katrin Rohnstock, die die bekannteste Agentur für Autobiografien in Deutschland führt, hat sich die Berufsbezeichnung des Autobiografikers schützen lassen. Wie ein Ghostwriter schreibt der Autobiografiker im Auftrag anderer, hat sich aber auf Autobiografien spezialisiert. Seine Aufgabe ist es dann, Ihre Erinnerungen festzuhalten und dabei darauf zu achten, dass das Buch in Ihrer persönlichen Sprache geschrieben wird.

Sehr interessant sind die positiven Erfahrungen, die Frau Rohnstock und ihr Team mit dementen Personen gemacht haben. Diese haben nämlich sehr häufig ein funktionierendes Langzeitgedächtnis und empfinden das Erzählen ihrer weit zurückliegenden Erinnerungen als sehr angenehm.

Oft werden Autobiografien auch dazu genutzt, dem Autor Dinge anzuvertrauen, die innerhalb der Familie nie zur Sprache gebracht wurden. Dass viele Menschen am Ende des Lebens eine Art schriftliche Seelenhygiene betreiben, ist durchaus nachvollziehbar. Neben den Interviews und der Autorenarbeit gehört zur Aufgabe des Autobiografikers das Prüfen der historischen Fakten und der Details. Das heißt, egal, ob Sie sich an sich selbst als verrücktes Huhn oder pragmatische Wissenschaftlerin erinnern, Daten wie der Tag des Mauerfalls werden sich mit denen im Lexikon decken.

E **VORBEREITET SEIN** Wenn Sie noch nicht in dem Alter sind, dass eine Rückschau angemessen wäre, Sie aber das Gefühl haben, dass Ihr Leben bereits Stoff genug für ein Buch oder einen Film liefert, sammeln Sie Ihre Eindrücke und Erinnerungen schon jetzt. Selbst das beste Gedächtnis kann nicht mehr die Details von 60 oder mehr Lebensjahren auf Knopfdruck abspulen. Manches, was Ihnen mit 20 überlebenswichtig schien, ist für Sie heute unvorstellbar banal und deswegen vergessen. Eine Autobiografie wird dann spannend, wenn sie nicht nur eine Abspulung von Ereignissen ist, die in Ihrem Leben passiert sind, sondern wenn Sie dem Leser Ihre Empfindungen und Überzeugungen vermitteln können; auch wenn Sie sich mit den heutigen nicht mehr decken. Zu verfolgen, wie der Autor sich im Laufe seines Lebens entwickelt hat, macht eine gute Autobiografie interessant. Und dazu gehören natürlich auch Fehltritte, Peinlichkeiten und Widersprüche. Sie schreiben schließlich keinen PR-Text, um sich bei Ihren Enkeln als anständigste Großmutter der Welt zu bewerben. Auch die Fähigkeit, den Zeitgeist bestimmter Epochen lebendig zu vermitteln, unterscheidet gute von langweiligen Autobiografien. Je eher Sie deshalb wissen, dass Sie irgendwann an Ihren Memoiren schreiben wollen, desto aufmerksamer können Sie sammeln, was Ihnen wichtig und erhaltenswert scheint. Neben Fotos sind natürlich Terminkalender und Adressbücher eine hilfreiche Gedächtnisstütze, wenn Sie sich erinnern wollen, was Sie vor 20 Jahren gemacht haben. Ein gut geführtes Tagebuch ist natürlich ein Traum für jeden Autobiografen, und für Sie ist es wie eine Studienreise in Ihre eigene Vergangenheit.

# 113     SCHWIEGERMUTTER SEIN

Schwiegermütter werden als Zielscheibe von Witzen nur noch von Blondinen übertroffen. Das Schwiegermutterwitz-Genre zeichnet sie so nervig und niederträchtig, wie Blondinen angeblich doof sind (vgl. Kapitel *Die Frau in der Krise*, Rubrik *Humor vortäuschen*). Im Internet zeugen hunderte von Seiten, die den Schwiegermutterwitz auf niedrigem Niveau pflegen und archivieren, von einem traditionell tief verwurzelten gesellschaftlichen Ressentiment gegenüber der Mutter des Partners. Warum war Adam der glücklichste Mensch aller Zeiten? Weil er keine Schwiegermutter hatte.

Das Image der Schwiegermutter ist mehr als verbesserungsfähig, eine Agentur, die auf Krisen-PR spezialisiert ist, könnte sich daran noch die dritten Zähne ausbeißen. Es gibt einfach auch zu viele schlechte *role models*, denken Sie nur an die böse Erzherzogin Sophie aus Sissi, die Romy Schneider quälte, oder an Jane Fonda, die in dem Film „Schwiegermonster" mit Jennifer Lopez dasselbe tat. Wer will sich da schon einreihen?

Falls Sie aber einmal Kinder haben, stehen die Chancen nicht schlecht, dass auch Sie zu einem späteren Zeitpunkt in Ihrem Leben zwangsläufig eine Schwiegermutter werden. An dem Status gibt es nichts zu rütteln. Das Verhalten, das Sie in dieser neuen Rolle an den Tag legen, können Sie jedoch so steuern, dass der nervige Schwiegermutterwitz aller seiner billigen Pointen beraubt wird.

A **DIE WURZEL ALLEN ÜBELS** Die gute Nachricht: Da klassische Rollenmuster in den Familien immer mehr aufbrechen, lösen sich auch viele Konflikte, die vor 30, 40 Jahren noch zu den Streitklassikern einer durchschnittlichen Ehe gehörten. Bis dahin war der Beruf fast aller Frauen Hausfrau und Mutter, und in dem Moment, in dem die Kinder das Haus verließen, war die Frau ihren Job los. Jetzt hatte sie, wenn überhaupt, nur noch „Vati" zu bemuttern. Niemand verliert gerne seinen Job, und wer es tut, sieht sich zumindest immer noch als Experte in seinem Fachbereich. Und so begreift sich die Schwiegermutter alter Schule aufgrund ihrer Vita als Expertin in Sachen Ehe, Kinder, Haushaltsführung – und vor allem als einzig wahre Kennerin des geliebten Sohnes oder der Tochter.

B **DIE WURZEL ALLEN ÜBELS ZIEHEN** Zum Glück verlassen Kinder heute nicht mehr das elterliche Haus, um im Anschluss sofort eine eigene Familie zu gründen. Das ist nicht nur von Vorteil für die Kinder, vor allem Töchter, weil in der Regel vor der eigenen Familiengründung noch ein Beruf erlernt und auch sonst alle möglichen und unmöglichen Sachen ausprobiert werden. Aus diesem Grund können Sie dem Schwiegermutter-Dasein gelassener ins Auge blicken, als noch vor 40 Jahren. Ihr Sohn oder Ihre Tochter wird mit der ersten, zweiten oder sogar dritten großen Liebe vermutlich nur übergangsweise liiert sein. Sie müssen die nervige Freundin oder den dummen Freund Ihres Kindes dann nur ein paar Jahre aushalten, denn kaum jemand bleibt heute noch für den Rest seines Lebens mit seiner Jugendliebe verbandelt. Geduld und ein dickes Fell gehören also schon einmal zur Grundausrüstung einer erfolgreichen Schwiegermutter. An nächster Stelle steht die Toleranz.

Ihr Sohn oder Ihre Tochter hat in Ihren Augen einen schlechten Geschmack? Pech für sie oder ihn, aber solange Ihr Kind mit seiner Situation mindestens zufrieden ist, sollten Sie es auch sein. Am Wichtigsten ist es jedoch, dass Sie ein eigenes Leben haben, also Freunde, Interessen, einen Job oder ein Ehrenamt. Sie sollen Ihre Kinder über alles lieben, aber Sie dürfen sie nicht als Ihren einzigen Lebensinhalt begreifen. Sie sind selbst dafür verantwortlich, dass Ihnen nicht langweilig wird und Sie außer Fernsehen noch andere Kontakte pflegen.

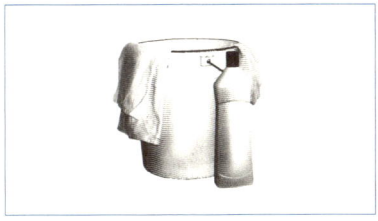

• • •

*Bei aller Liebe:*

*Putzen kann auch nerven.*

• • •

c **SCHWIEGERMUTTER SEIN IM ALLTAG** Fragen Sie sich ehrlich, wie Ihr Verhältnis zu Ihrem Kind war, bevor es sich an den aktuellen Partner gebunden hat. Wenn es schlecht war und Sie sich jährlich nur zu Weihnachten getroffen haben, können Sie den aktuell mangelnden Kontakt nicht auf Ihren Schwiegersohn oder Ihre Schwiegertochter schieben. Aufräumen beginnt also auch in diesem Fall vor der eigenen Tür, das heißt, wenn Sie es schaffen, das Verhältnis zu Ihrem Kind aufzupolieren, wird sich vermutlich auch das Verhältnis zu dem Partner Ihres Kindes verbessern. Apropos aufräumen: Eine nervige Angewohnheit vieler Schwiegermütter ist die Inspektion der Wohnung nach abweichendem Ordnungs- und Sauberkeitsverhalten des verliebten Paares. Wenn Sie sich das nicht verkneifen können, dann begehen Sie nicht auch noch den Fehler, ungefragt den Zustand der Wohnung zu kommentieren oder gar zu putzen. Wenn Sie sich gar nicht beherrschen können oder putzsüchtig sind, fragen Sie, bevor Sie in Aktion treten, ob Sie dürfen. Und akzeptieren Sie ein Nein als das, was es ist, nämlich eine Absage. Was für das Putzen gilt, gilt auch für alle anderen Lebensbereiche. Je mehr Sie es schaffen, nicht einer imaginären Normalität hinterherzujagen oder das Leben Ihrer Kinder mit Ihrem eigenen als Maßstab zu vergleichen, desto besser ist das für Ihr Verhältnis zueinander. Das bedeutet nicht, dass Sie nie ein kritisches Wort äußern dürfen oder eine Erfahrung mitteilen können. Hier macht aber nicht nur der Ton, sondern auch der Kontext die Musik. Einer übernächtigten Schwiegertochter, der ein bockiges Kind am Bein hängt, während die Milch überkocht und der Postbote eine Mahnung per Einschreiben ausliefert, zu sagen, sie habe ihr Leben nicht im Griff, wird nicht gut ankommen. Überhaupt, versuchen Sie Kritik in Ruhe und zum richtigen Zeitpunkt zu präzisieren. Wenn Sie sagen, Ihr Schwiegersohn wäre ein Egoist, ist das eine andere Aussage, als ihn auf die Seite zu nehmen und zu fragen, warum er nicht auch hin und wieder nachts das schreiende Baby beruhigen kann, und dass Sie sich Sorgen um das Wohlergehen Ihrer Tochter machen.

D **DIE LIEBEN ENKEL** Herzlichen Glückwunsch! Sie sind jetzt Großmutter und Sie haben den tollsten Job der Welt. Sie dürfen verwöhnen, übertreiben, inkonsequent sein und werden dafür mit Zuneigung überschüttet. Wenn Sie nicht die Ersatzmutter Ihres Enkelkinds sind, sind fast alle Regeln, die Eltern beachten müssen, um aus Kindern keine rücksichtslosen Monster zu machen, für Sie außer Kraft gesetzt. Noch ein Eis, noch eine Geschichte, doch noch länger aufbleiben, den ganzen Tag hundertprozentige Bespaßung: Kein Problem, denn Sie sind die Oma und dürfen das. Hier können Sie alles geben, vor allem auch Flexibilität und Einsatzbereitschaft den Eltern gegenüber, denn die meisten Paare freuen sich über einen freien Abend oder gar hin und wieder ein freies Wochenende. Und die Kinder profitieren auch von der Liebe und Aufmerksamkeit im Überfluss. Wenn Kinder da sind, besteht auch eine neue Chance, ein angeschlagenes Verhältnis ins Positive zu wenden. Denn nun gibt es ein neues Thema, das beiden Parteien am Herzen liegt und auf das sie sich konzentrieren können, anstatt immer nur auf das Trennende zu schauen. Beachten Sie aber, dass Sie kein unbezahltes Kindermädchen sind und dass sich auch die Kinder und Enkel an vereinbarte Zeiten und Termine halten müssen. Im umgekehrten Fall, falls Ihnen Ihre Enkel offensichtlich vorenthalten werden, versuchen Sie herauszufinden, was der Grund dafür ist und wie er sich beseitigen lässt, denn ohne Ihre Enkel verpassen Sie eine ganz besondere Phase im Leben.

E **WORST-CASE-SZENARIO** Es soll ja vorkommen, dass Schwiegermutter und Schwiegerkind absolut keinen Draht zueinander finden oder einander nicht ausstehen können (vgl. Kapitel *Die Frau in der Gesellschaft*, Rubrik *Lästern)*. Wie in allen Fällen von Zerrüttung haben daran meistens beide Parteien einen gewissen Anteil. Sie sind aber die Ältere und die Erfahrene, Sie wissen, wie kostbar ein gutes Verhältnis und eine zumindest halbwegs harmonische Familie sind und vor allem, wie die Zeit rast. Versuchen Sie als Schwiegermutter stets den ausgleichenden und nicht den anstachelnden Part zu spielen. Sie müssen nicht devot und auch nicht alles verzeihend sein, aber Sie können ganz einfach von Ihrer Seite stets bemüht sein, deeskalierend zu handeln. Auch wenn Sie Ihren Schwiegersohn oder Ihre Schwiegertochter gegen die Wand klatschen möchten, gehen Sie auf deren Vorlieben ein, auch wenn es Ihnen schwerfällt, und vertrauen Sie darauf, dass Ihr Entgegenkommen mit dem Entgegenkommen der anderen Seite belohnt wird. Wenn es gar nicht geht, dann geht es eben ab einem bestimmten Punkt einfach nicht mehr. Dann haben Sie vielleicht keine gemeinsamen Sonntage bei Kaffee und Kuchen oder die heile Familie unterm Tannenbaum, dafür sollten Sie versuchen, zumindest zu Ihrem Sohn oder Ihrer Tochter und Ihren Enkeln Kontakt zu halten.

F **DER / DIE EX** Wie bereits erwähnt, ist davon auszugehen, dass Sie sich im Laufe Ihres Lebens auf wechselnde Partner bei Ihren Kindern freuen können. Der eine kommt, der andere geht, ohne dass Sie großen Einfluss darauf haben. Wie aber sollten Sie sich gegenüber den Verflossenen verhalten, gerade wenn das Verhältnis herzlich war? Als Maßstab sollte hier das Wohl Ihres eigenen Kindes zu Grunde gelegt werden. Wenn Sie den Herzensbrechercharme Ihres Ex-Schwiegersohns immer noch amüsant finden, er aber wiederum Ihrer Tochter das Herz gebrochen hat, sollten Sie unbedingt auf engeren Kontakt verzichten – zumindest bis Gras über die Sache gewachsen ist. In den meisten Fällen können Sie aber zumindest die höfliche Fassade bewahren, denn in der Regel wird Ihnen persönlich nichts Schlimmes angetan worden sein. Sie brauchen nicht stellvertretend für Ihr eigenes Kind in Angriffsposition gehen, auch wenn Sie sich als Löwenmutter verstehen. Und tatsächlich soll es ja auch Fälle geben, in denen Ex-Schwiegerkind und Ex-Schwiegermutter gute Freunde bleiben, ohne dass daraus für irgendjemanden irgendein Problem wächst.

G ***TIPPS FÜR DIE ANDERE SEITE*** Die oberste Regel für geplagte Schwiegertöchter: Lassen Sie Milde walten, schalten Sie auf Durchzug und legen Sie nicht jedes Wort auf die Goldwaage. Und überprüfen Sie Ihre eigene Haltung. Nicht alles, was Ihre Schwiegermutter Ihnen erzählt, ist besserwisserischer Quatsch. Picken Sie sich die Rosinen aus der gesammelten Lebenserfahrung. Eine Ihnen wohlgesonnene Schwiegermutter ist das Ticket zur zeitweiligen Entspannung. Wenn Sie ein Putzteufel ist, dann lassen Sie sie doch in Gottes Namen die Schränke von innen putzen. Sie würden es doch selbst niemals tun, freuen sich aber hinterher über die blitzende Ordnung. Eine pfiffige Schwiegertochter nutzt Ihre Schwiegermutter niemals aus, aber Sie kann von ihrem Engagement und den Fähigkeiten profitieren. Mit Gelassenheit und einem Grundkurs in Diplomatie können Sie im Idealfall ein nettes Gespann abgeben, das die Schwiegermutterwitze auf den Müllhaufen des schlechten Humors verbannt.

# 114 SILBER PUTZEN

Als ältere Frau sind Sie vermutlich die Hüterin des guten Tafelsilbers. Auch wenn im Alltag selten damit gegessen wird, bei feierlichen und kulinarischen Höhepunkten gehört es auf den Tisch. Außerdem ist es eine schöne Tradition, es innerhalb der Familie zu vererben. Silberbesteck zu putzen ist allerdings als leidige Arbeit verschrien. Bei großen Bestecksets können schnell hundert Einzelteile zusammenkommen. Sehr viele Frauen haben schon sehr viel, vor allem nächtliche Lebenszeit in das Putzen von Silber investiert. Wenn Sie mit klassischem Silberputzmittel oder Silbertauchbädern gearbeitet haben, blitzt am Ende meist zwar das Besteck, aber der Berg von stinkenden, schwarzen Lappen hinterlässt das Gefühl, soeben einen nicht unerheblichen Posten Sondermüll produziert zu haben. Und das lässt letztlich auch das glänzende Besteck irgendwie unappetitlich erscheinen.

## ÖKOLOGISCHE UND PRAKTISCHE SILBERBESTECK-PUTZTIPPS

Es gibt so viele alternative Silberputztricks wie es freundliche Silberbesteck-Omis gibt. Die einen schwören auf Zahnpasta, die anderen auf mildes Kindershampoo. Der Nachteil dieser alternativen Tenside ist, dass Sie trotzdem um das Putzen nicht herumkommen, und zwar Teil für Teil für Teil.

Wenn Sie es einfacher mögen, nehmen Sie einen großen Topf mit Wasser und legen Sie so viel reinigungsbedürftiges Silber hinein, wie irgend passt.

*Umweltfreundlich: Alufolie, Salz, Kochtopf.*

Geben Sie einige Teelöffel Salz und Alufolie in Streifen hinzu, je nach Verschmutzungsgrad des Silbers. Starten Sie testweise mit einem DIN-A-4-großen Stück Alufolie und fünf Teelöffeln Salz. Das Ganze nun so lange zusammen kochen lassen, bis sich der Schmutz vom Silber löst und sichtbar auf der Alufolie absetzt. Nehmen Sie das Silber dann heraus, spülen und trocknen Sie es ab. Fertig.

Warum das so schnell, gründlich und im Verhältnis relativ umweltschonend möglich ist, liegt am Prinzip der Elektrolyse. Verstärkt durch das Salz wandern die Ionen, so auch die dunklen Ablagerungen des oxidierten Bestecks, vom edlen Silber zum unedleren Metall, dem Aluminium.

Die Sexualität der Frau jenseits der Wechseljahre ist Tabu-behaftet und rätselhaft, das Wissen darüber, wie es ab diesem Zeitpunkt läuft, wird zwischen den Generationen nicht übermittelt. Eines kann man sich jedoch denken: Die Sexualität aller älteren Menschen ist etwas sehr Individuelles, auch im Alter gibt es keine pauschalen Vorlieben oder Abneigungen. Von Männern weiß man, dass Sie im Alter oft Erektionsprobleme haben, die durch Viagra zumindest temporär behoben werden können. Und obwohl es bei den Männern technisch jetzt häufiger hakt, kann ein alter Mann unter bestimmten Umständen gesellschaftlich durchaus als sexuell attraktiv wahrgenommen werden. Bei Frauen verändert sich zwar die Libido beziehungsweise: diese kommt vielleicht nicht mehr so ungezügelt daher wie in jüngeren Jahren, aber Frauen sind im hohen Alter sowohl körperlich als auch mental voll sexuell genussfähig. Ein Viagra für die Frau ist also gar nicht vonnöten. Wenn zusätzlich davon auszugehen ist, dass das Thema Verhütung ab einem bestimmten Alter vom Tisch ist, könnten sich ältere Frauen theoretisch auf einen heißen Herbst einstellen. Viele Frauen sind verschämt über ihre nach wie vor intakten sexuellen Bedürfnisse oder sie denken, dass sie nicht mehr attraktiv genug sind, um diese auszuleben. Da Männer im Alter auch nicht knackiger werden, ist das ein eigentlich absurder Gedanke. Jedoch ist nicht von der Hand zu weisen, dass viele ältere Frauen das Klischee von der älteren, quasi geschlechtsneutral auftretenden Frau, ob gewollt oder ungewollt, nach außen tragen, und das hat gar nichts mit ihren körperlichen Merkmalen zu tun. Dazu genügt ein Blick in Deutschlands Fußgängerzonen.

Interessant ist, dass es in Zukunft sehr viel mehr alte, erfolgreiche und aus sich heraus wohlhabende Frauen geben wird, die gebildet, erfahren und sogar einflussreich oder mächtig sind. Der Gedanke, dass auch Frauen für diese Eigenschaften und Leistungen von Männern geliebt und begehrt werden, wie es ja im umgekehrten Fall schon seit Menschengedenken üblich ist, ermöglicht neue, spannende Paarungen und wird die Rollenzuweisungen und Möglichkeiten für Männer und Frauen hoffentlich erweitern.

Auch wenn es eine Reihe von Models wie Claudia Schiffer oder Kate Moss gibt, die auch jenseits der 30 alle Job- und Verdienstrekorde brechen – die Wahrheit ist, dass Frauen im klassischen Modelbusiness mit 30 Jahren als steinalt und schwer vermittelbar gelten. Nicht Ihr Problem, denken Sie jetzt, weil Sie keine Modelmaße haben und vom Branchenstandpunkt aus gesehen schon scheintot, also jenseits der 50 sind? Dann schauen Sie vielleicht doch noch einmal in den Spiegel: Wenn Ihnen gefällt, was Sie dort sehen, könnte es sein, dass Sie eine kleine, feine Karriere als Senior Model starten können. Das Tolle daran ist, dass hier Ihr Alter eine Buchungsvoraussetzung und kein Makel ist und dass schön sein nicht mit jung sein gleichgesetzt wird.

A **WIE AUSSEHEN?** Um ein erfolgreiches Senior Model zu werden, müssen Sie zahlreiche Kriterien auf sich vereinen. Das Wichtigste ist, dass Sie fotogen und telegen sind. Sie können die schönste ältere Dame der Welt sein, wenn das auf Fotos nicht rüberkommt, müssen Sie Ihre Schönheit in der realen Welt genießen. Dünn zu sein ist kein Muss, zu dünn zu sein eher ein Makel, aber Ihr Körper sollte gepflegt und gut in Schuss sein und maximal in Kleidergröße 44 passen.

Christa Höhs, die selbst als Senior Model arbeitete, bevor Sie 1994 die weltweit erste Senior-Model-Agentur gründete, legt zudem allergrößten Wert auf eine positive, lebensfrohe Ausstrahlung, zu der unbedingt auch Falten gehören. Von gespritzten und gelifteten Damen ist sie gar nicht begeistert, da die Gesichter oft sehr unnatürlich wirken. Die Attraktivität eines Senior Models und generell bei älteren Frauen strahlt für sie aus den Augen und liegt in der Bewegung.

Natürlich müssen Sie als angehendes Senior Model auch gut aussehen, bloß sind die Merkmale dessen, was Schönheit im Alter ausmacht, vielfältiger als die bei Supermodels gefragten 90-60-90, langen Haare, großen, dünnen Körper und hübschen Gesichter.

Sie müssen in der Lage sein, bei einem Shooting aus sich herauszugehen, also tendenziell ein eher extrovertiertes Wesen haben. Wenn Sie dann noch Freude an der Arbeit haben, stehen Ihnen interessante und lukrative Jobs bevor.

B **WAS VERDIENEN?** Die Spanne der Verdienstmöglichkeiten ist sehr breit. Ein Honorar richtet sich nach der Verbreitung der Kampagne und der Bekanntheit der Marke. Für eine kleine, regionale Werbung, die vielleicht nur drei Monate im Lokalanzeiger geschaltet wird, bekommen Sie nur ein paar hundert Euro. Für große, weltweit verbreitete Fernseh- und Werbekampagnen können es, wenn Sie Glück haben, 80 000 bis 90 000 Euro sein. Dann haben Sie allerdings das ganz große Los gezogen. In der Regel verdienen Senior Models 900 bis 1500 Euro am Tag, aber natürlich werden Sie nur unregelmäßig gebucht. Sehr erfolgreiche Senior Models werden allerdings durchaus mehrmals die Woche gebucht; wenn sie durchschnittlich erfolgreich sind, ungefähr ein- bis zweimal im Monat. Angenehm ist es allemal, denn vermutlich ist es für Sie ein Nebenverdienst und nicht das Geld, von dem Sie leben müssen. Abgesehen vom Geld werden Sie sehr viel Zuspruch erfahren und viele Komplimente zu hören bekommen, was sich positiv auf Ihr allgemeines Wohlbefinden auswirken dürfte.

C **DIE VORSTELLUNG** Die Mehrzahl aller erfolgreichen Senior Models war oft in jüngeren Jahren als Schauspielerin oder auch schon als Model tätig. Aber es gibt auch immer wieder Debütantinnen, die erst in späteren Jahren dazustoßen.

Wenn Sie glauben, dass Sie das Potential zum Senior Model haben, schauen Sie sich zunächst in Ihrer Umgebung um, welche Agenturen es gibt. Jetzt durchzudrehen und sich in New York oder Paris zu bewerben, wäre der verkehrte Ansatz. Am besten ist es, wenn Sie sich eine Agentur in Ihrer oder der nächstgelegenen größeren Stadt suchen. Als vielversprechende Anfängerin werden sich die Mitarbeiter besonders um Sie kümmern wollen, und da ist ein persönlicher, unproblematischer Kontakt von großem Vorteil. Rufen

Sie in der Agentur an und erkundigen Sie sich über die Modalitäten. In der Regel wird man Sie bitten, eine Portrait- und eine Ganzkörperaufnahme dorthin zu schicken. Wenn Sie der Agentur gefallen, werden Sie zu einem Vorstellungsgespräch geladen. Wenn Sie auch dann durch Ihre Ausstrahlung überzeugen, wird man mit Ihnen eine Sedkarte fotografieren. Ein Sedkarte ist eine Art visuelle Visitenkarte, auf der in unterschiedlichen Posen und Looks Ihre Vielfältigkeit und Ihr Aussehen dokumentiert sind. Viele denken übrigens, dass die Sedkarte eigentlich Set Card heißt, weil Sie mit aufs Set genommen wird. Tatsächlich ist Sie aber nach Sebastian Sed benannt, der in den sechziger Jahren die erfolgreiche Modelagentur „Parkersed" in Hamburg und New York führte. Die Sedkarte und eine engagierte Agentur sind nun Ihr Ticket zu einem Modeljob, der zwar auch physisch anstrengend sein kann, aber psychisch um einiges entspannter ist als ein vergleichbarer Job in jungen Jahren. Denn Sie sind gebucht für das, was Sie sind und darstellen, und jede Falte sitzt genau da, wo sie soll, damit Sie perfekt sind.

# 117                 IM ALTER STUDIEREN

Eine herrliche Vorstellung: nicht für die Institution oder die Karriere, sondern für das eigene Leben zu lernen. In dem Moment, da das Berufsleben hinter einem liegt, kann diese Vorstellung Wirklichkeit werden. Immerhin zwei Drittel aller wahrhaft älteren Semester sind Frauen, die nun stressfrei in das tiefe Becken der Erkenntnis eintauchen können.

A **_EIN VOLLSTUDIUM ABSOLVIEREN_** Sie möchten es noch mal richtig wissen und studieren wie ein richtiger Student, um einen amtlichen Abschluss und einen Titel zu erlangen? Grundsätzlich kein Problem, es sei denn, Sie träumen davon, einen weißen Kittel zu tragen und Medizin zu studieren. Denn für dieses Fach, Diplom-Psychologie und einige weitere Fächer gibt es zurzeit einen bundesweiten Numerus Clausus. Natürlich gleichen Sie mit Ihrer spektakulären Anhäufung von Wartesemestern auch den schlechtesten

Abiturdurchschnitt aus, aber Ihr Alter wird bei der Vergabe dieser Fächer eine Rolle spielen. Wer älter als 55 ist, muss einen sehr triftigen Grund vorweisen, warum ein Vollstudium angestrebt wird, denn ein Studium gilt als Berufsausbildung und richtet sich damit eigentlich an junge Menschen. Selbstverwirklichung oder die grauen Zellen auf Trab halten zu wollen, gilt hier nicht als Argument, um eine 20-jährige Abiturientin aus dem Rennen zu schlagen.

Wer aber definitiv nicht auf Prüfungsdruck, Arbeitsgruppen und Hausarbeiten verzichten möchte, kann sich ganz regulär mit dem Abiturzeugnis bei nicht zulassungsbeschränkten Fächern einschreiben, oder bei denen, die nur einen Uni-internen Numerus Clausus beziehungsweise ein Auswahlverfahren eingerichtet haben. Schauen Sie sich das Angebot an Bachelor-Studiengängen (geht schön schnell) oder interessanten Orchideenfächern der Uni Ihrer Wahl an. Bei Orchideenfächern handelt es sich nicht um einen akademischen Botanikstudiengang, sondern um tendenziell abseitige Nischenwissenschaften. Das heißt, wenn es Ihnen auf den formellen Abschluss ankommt, können Sie zum Beispiel Albanologie auf Magister in München oder Wirtschaftspädagogik als Bachelorstudiengang in Jena studieren.

B **GASTHÖRER SEIN** Gasthörer zu sein ist die unkomplizierteste Art, an allen deutschen Universitäten vom Bildungsangebot zu profitieren, denn Sie brauchen dazu kein Abitur und müssen lediglich eine Gebühr entrichten, die von Universität zu Universität leicht differiert. Natürlich können Sie nicht einfach so an jedes Seminar klopfen und sich dazusetzen und mitdiskutieren. Einige Seminare und Übungen und auch bestimmte Teile der zulassungsbeschränkten Fächer stehen Gasthörern nicht ohne weiteres offen. Bei den Kontaktstellen zu Gasthörerstudien an den einzelnen Universitäten können Sie sich beraten lassen und Ihr individuelles Vorlesungsprogramm erarbeiten. Von allen Prüfungen und Nachweisen sind Sie selbstverständlich befreit.

C **DAS SENIORENSTUDIUM** An mehr als 50 Universitäten in Deutschland existieren spezielle Seniorenstudiengänge, also Angebote, die speziell auf

die Wünsche von älteren Studierenden ausgerichtet sind. Die Studiengänge setzen sich aus verschiedenen Komponenten des regulären Studienangebots zusammen und werden durch besondere thematische Schwerpunkte unterstützt. In Berlin oder Dortmund gibt es Studienmodelle, die zertifiziert sind und explizit der Weiterbildung für vornehmlich ehrenamtliche Tätigkeiten im sozialen Bereich dienen. Die Mehrheit der Seniorenstudiengänge ist aber nicht zertifiziert und dient dem eigenen Interesse und Vergnügen. Die Universitäten bieten dazu in der Regel auch spezielle Vorlesungsverzeichnisse an. Entspannter geht es nicht.

# 118         ALT WERDEN WIE QUEEN MUM

Die ältesten Frauen der Welt sind heutzutage um die 120 Jahre alt. Sehr, sehr alt zu werden ist allerdings nicht prinzipiell erstrebenswert. Das reine Jahreansammeln reicht oft nur für eine wiederkehrende Notiz in der Lokalzeitung oder zum Eintrag ins Guinnessbuch der Rekorde. Auch im letzten Lebensabschnitt sollten Sie Qualität stets vor Quantität stellen. Richtig lustig wird es aber dann, wenn Sie bis ins hohe Alter beides miteinander vereinen können. Ein leuchtendes Beispiel für diese Philosophie ist die 2001 verstorbene Queen Mum, Frau des englischen Königs Georg VI. und Mutter der amtierenden Königin Elisabeth II., die im Jahr 1900 geboren wurde und 101 Jahre alt wurde. Zwei Weltkriege und eine anspruchsvolle Großfamilie konnten ihr die gute Laune nie verderben, und die Herzen ihrer Untertanen flogen ihr im Sturme zu. Von Queen Mum lernen heißt, dem grauen Rentnerinnendasein ein Schnippchen schlagen lernen.

A **STAY BUSY** Queen Mum war nicht nur die Königinnenmutter von relativ unübersichtlichen 1,7 Milliarden Einwohnern des Commonwealth, sondern sie hatte selbst auch eine weitläufige Familie, die guten Gewissens als nicht durchschnittlich bezeichnet werden kann. Fliehen Sie also nicht vor den Nervensägen aus Ihrer Verwandtschaft oder Ihrem Freundeskreis. In Wahrheit halten die und deren Probleme Sie nämlich auf Trab. Ein paar Ehebrüche hier, Intrigen dort und die schlechte Presse noch dazu, das alles hat Elizabeth Angela Marguerite Bowes-Lyon alias Queen Mum das Lächeln nicht vom Gesicht wischen können. Auch Sie sollten sich von den Querelen und Spinnereien Ihrer Liebsten nicht die Laune verderben lassen, und was die Nachbarn reden, ist sowieso egal. Wenn Sie stets ein gutes Wort und ein offenes Ohr für alle Verrücktheiten Ihrer Freunde und der Verwandtschaft haben, werden Sie nicht nur allseits beliebt sein, sondern auch mental auf Trab gehalten. Denn Familienfehden zu entwirren, ist komplizierter und unterhaltsamer, als Schach zu spielen. Bis kurz vor Ihrem Tod hatte Queen Mum zudem stets einen vollen Terminkalender und war Schirmherrin von über 300 Organisationen und Ehrenoffizier zahlreicher Regimenter. Nebenbei pflegte Sie noch eine Schwäche für Rennpferde.

Im Jahr 1997, mit Ende 90, absolvierte Sie noch 58 offizielle Termine. Auch wenn niemand von Ihnen verlangen wird, Bänder zu zerschneiden, Hände zu schütteln oder die Chelsea Flower Show zu eröffnen, überlegen Sie sich, was Ihnen Spaß macht und wem Sie mit Ihrer Anwesenheit oder kleineren Diensten nützen können. Interessante Aufgaben lassen Ihren Motor laufen.

B **LOOKING GOOD** Ist Ihnen schon mal aufgefallen, dass viele ältere Damen hierzulande sich vornehmlich in Beige-, Braun- oder Grüntönen kleiden und sich auf deprimierende Art gleichen? Andere Frauen wiederum verwechseln gut aussehen im Alter mit jugendlich aussehen im Alter und geben viel Geld dafür aus, einem verblichenen Look aus zurückliegenden Jahren hinterherzurennen (vgl. Kapitel *Die Frau im Spiegel,* Rubrik *Etwas nachhelfen mit Botox & Co).* Queen Mum ist in keine dieser potentiellen Fallen getappt: Sie hat jede Runzel wie eine Trophäe getragen, die Augen funkelten, und im Mund trug sie „British Teeth", britische Zähne, was ihrem bezaubernden Lächeln aber keinen Abbruch tat. Ihre Garderobe war meist ein Traum in Pastell, und florale Muster umrankten sie mehr oder weniger vorteilhaft. Nur ihre Sonnenschirme waren stets transparent, damit die Untertanen ihr Gesicht sehen konnten. Auch Sie sollten Mut zur Exzentrik haben: Pinkfarbener Lippenstift, bunte Roben, knallige Farben, seltsame Hüte? Wann, wenn nicht im Alter, kann man sich jedem modischen Experiment hemmungslos hingeben? Ihre Figur ist vermutlich nicht mehr so konventionell, deshalb braucht es Ihre Kleidung erst Recht nicht zu sein.

c **HIGH SPIRITS** Die öffentlich-rechtliche Adelsinstitution Rolf Seelman-Eggebert erinnert sich an eine Einladung zu Pre-Lunch-Drinks in Clarence House, der Residenz der Königinnenmutter. Das Mischverhältnis von Gin und Tonic Water war dabei in etwa proportional umgekehrt zu hiesigen Gepflogenheiten, und das, bevor der Magen eine mittägliche, stärkende, warme Mahlzeit erhielt.

Auch wenn diese Geschichte zeigt, dass bei Hofe ein eher ungezwungenes Verhältnis zum Aperitif herrscht, so berichtet Seelmann-Eggebert, dass Queen Mum niemals aus der Rolle fiel oder gar bei seinen Begegnungen mit ihr durch eine Fahne auffiel. Das muss der herrschenden Meinung darüber, dass Queen Mum eine große Liebhaberin alkoholischer Getränke, insbesondere von Gin und Champagner war, nicht widersprechen. Natürlich wäre es wenig royal und peinlich, eine angeschickerte Königinnenmutter durch alle anfallenden Rituale und Empfänge zu bugsieren. Das wusste vermutlich auch Queen Mum. Aber ein, zwei oder drei Gläschen in Ehren und zum Essen – dagegen ist überhaupt nichts einzuwenden. Wenn Sie es geschafft haben, 70 oder 80 Jahre lang ein genussvolles Verhältnis zu Alko-

holika zu kultivieren, dann können Sie die letzten 20 Jahre Ihres Lebens ruhig noch einen draufsetzen. Vorausgesetzt, dass Sie Ihre gute Laune behalten und nicht ständig aus der Rolle fallen. Alter und Trunkenheit wirken meist mitleiderregend. Da Sie aber ausreichend Zeit gehabt haben, Ihre Trinkfestigkeit zu trainieren, sollte genau das ja eigentlich nicht passieren.

D **THE SECRET FORMULA** Der Lieblingscocktail von Queen Mum war der „Royal Dubonnet Cocktail". Dubonnet ist ein auf Wein basierender, Vermouth-ähnlicher, französischer Aperitif, der Mitte des neunzehnten Jahrhunderts erfunden wurde. Er reift zusammen mit einer geheimen Kräutermischung drei Jahre lang in Eichenfässern. Für ein Glas „Royal Dubonnet Cocktail" brauchen Sie: 70 Milliliter Dubonnet • 70 Milliliter Dry Gin • Schütteln und auf Eis mit einem Spritzer Zitrone aufgießen. Cheers!

# 119       GUTES HINTERLASSEN

Die Annahme, als alte Frau so wohlhabend zu sein, dass man sich ernsthaft Gedanken machen muss, wohin das schöne Vermögen fließen soll, hat etwas für sich, auch wenn es vergnüglichere Themen gibt als die Nachlassregelung.

Es kann sein, dass Sie von einer großen und wunderbaren Familie umgeben sind, der Sie jeden Cent gönnen. Es kann aber auch sein, dass Sie Ihre künftigen Erben für ungeeignet halten, zum Beispiel wenn es sich um ein paar entfernte Verwandte handelt, die Sie auch noch als Erbtante bezeichnen. Das

*Vergilbte*
*Ordner gelten als*
*seelenlos.*

bedeutet, dass sie nur darauf warten, ohne Sie zu feiern, nämlich am Tag Ihrer Testamentseröffnung.

Wenn weit und breit kein Verwandter in Sicht ist, wird man nach Ihren Erben suchen und in den meisten Fällen auch fündig. Denn selbst wenn Sie die Leute nie zu Gesicht bekommen haben, gelten auch die Großneffen Ihrer Cousinen dritten Grades als Ihre Erben, falls niemand gefunden wird, der Ihnen verwandtschaftlich näher steht. Wenn Sie tatsächlich das letzte Glied Ihrer Familie sind und kein Testament, aber ein Vermögen hinterlassen, fällt dieses einfach an den Staat. Gegen diese eher seelenlose Möglichkeit spricht, dass der Staat es Ihnen erstens nicht danken wird, und dass es zweitens eine schönere Vorstellung ist, der Welt gezielt etwas Gutes zu hinterlassen, als sang- und klanglos in einem vergilbten Ordner zu verschwinden. Und natürlich kann es auch sein, dass Sie beim Vererben sowohl Ihre Lieben, als auch einen guten Zweck im Sinn haben.

A **STIFTEN ODER SPENDEN** Wie Sie sich sicher vorstellen können, werden Sie überall mit offenen Armen empfangen, wenn Sie beabsichtigen, Geld zu hinterlassen. Viele Leute, die schon zu Lebzeiten regelmäßig spenden, bedenken die Empfänger auch großzügig in ihren Testamenten. Häufig bedacht werden auch die, zu denen in den letzten Lebensjahren der engste Kontakt herrschte, wie zum Beispiel die Kirchen oder Einrichtungen für Tiere, wenn der letzte engste Freund ein Hund war. Und auch jede öffentliche und kulturelle Einrichtung wird sich dankbar an Ihren Namen erinnern, wenn Sie sie in Ihrem Testament bedenken, sei es nun in Form von Kunstgegenständen oder Geld. Die nachhaltigste Art, Ihr Vermögen einem bestimmten Zweck zukommen zu lassen, ist aber die Gründung einer Stiftung. In wenigen Worten gesagt geht es bei einer Stiftung darum, Ihr Vermögen dauerhaft anzulegen und Ihre Absichten durch die erwirtschafteten Zinsen zu finanzieren. Stiftungen können natürlich auch zu Lebzeiten gegründet werden, es existieren mehrere Rechtsformen. Für eine Stiftung als Hinterlassenschaft spricht neben dem Erhalt Ihres Vermögens auch, dass Sie sich damit namentlich verewigen können.

B **IHR WILLE** Bevor Sie sich für eine der Rechtformen entscheiden, denken Sie zuerst darüber nach, was Ihnen am Herzen liegt, denn darum geht es. Sie sind die Person, deren Vermächtnis es ist, Kinder, Wissenschaftler, Tiere, Künstler oder wen auch immer zu unterstützen. Vielleicht sehen Sie auch seit langem irgendwo Förderungswürdiges, das sonst niemandem auffällt. Ihre Möglichkeiten sind so unzählig wie die einer Spenderin. Sie können zum Beispiel auch einen Preis mit Ihrem Namen stiften und verfügen, dass er einmal jährlich an jemanden verliehen wird, der etwas in Ihrem Sinne geleistet hat. Den bekanntesten Preis dieser Art stiftete Alfred Nobel, indem er testamentarisch erließ, dass der Nobelpreis denjenigen zugute kommen soll, die der Menschheit den größten Nutzen gebracht haben. Auch wenn Sie sich nicht gleich mit mehreren Preiskategorien an die ganze Welt richten und weniger Zinsen einnehmen als die Nobelstiftung, wäre das Prinzip bei dem von Ihnen gestifteten Preis das gleiche.

Wenn es um kleinere Beträge geht und Sie sich einer anderen Stiftung anschließen, werden Ihnen konkrete Vorschläge gemacht, wohin Ihre Vermögenserträge künftig fließen. Bedenken Sie, dass anderswo oft schon ein paar hundert Euro im Jahr für ein Stipendium oder die medizinische Versorgung mehrerer Menschen reichen.

C **EIGENTLICH SEHR EINFACH** Eine Stiftung kann jeder erwachsene Bürger gründen oder in seinem Testament veranlassen. Der Vorteil im Vergleich zur einmaligen Spende ist der, dass Ihr Vermögen dauerhaft angelegt und verwaltet wird. Spenden und Stiften wird verstärkt vom Staat gefördert, und zwar durch das „Gesetz der weiteren Förderung des bürgerschaftlichen Engagements". Hierin wird unter anderem geregelt, dass Sie jährlich bis zu eine Millionen Euro steuerlich wirksam in eine Stiftung einbringen können und dass die Erbschaftssteuer entfällt, wenn Sie Ihr Vermögen einer gemeinnützigen Stiftung übertragen. Als Gründerin legen Sie den Verwendungszweck in Ihrer Stiftungssatzung fest. Außerdem können Sie sich, wie erwähnt, zwischen mehreren Rechtsformen entscheiden, je nachdem, um wie viel Geld es geht und was Sie bezwecken.

D *DIE RECHTSFÄHIGE STIFTUNG BÜRGERLICHEN RECHTS* Diese Form der Stiftung unterliegt einer laufenden staatlichen Aufsicht. Das hört sich stark nach Finanzamt an, und in der Tat wird diese Stiftung auch bei Ihrer zuständigen Finanzbehörde angemeldet. Der Vorteil daran ist aber, dass der Gesetzgeber dafür sorgt, dass Ihr privater Stifterwille eingehalten wird. Kurz: Wenn Sie Ihr Geld den lernschwachen Kindern in Ihrer Gegend zukommen lassen wollen, bleibt es dabei. Die Stiftung ist nicht auflösbar, und Ihr Stiftungszweck kann nachträglich nicht geändert werden.

Als Orientierungszahl werden hier 50 000 Euro genannt, die aber nicht gesetzlich vorgeschrieben sind, da es auch sein kann, dass für Ihren Verwendungszweck weniger Geld notwendig ist.

E *DIE TREUHANDSTIFTUNG* Hier geht es ab zirka 10 000 Euro los und das behördliche Genehmigungsverfahren entfällt. Sie bestimmen einen Treuhänder, der verpflichtet wird, die Erträge aus Ihrem Vermögen – also Ihre Zins- oder Mieteinnahmen – dahin zu überweisen, wo Sie es festgelegt haben. Eine Treuhandstiftung ist eine kleinere Lösung als die rechtsfähige Stiftung bürgerlichen Rechts, allerdings müssen Sie als Treuhänder jemanden finden, dem Sie vertrauen können, weil die staatliche Aufsicht entfällt.

Der Treuhänder muss nicht einer Ihrer vielleicht windigen Nachfahren sein, Sie können auch eine Organisation einsetzen. Hilfsorganisationen, gemeinnützige und karitative Vereine bieten Ihnen meist sehr unkompliziert (schließlich sind Sie ja in der Geberposition) die Möglichkeit, eine Treuhandstiftung zu gründen und damit nicht nur Ihr Geld, sondern auch Ihren Namen oder den Namen, den Sie wünschen, weiterleben zu lassen. Wenn Sie sich bereits seit Jahren für etwas engagieren, wird Ihnen die Wahl des Projekts sicherlich leicht fallen.

F **ZUSTIFTEN** Fast alle gemeinnützigen Stiftungen heißen Sie herzlich willkommen, Zustifterin zu werden. Das ist die unkomplizierteste Form der Stiftung, bei der Ihr Vermögen in das Grundstockvermögen der größeren Stiftung einfließt, aber ebenfalls erhalten bleibt, weil man nur die Erträge verwendet. Diese Form bietet sich an, wenn Ihnen der Aufwand einer eigenen Stiftung zu groß ist, und wenn Sie voll und ganz hinter der bereits existierenden Stiftung und deren Projekten stehen. Die kann nämlich durch Zustifter wie Sie größere Summen anlegen und so höhere Erträge erwirtschaften. Wenn Sie eine Stiftung bürgerlichen Rechts gegründet haben, können Sie deren Vermögen natürlich auch durch die Mithilfe von Zustiftern vergrößern lassen.

# 120 ——— HEILIGGESPROCHEN WERDEN

Wenn Sie als Frau mit Ihren Karrierechancen in der katholischen Kirche nicht zufrieden sind, so gibt es zumindest posthum eine Aufstiegschance, bei der die Geschlechter gleichberechtigt sind: Die Heiligsprechung (lat. Kanonisation). Dass dieser Status nicht für jeden erreichbar ist, steht außer Frage. Abwegig ist der Gedanke jedoch nicht, denn allein in der Amtszeit von Papst Johannes Paul II. sind 483 Menschen heiliggesprochen worden, das sind fast doppelt so viele wie in den 400 Jahren davor. Für Katholikinnen, die seit fünf Jahren verstorben sind, besteht also eine reelle Chance auf eine Seligsprechung, die die erforderliche Vorstufe zur Heiligsprechung ist.

A **DIE BEDINGUNGEN** Wenn man so will, erfolgt die Heiligsprechung nach dem Leistungsprinzip. Man benötigt eine herausragende christliche Vita und

Zeugen dafür, denn eine Heiligsprechung kann man nicht selbst beantragen. Spätere Heilige sollten die sieben Kardinaltugenden hochgehalten haben, welche da wären: Weisheit, Gerechtigkeit, Tapferkeit, Besonnenheit, Glaube, Liebe und Hoffnung.

Krisen und Phasen des Zweifels erfassten die Gläubigen schon im Alten Testament und sind in einer Heiligenbiografie keinesfalls verboten, denn sie sind menschlich. Wichtig ist, dass man zu seinem Glauben zurückfindet. Ein Kirchenaustritt wirkt sich also nicht günstig auf den späteren Antrag aus. Ihre Biografie sollte außerdem zeigen, dass Sie sich stets aktiv für Ihren Glauben

• • •

*Das letzte Wort hat der Papst.*

• • •

engagiert haben. Als Mitglied oder gar Gründerin eines Ordens haben Sie besonders gute Chancen, dies stets vor genügend Zeugen zu tun. Ein Leben im Kloster ist jedoch keine zwingende Voraussetzung.

B *MÄRTYRER* Mit Glaube und Tugendhaftigkeit ist es nicht getan. Die frühen Heiligen waren meist Märtyrer, also Menschen, die ihr Leben für ihre Religion gelassen haben, was als das höchste Zeugnis des Glaubens und der Liebe galt. Diese teilweise grausigen Martyrien sind bis heute vor allem durch zahlreiche Darstellungen in der Kunst bekannt. Märtyrer, die nicht im Moment ihres Todes oder mit ihrem Marterinstrument dargestellt werden, tragen einen Palmzweig bei sich. Anderen Heiligen werden als Symbol die Modelle der Kirchen oder Klöster zugeordnet, die sie zu Lebzeiten gestiftet haben. Als Stifterin zum Heiligenschein zu gelangen, ist heute realistischer, als dies durch ein Martyrium zu erreichen.

C **DIE FRAGE DES WUNDERS** In der Regel muss zur Seligsprechung ein Wunder nachgewiesen werden, für die anschließende Heiligsprechung möglichst noch ein weiteres. Heute sind das größtenteils Heilungen, die die künftige Heilige allein durch ihre spirituelle Kraft erwirkt haben muss. Die Heilung muss plötzlich und vollkommen gewesen sein. Um einen schulmedizinischen Grund auszuschließen, werden mehrere Gutachten von Medizinern erstellt.

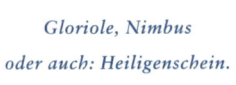

• • •

*Gloriole, Nimbus*

*oder auch: Heiligenschein.*

• • •

Als Wunder gelten auch seherische Fähigkeiten, wie sie Lucia dos Santos hatte, der (gemeinsam mit ihrer Cousine und ihrem Cousin) in den Marienerscheinungen von Fatima im Jahr 1917 drei Geheimnisse die Zukunft betreffend anvertraut worden waren.

D **DER DIENSTWEG** Wenn genügend Beweise und Zeugen für Ihr überdurchschnittlich tugendhaftes Leben und Ihre Wundertätigkeit vorhanden sind, kann sich Ihr Antragsteller, den man Actor nennt, an die Kongregation zur Selig- und Heiligsprechung wenden, das ist die dafür zuständige Abteilung im Vatikan. Der Actor kann eine Einzelperson, aber auch ein Orden oder eine kirchliche Vereinigung sein. Das Verfahren ist äußerst komplex und zieht sich oft über Jahre hin. In der letzten Instanz kommt es zu einer Verhandlung vor einer Jury aus stimmberechtigten Theologen. Den Fürsprechern tritt hier ein Promotor justitiae, also ein Förderer der Gerechtigkeit, entgegen. Dieser versucht die Heiligsprechung anzufechten beziehungsweise führt Argumente gegen die Kanonisation ins Feld. Früher nannte man die Parteien

*Advocatus diaboli* und *Advocatus dei* – der Anwalt des Teufels diskutierte mit dem Anwalt Gottes die Frage aus, ob nun heiliggesprochen wird oder nicht. Wenn anschließend mindesten zwei Drittel der versammelten Theologen für die Heiligsprechung stimmen, hat der Papst das letzte Wort.

Fällt er ein positives Urteil, wird dies in einem Dekret über den heroischen Tugendgrad beziehungsweise das Martyrium und die Wunder in der Acta Apostolicae Sedis veröffentlicht. Die Heiligsprechung vollzieht der Papst dann im Rahmen einer liturgischen Feier.

E **DIE KOSTEN** Das gesamte Verfahren bedeutet einen gewaltigen Verwaltungsaufwand und die Mitarbeit sehr vieler Experten. Neben Steuern und Gebühren müssen Übersetzer, Gutachter, Reisekosten, Aufwandsentschädigungen für die Zeugen, Druckkosten und Honorare bezahlt werden. Inklusive der Ausgaben für die abschließenden Feierlichkeiten belaufen sich die Kosten für eine Heiligsprechung auf mindestens 50 000 Euro, meist mehr. Diese Summe muss vom Antragsteller aufgetrieben werden und kommt meist durch Spenden zusammen. Um Heiligenanwärter aus armen Kirchenregionen nicht zu benachteiligen, ist bei der Kongregation ein Fonds eingerichtet, über den man eine Finanzierung beantragen kann.

F **HEILIGE SEIN** Im katholischen Glauben begreift man die auf der Erde lebenden Gläubigen und die bereits Entschlafenen als eine Gemeinschaft. Die Heiligen nehmen dabei eine Vermittlerrolle ein und sind häufig die Adressaten für Hilfesuchende und Fürbitten. Außerdem sind sie Patrone von Städten und Ländern, für Berufsgruppen und gegen Krankheiten. Fast allen Dingen und Ereignissen des Lebens werden Heilige zugeordnet, von Examensnöten und Eheproblemen über den Amateurfunk bis hin zum Feierabend – es gibt immer einen Patron für ein Gebet. Sehr viele Heilige wurden außerdem noch in Bauernregeln und Wettervorhersagen verewigt. Anhand Ihrer Biografie wird dann entschieden, für welchen Lebensbereich Sie stehen und von den Lebenden kontaktiert werden. Und wenn Künstler sich Ihrer Person widmen, werden Sie mit einem Heiligenschein dargestellt.

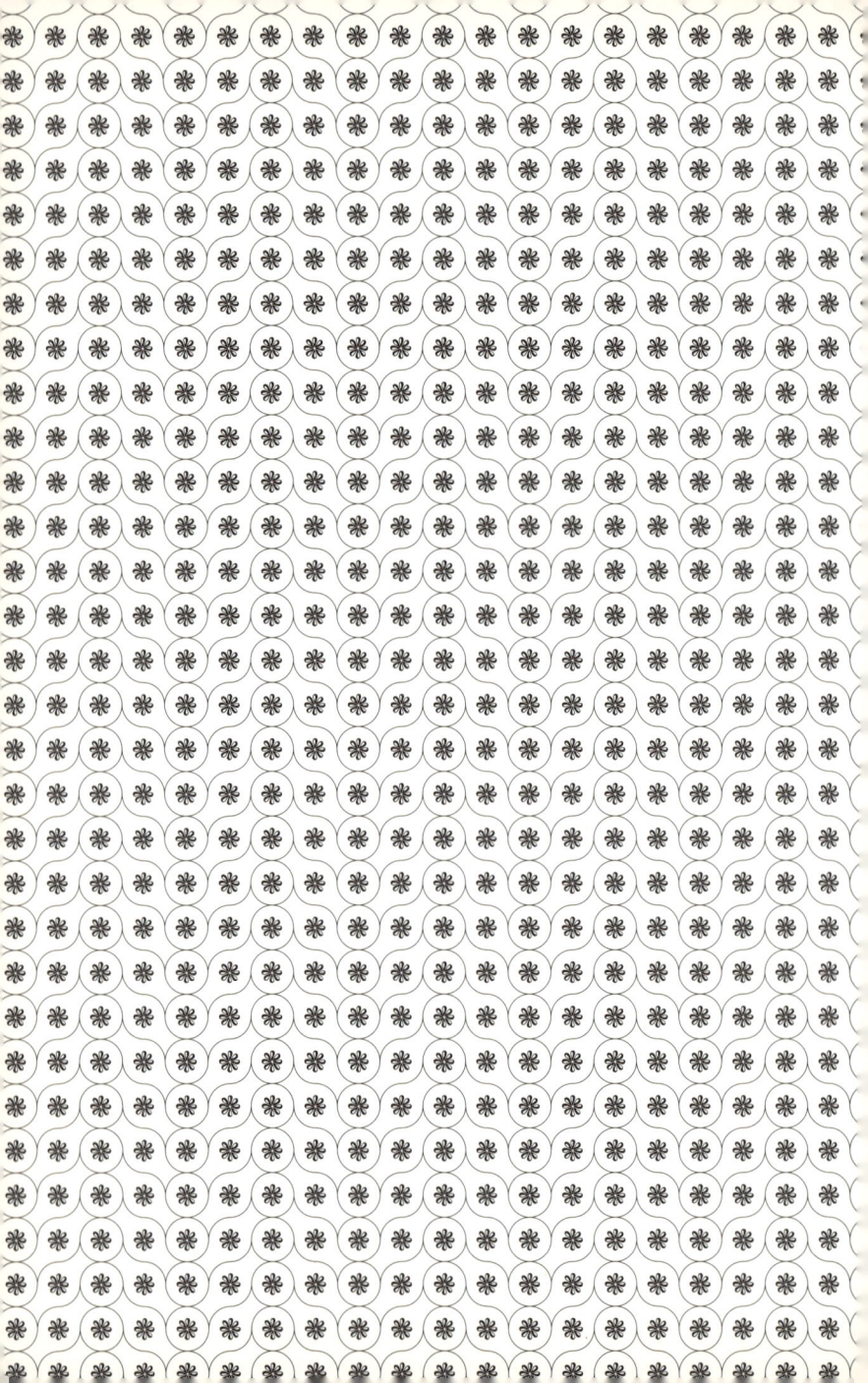

*DANK*

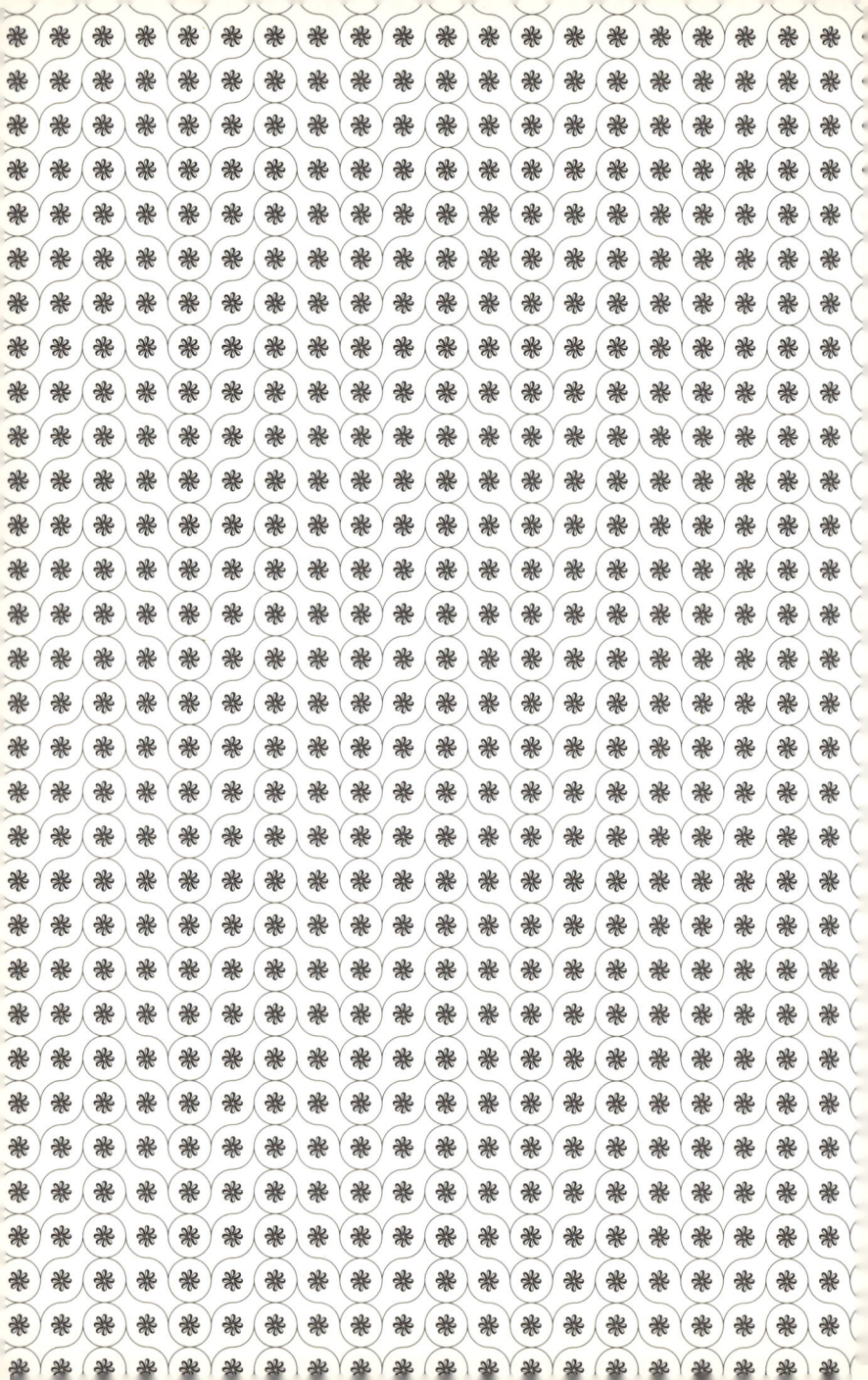

# WIR DANKEN

Allen voran **Carolin Schmidt**, für die hervorragende, konstruktive Assistenz,
die gnadenlose Suche nach Fahrlässigkeiten und das wirklich alles überblickende Auge.

*Ferner danken wir herzlich:*

**Yvette Apostel** von der Commerzbank,
die uns sagte, was sie in einem Businessplan lesen will und was eher nicht.

**Roland Beißel**, Heilpraktiker und Akupunkteur bei den „Wohlfühlern" in Berlin,
der wie kein anderer kompetent und charmant nicht nur bei Frauenleiden
immer einen Rat weiß. Ihm verdanken wir das Rezept für die Wochenbettsuppe
und (hoffentlich bald) die Ausrottung des prämenstruellen Synmdroms.

**Fiona Bennett**, Designerin aufregender Hutkollektionen,
für ihr Fachwissen rund um die Kopfbedeckung.

**Julia Blank**, Christie's Deutschland,
für die freundliche Auskunft über das Ver- und Ersteigern beim Traditionsauktionshaus.

**Eva Bölke** von der „Änderungsschneiderei Bölke" in Berlin,
die so schnell Knöpfe annähen konnte, dass uns schwindelig wurde.

**Wiebke Bosse**, Fotografin, die genau wusste, was wir wissen wollten,
als wir sie fragten, wie man auf Fotos glamourös aussieht.

**Karo Brandi**, Modeillustratorin und Stylistin, unsere Frau in New York,
für das amerikanische Date und den Oscar-Dresscode.

**Dr. Joana Breidenbach**, Kulturanthropologin und Gründungsstifterin
von www.betterplace.org, gab uns Tipps, wie man Gutes tun und hinterlassen kann.

*Kriminaloberkommissarin **Sarah Brie**, die bereits als Bodyguard
für die Bundeskanzlerin im Einsatz war, weiß, wie man ordnungsgemäß eine Faust ballt
und potentiellen Angreifern das Fürchten lehrt.*

*Rechtsanwalt **Georges Brox**, der den Designfälschern auf den Fersen ist
und uns mit unverfälschtem Wissen beeindruckte.*

***Inga Busch**, Schauspielerin, erklärte uns, dass es bei Heulszenen
nicht auf die Tränen ankommt, sondern auf gutes Schauspiel.*

*PD Dr. med. **Iris Calliess**, die uns sagte, wie man vor Publikum locker spricht,
seine Führungsqualitäten erst entdeckt und dann einsetzt, und die uns auch sonst
sehr wertvolle Tipps gab.*

***Jean Cohen**, Besitzer und Koch unseres Lieblingsrestaurants „Bandol" in Berlin
für die Käsevariation und viele leckere und lustige Abende.*

***Laura Corsini**, die unverbissen einen Ironman gemacht hat
und auch noch lustig davon erzählen kann.*

***Dietmar Deffner**, leitet die Wirtschaftsredaktion bei N24
und moderiert die „Börse am Mittag".
Nach einem Gespräch mit ihm will man nur noch eins: Aktien kaufen.*

***Nadine Diedrich**, die uns in allen Dingen des Brautseins
unschlagbar beriet und auch noch Inhaberin eines Brautgeschäfts mit dem schönen,
fast schon wehmütigen Namen „Complicite´Brautmoden"
in Berlin ist.*

***Luciana Dressler** vom „Brasilian Wax Studio" in Berlin,
die alles über Enthaarung weiß und energisch gegen Haare
an falschen Stellen kämpft.*

*Steffi Esterer vom Strickgeschäft „Loops" in Berlin,*
*die wir uns früher als Handarbeitslehrerin gewünscht hätten,*
*weil sie auch uns das Gefühl gab, den einfachsten Pullover stricken zu können.*

*Helge Flemming, Maler und Kenner des Kunstbetriebs,*
*der uns riet, beim Kunstkauf leidenschaftlich vorzugehen.*

*Allen Mitarbeitern bei flora & fauna media in Berlin, insbesondere*
*Anne Bretschneider, Viola Glock, Melanie Hoffstädt und Nina Südkamp*
*für ihre Ideen, Unterstützung und super Arbeit!*

*Barbara Gies, Cutterin,*
*für erleuchtende Ratschläge und wichtige Gespräche.*

*Maria Gies, Diplom-Kunsttherapeutin und Sexualtherapeutin aus Hamburg,*
*die viel interessantes Hintergrundwissen über Aufklärungsarbeit*
*und Sex im Alter vermittelte.*

*Britta Gortan von den Hohensteiner Instituten in Bönningheim.*
*Die hier erstellten bekleidungsphysiologischen Studien ließen uns aufatmen:*
*Das Problem mit den Kleider- und BH-Größen liegt nicht etwa an unseren Maßen,*
*sondern an den falschen Messungen der Industrie.*

*Paartherapeutin Brigitte Hebel, die uns half, zu zwischenmenschlichen Fragen*
*nicht nur eine Meinung zu haben. Sie verschaffte uns Einblick in ihre Arbeit*
*und öffnete uns in kurzer Zeit in manchen Dingen die Augen,*
*besonders zum ewigen Thema Mann und Frau.*

*Den Herren Eduard Augustin, Philipp von Keisenberg, Dirk Rumberg und*
*Christian Zaschke für den ausdrücklichen Wunsch nach einem Frauenbuch.*

*Dr. Jan Gerd Hillmann, Veterinär, der uns erzählte, woher die Stutenbissigkeit kommt.*

*Carsten Hofmeister vom Schlüsseldienst Hofmeister in Berlin für den Türöffner.*

*Christa Höhs, Inhaberin und Geschäftsführerin*
*der Agentur „Senior Models" in München, die wir wegen ihrer Geschäftsidee,*
*ihrer guten Laune und ihrer angenehmen Sicht auf die Schönheit von Frauen*
*als sehr anregende Gesprächspartnerin empfanden.*

*Nicole Hogerzeil, Inhaberin der Boutique „Schwarzhogerzeil" in Berlin,*
*die das Abenteuer, eine Boutique zu eröffnen, wie wenige andere perfekt gemeistert hat.*

*Hauptfeldwebel Heike Jähnel, die sehr freundlich Auskunft gab*
*über Frauen bei der Bundeswehr.*

*Madeleine Jakits, Chefredakteurin des Gourmetmagazins „Der Feinschmecker",*
*für den aufschlussreichen und sehr unterhaltsamen Ausflug*
*in die Welt der Spitzengastronomie.*

*Domprobst em. Monsignore Dr. Alois Jansen, Erzbistum Hamburg,*
*hat unsere Texte zu den Themen „Paten aussuchen" und „Heiliggesprochen werden" –*
*verzeihen Sie bitte die Albernheit – abgesegnet.*

*Norbert Kähler, Geschäftsführer der „Brillenwerkstatt" in Berlin,*
*verschaffte uns Durchblick in Fragen der Sonnenbrille.*

*Olrik Kleiner, der einzige Mann, der alles kann und weiß, außer Lampen anbringen.*

*Schippi Kleiner, flotte Schwiegermutter und Inspirationsquelle.*

*Martin Kössler, Geschäftsführer der wunderbaren „Weinhalle" in Nürnberg und im*
*Internet – und, wenn wir ergänzen dürfen: freundlicher und sehr hillfsbereiter Weinpapst.*

*Patricia Krüger, die beste Friseurin der Welt.*

*Johanna Kühl*, Designerin bei „Kaviar Gauche",
die uns ihre begehrten Taschen zeigte und uns alles über Lederqualitäten verriet.

*Anke Leweke*, berichtet für die Wochenzeitung „Die Zeit" und für „Radio 1"
über das Kino, für die wertvollen Anregungen zu unserer Filmliste.

*Susanne Long*, Inhaberin von „Callas Goodies" in Berlin,
erklärte uns den Businessplan aus Sicht der Unternehmerin.

*Felicitas von Lovenberg*, Autorin und Literaturkritikerin, schreibt für die FAZ
und hat uns objektiv bei den Anfängen unserer subjektiven Bücherliste geholfen.

*Sandra Manhartseder* von Glitz e.V. für einen feuchtfröhlichen Abend
voller Einblicke und Pointen zum Kunstgeschäft.

*Gabriele Meinhard*, die uns mit ihrer Website zum Thema Gleichberechtigung
beeindruckte und uns kompetent zum Thema beriet.

*Maria Sophia Moon*, Schwimmlehrerin, für die Kraulanleitung.

*Dr. Dr. med. Herbert Mück*, dessen Veröffentlichungen wir freundlicherweise
nutzen durften, um künftig gelassener mit Spinnen umzugehen und unser Leben durch
Komplimente noch mehr zu verschönern.

*Heike Muhlhaus*, Bildhauerin und Innenarchitektin,
unter deren Anleitung Handwerker zu wahren Wundern fähig sind.

*Nele Mueller-Stöfen*, Schauspielerin, die uns am Telefon überzeugend die Feinheiten des
„Heulens auf Kommando" deutlich machen konnte.

*Eva Munz*, vielreisende Regisseurin und Autorin,
für die iranischen Reisetipps und unvergessliche Abende.

**Jörg Christian Nast**, *Frauenarzt, der bestätigte,*
*dass es wirklich keinen hundertprozentigen Trick gibt, das Geschlecht eines Kindes*
*bei der Zeugung zu bestimmen.*


**Dr. Dr. Mohamed Ndiaye** *ist zwar Mikrobiologe,*
*doch schaut er nicht nur durch Mikroskope. Deshalb konnte er uns auch sagen,*
*wie man in Afrika große Gefäße auf dem Kopf transportiert.*


**Claudia Neuhofer,** *Wiesnbedienung auf dem Oktoberfest,*
*die fast alle Geheimnisse zum Thema lüftete.*


**Mona di Orio,** *Parfumeurin, kreiert nicht nur magische Parfums, sondern kann auch*
*so poetisch über Düfte reden, dass man sie zusätzlich noch sieht und hört.*
*Aufmerksam geworden sind wir auf Mme. di Orio*
*in der vorbildlichen Parfumabteilung des Quartier 206 in Berlin.*


**Mandy Pecher,** *Rechtsanwältin und Attorney at Law,*
*für die gründlichen und äußerst hilfreichen Anmerkungen zum Thema Greencard.*


**Sven Peitzner,** *Rechtsanwalt, mit dessen Porsche wir nicht fahren,*
*aber immerhin das stilvolle Aus- und Einsteigen üben durften.*
*Außerdem hat er uns sehr kompetent beraten, falls in nächster Zeit*
*eine Ehe-Annullierung anstehen sollte.*


**Cornelia Poletto,** *Sterneköchin und Küchenchefin des Restaurants „Poletto" in Hamburg,*
*die uns ihr köstliches Sugorezept überließ und uns zu allen Fragen*
*rund ums Kochen und Köchin-Sein in ihre Töpfe schauen ließ.*


**Carol Queen** *vom Sex Shop „Good Vibrations" in San Francisco,*
*für das gutgelaunte Expertentum in Sachen Vibratoren.*


**Tobias Rapp,** *Journalist, DJ und Plattennerd, für die Anleitung zum DJ-Werden.*

*Lisa Regehr, Tanzlehrerin, für die ermutigende Erkenntnis,*
*dass man sehr wohl mit Nichttänzern tanzen kann.*

*Patrick Roetzel, Rechtsanwalt, für Beistand und sein Lachen.*

*Katrin Rohnstock, Inhaberin der Agentur „Rohnstock-Autobiografien",*
*die uns erklärte, warum jedes Leben aufschreibenswert ist.*

*Dr. med Hans-Joachim von Rohr, Dermatologe aus Hamburg,*
*der sich viel Zeit nahm, um ausführlich über sein Wissen und Können*
*zum Thema Anti-Aging und chirurgische Eingriffe zu berichten.*

*Adriano Sack, Journalist, mit den elegantesten Tricks für das Nachtleben.*

*Bernhard Scheer, von der ZVS in Bochum,*
*für die persönliche Beratung zum Thema Studieren im Alter.*

*Wanja Schievelbusch, organisiert Umzüge für Diplomaten und weiß deshalb,*
*worauf es ankommt, wenn man mal die Wohnung, die Stadt, das Land*
*oder den Kontinent wechseln muss.*

*Konstantin Schikarski, der Türsteher des Internets, der uns verriet, wie man dort reinkommt.*

*Stephan Schmied, Make-Up-Artist, der sagt, dass es nur zwei Make-Up-Fauxpas gibt,*
*nämlich zu dünne Augenbrauen und Make Up in der falschen Farbe.*
*Wir sind da intoleranter und mussten noch ergänzen.*

*Ute Schönfeld und Uwe Beckmann von Juwelier Wempe in der Friedrichstraße in Berlin,*
*weil Sie alles über Uhren und Schmuck wissen. Bei Ihnen wären wir gerne Stammkundinnen.*

*Kathrin Schumann, Journalistin und Moderatorin, die uns demonstrierte, wie man von*
*einem Teleprompter abliest und dabei gut, aber nicht lesend aussieht.*

**Rolf Seelmann-Eggebert,** der König des englischen Königshausjournalismus,
der aus dem Stand ein Feuerwerk an Anekdoten und Spezialwissen
zum Besten geben kann.

**Cherry Temple,** Burlesque-Tänzerin bei den „Teaserettes",
die uns in die Geheimnisse des bühnentauglichen Ausziehens einweihte.

**Julia Thomae,** die schon als kleines Mädchen richtig werfen konnte,
und bei der wir gespannt sind, welche großen Würfe sie künftig landet.

**Michèle Thomas,** Flugbegleiterin bei Lufthansa First,
die so verdächtig gut aussieht, dass wir uns ihr Handgepäck zeigen ließen.

**Drei Topmanager** (anonym), die uns verrieten, wie man erfolgreich einen Kater kaschiert.

Dr. **Kai Treichel,** Psychiater, MBA und bester Freund, für die Burnout-Beratung,
viele kluge Hinweise und das Beherrschen der großen Kunst des Zuhörens.

**Judith Veit,** Psychologin und Single-Coach bei Parship.de,
weiß alles über das Suchen und Finden der Liebe im Netz.

Professor Dr. **Wolf F. Wieland,** Urologe und Direktor
der urologischen Universitätsklinik am „Caritaskrankenhaus St. Josef"
in Regensburg, für das profunde Wissen
von der weiblichen Schwachstelle Blase.

Professor Dr. med. **Barbara Wild,** Fachärztin für Neurologie und Psychiatrie
an der Universitätsklinik Tübingen, die uns spannende
und natürlich lustige Fakten zum Thema Humor lieferte.

**Jürgen Ziebarth,** Automechaniker,
der bei allen Texten zum Thema Auto sicherheitshalber noch mal unter die Haube schaute.

*Unseren Freunden und Freundinnen:*

*Jens Teutsch-Majowski, Berenice Romero, Til Obladen,*
*Patricia Wörler, Rafael Horzon, Natalija Basic,*
*Jacqueline Asadolahzadeh, Hugo Schneider, Dörte Langwald,*
*Christiane Hausschildt*
*für Rat, Tat und sehr viel Spaß.*

*Unseren Müttern*
*Elke Blümner und Maria Thomae*
*und unseren Familien,*
*ohne die wir nicht die Frauen geworden wären,*
*die wir sind.*

Ein Buch von
Heike Blümner · Jacqueline Thomae

Konzeption: Heike Blümner · Jacqueline Thomae
Idee: Eduard Augustin · Christian Zaschke
Gestaltung: Philipp von Keisenberg
Illustrationen: Justin von Keisenberg
Recherche und Archiv: Carolin Schmidt

MIX
Papier aus verantwortungsvollen Quellen
FSC® C083411

Verlagsgruppe Random House FSC-DEU-0100
Das FSC®-zertifizierte Papier *Lux Cream* für dieses Buch
liefert Stora Enso Publication Papers Oy Ltd, Finnland.

2. Auflage
Taschenbuchausgabe Januar 2011
Wilhelm Goldmann Verlag, München,
in der Verlagsgruppe Random House GmbH
Copyright © der Originalausgabe
Süddeutsche Zeitung GmbH, München
für die Süddeutsche Zeitung Edition 2008
Umschlaggestaltung:
Philipp von Keisenberg, UNO Werbeagentur, München
Illustrationen: Justin von Keisenberg
KA · Herstellung: Str.
Druck und Bindung: CPI – Clausen & Bosse, Leck
Printed in Germany
ISBN 978-3-442-47250-5

www.goldmann-verlag.de